대한민국의 대부(Godfather)

해리 S. 트루먼

– 평범한 인간의 비범한 리더십 –

강 성 학

박영사

The Godfather of the Republic of Korea

Harry S. Truman

-The Uncommon Leadership of a Common Man-

Sung-Hack Kang

PARK YOUNG
publishing&company

나의 언제나 변함없이 고마운 아내
신 혜 경 여사에게

저자 서문

"모든 독서가가 다 지도자가 될 수는 없다.
그러나 모든 지도자는 독서가가 되어야 한다."
-해리 S. 트루먼-

"전쟁은 난폭한 스승이다.(War is a violent teacher)"[1] 이것은 헤로도토스(Herodotus)와 함께 역사학의 아버지로서 쌍벽을 이루는 그리스의 역사가 투키디데스(Thucydides)가 자신의 역사서를 영원한 인류의 교훈서가 되길 기대하면서 원래 <영원한 재산>(Eternal Possession)이라는 제목을 붙인 그의 불멸의 역사서 <펠로폰네소스 전쟁사>(A History of the Peloponnesian War)에서 했던 말이다. 전쟁은 본질적으로 폭력성을 가르쳐줄 뿐만 아니라 인간본성에 입각한 인간 삶의 본질적 조건을 가르쳐 준다는 뜻이다. 실제로 인간은 난폭한 전쟁을 체험하면서 세상에 대한 이해가 결정적으로 한 단계 도약하는 깨달음을 얻는다고 하겠다.[2] 바로 해리 S. 트루먼이 그런 인물

---

1) Robert B. Strassler, ed., *The Landmark Thucydides: A Comprehensive Guide to The Peloponnesian War*, New York: The Free Press, 1996, Book3, Chapter 82.
2) 투키디데스의 교훈을 한반도의 역사에 적용한 본 저자의 연구를 위해서는, 강성학,

5

이었다.

본서는 20세기에 유일하게 대학을 다니지 못한 아주, 아주 평범한 한 젊은이가 제1차 세계대전의 참전 경험을 통해 리더십의 소양을 개발하고 평생 동안 역사와 미국 대통령들의 전기들을 꾸준히 읽는 자율학습을 통해 자신의 지적수준을 함양하여 미국의 제33대 대통령이 된 해리 S. 트루먼(Harry S. Truman)의 "비상한 리더십"에 관한 것이다. 다시 말해서, 이것은 1945년 4월 12일 프랭클린 D. 루즈벨트(Franklin D. Roosevelt) 대통령의 갑작스러운 서거로 우연히 대통령에 오른 뒤 누구도 예상하지 못한 비범한 리더십을 발휘하여 제2차 세계대전을 무조건 승리로 마무리하고 전후 세계질서를 수립한 미국의 해리 S. 트루먼 대통령의 역사적 정치 드라마라고 할 수 있을 것이다. 이런 점에서만 본다면 해리 S. 트루먼은 그의 전임자인 프랭클린 D. 루즈벨트와는 판이하게 달랐으며 오히려 에이브러햄 링컨(Abraham Lincoln)과 많이 닮았다.

해리 S. 트루먼은 미국의 역사에서나 세계사에서 조지 워싱턴이나 에이브러햄 링컨과 같은 위대한 영웅적 지도자는 아니었다. 해리 S. 트루먼은 아주 평범한 사람, 혹은 평균적 인간으로서 그 자신의 말처럼 우연히 루즈벨트 대통령의 부통령이 된 후 겨우 8개월 만에 자신의 고백처럼 우연히 대통령이 되었던 인물이었다. 그러나 아주 평범한 인물인 그가 전임자의 갑작스러운 사망으로 대통령직을 승계했지만 그는 놀랍게도 비범한 리더십을 발휘하여 전임자가 마무리하지

<시베리아 횡단열차와 사무라이: 러일전쟁의 외교와 군사전략> 서울: 고려대학교 출판부, 1999. 제12장 제2절을 참조.

못한 제2차 세계대전을 무엇보다도 원자탄의 사용을 통해 빛나는 승리로 장식했으며, 또한 전후 세계질서를 관리할 것으로 기대된 유엔의 창설도 마무리했다. 그러나 전후 스탈린 공산주의의 팽창에 대응하여 트루먼 독트린을 선언했고 유럽의 복구를 위해 마샬 플랜을 채택했다. 그리고 그는 이스라엘 국가 탄생의 산파 역할을 했다.

트루먼은 또한 아무도 예상하지 못한 재선의 승리를 이끌었고, 베를린 위기 때에는 역사상 유래가 없는 대 공수작전을 수행했으며, 서방 민주주의를 보호하기 위해 NATO를 창설했다. 그리고 그는 소련의 원자탄 실험에 대응하려 미국의 수소탄(the Hydrogen Bomb) 개발을 결정했다. 이런 결정적 결정들을 통해 그는 전후 자유민주주의를 보전하기 위한 국제질서의 구조를 창조했던 아주 특이한 세계적 지도자였다. 그리하여 그는 서양문명과 그것의 꽃이라 할 수 있는 자유민주주의 수호자가 되었다. 그러나 무엇보다도 우리에게 중요한 것은 그가 당시 소련 주도의 세계적 공산 침략으로부터 한반도의 소위 5천년 역사상 처음으로 수립된 자유민주주의 대한민국을 구원한 일종의 '대부'(Godfather)였다는 사실이다.

한국전쟁이 한창 진행 중이던 1951년 10월 26일 영국의 총선에서 보수당이 승리하여 대영제국의 수상으로 복귀한 77세의 윈스턴 처칠 수상은 다음해 1월 미국의 워싱턴을 방문하여 미국의 트루먼 대통령과 정상회담을 했다. 그 때 그곳에서 처칠 수상은 당시 세계정세와 소련제국의 위험과 패러독스에 관해서 말하면서 미국의 핵무기 능력의 중요성을 인정하고 미군을 한국에 파병한 트루먼의 '위대한 결정'을 포함하여 자유세계의 트루먼 리더십을 따뜻하게 칭송했다. 그리

고 트루먼 대통령을 쳐다보면서 처칠은 천천히 다음과 같이 말했다:

"지난번 당신과 나는 포츠담에서 회담 테이블을 마주하고 앉았다. 나는 그 때 당신을 대단치 않게 생각했다. 나는 당신이 프랭클린 루즈벨트의 자리를 차지하는 것이 싫었다. 나는 당신을 잘못 판단했다. 그 때 이후 당신은 그 어느 누구보다도 서양문명을 구했다."[3]

1991년까지 소련 공산제국의 붕괴는 맥아더가 촉구했던 것처럼 공산주의자들과 전면전을 수행하기보다는 봉쇄하는 지혜에 대한 트루먼의 판단이 옳았음을 입증했다. 무서운 핵 대결 없이 냉전에서 승리한 것에 대한 트루먼의 기여는 그를 위대하거나 상당히 거의 위대한 대통령의 반열에 올려놓았다.[4] 아니 그 보다도, 해리 S. 트루먼 대통령은 그가 사망한지 20여 년 후인 1990년대 미국인들로부터 존경받는 아이콘으로 부활했다. 퓰리처 상(The Pulitzer Prize)을 수상한, 1992년 데이빗 맥컬로프(David McCullough)의 트루먼 전기는 수백만 미국인들의 사이에서 트루먼 대통령이 참으로 비범한 대통령이었다는 믿음을 심화시키면서 지속적인 베스트셀러가 되었다. 그리하여 본서의 집필도 이 책에 적지 않게 의존했음을 밝힌다.

트루먼은 30년 동안 직업적 정치인으로 살면서 명성을 얻었다. 적자생존의 사회적 다윈주의(Darwinian) 세계에서 정치적 정상에 오르

---

3) David McCullough, *TRUMAN*, New York: Simon & Schuster Paperbacks, 1992. pp. 874－875.
4) Robert Dallek, *Harry S. Truman*, New York: Timed Books, 2008, p. 152.

는 것은 미국인들이 대변하는 가치들의 승리라고 간주될 수 있을 것이다. 헤겔(Hegel)의 역사철학적 용어로 표현한다면 트루먼은 역사상 민주주의의 '시대정신'을 구현한 '세계사적 인물'(a world historical man)들 중 하나였다. 미국사에서도 트루먼은 미국이 낳은 가장 탁월한 대통령 중의 한 사람으로 평가받고 있다. 2000년 10월 "월 스트리트 저널"(*The Wall Street Journal*)이 실시한 조사결과 미국 대통령의 평가순위에서 제7위에 올랐고,[5] 그 후 2017년 C-SPAN에 의한 조사에서 제6위에 오른 대통령이었다.[6]

내가 해리 트루먼에게 깊은 관심을 갖고 본서의 작업을 단행한 것은 그가 단지 세계사적 인물이고 미국의 위대한 민주주의 대통령으로서 정치교육의 훌륭한 스승이 될 수 있다는 사실 때문만은 아니다. 그에 대한 관심은 우리의 조국 대한민국과의 특별한 관계 때문이다. 우리의 조국 대한민국이라는 '민주공화국'이 수립된 건국 직후 당시 공산주의의 침략으로 풍전등화의 국가운명을 지켜내는데 사실상 결정적인 역할을 수행했기 때문이다.[7] 한국인들은 해리 S. 트루

---

5) James Taranto and Leonard Leo, eds., *Presidential Leadership: Rating the Best and the Worst in the White House*, New York: Free Press, 2004, p. 11.

6) Brian Lamb, Susan Swain, and C-SPAN, eds., *The Presidents: Noted Historians Rank America's Best and Worst Chief Executives*, New York: Public Affairs, 2019, pp. 81-92. 참고로 2017년에 행한 조사결과 가장 위대한 대통령 10위까지의 순위는, 1. 에이브러햄 링컨, 2. 조지 워싱턴, 3. 프랭클린 D. 루즈벨트, 4. 시어도어 루즈벨트, 5. 드와이트 아이젠하워, 6. 해리 S. 트루먼, 7. 토마스 제퍼슨, 8. 존 F. 케네디, 9. 로널드 레이건, 10. 린든 B. 존슨이다.

7) Sung-Hack Kang, "America's Foreign Policy toward East Asia for the 1990s: From Godfather to Outsider? *Korea and World Affairs*, Vol. 11, No. 4(1987), pp. 679-707. 이 논문은 Sung-Hack Kang, *Korea's Foreign Policy Dilemmas: Defining State Security and the Goal of National Unification*, Folkestone, Kent, UK: Global Oriental, 2011의 제4장으로 재출판되었다.

먼에게 크나큰 국가적 은혜를 입었다. 바로 이러한 이유에서 경기도 파주 임진각에는 트루먼 대통령의 동상이 있다. 이것은 이 땅에 세워진 유일한 외국 국가원수의 동상이다.

　그럼에도 불구하고 이러한 사실은 오랫동안 한국인들의 왜곡된 역사교육의 결과로 인해 한국인들에게 대체로 올바르게 인식되거나 기억되지 못했다. 대부분의 한국인들에게 트루먼은 1950년 6월 25일 북한 공산주의자들이 남침했을 때 거의 즉각적으로 미국의 참전을 결정했지만 인천상륙작전을 성공시킨 빛나는 영웅인 더글라스 맥아더(Douglas MacArthur) 사령관을 해임함으로써 한국인들의 염원인 북진통일을 좌절하게 한 인물로 오히려 부정적으로 인식되었다. 이것은 한국인 중심의 피상적 역사관이며 후에 세계사는 맥아더 장군이 아니라 트루먼 대통령이 옳았다고 평가했다. 본서는 이 문제를 보다 상세히 다루겠지만, 그러나 해리 트루먼 대통령은 무엇보다도 외국의 지도자들, 특히 미국의 역대 대통령들 중에서 한국인들의 운명에 가장 직접적으로 영향을 끼친 인물임에 틀림없다.

　그럼에도 불구하고 역사학자들과 정치학자들을 포함하여 대부분의 한국인들에게 그는 거의 전적으로 잊히고 말았으며 학문적으로도 주요 관심의 대상조차 되지 못했다는 생각이 들었다. 이것은 참으로 안타까운 일이 아닐 수 없다. 그의 동상도 너무 초라하다. 이제라도 대한민국의 국력에 어울리는 그런 장엄한 동상이 새롭게 세워지면 좋겠다. 이런 나의 생각이 비교적 타당한 것이라면 트루먼에 대한 본서가 그를 한국 학계에서만이라도 새로운 관심을 불러일으키는 작은 불씨가 되길 바라는 것이 나의 솔직한 염원이다. 그리고 사족이 되겠지만, 나는 1948년 음력 11월에 태어나 당시 전문대학에 다니던 아버지와 함께 서울 후암동에 살다가 북한의 무력남침으로 서울이 위태롭게 되자 학교에 가신다던 아버지는 행방불명되고, 어린 나는 어머니 등에 업혀서 외갓집이 있는 고창까지 구사일생의 피난길에서 살아남았다. 나는 어머니 등에서 홍역까지 치렀다고 들었다. 그 후 나의 어머니는 한평생 나 하나만을 위해 사시고 가셨다. 그래서 나는 아버지에 대한 기억이 없다. 눈물이 앞을 가린다. 내가 집필한 트루먼에 대한 본서가 아주 작지만 한국인으로서 트루먼 대통령에 대한 나의 아주 작은 개인적 보은의 마음을 표현한 것이라고 겸손하게 덧붙이고 싶다.

해리 S. 트루먼 대통령은 내가 민주주의 지도자들의 위대한 정치적 리더십의 연구를 본격적으로 시작한 이래 에이브러햄 링컨 대통령, 윈스턴 처칠 수상 그리고 조지 워싱턴 대통령에 이어 오랜 숙고의 결과 4번째 선택한 인물이다. 그러나 막상 집필을 시작하려 하니 걱정부터 앞섰다. 한국 학술서적 출판계의 일반적 곤경에다가 더 정확한 이유로는 아마도 저자로서 나의 명성부족으로 인해 앞서 출간한 책들의 판매가 저조한 상황에서 또 한 권의 저서를 추가하여 집필이라는 긴 세월 동안 고난의 행군을 또 다시 시작할 필요가 있을까 하는 의구심이 나의 마음을 계속 짓누르고 있었기 때문이다. 그래서 거듭 생각하고 또 망설이지 않을 수 없었다. 그러나 칠순의 나이를 훌쩍 넘기고 앞으로 얼마나 더 살지 알 수 없지만 다행히 아직도 정신이 멀쩡한 처지에서 내가 할 수 있는 일이란 평생 동안 해오던 일을 조금 더 계속하는 것 외에 내가 비교적 잘 할 수 있는 일이란 아무 것도 없다는 슬프지만 엄연한 사실을 새삼스럽게 다시 자각하게 되었다.

그리하여 망설임 끝에 본서의 집필에 착수하기로 했다. 작년에 코로나-19의 위험성 때문에 서재에 틀어박혀 마치 중세의 보카치오(Boccaccio)처럼 집필에만 집중하여 작년 8월에 <조지 워싱턴: 창업의 거룩한 카리스마적 리더십>을 출간하였다. 그 후에도 코로나-19의 위험성이 계속되어 역시 집에만 갇혀 있을 수밖에 없었다. 작년 10월부터 그동안 해리 S. 트루먼에 관한 책들을 읽고 그에 관한 책의 구성을 구상하기 시작했다. 소장한 책들이 제법 있었지만 집필에 앞서 관련 서적들을 섭렵하기 위해 아마존에 관련 서적들을 주문하기 시작했다. 그리고 도착하는 책들을 읽고 또 면밀히 검토하는 작업에 들어갔다. 서재에서 밤낮으로 집필에만 매달리다 보니 예상보다 조금은 빠르게 진행되는 것 같았다. 순전히 책의 집필이라는 관점에서만 본다면 코로나-19의 무서운 위험이 나에게는 일종의 "위장된 축복"이나 "전화위복"이었다는 생각마저 들 정도이다.

늘 그랬듯이 본서의 긴 집필과 출판과정에서도 여러 사람들의 도움을 받았다. 이영석 한국지정학연구원의 이사장은 망설이고 주저하던 내가 본서의 집필을 결심하도록 끊임없이 격려하고 촉구해 주었다. 결심을 도와준 이 박사에게 감사한다. 또한 엉성한 초고를 교정해 주느라 애써준 고려대학교 정보보호대학원 교수 강찬옥 박사와 한국전략문제연구소의 부소장 주은식 장군에게도 깊이 감사드린다. 그리고 최종 교정에 수고를 아끼지 않은 고려대학교 평화와 민주주의 연구소의 신영환 박사와 본서의 출판준비 전과정에서 참으로 많은 시간을 할애하면서 애써준 한국지정학연구원의 모준영 박사에게 거듭 감사하고 싶다. 그리고 뒤표지의 흑백사진을 컬러화 해준 강태엽 웹툰 작가에게 감사드린다.

끝으로 언제나 변함없이 본서의 구상과 집필 전 과정에서 헌신적 내조를 다해 준 아내에게 감사한다. 그래서 이 책도 고마운 아내 신혜경 여사에게 헌정한다.

2021년 3월 22일
구고서실(九皐書室)에서

차례

제1장
프롤로그(Prologue)

> "우리 안에 무엇이 저장되어 있는지
> 우리는 결코 알 수 없다."
> -해리 S. 트루먼-

정치적 리더십의 정상에 오르는 길은 절대로 오직 한 길만 있는 것이 아니다.[8] 그럼에도 불구하고, 모든 위대한 지도자들의 생애에는 거의 결정적인 삶의 전환점(Turning Point)이 있었다. 그렇다면 해리 트루먼에게는 언제, 어떤 사건이 그로 하여금 후에 그가 미국의 우연한 대통령이 되는 길로 접어들게 하는 전환점이었을까? 그것은 비록 짧은 기간이었지만 그가 육군 대위로서 제1차 세계대전에 참전하여 프랑스 전선에서 전투를 지휘해 본 경험이었다.

1884년 5월 8일에 태어난 트루먼은 아주 어린 시절 6년을 남부 미주리주 농장에서 살았다. 1890년에 트루먼 집안은 캔자스 시티(Kansas City)에서 남동쪽으로 10마일 정도 떨어진 6천 명 정도의 주민이 살고 있는 소도시인 인디펜던스(Independence)로 이사했다. 그

---

8) Doris Kearns Goodwin, *Leadership in Turbulent Times,* New York: Simon & Schuster, 2018, p. xii.

곳은 공공시설이나 포장된 거리가 없었지만 해리 트루먼이 그의 어린 동생들과 같이 과거 고립된 농장 공동체에는 없던 학교 교육을 받을 수 있었다. 해리 트루먼은 무엇보다도 독서를 좋아했다. 학교 수업이 끝난 후에 트루먼은 인디펜던스 마을 공공도서관에서 책을 읽거나 대출했다. 그는 12살 때까지 이미 성경을 두 세 차례 통독했으며 백과사전을 포함하여 인디펜던스 도서관에 있는 책을 거의 다 읽었다고 과장해 주장하기도 했다. 그는 플라톤의 <공화정>(Republic)을 읽었고 마크 트웨인(Mark Twain)이 문학에선 그의 성인이었다.9) 그러나 그는 후에 역사학도로 알려졌다. 그도 그것을 부인하지 않았다. 트루먼은 연극에도 심취했다. 그는 <지킬박사와 하이드>(Dr. Jekyll and Mr. Hyde)를 보았고 당시 미덕과 악덕에 관한 문학적 모델로서 성경과 함께 영어권의 세계에서 최고의 스승이었던 셰익스피어의10) 드라마들 중에서 <리처드 3세>(Richard III), <베니스의 상인>(The Merchant of Venice), <줄리어스 시이저>(Julius Caesar), 그리고 <햄릿>(Hamlet)을 인상깊게 관람했다.11)

트루먼은 1901년 고등학교를 졸업할 때 그는 미국의 육군사관학교에 가고 싶었다. 육군사관학교에 가고 싶은 그의 욕망은 여러 가지 목적에 기인했다. 우선 그는 무상으로 대학교육을 받고 싶었으며 또 다른 이유로서 그는 위대한 장군이 되길 희망했다. 그래서 그는 나폴

---

9) Robert Dallek, *Harry S. Truman,* New York: Times Books, 2008, p.83 and p. 85.

10) Allen Bloom with Harry V. Jaffa, *Shakespeare's Politics* New York: Basic Books, 1964, p. 1. 한국어 번역본으로는, 강성학, 역, <셰익스피어의 정치철학> 서울: 집문당, 1982, p. 7.

11) Robert Dallek, *ibid.*, p. 32.

레옹(Napoleon)의 생애에 관한 책을 읽고 한니발(Hannibal), 알렉산더(Alexander), 시이저(Caesar), 그리고 로버트 E. 리 장군이 그의 영웅들이었다. 그러나 낮은 시력으로 두꺼운 렌즈의 안경을 써야했던 그는 웨스트 포인트(West Point) 사관학교에 입학할 수 없었다. 더구나 그 해 트루먼의 아버지가 경제적으로 파산하여 트루먼의 고등교육에 관한 관심이 가정의 빈곤으로 희생되고 말았다.

그리하여 트루먼은 1906년까지 산타 페 철도회사(the Santa Fe Railroad)의 서기로 그리고 그 다음엔 캔자스 시티에 있는 한 은행의 서기로 일했다. 그 후 농업을 재개한 그의 아버지의 요구로 그는 한 달에 100불을 받던 일자리를 포기하고 아버지와 함께 가족농사에 종사했다. 이 때부터 그는 11년 동안 좋은 때나 나쁜 때나 하루 종일 일했으며 곡식을 심고 수확하고 가축을 길러 팔았다. 그는 농사에 종사하면서도 정치에 일찍부터 관심을 갖게 되었다. 그가 열여섯 살 청소년일 때 그의 아버지는 트루먼을 지방 및 국가정치에 소개했다. 그들은 1900년 캔자스 시티에서 열린 민주당 전당대회에 참가했던 것이다. 그 후 트루먼은 수년 동안 현지 민주당 정치에 관여했다.

1917년 봄에 미국이 마침내 제1차 세계대전에 참전했을 때 트루먼은 그의 주 방위군 포병중대에 재징병되었다. 그는 군복무에 자원했다. 당시 트루먼은 33세의 나이로 징집연령을 지났다. 그러나 당시 우드로 윌슨(Woodrow Wilson) 대통령의 무장을 위한 호소가 그의 신념에 크게 호소했다. 애국적 이상주의 이상의 그 무엇이 그의 동기였다. 트루먼은 군의 경력을 정치적 경력을 위한 발판으로 이용할 희망을 갖고 있었다. 공직을 위한 경쟁심과 공공봉사를 통해 명성을 얻을 기회에 그는 매료되었다.[12] 그리고 트루먼은 개인의 야심은 일상생활에서 차이를 만들 수 있다고 확신했다. 홍수에 밀리거나 행운을 가져다주는 인간사의 조류를 보았던 셰익스피어 드라마 속의 줄리어스 시이저(Julius Caesar)처럼 그도 그것이 가능할 때 그 파도를 탔다. 그는 자아 성취가 고결한 사명이라는 수백만의 다른 미국인들과 같은 신념을 공유했다.

그는 주 방위군에 임관한 뒤 곧 중위로 선출되었다. 이런 일은 그 때에도 방위군에서는 장교들이 미국의 남북전쟁 때처럼 병사들에 의해서 여전히 선출되었다. 그 때까지 그는 어떤 직책에도 선출된 적이 없었다.[13] 그는 전투훈련을 받은 뒤 1918년 3월 29일 금요일 밤에 7천 명의 병력과 함께 트루먼 중위가 승선한 조지 워싱턴(*George Washington*) 호는 4월 13일 오전에 프랑스의 브레스트(Brest)의 번잡한 항구에 입항했다. 그 날은 기온이 따뜻했고 맑은 날씨였다. 트루먼 중위가 그 곳이 아주 아름다운 곳처럼 보인다고 생각했다. 그곳이 파리는 아니었지만 수천 명의 환영인파가 해안에 줄을 서서 밴드를 울리고 함성을 지르고 깃발들을 흔들었다. 이 때까지 프랑스에 온 미 원정군(the American Expeditionary Forces)의 수는 거의 1백만 명에 달했으며 이것은 몇 년 전만 해도 상상할 수 없는 숫자였다. 첫 미국의 보병부대가 파리를 행진한 7월 4일에는 프랑스 전역에서 오직 1만 4천 명의 미군이 있었다. 이제 7천 명의 보병이 조지 워싱턴 호에서 하선했지만 이것은 월간 전체 수의 일부에 지나지 않았다. 그 4월

---

12) Robert Dallek, *Harry S. Truman,* New York: Times Books, 2008, p. 3.
13) David McCullough, *TRUMAN,* New York: Simon and Schuster Paperbacks, 1992, p. 104.

에 12만 명이 도착했으며 매달 25만 명이 도착하여 결국은 프랑스에 2백만 명의 미군이 파병되었다.

2백 만 원정군 대부분의 경우처럼 트루먼은 대위로 승진하여 유럽에서 1년을 보냈다. 전쟁에서 몇 개월을 그리고 나머지 기간에는 귀국을 기다리는 시간이었다. 당시 서부 전선의 전투는 치열했다. 1917년 11월 볼셰비키 혁명 후 러시아의 군대가 전쟁에서 철수했고 독일과 러시아 사이에 체결된 브레스트-리토프스크 조약(the Treaty of Brest-Litovsk)은 독일에게 동부전선에서 서부전선으로 그들의 병력을 이동시킬 기회를 주었다. 그리하여 독일은 미국의 군대가 전선에 배치되기 전에 동맹국들을 압도했다. 그러나 미국의 존 J. 퍼싱(John J. Pershing) 원정군 사령관은 미군이 적절히 훈련될 때까지 병력 투입을 거부했다. 그는 동맹국의 전술은 공세적이 아니라 방어적이었고 따라서 미군들에게 새로운 교육이 필요하다고 말했다.[14] 그리하여 장교와 사병들이 프랑스에서 다시 교육을 받게 되었다. 트루먼은 학생으로 두각을 보이지 못했다. 그는 대학을 졸업한 사병들을 만났다. 우수한 학생들은 교관들로 학교에 남았지만 그는 전투에 참가하길 원했기에 오히려 다행으로 생각했다.

프랑스에 파병되어 부단한 교육을 받은 트루먼 대위는 1918년 7월 11일 야전 포병부대의 포대장으로 임명되었다. 그는 군대식으로 그리고 상식에 입각하여 부사관들과 상병들에게 자신이 책임자이며 그들에게 부대의 기강을 맡겼다. 그는 곧 통솔력을 발휘했다. 포병부

---

14) Robert H. Ferrell, *Harry S. Truman, A Life,* Newtown, Connecticut: American Political Biography Press, 1994, p. 64.

대 병사들은 그가 명령하는 대로 무엇이든 수행했고 그의 장악력은 불가사의했다. 거듭해서 병사들은 그를 따르는 마음을 보여주었다. 트루먼은 보병이 제1차 세계대전의 영웅들이고 포병들은 손쉬운 일을 했다고 말하곤 했다. 그 말이 어떤 포병부대에게는 사실이었지만 트루먼의 부대는 보쥬 산(the Vosges Mountains)에서, 생 미엘(St. Mihiel), 뫼즈-아르곤느(the Meuse-Argonne), 그리고 베르됭(Verdun)전투에 처음 참가했다. 트루먼 연대는 수백 발의 가스포탄을 발사했다. 독일군은 적의 위치를 알았다. 트루먼은 1등 상사에게 포대가 가스탄을 발사한 뒤에 신속하게 말들을 몰고 오게 지시한 뒤 그곳에서 포들을 끌어낼 수 있었다.

생 미엘 포격에 트루먼의 포대는 가까이 있었지만 포격에 참가하지는 않았다. 9월 12일 미원정군이 공격했을 때 독일군은 그곳에서 철수하고 있었다. 전투는 독일군을 몰아내는 경주였으며 4일 만에 목표를 달성했다. 뫼즈-아르곤느에서 벌어진 전투는 아주 치열한 전투였다. 그 전투는 9월 26일에 시작해서 종전 때까지 계속되었고 2만 6천 명의 미군이 전사했다. 그것은 미국의 역사에서 가장 큰 희생을 치른 것이었다. 이에 대비하여 수백 만 병력이 생 미엘로부터 베르됭의 서쪽을 통과하여 동쪽으로 행군했는데 낮에는 숲속에서 기다리고 밤에만 이동했다. 트루먼 대위는 자기의 부대병력을 22일 동안 야간에만 행군을 시켰으며 한 번은 60시간 동안 잠을 자지 못했다고 믿었다. 수천 마리의 말들이 죽었고 병사들은 긴장으로 약해졌다. 이런 고난의 행군으로 인해 트루먼의 몸무게가 175파운드애서 135파운드로 40파운드나 줄어들었다.[15]

전투가 개시된 후 트루먼의 제129 야포부대는 여러 가지 행동을 취했다. 그들은 포가 견딜 수 있을 때까지 발포를 계속했다. 포병부대가 언덕으로 올라가지 않으면 독일군들에게 한 개 여단의 모든 병사들이 말살될 위험에 처했다. 그들은 포대들을 언덕으로 끌어올렸고 오래된 사과나무 밑에 세우고 독일군의 기관총들을 향해 발포하기 시작했다. 어느 날 해가 지기 조금 전에 독일 항공기 한 대가 포병부대의 바로 위로 다가왔다. 트루먼은 포대들을 1백야드 후진하고 오른쪽으로 2백야드를 이동시켰는데, 15분도 안 된 사이에 독일 항공기는 그 사과 밭을 지옥으로 만들어버렸다. 만일 그렇게 하지 않았더라면 그의 부대원들은 한 사람도 살아남지 못했을 것이다.

일단 트루먼 대위는 모든 초대 지휘관들이 희망했던 기회를 한번 갖게 되자 그는 독일 포병부대가 사정거리 안에 들어와서 포들을 정렬하는 걸 우연히 보게 되었다. 그는 지휘관이 말들을 돌려보낼 때까지 기다렸다가 가능한 신속하게 발포하라는 명령을 자신의 포병부대에 내렸다. 그의 부하들은 2분 만에 69발의 포탄을 발사해서 적의 포대를 저지시켰다. 이 조치에 대해 인접 사단의 클렘(Klemm) 대령이 트루먼 대위에게 전화를 걸어 다른 사단 책임 지역에 발포하였다면서 군법회의로 위협했다. 트루먼의 반응은 "그렇게 하세요. 그러나 나는 이런 기회를 결코 놓치지 않을 것입니다. 우리는 그들을 박살냈지요"라는 것이 트루먼의 반응이었다.16) 그러나 그 후 아무 일도 없었다.

---

15) Robert H. Ferrell, *Harry S. Truman, A Life*, Newtown, Connecticut: American Political Biography Press, 1994, p. 67.
16) *Ibid.*

제35보병사단은 뫼즈-아르곤느 전선에 있었다. 그리고 휴식 후 베르덩 앞에서 3주 더 돌아갔다. 독일의 포가 날아올 때마다 그것은 1916년 전투에서 남겨진 시체들을 파 올렸다. 그리고 트루먼은 다음 날 아침에 여기저기에서 총알의 관통 자국을 가진 수많은 해골들을 보았다. 트루먼의 포병부대는 전쟁을 끝내는 휴전 때까지 그곳에 머물렀다. 그런 무서운 경험들을 했기에 종전은 트루먼에게 크나 큰 안도감을 가져다주었다. 트루먼과 그의 병사들은 오전 11시에 전쟁이 끝날 것이라는 사실을 알았다. 그리하여 종전 15분 전에 포병부대는 마지막 포들을 발사했다. 그들은 독일군 전선으로 1만여 발을 보냈다. 트루먼의 포병 뒤에 있던 프랑스 155 포병부대는 11시 직전까지 남은 탄약을 발사하고 그 후 그 날 하루 종일 프랑스인들은 축제를 열었고 또 밤이 새도록 흥청댔다.

3월에 트루먼은 파리를 방문할 기회를 가졌다. 이 때 그는 국제평화회의에 참가하기 위해 파리에 온 우드로 윌슨 대통령이 파리시민들의 환호 속에 자동차를 타고 지나가는 것을[17] 보았다. 그리고 뤼드 라 뻬(the Rue de la Paix)에 있는 가게에서 결혼반지를 구입했다. 1919년 4월 9일, 52명의 다른 장교들, 그리고 1,274명의 제129야전포병부대의 병사들과 함께 과거 독일 선박인 귀국선 제펠린(*Zeppelin*)호를 타고 뉴욕으로 항해했다. 그는 군인으로서 큰 성공을 거두었다. 전쟁은 그를 모든 사람들의 눈에 거물로 보이게 만들었다. 귀국 후 5월에 전역한 트루먼에게 가장 급선무는 그동안 그를 기다려준 베스

---

17) 우드로 윌슨 대통령과 파리평화회의에 관한 상세한 저자의 논의를 위해서는, 강성학, <인간神 평화의 바벨탑> 서울: 고려대학교출판부, 2006, 제8, 9, 10장을 참조.

월리스(Bess Wallace)와 결혼하는 것이었다. 그리하여 아주 멋진 우연의 일치였지만 베르사유 평화조약의 체결과 그의 결혼식이 같은 날에 이루어졌다. 1919년 6월 28일, 일요일 오후 4시 인디펜던스의 노스 리버티 거리에 있는 작은 삼위일체 성공회 교회(the Trinity Episcopal Church)에서 가족들과 친구들로 가득찬 결혼식이 열렸다.

군에서 전역한 며칠 만에 트루먼과 그의 군대 친구인 에디 제이콥슨(Eddie Jacobson)은 남성복 가게를 시내에서 열었다. 이 때 트루먼은 항상 가게의 구석에서 미국의 7대 대통령 앤드루 잭슨(Andrew Jackson)[18])에 관한 책만 읽었으며 어쩌면 미국에서 잭슨에 관해 그 누구보다도 더 많이 읽었을 것이라고 말했다.[19]) 시기적으로 미국의 건국과 미국의 남북전쟁 사이 중간 지점에서 미국의 민주주의를 한 단계 진전시켰다고 평가받는 잭슨 대통령은 트루먼에겐 조지 워싱턴과 토마스 제퍼슨 다음 세 번째로 미국의 위대한 대통령이었다.[20]) 불행하게도 1920년에 시작된 전쟁 후 불경기로 트루먼과 그의 파트너의 사업은 실패하여 많은 빚만 지게 되었다. 그러나 트루먼은 실망하지 않고 생의 진로를 바꾸어 카운티 공직에 출마하고 싶어 했다. 그는 가능한 한 광범위한 접촉을 통해서 당선가능성을 보았다. 그리하여 트루먼은 재향군인회를 포함하여 여러 시민 단체들의 적극적인 회원이 되었다. 그는 이런 단체들의 참여를 사업상의 성공과 자신의 선거에서 영향력 있는 지도자들의 지지를 얻어내는 수단으로 간주했

---

18) Sean Wilentz, *Andrew Jackson,* New York: Times Book, 2005.
19) Margaret Truman, ed., *Where The Buck Stops: The Personal and Private Writings of Harry S. Truman,* New York: Warner Books, 1989, p. 372.
20) *Ibid.,* p. 7.

다. 그리고 그는 캔자스 시티의 정치 브로커들, 즉 정계 거물(the Big Boss)인 톰 펜더거스트(Tom Pendergast)[21]와 그 가족들에 의해 운영되는 정치조직(the political machine)에 자신을 연계시켰다.[22]

1922년 캔자스 시티와 인디펜던스에서 영향력 있는 기업인들과 사회적 지도자들과 연계된 재향군인으로서 트루먼은 펜더거스트 가문 사람들에게 잭슨 카운티(Jackson County)의 동부지구 지방 판사직 선거에서 이길 수 있을 인물이라는 인상을 주었다. 서부지역 판사와 주재하는 판사나 주심판사와 더불어 이 세 관리들이 카운티의 업무를 수행했다. 이 판사직들은 정치조직에 저항할 수 없는 경품이었다. 그들은 특히 카운티 도로의 수리와 유지를 위한 계약을 부여할 권한뿐만 아니라 수많은 후원 일자리들을 통제했다. 트루먼은 3명의 경쟁자들을 물리치고 그의 첫 선거에서 승리했다. 그리고 트루먼의 2년 임기는 정치생활의 불확실성에 대한 거친 입문이었다.[23] 도로의 적절한 유지를 고집하여 카운티 도로의 질적 수준을 향상시켰다고 현지 언론으로부터 칭송을 받았지만 그는 1924년 재선에서 낙선했다. 그는 공화당 후보에게 근소한 차이로 패배했다. 그러나 그는 정치적 황야에서 아주 짧은 시간을 보내게 된다.

트루먼은 낙선의 절망에 오래 빠져 있을 그런 인물이 아니었다. 그는 다시 선거에 나가기까지 2년 동안 캔자스 시티 자동차 클럽(the

---

21) 톰 펜더거스트(1872-1945)는 미주리주 캔자스 시티의 유력한 보스 정치인이었다.
22) David McCullough, *TRUMAN*, New York: Simon and Schuster Paperbacks, 1992, pp. 158-166.
23) Alonzo L. Hamby, *Man of the People: A Life of Harry S. Truman*, New York: Oxford University Press, 1995, pp. 101-114.

Kansas City Automobile Club)의 회원권을 팔았다. 그는 사람들에게 큰 도로에서 자동차 고장에 대비해 보장해야 하는 이유로 도로의 위험성에 대한 자신의 지식을 과시했다. 효율적인 판매원으로 생활비는 충분히 벌었지만 두 번의 은행사업에 대한 투자가 실패하자 트루먼은 정치적 관직을 위해 선거에 나서는 것이 아무리 불확실하다고 해도 2년 간의 군대 경력 외에 그 어떤 분야에서도 지속적인 성공의 기록이 없는 중년의 남자에게는 보다 의존할 만한 직업이라고 확신하게 되었다.[24] 그리하여 민주당의 정계 보스(Boss)인 펜더거스트 가문의 도움으로 그는 1926년에 공직에 돌아올 수 있었다. 이번에는 그가 총투표의 56%를 얻어 11월 총선에서 확실한 승리를 거두었다.[25]

잭슨 카운티의 주심판사로서 8년간은 자신의 개인적 야심과 보다 큰 공공선에 봉사하는데 있어서 윤리적 타협을 하게했다. 그는 그 지역에서 가장 성공적인 기업인들의 소득에 버금가는 재정적 이득을 올리는 공직들에 대한 펜더거스트 조직의 게걸스러운 욕구에 눈을 감았다. 그는 자신의 직책에 머무는 것에 관하여 수없이 재고하고 또 캔자스 시티 정치의 고질적인 부패를 다루는데 대해 감정적 긴장을 감추었음에도 불구하고 공공정책에 효과적인 봉사에 헌신함으로써 주심판사로서 자신의 존재를 합리화했다. 즉, 그는 그가 협상한 많은 계약으로부터 뇌물을 한 푼도 받지 않고 자신의 청렴을 유지하는 데에서 그리고 어려운 사람들을 돕는다는 즐거움에서 만족을 찾았다. 트루먼은 자신을 불완전한 세계에서 최선을 다하는 실천적 이상주의

---

24) Robert Dallek, *Harry S. Truman,* New York: Times Books, 2008, p. 6.
25) David McCullough, *TRUMAN,* New York: Simon and Schuster Paperbacks, 1992, pp. 171−173.

자로 간주했다.[26]

주심판사로서 두 번의 임기를 마친 뒤에 트루먼은 1932년 10월 선거를 한 달 앞두고 펜더거스트 조직의 후보자가 사망한 뒤 미주리주의 주지사 선거에 나서길 원했다. 그러나 보스인 톰 펜더거스트가 트루먼은 2년 후에 연방의회의 선거에 나서거나 아니면 1만 달러의 연봉을 받는 지방 징세관(the country collector)으로 나설 수 있다고 말하면서 그가 주지사 후보로 나가는 것은 거부했다. 이 때가 트루먼의 정치적 직업에서 또 하나의 절망적 순간이었다. 그가 1934년 초에 톰 펜더거스트에게 그의 약속을 지키라고 요구했을 때 펜더거스트는 그 자리에는 이미 다른 사람이 선발되었다고 설명했다. 4월에 트루먼은 50세에 다가갔고 그가 기대할 수 있다고 생각할 수 있는 유일한 일이란 어떤 작은 지방의 공직에서 사실상의 연금수령자가 되는 것이었다.

그러나 1934년 5월에 비상하고 예측할 수 없는 운명의 전환이 있었다. 프랭클린 루즈벨트와 뉴딜이 대중의 정치적 파도를 타는 바람에 현역 공화당 미국 상원의원을 패배시킬 민주당원들의 기회가 좋아졌다. 펜더거스트는 4명의 골수당원들에게 접근하여 출마를 권유했지만 아무도 출마하려 들지 않았다. 그리하여 잭슨 카운티의 주심판사로서 성공적인 8년을 보낸 해리 S. 트루먼만이 남게 되었다. 그리고 미주리주의 농촌과 도시 지역에서 모두 그의 광범위한 접촉의 폭이 트루먼을 합당한 대안으로 만들었다.[27]

---

26) Robert Dallek, *Harry S. Truman*, New York: Times Books, 2008, p. 7.
27) Robert Dallek, *Harry S. Truman*, New York: Times Books, 2008, p. 8.

펜더거스트가 트루먼이 미국 연방정부의 상원에 출마하기를 원한다고 말했을 때 트루먼은 그 말을 믿을 수 없었고 거의 유구무언이었다. 트루먼이 효과적인 선거운동을 시행할 자금을 발견하기 어렵고 또 1936년 주지사에 나서기 위해 기다리겠다고 제안했음에도 불구하고 펜더거스트는 거부의 답변을 들으려 하지 않았다. 그는 역시 보스였다. 그래서 트루먼은 결국 상원에 출마하기로 동의했지만 돈이 없었다. 펜더거스트 조직은 트루먼이 상원의 선거에 나서는 것이 필요했고 그래서 필요한 자금은 자기가 공급하기로 했다. 며칠 후 엘워드(Aylward)와 짐 펜더거스트(Jim Pendergast)가 트루먼에게 선거운동을 시작하라고 각각 500불씩을 주었다.[28] 트루먼의 처음 반대는 그의 나이에 모든 남자들이 도달하고 싶어 하는 곳에 온데 대해 황홀감을 감추었다.[29]

11월 선거에서 프랭클린 루즈벨트 대통령의 파도를 타고 트루먼은 선거에서 현직 상원의원을 물리치고 승리했다. 1억 3천만 인구의 미국에서 96명의 상원의원들 가운데 한 사람이 되는 것이 그에게는 아주 기쁜 일이었지만 선출된 공직자의 직책이 얼마나 불확실한 것인지에 대해서 그리고 미국의 수도인 워싱턴에서 직면할 도전들에 대해서 잊지 않았다. 처음에 트루먼은 상원의원직에 자신이 어울리는 지에 대한 스스로의 의구심으로 고민했다. 그러나 당시 일리노이주 출신인 72세의 제이 해밀턴 루이스(J. Hamilton Lewis) 민주당 원

---

28) David McCullough, *TRUMAN,* New York: Simon and Schuster Paperbacks, 1992, pp. 203－204.

29) Harry S. Truman, *The Autobiography of Harry S. Truman,* Columbia, Missouri: University of Missouri Press, 2002, p. 67.

내총무의 기억할 만한 다음과 같은 충고가 그의 걱정을 달래 주었다:

> "해리, 열등의식으로 시작하지 말라. 처음 6개월 동안에는 도
> 대체 어쩌다 당신이 여기에 왔는가 하고 의아해 하겠지만 그 이후
> 에는 도대체 나머지 의원들이 어떻게 여기에 왔는지 의아해 할 것
> 이다."30)

시간이 흐르면서 트루먼은 루이스 의원이 해준 친절한 충고의 진
실을 알게 되었다. 비록 그가 존경하는 몇 명의 상원의원들이 있었지
만 그는 대부분의 동료 의원들에 못지않게 자신도 자격이 있다는 것
을 느끼게 되었다.31) 그리하여 트루먼은 샘 레이번(Sam Rayburn) 하
원의장이 모든 신출 의원들에게 "잘 지내면서 함께 가라"는 유명한
충고를 따랐다.32)

당시 미국에서는 다수당 초선의원의 임기는 재선에서 유리한 인
기 있는 대통령과 같은 정책의 공천 후보자로 출마하고 있었다. 그러
나 1940년에 트루먼의 경우는 그렇지 않았다. 상원에서 6년을 보냈
지만 그에게는 중요한 업적이 아무 것도 없었다. 게다가 캔자스 시티
정계 보스인 톰 펜더거스트와 그의 밀접한 관계가 이제 그에겐 주요
약점이 되었다. 한 해 전, 즉 1939년 펜더거스트는 탈세로 유죄판결
을 받아 15개월 동안 감옥에서 보냈다. 비록 연방 재무부 내국세국
과 법무부가 펜더거스트를 몰락시켰지만 자신의 정치경력을 위해 아

---

30) David McCullough, *TRUMAN*, New York: Simon and Schuster Paperbacks, 1992, p. 214.
31) Robert Dallek, *Harry S. Truman*, New York: Times Books, 2008, p. 10.
32) *Ibid.*, p. 11.

주 많은 일을 했던 그의 동맹을 포기하기 않았다. 오히려 정반대로 그는 완강하게 펜더거스트를 옹호하면서 공화당 판사들에 의해 잭슨 카운티를 손상시키려는 마녀사냥이라고 그의 기소를 공개적으로 공격했다.[33]

그러나 루즈벨트 행정부가 펜더거스트의 몰락에 적극적으로 관련되면서 트루먼은 자기 후원자의 부패에 눈을 감는 무비판적 정파주의자로 보일 수밖에 없게 되었다. 루즈벨트 대통령으로부터 아무런 지원도 받지 못하고 미주리주 언론이 그를 반대하는 가운데 그는 당시 인기 있는 미주리주 지사인 로이드 스타크(Lloyd Stark)와의 예선에서 자신이 약자임을 잘 알고 있었다. 그러나 트루먼은 하나의 작은 기적을 이루었다. 뉴딜정책을 향한 그의 당당한 지지와 국제적 위험의 시대에 군사적 준비에 대한 그의 강력한 지지, 그리고 스타크 주지사의 실수 등으로 인해 트루먼은 예선에서 성공했다. 1940년 11월 선거에서 미주리주는 루즈벨트의 3선을 위해 선거인단 지지를 했다. 그리고 트루먼은 아주 근소한 차이로 미주리주의 상원의원으로 재선되었다.[34]

1940년 이후 운명의 주사위가 그에게 행운을 가져왔다. 미국이 유럽에서 진행 중인 전쟁에 관여하기 시작하면서 트루먼은 아무도 예상하지 못한 정치적 두각을 나타낼 수 있었다. 1941년 12월 7일 일본의 진주만 공격으로 미국이 제2차 대전에 참전하기 이전에 트루먼은 그의 상원 동료의원들과는 다르게 대중적 명분을 발견했던 것

---

33) *Ibid.*, pp. 11-12.
34) Alonzo L. Hamby, *Man of the People: A Life of Harry S. Truman*, New York: Oxford University Press, 1995, pp. 228-247.

이다. 1940년 미국을 '민주주의의 무기고'(the arsenal of democracy)로 만들겠다는 루즈벨트 대통령의 결연한 천 명에 의해 촉발된 산업계의 동원으로 트루먼은 방위산업 계약자들에 의한 낭비와 사기에 관한 의혹들을 포착하여 조사를 시작했다. 그리하여 그는 군사문제 분과위원회의 위원장이 되었고 바로 그 역할을 수행하면서 부당이득 취득행위를 감소시키고 미국의 군비건설의 비용을 줄이고 보다 효율적으로 만들었다.[35] 1941년 1월 트루먼은 남부와 중서부 지역에 있는 여러 군사시설을 방문하고 그곳에서 시정을 절규하는 낭비와 부당이득 취득행위를 보았기에 공식적 조사를 제안했다. 비록 백악관은 의회의 조사에 예민하지 않았음에도 불구하고 루즈벨트 대통령은 덜 우호적인 하원 위원회의 조사를 차단하려는 방법으로 트루먼 상원의원의 제안에 서명했다.

트루먼의 7명으로 구성된 위원회의 모든 위원들은 비교적 무명의 상원의원들이었다. 그러나 그들의 청문회가 이런 상황을 완전히 바꾸어 놓았다. 1941년 봄에 그들은 군사기지들을 방문했고 그곳에서 그들은 산업계 동원의 과다한 비용을 고발하고 그 과정을 향상시키기 위한 지속적 조사의 필요성을 역설했다. 가을이 되자 트루먼 위원회는 낭비를 폭로하고 신문들의 헤드라인을 장식했다. 그리하여 3명의 상원의원들이 자진해서 추가로 이 위원회에 참여하여 트루먼 위원회의 위원들의 수가 10명으로 확대되었다.

더 나아가서, 군수산업, 노동 그리고 행정부의 생산관리국(Office of Production Management)에 대한 트루먼 위원회의 공정한 비판으

---

35) Robert Dallek, *Harry S. Truman*, New York: Times Books, 2008, p. 12.

로 의회, 백악관, 언론 및 대중들에게 위압적인 영향력을 갖게 되었다. 그리하여 루즈벨트 대통령은 엉성한 생산관리국을 한 사람의 국장 하에 "전시생산이사회"(War Production Board)로 대치했다. 이 새 국장은 자연자원의 분배와 계약의 승인 및 미국과 동맹국들의 전쟁에서 쓰이는 기계들을 공급할 수 있는 무장의 구축을 간소화할 수 있게 되었다. 1942년과 1944년 사이의 2년 동안 트루먼 위원회는 수백회의 청문회를 개최하고 언론과 대중들로부터 수십억 달러를 절약하여 전쟁 노력을 향상시켰다는 거의 만장일치의 칭송을 획득했다. 그리하여 저명한 시사 주간지 타임(*Time*)지가 해리 트루먼의 사진을 표지로 싣고 트루먼 위원회의 일이 미국방위의 최전선이라고 불렀다. 그리고 워싱턴에서 전쟁 노력에 대해 10명의 가장 중요한 기여자에 관한 기자들의 여론 조사에서 트루먼이 그런 칭송을 획득한 유일한 상원의원으로 포함되었다. 다른 사람들도 트루먼 위원회의 일을 미국 역사에서 가장 성공적인 의회 조사라고 서술했다.[36]

1944년에 트루먼이 집권 민주당 부통령으로 지명된 것은 결코 완전하게 드러나지 않을 신비에 쌓인 정치적 사건들 중의 하나이다. 루즈벨트 대통령의 전기작가인 제임스 맥그리거 번스(James MacGregor Burns)에 의하면 "루즈벨트 대통령이 부통령의 지명을 다루는 문제에서 보다 더 권모술수의 과정을 추구한 적이 없었다."[37] 1944년 초에 현재 부통령인 헨리 월러스(Henry Wallace)는 민주당에서 분열적 세력이라는 사실이 분명했다. 기회 있을 때마다 뉴딜(the New Deal)

---

36) Robert Dellek, *Harry S. Truman,* New York: Times Books, 2008, p.13.
37) James MacGregor Burns, *Roosevelt: The Soldier of Freedom,* New York: Harcourt Brace Jovanovich, 1970, pp. 503 – 506.

정책의 확대를 선호하는 그의 극단적 자유주의자들과 동일시하는 당의 보수주의자들, 즉 남부인들과 잘 맞지 않았다. 그들은 주들과 지방을 대가로 연방정부 권위의 추가적 확장을 반대했다. 북부에서 조차도 많은 사람들이 전쟁에서 승리한 후에 연방 관료제와 노동조합들의 지속적 성장을 억제하고 싶어 했다. 그리하여 그의 4선의 임기를 다 마칠지를 알 수 없는 건강하지 않은 루즈벨트 대통령의 계승권을 가질 월러스 부통령을 유지하는데 동정적이지 않았다.

루즈벨트는 민주당 내 이 파벌이 아니면 저 파벌을 소외시킬 수 있는 어느 후보자에게도 분명한 시인을 거부했다. 오히려 그는 월리스를 포함하여 여러 사람들이 자기를 부통령 직을 위해 지지할 것이라고 생각하도록 진작했다. 그러나 루즈벨트는 월러스 부통령을 1944년 봄에 중국과 러시아에 현지답사 여행을 보냄으로써 월러스를 버릴 의도를 과시했다. 그것은 월러스가 민주당 전당대회 직전의 시기에 자신의 후보직을 직접 밀고 갈 수 없게 막는 것을 의미했다. 루즈벨트는 여러 인물들과 비슷한 게임을 하면서 가능한 관심을 시사했는데 트루먼도 그런 대상들 중 한사람이었다. 그러다가 결국 루즈벨트와 민주당 보스들이 트루먼을 최선의 대안으로 간주했다.

트루먼은 보수주의자들과 자유주의자들에게 연계한 남북간 경계주인 미주리주 출신으로 견고한 뉴딜정책의 지지자였기 때문이다. 뿐만 아니라 그의 정직성과 애국주의는 나무랄 데가 없었다. 트루먼은 4선의 임기 말에 루즈벨트가 자기를 계승하길 원하는 누구나 정할 수 있는 거대한 루즈벨트 대통령의 그림자 속에 머물 것이다. 4년 후 해리 트루먼은 무명인이 된 많은 부통령들에 합류할 것이고 부통령 직에 관해서는 할 말이 아무 것도 없다는 우드로 윌슨(Woodrow Wilson)의 관찰을 공유할 것이다.[38]

트루먼은 긴 선거운동 기간 동안 루즈벨트 대통령과 아무런 직접적인 접촉이 없었다. 8월에 백악관에서 점심 모임이 있었을 뿐이었다. 트루먼은 기차로 미국의 전역을 여행하면서 루즈벨트 대통령을 위해 선거운동을 했다. 루즈벨트가 또 다른 4년 임기를 마치지 못할 것이라고 암시하면서 트루먼이 대통령 직에 적합하지 않다는 많은 공격에도 불구하고 선거의 결과는 트루먼과 아무런 관계가 없었다. 그것은 루즈벨트와 공화당 후보인 토마스 듀이(Thomas E. Dewey) 간의 선거였다. 비록 승리의 차이가 그의 4번의 선거 중에서 가장 작았지만 4천 7백만 유권자들로부터 3백 5십만 표차로 승리했고 선거인단에서는 432대 99라는 4배의 차이로 공화당의 듀이 후보자에 압승했다.[39]

트루먼은 부통령으로 재직했던 82일 동안에 루즈벨트 대통령을 오직 2번 상면했을 뿐이었다. 사실 루즈벨트 대통령이 1945년 1월 20일 그의 네 번째 취임 후 오직 30일 동안만 워싱턴에 머물렀다. 루즈벨트는 부통령과 국정을 논하지 않았으며 그 해 2월 처칠 영국 수상과 소련의 최고지도자 조셉 스탈린과 개최했던 중대한 얄타(Yalta)회담이나 개발이 임박한 원자탄에 관해서도 그는 새 부통령과 전혀 논의하지 않았다.[40] 루즈벨트가 트루먼 부통령에게 털어놓지

---

38) Arthur M. Schlesinger Jr., *The Cycles of American History*, Boston: Houghton Mifflin, 1989, pp. 337 – 342.

39) Robert Dallek, *Harry S. Truman*, New York: Times Books, 2008, p. 16.

40) David McCullough, *TRUMAN*, New York: Simon and Schuster Paperbacks,

않았던 것은 그가 임기를 다 채울 수 있을 것으로 믿었다는 것을 시사했다. 그리하여 트루먼은 루즈벨트의 건강이 문제가 될지 모른다고 이해했음에도 불구하고 대통령의 갑작스러운 죽음에 대해 아무런 대비도 하지 않았다. 그는 자신이 루즈벨트의 사망으로 대통령 직을 계승할 것이라고 전혀 상상도 하지 않았다. 그러나 운명의 주사위는 뜻밖에도 그를 백악관(the White House)의 주인으로 안내했다.

1992, pp. 332－342.

제2장
우연한 대통령(Accidental President)

> "대부분의 사람들은 대통령이 되려고 열망하지 않는다.
> 그것은 우연히 그들에게 다가온다."
> -해리 S. 트루먼-

"해리, 대통령이 서거했습니다." 아무런 영문도 모른 채 백악관에 황급히 도착한 해리 트루먼 부통령에게 루즈벨트 대통령의 영부인 엘리너 루즈벨트(Eleanor Roosevelt) 여사가 그렇게 말했다. 잠시 트루먼은 아무 말도 할 수 없었다. 그리고 마침내 그가 목청을 가다듬어 자기가 그녀를 위해 도울 수 있는 일이 있느냐고 물었다. 이에 대한 대답으로 엘리너 여사가 오히려 되물었다. "우리가 당신을 도울 수 있는 일이 있습니까, 해리? 이제 곤란에 처한 것은 당신입니다."[41] 다음 날 트루먼은 이 순간 마치 벼락을 맞은 것으로 느꼈다고 말했

---

41) Doris Kearns Goodwin, *No Ordinary Time: Franklin and Eleanor Roosevelt, The Home Front in the World War II,* New York: Simon and Schuster, 1994, p. 604; David McCullough, *TRUMAN,* New York: Simon and Schuster Paperbacks, 1992, p. 342; Robert H. Ferrell, *Harry S. Truman, A Life,* Newtown, Connecticut: American Political Biography Press, 1994, p. 177; Robert Dallek, *Harry S. Truman,* New York: Times Books, 2008, p. 17.

다. 그는 기자들에게 "달과 별들과 그리고 행성들이 모두 자기한테 떨어진 것 같다"고 말했다.[42] 어떤 의미에서는 그랬다. 아무런 국정 운영의 경험이 없는 부통령이 이제 세계대전의 와중에서 링컨 대통령 이후 가장 오래 재임했고 또 가장 존경받는 대통령을 대체했던 것이다.

대부분의 미국인들은 아직도 전쟁이 진행 중인 상황에서 백악관에 아직까지 입증되지 않은 정치지도자를 갖게 될 것이라고는 상상도 할 수 없었다. 참으로 해리 S. 트루먼은 자신의 말처럼 아주 우연히(by accident) 미국의 제33대 대통령이 된 것이다.[43] 따라서 모두가 불안했다. 그러나 누구보다도 아주 뜻밖에, 정말로 우연히 새 대통령이 된 트루먼이 아마도 가장 불안했을 것이다. 그러나 대통령 직에 오른 직후 며칠이 안 되어 트루먼은 자신의 옛 친구인 앨번 바클리(Alben Barkley) 상원의원의 충고를 가슴에 새겼다. 그는 트루먼에게 "자신을 믿어라. 만일 그렇지 않으면 국민들이 당신에 대한 믿음을 상실할 것"이라고 말했다.[44] 트루먼은 새 대통령으로서 국민들을 안심시키고 자신에 대한 대중적 지지를 구축하는 최선의 방법이란 루즈벨트가 천명한 전시와 전후 계획들을 성취하겠다는 자신의 결의

---

42) Alonzo L. Hamby, *Man of the People: A Life of Harry S. Truman,* New York: Oxford University Press, 1995, p. 293; A.J. Baime, *The Accidental President: Harry S. Truman and The Four Months That Changed The World,* New York: Houghton Mifflin Harcourt Publishing Company, 2017, p. 3.

43) A. J. Baime, *The Accidental President: Harry S. Truman and The Four Months That Changed The World,* New York: Houghton Mifflin Harcourt Publishing Company, 2017, p. x.

44) Alben Barkley, *That Reminds Me: The Autobiography of the Veep,* Garden City, New York: Doubleday, 1954, p. 197.

를 과시하는 것이라고 트루먼은 판단했다. 그래서 4월 12일 대통령으로 취임한 후 트루먼은 에드워드 스테티니어스(Edward Stettinius) 국무장관에게 지시하여 4월 25일 샌프란시스코에서 열릴 계획인 유엔조직회의(the United Nations Conference On International Organization)가 예정대로 열릴 것이라고 발표했다.

여전히 전쟁 중인 4월 12일 바로 그 날에도 전 지구적으로 비상한 사태 발전들이 전개되고 있었다. 미국의 제9군(the U.S. Ninth Army)이 서부전선에서 베를린(Berlin)으로부터 57마일 떨어진 엘베 강(the Elbe River)에 도달했다. 연합국들이 곧 알게 되겠지만 엘베 강은 유럽의 미래를 형성하는데 낯설고 또 중요한 역할을 수행할 예정이었다. 소련군은 비엔나(Vienna)에서 독일 나치들을 포위했고 동쪽으로부터 베를린으로 압박해 들어가고 있었다. 나치 독일은 몰락하고 있었다. 연합군들은 베를린에 있는 히틀러의 벙커(Hitler's bunker)를 향해 진격하면서 경악할 발견들을 했다.

4월 12일 오전에 프랑크푸르트(Frankfurt)의 북동쪽 80마일 지점에서 연합국 원정군 최고 사령관인 드와이트 아이젠하워(Dwight Eisenhower) 장군은 오르드루프(Ohrdruf)라는 죽음의 수용소에 정문을 통해 들어가서 처음으로 나치스의 최종해결(the Nazi Final Solution)의 공포를 목격했다. 이 때 조지 패튼(George Patton, Jr.), 오마 브래들리(Omar Bradley) 장군들과 수십 명의 군사경찰들, 군장교들, 그리고 그 뒤를 따라오는 보병들이 그의 옆에 있었다. 그것은 연합국들에 의해 해방된 첫 강제수용소로 그곳에는 아직도 살아남은 포로들이 있었다. 수많은 다른 미국인들처럼 아이젠하워도 죽음의 수용소들에 관해서 읽었었다. 이제 그는 자신의 눈으로 증거를 목격하고 있었다. 그는 그 소용소의 모든 구석구석을 증언할 의무감을 느꼈다.[45]

죽음의 수용소를 방문한 직후 아이젠하워 최고 사령관과 그의 동료 장군들은 가까운 패튼 장군의 야전사령부에서 다시 모였다. 아이젠하워는 펜타곤(Pentagon)에 있는 육군참모총장 조지 마샬(George C. Marshall) 장군에게 전보를 쳤다. 바로 그 날 아이젠하워는 자기가 목격한 것들을 묘사할 수 없다며 굶주림과 잔혹성 그리고 금수의 짓에 관한 시각적 증거와 구두 증언이 너무나 지독해서 자기가 메스꺼울 정도라고 썼다. 그는 미국정부에게 유럽으로 와서 이런 무시무시한 것들을 기록하기 시작하도록 일단의 언론인들을 즉시 조직하라고 촉구했다. 나치스의 잔혹상에 대한 이야기들을 단지 선전이라고 치부하는 사람들이 여전히 있었다. 아이젠하워는 냉소적 논쟁의 여지를 남기지 않도록 미국과 영국의 대중들 앞에 그 증거가 즉시 제시되어야 한다고 믿었다.

한편, 극동에서는 전쟁이 오키나와(Okinawa)에서 치열하게 벌어지고 있었다. 4월 1일 수만 명의 미군들이 11일 전에 그곳에 상륙했다. 시간이 되면 미국의 제10군단의 54만 천 명의 미군들이 일본의 11만 명의 제32군단과 대적할 것이다. 남태평양에 있는 섬인 괌(Guam)에 있는 제21폭격단 지휘를 위한 본부에는 커티스 르메이(Curtis LeMay) 장군이 일본의 본토를 향해 B-29 폭격기들의 임무에 착수할 준비를 하고 있었다. 이 임무는 지금까지 재래식 폭탄들을 사용했다. 그러나

---

45) A. J. Baime, *The Accidental President: Harry S. Truman and The Four Months That Changed The World,* New York: Houghton Mifflin Harcourt Publishing Company, 2017, p. 7.

4월 13일의 임무는 소이탄을 사용할 것이다. 르메이 장군은 도쿄의 수마일을 완전히 불태워버릴 준비를 하고 있었다.

4월 13일 아침에 트루먼은 평상시처럼 일찍 눈을 떴다. 대통령으로서 그의 첫 날은 마침 토마스 제퍼슨의 탄생 기념일이었다. 그가 희망하는 좋은 징조였다. 왜냐하면 그의 정치경력의 시점에서 어떤 정치철학과 동일시했다면 그는 제퍼슨주의자 민주당원이었기 때문이다. 트루먼이 처음으로 대통령의 의자에 앉았을 때 그가 어디를 둘러보나 프랭클린 루즈벨트의 흔적을 볼 수 있었다. 트루먼은 그 날 바로 업무를 시작할 준비가 되었다. 그래서 비서관에게 책상에서 루즈벨트의 물건들을 치우고 그것들을 루즈벨트 부인을 위해 보존하라고 요구했다.

채 한 달도 안 되어 61세가 될 트루먼은 제15대 제임스 부캐넌(James Buchanan) 대통령 이후 가장 나이가 많은 대통령이 되었으며 제31대 허버트 후버(Herbert Hoover) 대통령 다음으로 미시시피 강 서쪽 출신의 오직 2번째 대통령이었다. 그는 대통령의 죽음으로 인해 대통령 직에 오른 7번째 부통령이었다. 이번에 새 대통령이 된 트루먼은 역사상 최대의 전쟁 와중에 대통령 직을 계승하여 과거 어느 누가 소유했던 것보다도 더 많은 권력을 물려받았다. 당시 대법원 로버트 잭슨(Robert H. Jackson) 판사가 루즈벨트의 장례식사에서 말했던 것처럼 알렉산더나 시이저 혹은 한니발이나 나폴레옹 아니 히틀러, 그 누구도 그런 거대한 물리적 힘의 집성체를 지휘한 적이 없었다.[46] 당시 미국은 1억 4천만 인구의 나라였다. 그리고 국무성에 따

---

46) A. J. Baime, *The Accidental President: Harry S. Truman and The Four Months*

르면 1,209만 6,651명의 병력을 갖고 있었다.

트루먼이 백악관에 들어올 때 한 가지 장점을 가지고 있었다면 그것은 국내전선에 관한 자세한 지식, 다시 말해서 미국이 어떻게 '끓는 산업 보일러'가 되었는지에 대한 친숙한 지식이었다. 1941년 전쟁 초기에 루즈벨트는 미국이 모든 연합국들에게 전쟁의 도구를 제공할 '민주주의의 무기고'임을 상상했었다. 이제 1945년 4월 13일 그 꿈은 실현되었다. 전쟁물자 생산은 정점에 도달했다. 미국의 모든 곳에서 산업적 기적들이 작동하고 있었다. 트루먼은 이제 모든 산업 및 군사적 힘의 최고 운영자였다. 그 힘은 그의 집무실에서 알 수 있었다. 미국의 국가적 상징인 커다란 미국의 성조기가 서있고 대담한 독수리 모형들 그리고 국가의 공식적 표상들이 그의 책상 뒤에 자리 잡고 있었다. 트루먼 대통령은 고등학교 수준을 넘는 교육을 별로 받지 않았지만 그러나 워싱턴 관리들이 곧 발견했듯이 그는 현저하게 교육되었다. 평생에 걸친 독서를 통해 그는 수많은 세계지도자들의 승리와 비극들에 익숙했다.

10시 15분에 스테티니어스 국무장관이 합동 참모진과 전시각료들과 함께 도착했다. 트루먼은 그들을 오직 피상적으로만 알고 있었다. 65세의 조지 마샬 장군은 육군 참모총장이었을 뿐만 아니라 그의 군사적 판단은 영국의 윈스턴 처칠 수상과 소련의 조셉 스탈린 원수와 같은 사람들에 의해서조차 별로 도전 받은 적이 없는 인물이었다.[47]

That Changed The World, New York: Houghton Mifflin Harcourt Publishing Company, 2017, p. 7.
47) David L. Roll, *George Marshall: Defender of the Republic,* New York: Dutton Caliber, 2019.

트루먼 앞에는 53세의 비범한 집중력과 불안한 에너지의 소유자인 제임스 포레스털(James Forrestal) 해군장관이 앉아 있었다. 이날 모임에는 77세의 늙은, 그러나 깊이 존경받는 전쟁장관 헨리 스팀슨(Henry Stimson)과 대통령의 비서실장인 해군제독 윌리엄 레이히(William Leahy)도 앉아 있었다. 군인들은 정복을 입고 왔으며 민간인들은 양복을 입고 있었다. 트루먼을 제외하고 이들 모두는 부와 예일대학, 프린스턴 대학에서 미해군 사관학교에 이르는 최고 학력의 소지자들이었다. 그 방에 있던 모두가 긴장을 느낄 수 있었다.

국무장관이 먼저 말하도록 요구되었다. 트루먼은 원하는 만큼 길게 말해도 된다고 말했다. 국무장관은 2주 후에 열릴 샌프란시스코 유엔조직회의 문제를 들고 나왔다. 트루먼이 자기는 샌프란시스코에 가지 않기로 결정했다고 말했다. 루즈벨트가 이미 국무장관이 이끌 대표단을 임명했었다. 그러하니 국무장관이 샌프란시스코에 가서 회담을 아주 성공적으로 수행하라고 스테티니어스 국무장관에게 말했다. 국무장관은 그렇게 하겠다고 말하고 그것이 적절하다고 동의했다. 그리고 국무장관은 처칠 수상을 가능한 한 빨리 직접 만나야 한다고 제안했다. 그런 방향으로 조치를 취하길 원하느냐는 국무장관의 물음에 트루먼은 윈스턴 처칠의 빠른 미국 방문을 고무하기 위한 그가 취할 어떤 조치도 중요한 관심사가 될 것이라고 말했다. 그리고 나서 마샬과 레이히가 현재의 군사적 상황을 간단히 요약하면서 독일을 패배시키기 위해서 적어도 6개월이 필요할 것인 반면에 태평양에서 작전은 더 오래 걸릴 것이라고 말했다. 합동참모본부는 일본을 굴복시키는 데는 추가적 18개월이 걸릴 것이라고 믿었다. 싸워야 할 전쟁이 많이 남아 있었다. 모든 군 최고 관리들이 일본은 지상군의 침공에 의해서 굴복시킬 것이라고 동의했다. 오버로드작전(Operation Overlord)과 유럽의 디 데이(D-Day) 침공의 성공이[48] 이 주장을 뒷받침했다. "함락 작전"(Operation Downfall)이라는 작전명의 일본의 침공은 당시 국방성 안에서 아직 기획단계에 있었다.[49]

트루먼 대통령은 그가 루즈벨트의 정책들을 수행할 것이며 연합국들이 동원할 수 있는 모든 자원으로 독일과 일본에 대한 무조건 항복을 강제할 작전이 계속될 것이라는 사실을 세계의 인민들에게 보증하기 위해 의회에서 연설을 해야 할 것이라고 말했다. 그것은 좋은 생각이라고 모두가 동의했다. 그리하여 의회에 대한 트루먼의 첫 메시지는 3일 후 월요일로 계획되었다. 그 방에 있던 모든 사람들이 알고 있듯이 트루먼의 연설의 발표는 강렬한 기대를 야기할 것이다. 왜냐하면 그것이 국가적 무대에 새 대통령의 첫 출연(debut)이 될 것이기 때문이다. 이것을 끝으로 장관들과 합동 참모들은 자리에서 일어났다. 마샬 장군과 스팀슨 전쟁장관이 같이 백악관을 나설 때 스팀슨은 트루먼에 대한 자신의 인상을 "호의적"(favorable)이라고 말했다. 마샬 장군은 압박이 느껴질 때까지는 그가 진정으로 어떤 사람인지 우리가 알 수 없을 것이라고 대꾸했다.

트루먼의 집무실에서 레이히 제독이 남아서 트루먼과 독대를 가

---

48) D-Day 작전에 관한 나의 간결한 서술을 위해서는, 강성학, <윈스턴 S. 처칠: 전쟁과 평화의 위대한 리더십> 서울: 박영사, 2019, pp. 170-178.

49) A. J. Baime, *The Accidental President: Harry S. Truman and The Four Months That Changed The World*, New York: Houghton Mifflin Harcourt Publishing Company, 2017, p. 122.

졌다. 루즈벨트를 위한 최고 군사적 보좌관으로 레이히는 무정한 날을 고통스러워하고 있었다. 그는 수년 동안 루즈벨트와 특별한 관계를 유지했다. 69세의 그는 트루먼보다 상당히 더 늙고 어느 다른 미국인들보다 더 최신 군사정보를 알고 있었다. 군인으로서 그는 명령계통을 이해했지만 사적으로 그는 수준이 안 되는 사람으로 믿고 있는 행정수반에게 보고하는 일에 대한 자신의 낙심을 표현할 수밖에 없었다. 일본의 진주만 공격 직후부터 레이히는 루즈벨트를 매일 아침에 만나 군사문제에 관해 보고했던 사람이었다. 트루먼은 동일한 일을 해달라고 레이히에게 말했다. 트루먼은 레이히가 익숙하지만 자기에겐 그렇지 않은 전쟁의 모든 요소들을 자기가 다루는데 필요한 동안 내내 그 자리에(비서실장) 남아있기를 바란다고 말했다. 그러자 레이히는 자기는 자기 일을 한 가지 방식으로 밖에 할 줄 모른다며 만일 자기가 비서실장으로 남는다 해도 바뀌기는 불가능하며 트루먼이 실수하고 있다고 생각하면 그렇게 말할 것이라고 트루먼에게 말했다. 이에 트루먼은 그것이 바로 정확하게 당신이 해주길 바라는 것이라며 자기가 실수를 한다고 생각하면 당신이 말해주길 바란다고 말했다. 그러면서 트루먼은 물론 자기가 결정할 것이며 결정이 이루어진 후에는 그가 충성하길 기대할 것이라고 말했다.[50] 이렇게 레이히 제독은 트루먼 대통령의 비서실장이 되었다.

12시 15분 트루먼은 의사당으로 향했다. 의사당 안에서 상원의원들과 하원의원들이 그를 반겼다. 트루먼은 샘 레이번(Sam Rayburn)

---

50) A. J. Baime, *The Accidental President: Harry S. Truman and The Four Months That Changed The World*, New York: Houghton Mifflin Harcourt Publishing Company, 2017, p. 123.

하원의장과 10여 명의 상원의원들과 양당 원내총무들과 악수했다. 그들은 트루먼을 기대하지 않았다. 그의 방문이 도착 직전에 알려졌기 때문이다. 반덴버그(Vandenberg) 상원의원은 전통이 깨졌지만 그의 방문은 현명하고 영민한 것이었다고 기록했다. 수년 동안 루즈벨트는 전시권한을 이용하여 많은 결정에서 의회를 배제시켜 행정부와 입법부 사이에 마찰을 야기했다. 이제 이 의원들은 상원의 훌륭한 친구인 트루먼이 그런 추세를 뒤집고 그들의 손에 권한을 되돌릴 것이라고 믿었다. 반덴버그 의원은 의회에 대한 행정부의 경시의 날들이 끝났고 의회가 정당한 지위를 갖는 정부로 돌아가고 있다고 썼다. 반면에 트루먼은 대통령으로서 의사당에 있는 친구들의 이익과 충돌하는 입장이 될 수 있을 것임을 알고 있었다. 의회와 싸우지 않는 대통령은 좋지 않으며, 따라서 지금이 선의의 토대를 놓을 때였다고 트루먼은 후에 말했다.

의사당 내에서 점심식사 후 트루먼은 3일 후에 의회의 상하합동회의에서 연설할 것이라고 말했다. 그리고 그는 그들에게 협조를 요청했다. 그들은 트루먼이 정직한 인물임을 잘 알고 있었다. 또한 그들은 그가 미국의 대통령으로서 얼마나 준비가 안 되었는지 그리고 그가 대통령이라는 '엄청난 직책'(terrible job)을 결코 탐한 적이 없다는 것도 잘 알고 있었다. 트루먼은 정당과 관계없이 그들의 도움을 필요로 할 것이다. 트루먼은 그 날 버몬트(Vermont)주 출신의 조지 애이컨(George Aiken) 상원의원에게 "나는 이 직책을 감당할 충분히 큰 거물이 아니다"고 거듭 말했다.[51] 트루먼이 의사당 건물에서 나

---

51) A. J. Baime, *The Accidental President: Harry S. Truman and The Four Months*

오자 일단의 기자들이 모였지만 인터뷰는 없다고 말했다. 한 기자가 대통령에게 행운을 빈다고 말하는 것을 들은 트루먼의 두 눈에는 눈물이 가득했다.

오후 2시 반에 제임스 번스(James F. Byrnes)가 백악관에 도착했다. 62세의 푸른 눈을 가진 번스는 워싱턴의 전설적 인물로 사우스 캐롤라이나주 출신의 뉴딜정책을 지지하는 민주당원이었다. 그는 고등학교도 마치지 않았으나 변호사로서 출세하여 의사당에 선출된 관리였다. 9개월 전에 번스는 부통령의 지명을 기대하며 시카고에서 열린 민주당 전당대회에 갔었지만 루즈벨트로부터 경멸을 받았다. 번스는 심하게 배신감을 느낀 나머지 전시동원국(the Office of War Mobilization) 국장 자리를 그만두고 워싱턴을 떠나 사우스 캐롤라이나에 있는 집으로 돌아가 주지사 직에 나설 계획이었다. 그러나 프랭클린 루즈벨트가 죽자 4월 13일 자정이 10분이나 지난 시간에 번스는 트루먼에게 자기가 봉사할 수 있다면 불러달라고 전보를 쳤다. 그는 즉시 워싱턴으로 비행하여 지금 트루먼의 집무실에 들어선 것이다. 그들은 태양 아래 모든 것을 논의했다고 트루먼은 회고했다.

제임스 번스는 얄타에서 처칠과 스탈린 그리고 루즈벨트 사이의 회담에 관한 속기록을 갖고 있다고 말하고 그것을 트루먼에게 넘겨주기로 동의했다. 그리하여 트루먼은 번스를 국무장관으로 고려하고 있다고 말했다. 국무장관 자리는 대통령 직을 위한 다음 서열이었다. 현재 국무장관인 스테티니어스는 사적인 활동 분야의 출신이었다.

That Changed The World, New York: Houghton Mifflin Harcourt Publishing Company, 2017, p. 124.

만일 트루먼이 죽거나 직무수행이 불가능하게 된다면 그는 공직자, 다시 말해서 미국 국민에 의해서 선출된 공직자가 계승자가 되길 원했다. 그래서 트루먼은 의회에서 거의 26년의 경험을 가진 번스를 신임했다. 게다가 번스는 트루먼처럼 초라한 시작에서 성공한 인물이었다. 번스는 국무장관직 제안에 뛸 듯이 기뻐하며 수락했다고 한다. 현 국무장관은 샌프란시스코 유엔회의를 위해 떠날 참이었다. 번스의 임명은 잘된 것이지만 한동안 비밀이 유지되어야 했다. 그것은 곧 워싱턴에서 잘 지켜지지 못한 비밀이었다.

트루먼의 집무실을 떠나기 전에 번스는 하나의 금기시된 의제를 제기했다. 아주 엄숙하게 그는 미국이 전 세계를 파괴하는데 충분할 거대한 폭발물을 완성하고 있다고 트루먼에게 말했다. 트루먼은 이 비상계획의 존재에 관해서 알고 있었지만 자세하게는 몰랐다. 번스는 새 발명이 군사적 무기로서 잠재력뿐만 아니라 정치적 무기로서 잠재력을 믿었다. 즉 그 폭탄은 전쟁의 종결시에 미국으로 하여금 미국의 조건들을 강요할 지위에 놓을 것이라고 말했다. 시간이 짧았다. 그래서 트루먼은 맨해튼 프로젝트(Manhattan Project)에 관한 정보를 갖지 못했다. 그는 제임스 번스가 그의 가장 신임하는 보좌진의 한 사람이 될 것이라는 것만 보장했다.[52]

번스가 떠난 직후 스테티니어스 국무장관이 그 날의 마지막 접견을 위해 트루먼의 집무실로 돌아왔다. 그는 트루먼에게 얄타회담 이후 소련과의 관계가 악화되었다고 설명했다. 트루먼은 이것을 이해

---

52) A. J. Baime, *The Accidental President: Harry S. Truman and The Four Months That Changed The World,* New York: Houghton Mifflin Harcourt Publishing Company, 2017, p. 126.

했지만 그 이유를 물었다. 이것은 답변하기에 쉬운 질문이 아니었다. 그래서 국무장관은 찰스 볼렌(Charles Bohlen)에게 말할 기회를 요청했다. 그는 루즈벨트 대통령의 러시아어 통역관이었고 또 미소관계에 대해 국무성의 견해를 존중했다. 곧 볼렌이 들어와서 전날 루즈벨트가 의식을 잃기 전의 순간까지 스탈린과 루즈벨트 사이에 오고 간 전문들에 관해 설명했다. 스탈린은 그가 얄타에서 했던 많은 중대한 약속들에 등을 돌리는 것처럼 보였으며 폴란드(Poland)가 문제의 관건이었다. 소련은 폴란드의 지배를 원했다. 그리고 얄타에서 인지된 합의에도 불구하고 폴란드를 소유하려 했다. 스탈린과 어떻게 진행할 것인지를 결정하는 것은 이제 트루먼에게 달렸다. 그리고 트루먼은 러시아인들에게 단호하게 대할 의도임을 분명히 했다. 국무장관이 그동안 미국이 러시아인들을 너무 쉽게 다루었다고 트루먼이 생각하는 인상을 받았다고 기록했다.

스테티니어스 국무장관은 모스크바에 있는 애버렐 해리먼(Averell Harriman) 소련 주재 대사로부터 온 비상한 공식성명서(communique)를 갖고 있었다. 해리먼 대사는 소련의 지도자가 루즈벨트의 사망에 크게 충격을 받았으며 그 사건으로 인해 분명히 스탈린이 행동할 것이라고 자신의 전문에서 설명했다. 해리먼 대사의 보고에 따르면 이제 스탈린이 트루먼에 대한 제스처로 자신의 제2인자인 비야체슬라프 몰로토프(Vyacheslav Molotov)를 12일 후에 시작할 샌프란시스코 유엔회의에 파견하는데 동의했다. 과거에 소련은 두 나라 간의 흔들리는 관계 때문에 몰로토프가 참석하지 않을 것이라고 루즈벨트에게 알렸었다. 만일 소련이 샌프란시스코 회의에 참석하지 않는다면 유엔은 분명히 실패할 수밖에 없었다. 이제야 소련은 대표를 파견하기로 동의했다. 유엔의 총체적 존재는 이 결정에 살거나 죽었으며 이미 트루먼의 대통령직 첫날이 가기 이전에 이미 역사가 만들어 진 것으로 보였다.53)

트루먼은 만일 몰로토프가 미국에 온다면 그는 당연히 워싱턴을 방문해야 한다고 생각했다. 해리먼 대사에게 만남을 주선하라고 지시하는 전문이 모스크바로 보내져서 소련인들과 트루먼의 첫 대면의 무대가 설치되었다. 트루먼의 첫 날이 끝나기 전에 레이히 비서실장은 트루먼이 지구적 비상사태와 폴란드 문제의 정체에 관해서 윈스턴 처칠과 그의 첫 통신을 구축하는 일을 도왔다. 트루먼은 윈스턴 처칠 수상에게 즉시 함께 고려해야할 긴급한 문제들이 있다. 폴란드의 급하고 위험스러운 문제와 소련의 태도를 마음에 두고 있다. 그들의 다음 조치가 가장 중요하다고 처칠에게 썼다.54)

루즈벨트 부인이 아직 백악관에 살고 있었다. 엘리너 루즈벨트와 그녀의 남편이 지난 12년간 이상 살았던 곳에서 이사할 때까지 트루먼 가족은 보통 방문하는 저명인사들이 묵는 블레어 하우스(Blair House)로 일단 이사했다. 이날 트루먼은 그가 가능할 것이라고 꿈을 꾼 이상으로 많은 서류를 읽었다. 그러나 저녁에도 그는 자신이 눈이 피곤할 정도로 정보 서류들을 읽었다. 그 날 일찍이 국무장관이 접견 담당 비서인 매튜 코넬리(Matthew Connelly)의 책상 위에 두꺼운 정

---

53) A. J. Baime, *The Accidental President: Harry S. Truman and The Four Months That Changed The World,* New York: Houghton Mifflin Harcourt Publishing Company, 2017, p. 127.
54) *Ibid.,* p. 128.

책건의서 서류들을 올려놓고 트루먼을 위한 중대한 발전에 관한 최신의 정보라는 메모를 붙여 놓았다. 그것은 국제관계의 발전 상황에 대한 압축판을 제공했다. 트루먼은 그 메모를 그 날 밤에 읽었다.

메모의 목차에는 미국의 가장 중요한 동맹국인 영국이 맨 먼저 올라 있었다. 영국은 중대한 정체성 위기를 겪고 있는 국가였다. 영국인들은 안전을 갈망하지만 그러나 주도적 지위에서 3강대국들의 주니어 파트너(junior partner)로 전락한 것을 깊이 의식하고 있다고 국무성 서류는 지적했다. 처칠은 소련인들에 대해 깊은 적개심과 점증하는 편집병을 보였다. 영국은 소련의 의도에 대한 점증하는 염려를 보여주고 있었다. 처칠은 믿을 만한 친구지만 그는 연합국들에게 어떤 비용이 들던 간에 영국의 이익이 최우선이라고 생각한다는 것을 결코 잊어서는 안 된다고 그 서류는 지적했다.

프랑스가 다음 차례였다. 프랑스는 나치로부터 해방된 후에 새정부의 수립이 필요했다. 샤를 드골(Charles de Gaulle) 장군이 권력을 잡았지만 그는 국가적이고 개인적인 위신에 사로잡힌 괴상한 인물이었다. 그리하여 프랑스는 종종 그들의 현재 국력에 전혀 맞지 않는 요구들을 했으며 어떤 경우에는 미국의 목적과 동기에 대해 비이성적인 의심을 보였다.

독일에 대한 국가정책은 다음의 목적들을 우선시했다. 그것들은 나치정권의 파괴, 전범자들의 처벌, 히틀러 군사정부의 추방, 그리고 모든 군수품 제조의 방지였다. 나치의 항복 후에 독일은 구역들로 분할될 것이라고 미국과 소련 그리고 영국 정부 간에 이미 합의했다. 3국은 각국이 자신의 구역들을 통치할 것이고 후에 프랑스에게는 제4

구역이 주어질 것이다. 이 외에도 독일의 미래는 워싱턴과 해외에서 여전히 논란의 주제였다. 히틀러 이후 독일은 어떻게 될 것인가?

국무성의 서류는 이탈리아에 심각한 문제, 특히 이탈리아의 북동쪽 트리에스테(Trieste) 주변의 중요한 영토를 유고슬라비아가 점령한 문제를 지적했다. 오스트리아와 아르헨티나의 문제도 있었다. 미국에게 긴급한 문제는 적의 점령으로부터 해방된 지역으로 물자를 공급하는 것이라고 국무성 서류는 지적했다. 기아와 실업과 인플레이션으로부터 이들 나라에 초래될 혼돈과 몰락이 주로 본질적 민간인을 위한 공급을 가용하게 함으로써 피할 수 있을 것이다. 만일 폭격을 맞은 유럽의 인민들이 식품과 난방을 위한 석탄을 얻을 수 없다면 그들은 공산혁명을 위한 극단주의적 집단들의 손쉬운 먹이가될 것이라고 같은 서류에서 지적되었다. 그러나 가장 절박한 문제는 분명히 러시아와 그들의 폴란드 지배라고 국무성 서류는 지적했다. 미국과 영국은 폴란드에서 모든 인민들을 진실로 대변하는 정부가 수립되는 것을 보고 싶지만 비극적 사실은 그들이 폴란드에 관찰자들을 보내도록 소련이 허용하지 않는 것이었다.[55] 소련은 여전히 폴란드를 군사적으로 점령하고 소련이 만든 괴뢰정권인 소위 루블린(Lublin)정부를 완전히 지원하고 있었다.

스탈린은 분명히 지난 2월 얄타에서 '해방된 유럽의 선언문'(the Declaration on Liberated Europe)에 루즈벨트와 처칠의 이름 옆에 서명했었다. 그런데 지금 소련인들은 폴란드에서 대담하게 민주주의를

---

55) A. J. Baime, *The Accidental President: Harry S. Truman and The Four Months That Changed The World,* New York: Houghton Mifflin Harcourt Publishing Company, 2017, pp. 130−131.

우롱하고 있었다. 트루먼은 그의 상원의원 시절부터 의회가 폴란드 문제에 얼마나 민감한 지를 잘 알고 있었다. 자신의 정부를 선택할 인민들의 자유가 미국과 영국 군인들이 이 전쟁에서 싸우고 죽은 이 데올로기의 핵심이었다. 만일 스탈린이 폴란드에서 괴뢰정부의 설치에 성공한다면 그가 히틀러의 손아귀에서 해방된 다른 동유럽의 모든 국가에서 또 다시 그렇게 하는 것을 무엇이 막을 수 있겠는가?

4월 14일 오전 워싱턴에는 죽은 루즈벨트 대통령의 관이 도착할 예정이었다. 트루먼은 관을 싣고 오는 기차를 맞이하러 기차역인 유니온 스테이션(Union Station)으로 나갈 예정이었다. 그는 이틀 후에 의회의 합동회의에서 행할 연설문의 전반적 필치의 윤곽을 잡고 연설문작성팀에게 백악관 회의실에서 작성하게 했다. 4월 14일 대통령을 공식적으로 처음 만날 사람은 세인트 루이스(St. Louis) 은행가이며, 트루먼의 가장 가까운 친구들 중 한 사람이며, 포커 놀이를 함께하는 존 스나이더(John Snyder)였다. 트루먼은 새로운 연방대여국(a federal loan administration) 국장을 임명할 필요가 있었고, 그래서 그는 스나이더에게 그 자리를 주겠다고 말했다. 스나이더가 자신이 적합한 인물인지 확신하지 못한다고 하자, 트루먼은 그가 바로 적합한 인물이라며 그의 이름을 인준을 위해 상원에 보내겠다고 말했다. 마침 제임스 번스가 방에 있었고 트루먼에게 그가 미국의 대통령임을 잊지 말고 그렇게 하도록 그에게 명령하라고 말했다.

재무장관 헨리 모겐소(Henry Morgenthau)와의 신속한 만남이 뒤따랐다. 모겐소는 루즈벨트의 가장 신임하는 보좌관들 중 한 사람이었으며 뉴욕의 하이드파크에서 루즈벨트의 이웃 사람이었다. 루즈벨트처럼 모겐소는 부유한 외교관 아버지에 의해서 양육되고 최고의 학교에서 교육받은 동부해안 기성집단에 속했다. 최근에 모겐소는 나치독일이 항복한 후에 어떻게 처리되어야 하는 문제에 관한 그의 이론으로 공격을 받았다. 그의 소위 모겐소 플랜(Morgenthau Plan)은 독일에서 모든 산업자산을 빼앗고 군사적 혹은 일체의 산업적 사업을 형성할 능력이 없는 오직 농업국가로 남기는 것이었다. 그 계획은 워싱턴에서 뜨거운 논쟁의 주제였다. 모겐소 재무장관은 유일한 유대인 각료였다 그렇기 때문에 많은 사람들은 그가 주창한 모겐소 플랜이 적절한 정책이라고 보기보다는 오히려 복수에 관한 것이라고 의심했다. 그럼에도 불구하고 그는 4월 14일 오전에 트루먼을 냉정하게 만났다.

트루먼이 모겐소 만큼이나 루즈벨트를 칭송했다고 말하자 모겐소가 주저하면서 그것은 가능하지 않다고 생각한다고 대꾸했다. 그러면서 모겐소는 자기는 이 전쟁을 아주 강력하게 느끼고 있다고 말했다. 그는 패튼 장군 휘하에 아들이 하나 있고 태평양 전선에도 또 다른 아들이 있는데 그가 탄 배가 막 두 번째 어뢰를 맞았다면서 자신의 첫 아이디어는 전쟁에서 이기고 그리고 난 다음에 평화를 이기는 것이라고 말했다. 그러자 바로 그것이 자기가 원하는 것이라고 트루먼이 말했다. 그리고 대화는 현안으로 돌아왔다. 모겐소는 살아 있는 누구보다도 세계의 재정적 흐름에 관해 아마도 더 많이 알고 있는 비상한 힘의 소유자였다. 트루먼은 전쟁과 국가의 재정에 관한 완전한 보고서를 요구했다. 모겐소가 출입문으로 이동하자 트루먼이 이제 그가 자기와 함께 일하기를 원한다고 말했다. 모겐소는 자기가 봉사할 수 있는 한 머물겠다고 대답했다. 만일 그럴 수 없는 때가 오면 자기가 직접 먼저 말하겠다고 트루먼이 말했다. 모겐소는 트루먼이 자신만의 정신을 갖고 있으며, 담력을 소유하고 있고 또 아주 신속한 결정을 하는 성향이 있다는 인상을 받았다고 자신의 일기에 기록했다.[56]

다음 날 0시 45분에 트루먼 대통령은 유니온 스테이션에 나왔다. 그곳에선 꼼꼼하게 다려진 제복을 입은 해군병사들이 성조기로 덮인 루즈벨트의 관을 7마리의 하얀 말들이 끄는 케이슨(caisson)으로 옮겼다. 그 마차는 거리를 천천히 지나 서쪽으로 헌정 길(Constitution Avenue)로 들어서서 의사당을 지나갔다. 오후 4시쯤 백악관 이스트룸(East Room)에서 장례식이 시작하게 되었다. 자신의 옆에 부인 베스(Bess) 그리고 딸 마가렛(Margaret)을 대동하고 트루먼 대통령이 들어설 때 그 방은 이미 조문객들로 가득 차 있었다. 관습에 따르면 미국의 대통령이 방으로 걸어 들어올 때는 모두가 일어섰다. 그러나 이번에는 아무도 일어서지 않았다. 이 겸허한 대통령은 이런 결례를 눈치 채지도 못했다고 그 자리에 있던 루즈벨트의 연설문 작성자인 로버트 셔우드(Robert Sherwood)가 회고했다.[57] 그러나 루즈벨트 부인이 도착하자 모두가 일어섰다. 장례식은 루즈벨트가 좋아했던 "우리 아버지들의 신념"이라는 찬송가로 시작하여 죽은 대통령의 첫 취임사에 들어있는 "우리가 두려워해야 하는 유일한 것은 오직 두려움 그 자체일 뿐"이라는 가장 유명한 말의 천 명으로 끝이 났다. 저녁

---

56) A. J. Baime, *The Accidental President: Harry S. Truman and The Four Months That Changed The World,* New York: Houghton Mifflin Harcourt Publishing Company, 2017, p. 133.
57) *Ibid.,* p. 134.

제2장 우연한 대통령(Accidental President) **55**

10시에 장례열차는 유니온 스테이션에서 출발하여 그가 묻힐 뉴욕의 하이드 파크에 있는 루즈벨트의 집을 향해 밤 내내 달리는 여정에 올랐다.

루즈벨트의 장례식 다음날인 4월 16일 트루먼이 의사당의 하원 본회의실에 들어설 때 워싱턴의 눈들은 그에게 가 있었다. 그는 기립 박수를 받았다. 트루먼에 대한 환호가 너무 요란해서 거의 100년이 된 본회의장에서 울려 퍼졌다. 트루먼이 연단을 향해 계단을 올라 청중을 바라본 것은 오후 1시 2분이었다. 트루먼은 방청석에 있는 부인 베스와 딸 마가렛을 찾아 재빨리 쳐다보았을 때 부인 베스의 두 눈에서는 눈물이 떨어지고 있었다. "잠시만, 해리!"하고 트루먼을 대통령으로 부르는 것을 잊었던 레이번(Rayburn) 하원의장이 속삭였다. 그리고 레이번은 돌아서서 아주 큰 목소리로 "소개합니다. 미국의 대통령이십니다!"라고 말하자 다시 한 번 그 방은 큰 박수로 울려 퍼졌다. 그곳에는 상원의원들, 하원의원들 군지도자들 그리고 대법원 판사들이 있었다. 트루먼의 연설은 단지 15분간 계속되었다. 그가 천천히 그리고 조심스럽게 연설할 때 계속해서 17번이나 박수갈채로 중단되었다. 그는 아주 겸허하게 모든 미국인들에게 프랭클린 루즈벨트에 의해서 아주 웅변적으로 선포된 이상들의 수호를 위해 미국민의 단결을 유지할 수 있도록 도와줄 것을 요청했다.[58]

"나는 미국의 의회에서 여러분들, 나의 친구들과 동료들 앞에

---

58) David McCullough, *TRUMAN*, New York: Simon and Schuster Paperbacks, 1992, p. 359.

무거운 심정으로 섰다. 바로 어제 우리는 사랑하는 프랭클린 델라노 루즈벨트 대통령의 시신을 안장했다. 이런 때에 말은 부적절하다. 가장 웅변적 찬사는 공경하는 침묵일 것이다. 그러나 이 결정적인 시간에, 세계의 사건들이 너무 빠르게 움직여서 우리의 침묵이 오해될 수 있고 또 우리의 적들에게 안도감을 줄 수 있다. … 우리는 승리를 위한 어려운 싸움에서 일 순간의 멈춤도 감히 허락할 수가 없다. … 오늘 전세계는 평화와 발전으로 가는 계몽된 리더십을 미국에게 기대하고 있다. 우리 모두는 신속한 승리를 위해 기도하고 있다. … 평화가 지연되는 날마다 끔찍한 대가를 치르게 된다. … 우리의 요구는 무조건 항복이었고 지금도 여전히 그렇다."[59]

트루먼이 무조건 항복이라는 두 단어를 아주 큰 소리로 선언할 때 폭풍 같은 박수소리가 또 다시 터져 나왔다. 트루먼은 강력하고 지속적인 유엔기구의 필요성에 관해서도 말했다. 고립주의는 과거의 일이고, 지리적 장벽들 뒤에 평화는 두 번 다시는 없을 것이다.[60] 갑작스럽고 자연스러운 그런 환호를 의사당에서 들은 사람들은 별로 없었다. 상·하원의원들과 옛 친구들은 그들이 전에 느끼지 못했던 방식으로 트루먼이 성공하길 원했다. 트루먼은 루즈벨트의 웅변적 재능을 갖고 있지는 않았지만 그러나 그의 목소리는 안정되고 단호했다. 12년 동안 이 단상에서 세계를 향해 연설했던 루즈벨트 대통령은 부유한 동부해안 기성세대의 억양으로 말했다. 트루먼의 목소

59) A. J. Baime, *The Accidental President: Harry S. Truman and The Four Months That Changed The World*, New York: Houghton Mifflin Harcourt Publishing Company, 2017, pp. 135-136에서 재인용.
60) David McCullough, *TRUMAN*, New York: Simon and Schuster Paperbacks, 1992, p. 359.

리는 달랐다. 그것은 신에게 길 안내를 요청하는 평범한 인간의 목소리였다. 그리고 그 반응은 트루먼의 귀가 지금까지 들었던 가장 소리 높은 인정이었다.

바로 그 날 소련인들은 베를린을 향해 마지막 진격을 시작했다. 게오르기 주코프(Georgi Zhukov) 원수는 공격 루트를 개척하기 위해서 이 작전에 2만 문의 대포들을 집중시키고 있었다. 이날 트루먼은 처음으로 영국의 관리들, 특히 처칠의 외무성 장관인 앤서니 이든 (Anthony Eden)을 만나서 함께 조셉 스탈린에게 보내는 성명서의 언어들을 최종적으로 조율했다. 이것은 폴란드의 상황에 관하여 트루먼이 행한 스탈린과의 첫 직접 소통이었다. 그러나 소련과의 마찰은 더욱 과열되었을 뿐이다. 그는 크레믈린에서 소련 주재 해리먼 대사와 스탈린 사이의 모임에 관한 보고를 받았다. 그 만남은 너무 격렬해져서 해리먼과 스탈린은 거의 신체적 충돌에까지 이르렀다고 그 모임에 참석한 한 미국인 관리가 지적했다.[61]

스탈린은 미국인들이 폴란드의 지하 반공주의자들을 돕기 위해 폴란드에서 육군항공기를 사용하고 지금은 반소 폭동을 조직하고 있다고 비난했다. 해리먼은 스탈린의 정보는 허위이며 미국인들을 배신자들로 규탄하고 그리하여 그가 미 육군 참모총장 마샬 장군의 순수성을 모욕했다고 격렬하게 고함을 질렀다. 그런 격렬한 모임이었지만 해리먼 대사는 몰로토프가 미국에서 트루먼 대통령을 방문할 것이라는 확고한 공약을 받아냈다. 소련의 제2인자인 몰로토프는 다

---

61) A. J. Baime, *The Accidental President: Harry S. Truman and The Four Months That Changed The World*, New York: Houghton Mifflin Harcourt Publishing Company, 2017, p. 136.

음 날인 4월 17일에 모스크바를 출발하여 자신의 안전을 위해 유럽이 아니라 더 긴 러시아 루트를 여행했다. 샌프란시스코 회의에 가는 길에 몰로토프는 5일 후인 4월 21일에 워싱턴에 나타났다.

4월 17일 백악관에서 아침은 지구의 모든 곳에서 오는 중대한 소식들을 전달하는 레이히 제독의 군사 브리핑(briefing)으로 시작했다. 이 모임들은 백악관의 트루먼 집무실이나 아니면 가장 기술적으로 발전된 암호와 최신 통신장비로 가득한 백악관 지도실(Map Room)에서 열렸다. 외국 지도자들과 대사관들과 오고가는 모든 1급 전문들은 이 지도실을 통해 왔다. 오전 9시에 대통령의 군사 브리핑이 있은 후에 "오전 모임"이라고 트루먼이 명명한 토요일을 포함하여 일주일에 6번 열리는 백악관 참모회의가 열렸다. 이 비공식적 모임은 20분에서 40분까지 계속되었는데 종종 윈스턴 처칠의 음주량에 관한 애기로 빠지거나 프랑스 지도자 샤를 드골의 놀라운 거만성을 얘기하는 때도 있었다. 드골에 대해 트루먼은 "나는 그 자식을 좋아하지 않는다"(I don't like the son-of-a-bitch)고 말했다.[62]

그 후에 트루먼 대통령은 그 날의 만날 약속을 이행할 시간이 되었다. 의회연설 다음날인 4월 17일 트루먼은 매튜 코넬리가 마련한 공식 만남계획을 처음으로 넘겨받았다. 그 날 아침은 대부분 언론에 헌신했다. 10시 30분에 트루먼의 첫 기자회견을 위해 수십명의 기자들이 줄을 지어 대통령의 집무실에 들어섰다. 자신의 책상 뒤에 서서 그들이 방으로 밀고 들어오는 기자들을 맞았다. 집무실은 금방 불편

---

62) A. J. Baime, *The Accidental President: Harry S. Truman and The Four Months That Changed The World*, New York: Houghton Mifflin Harcourt Publishing Company, 2017, p. 140.

하게 들어찼다. 정기적 기자회견은 우드로 윌슨 대통령으로 거슬러 올라가는 전통이었다. 그는 1913년 3월 15일에 질문에 답하기 위해 신문기자들을 집무실에서 맞은 전례를 세웠다. 루즈벨트는 일주일에 두 번 기자회견을 가졌으며 이 모임을 고도의 예술로 승화시켰다.[63] 마치 오케스트라를 지휘하듯이 자기의 담뱃대를 흔들면서 방문객들을 황홀하게 하는 혼자 말을 하면서 제기된 어떤 질문에는 거의 언제나 답변하지 않았다. 4월 17일 대통령 기자회견을 위해 모인 가장 많은 기자들이 집무실로 밀고 들어왔다. 총 348명의 남녀 기자들이었다. 그들은 새 대통령을 탐색하고자 했다.[64]

트루먼은 아침인사를 한 다음에 루즈벨트의 참모들 중 대부분이 남을 것이며 매튜 코넬리가 그의 신임하는 비서로 임명되었다고 발표하면서 시작했다. 그리고 그는 루즈벨트 대통령 부인이 부탁한 대로 언론에 대한 그녀의 감사 편지를 큰 소리로 읽었다. 그리고 그는 질문을 받기 시작했다. 그는 쌍무무역, 인종관계, 전쟁 기간 중 경마 금지, 그리고 8일 후에 열릴 역사적 유엔회의에 관한 질문들을 받았다. 한 기자가 불쑥 트루먼 부인이 기자회견을 가질 것인가를 묻자 트루먼은 그 질문에는 답변하지 않을 것이라고 말했다. 여러 순간에 트루먼은 방안에서 폭소를 자아내는 재담들을 전했다. 루즈벨트와는 달리 트루먼은 질문들에 실제로 답했으며 그가 답변하고 싶지 않을 때는 바로 그렇게 말했다. 그의 첫 기자회견은 대단했다고 언론담당

63) *Ibid.*, p. 140.
64) A. J. Baime, *The Accidental President: Harry S. Truman and The Four Months That Changed The World*, New York: Houghton Mifflin Harcourt Publishing Company, 2017, p. 141.

비서인 다니엘스(Daniels)가 지적했다. 트루먼은 대통령직에 오른 뒤 거의 첫 일주일도 안 되어 본의가 아니게도 가장 매혹적인 인물이 되었다.[65]

기자들은 이 흥미로운 새 대통령을 탐색하려 온갖 짓을 다했다. 이런 법석에 의해 트루먼보다도 더 놀란 사람은 없었다. 대통령이 된 첫 평범한 인간이었던 앤드류 잭슨 대통령에 비교되었다. 트루먼은 좋아했다. 그는 물론 트루먼의 영웅이었기 때문이었다. "앤드류 잭슨이 대통령이 될 수 있다면 누구나 될 수 있다"는 인용문은 이제 "해리 트루먼이 대통령이 될 수 있다면 나의 이웃도 될 수 있을 것"이라는 말로 개조되었다. 다른 사람들은 트루먼을 에이브러햄 링컨에 비견했다. 트루먼과 링컨은 모두 중서부 지역에서 초라하게 시작했고, 또 둘 다 한때 작은 마을의 우체국장을 지냈으며, 또한 둘 다 가게 주인으로는 실패했기 때문이다. 그러나 실제로 트루먼은 어느 대통령과도 달랐다. 트루먼과 그의 부인은 상원시절에도 아주 눈에 띄지 않게 살았다. 그들을 알아보는 사람들이 별로 없었다.

모든 점에서 트루먼은 눈부신 출발을 했다. 그러나 사적으로 그의 대통령의 여정은 다르게 전개되고 있었다. 앞으로 논쟁과 어쩌면 대중적 당혹감도 트루먼을 덮칠 것이다. 그는 타임(Time)지를 열어보면 될 것이다. 거기에는 그의 무능에 관한 논의가 있었다. 타임지에 의하면 해리 트루먼에게는 제약, 특히 고도의 정치에서 분명히 제약들이 있다. 심지어 자기 부인 베스(Bess)와의 대화에서도 그런 의구심은 압도적이었다. 그녀의 타고난 비관주의와 결합된 솔직함은 자

---

65) *Ibid.*, p. 142.

신감의 부족을 낳을 수 있다. 그의 부인은 미국에서 다른 모든 사람들이 두려워하는 것이 두려웠다. 그의 딸인 마가렛(Margaret)에 의하면 그녀는 그가 대통령직을 잘 수행할 수 있을지에 확신이 서지 않았다.[66]

갑작스러운 사망으로 아무런 준비도 없이 우연히 대통령이 된 트루먼은 그의 능력에 대한 자신의 가족과 일반 국민들의 염려와 의구심에도 불구하고 성공적인 첫 의회연설과 성공적 첫 기자회견을 마침으로써 대통령으로서 역할 수행에 대한 은밀한 자신감도 동시에 갖게 되었다. 그는 미국이라는 국가호의 선장으로서 여전히 유럽과 태평양에서 치열하게 진행 중인 제2차 세계대전을 최종적 승리로 마무리하고 국내정치를 주도하고 전후 세계질서의 구축이라는 과업에 착수할 준비가 되어 있었던 것이다.

---

66) *Ibid.*, p. 145.

제3장
무조건 승리와 유엔(the United Nations)의 창설

"나는 결정을 내리기 위해 이 자리에 있다"
-해리 S. 트루먼-

오키나와(Okinawa) 전투에서 일본인들은 일본군이 미군을 격퇴하기 위해서 대규모 자폭임무의 작전을 벌리고 있었다. 즉 가미카제(kamikaze) 폭격기들, 가미카제 선박들, 그리고 심지어 그들이 피해와 죽음을 야기할 수 있는 곳에서는 어디에서나 수형을 통해 자신을 폭발물과 함께 제물로 바치는 자들을 일본은 사용하고 있었다. 도쿄의 군지도자들은 성명을 낼 결심이었고 그 타이밍(timing)은 트루먼의 취임일과 대통령으로서 첫 날과 우연히 일치했다. 자살 폭격기들은 창공에서 비처럼 내렸다. 해군의 소식통에 의하면 그것들 가운데 256대는 루즈벨트의 사망 하루 전에 시작했다. 태평양에 있는 미해군 사령관인 체스터 니미츠(Chester Nimitz) 제독은 대규모의 적 항공기들이 오키나와 지역에서 미군에게 필사적 공격을 감행했다고 보고했다.[67] 일본인들은 자폭전술을 전에도 사용했지만 그들이 지금

63

오키나와에서처럼 그렇게 광범위하고 그렇게 열심히 집중한 적은 없었다.

그 사이에 수천 톤의 포탄들을 퍼붓는 선박들과 항공기들의 지원을 받아 미국인들은 일본 열도의 거점들을 파괴했다. 약 14만 명의 오키나와 주민들은 십자 포화를 당했다. 일본 군인들은 미로 같은 동굴에 숨었고 최후의 일인까지 싸우려는 것으로 보였다. 펜타곤에 도착하는 사상자 수에 관한 보고들은 전쟁성을 경악하게 했다. 오키나와 작전의 첫 9일 동안 그것은 거의 2천 7백 명의 군인들과 수병들에 달했다. 그러나 오키나와는 태평양 전쟁 얘기의 일부에 지나지 않았다. 도쿄에서 수 마일의 지역이 커티스 르메이(Curtis Lemay) 소장과 그의 제21 폭격사단에 의해 발사된 소이탄으로 여전히 불타고 있었다. 르메이 장군은 워싱턴 시간으로 12일과 13일 그러나 도쿄시간으로는 13일과 14일 밤에 소이탄 공격을 명령했다. 그리하여 트루먼이 대통령 선서를 한 뒤 몇 시간 만에 도쿄는 폭발과 불꽃으로 끓기 시작했다.

트루먼이 대통령직을 시작하고 있을 때 르메이 장군의 명성이 펜타곤에서 치솟고 있었다. 도쿄에 대한 첫 폭격은 그 때까지 어느 전쟁에서 어느 공습이 초래한 것보다도 가장 큰 사망자, 즉 10만 명 이상의 일본인으로 추산되는 사망자를 초래했다. 르메이 장군은 3월 19일 폭탄이 바닥나서 이 임무를 중단했다. 그러나 포탄은 우연하게도 트루먼이 대통령이 되는 바로 그 시간에 다시 한 번 채워졌다. 4

---

67) A. J. Baime, *The Accidental President: Harry S. Truman and The Four Months That Changed The World*, New York: Houghton Mifflin Harcourt Publishing Company, 2017, p. 146.

월 13일과 14일의 폭격에 관한 보고들은 도쿄의 15평방 마일이 공습 후 48시간이 지났는데도 여전히 화염에 휩싸여 있었다. 루즈벨트의 장례식 시간에도 도쿄는 여전히 불타고 있었다. 아놀드(Arnold) 장군이 파괴의 항공사진을 받았을 때 지도상으로는 도쿄의 절반이 날아간 인상이라고 말했다. 도쿄의 소이탄 작전들은 폭격의 역사에서 분명히 가장 효과적인 것에 속했다.

유럽에선 진격하는 연합국 군대들은 트루먼의 대통령직 수행 첫 주 동안에 보다 많은 강제수용소들을 해방시켰다. 루즈벨트 대통령의 사망 3일 후인 4월 15일 영국의 제2군이 베르겐-벨센(Bergen-Belsen)에 도착했다. 마일스 뎀프시(Miles Dempsey) 제2군 사령관에 의하면 그들이 그곳에서 발견한 것은 묘사할 수가 없었다. 시체들 더미가 흩어져 쌓여 있었다. 희생자들은 유대인, 정치 포로들, 반사회인들, 여호와 증인들, 그리고 동성애자들이었다. 그들 가운데에는 5백 명의 어린이들도 있었다. 같은 주에 연합국들은 도라-미텔바우(Dora-Mittelbau), 부켄발트(Buchenwald), 그리고 베스터보르크(Westerbork)에서 나치 죽음의 수용소들을 해방시켰다. 며칠 이내 미국의 제17 보병사단은 더 많은 소름 끼치는 장면들이 발견된 플로센부르크(Flossenburg)에 있는 수용소에 도착했다.

트루먼 행정부의 처음 며칠 동안에 신문들과 라디오의 보고들은 히틀러의 가장 공포스러운 비밀을 상세하게 폭로했다. 히틀러와 그의 일당의 악인들은 곧 책임을 지게 될 것이라고 트루먼을 확신했다. 나치의 최고 관리들은 베를린의 모처에 숨어있었다. 그들은 오직 미국인들이 먼저 그들에게 오길 바랄 뿐이었다. 왜냐하면 소련인들은 미국군들과는 달리 나치의 소련 침략의 낙인을 갖고 있었기 때문이었다. 뿐만 아니라 소련군은 유럽의 전쟁에서 미국인들이 도덕적 행위의 규약이라고 생각하는 것을 준수하지 않았기 때문이다. 수용소의 포로들만이 유럽에서 죽어가는 유일한 죄 없는 사람들이 아니었다. 나치에 점령된 국가들의 해방은 미국인들이 잠재적으로 해결할 수 없는 문제들, 우선적으로 기아와 전염병의 문제들을 야기했다.

국무성에 따르면 7백만의 추방된 사람들이 지금 독일에 있거나 갈 곳도 없고 그들은 도와줄 기반이 전혀 없는 전에 나치에 점령된 영토에 있었다. 식량이 거의 없었고 난방을 위한 석탄 생산도 거의 없었다. 철도나 운하 그리고 도로들은 파괴되어 수송이 거의 불가하였다. 삶을 위한 가장 기본적 필수품들이 전 대륙에 걸쳐 거대한 주민들에게 가용하지 않았다. 대통령을 위한 4월 16일자 메모는 과감한 조치가 없이는 해방된 지역에서 기아와 질병이 정치적 소요를 가져올 것이며 유엔의 수립을 탈선케 할 것이라고 지적했다. 샌프란시스코에서 합의된 어떤 계획의 성공도 해방된 국가들의 국내적 혼란으로 심각하게 위협받을 것이라고 연이어 지적되었다.

트루먼 대통령의 첫 주에 또 다른 문제가 발생했다. 루즈벨트의 사망일에 아이젠하워 사령관의 병력이 베를린에서 서쪽으로 약 60마일 떨어진 마그데부르크(Magdeburg)에 가까운 엘베 강(the Elbe River)에 교두보를 확보했다. 바로 여기에서 아이젠하워는 그의 군 생활에서 가장 말썽 많은 결정을 했다. 그는 자기의 군부대들에게 독일의 수도를 향해 나아가지 말고 엘베에서 멈추라고 명령했다. 루즈벨트가 죽기 수일 전에 아이젠하워와 처칠은 엘베에서 영-미군대를 정지하는 장군의 계획에 관한 대립적 논쟁이 있었다. 소련인들은 동쪽에서 베를린을 향해 밀어 붙이고 있었다. 처칠은 스탈린의 군대들이 베를린에 도착하기 전에 아이젠하워가 엘베를 지나 베를린을 장악해야 한다고 거의 결사적으로 촉구했다.[68] 그러나 아이젠하워 사령관은 엘베에서 멈추는 걸 선택했다. 그리고 백악관에서 트루먼 대통령은 아이젠하워 사령관의 결정을 지지했다.[69]

4월 19일 트루먼 대통령의 비서실장인 레이히 제독이 트루먼을 행정동의 안전한 곳으로 모셨다. 그 안에는 루즈벨트 대통령이 얄타에서 스탈린과 맺은 비밀합의들이라는 상당히 비상한 문건들이 있었다. 이때쯤 제임스 번스가 얄타에서 작성한 자신의 노트들을 내놓았다. 그들은 함께 세계의 미래에 엄청난 충격을 줄 놀라운 정보들을 밝혀냈다. 이 비밀 의정서들에 의하면 스탈린이 얄타에서 언제든 독일이 항복한 뒤 2~3개월 후에 대일본 전쟁에 참가하기로 동의했었다. 그는 유럽으로부터 지구의 반대편에 자기의 병력과 장비를 모으는데 그만한 시간이 필요할 것이다. 붉은 군대의 참전은 대일본 전쟁을 분명히 단축하고 셀 수 없이 많은 미국인들의 생명을 구할 것이다. 그러므로 이 정책은 고위 국무성 및 전쟁의 관리들과 회의에 참석한 각군 참모총장들에 의해서 만장일치로 수용되었다는 것을 트루먼은 이제 알게 되었다.[70]

68) A. J. Baime, *The Accidental President: Harry S. Truman and The Four Months That Changed The World,* New York: Houghton Mifflin Harcourt Publishing Company, 2017, p. 152.

69) *Ibid.*

70) A. J. Baime, *The Accidental President: Harry S. Truman and The Four Months That Changed The World,* New York: Houghton Mifflin Harcourt Publishing

그러나 소련의 대일본 전쟁에 참전하는 대가로 스탈린은 첫째, 쿠릴열도(the Kurile Islands)와 남 사할린(lower Sakhalin), 그리고 만주에서 뤼순(Port Arthur)과 다롄(Dairen)의 통제권을 포함하여 1904-1905년 러일전쟁에서 잃어버린 과거 러시아의 권리들을 회복할 것; 둘째, 중국으로부터 친소 외몽골(Outer Mongolia)의 독립을 인정할 것; 셋째로, 중국의 남만주 철도와 중동철도들의 소련통제권을 인정할 것 등이었다.[71] 루즈벨트는 이 모든 것들에 동의했다.[72] 트루먼은 이런 요구들이 스탈린에게 군사기지들을 위한 전략적 영토들을 제공하고 항구와 무역로들을 열어주어 스탈린에게 유리한 이유를 알 수 있었다. 얄타 비밀합의는 하나의 중대한 문제를 야기했다. 루즈벨트의 공약들은 중국 측의 대규모 양보를 요구하고 있기 때문이다. 아무도 중국인들에게 이런 사실을 알린 적이 없었다. 중국인들과 전혀 협의한 적이 없는 이 비밀합의안들의 준수를 중국인들이 거부한다면 대일본 전쟁에 참여를 소련인들이 거부할 것이기 때문에 극동에서 전쟁의 전반적 그림이 바뀔 참이었다. 수천 명의 미국인들 생명이 이 협상의 균형에 달려 있을 것이며 이 고약한 문제를 해결하는 것이 이제 트루먼의 일이 될 것이다. 트루먼 대통령은 몰로토프와 마주 앉기 전에 모든 비밀을 알고 있을 필요가 있었다. 스탈린의 제2인자인 몰로토프는 바로 3일 후에 워싱턴에 도착할 예정이었다. 트루먼은

Company, 2017, p. 161.
71) 얄타 비밀합의문의 완전한 테스트를 위해서는, Louis L. Snyder, *Louis L. Snyder's Historical Guide to World War II*, Westport, Connecticut: Greenwood Press, 1982, p. 776을 참조.
72) A. J. Baime, *ibid.*

상황을 더 많이 연구하면 연구할수록 이 복잡한 그림을 단지 훑어봤을 뿐이라는 것을 더 잘 알게 되었다.[73]

4월 20일 정오에 53세의 소련주재 미국 대사인 애버렐 해리먼(Averell Harriman)이 그들의 첫 만남을 위해 백악관에 도착했다. 대통령 집무실에서 스테티니어스 국무장관이 해리먼 대사를 대통령에게 소개했다. 트루먼이 소련의 상황에 대한 보고를 요청했다. 해리먼이 얘기해야 했던 것은 오싹했다. 해리먼은 소련이 두 개의 정책을 갖고 있다고 말했다. 하나는 미-영과 협력 정책이고 또 하나는 인접 국가들에 대한 소련의 지배를 확장하는 것이다. 외국에 대한 소련의 지배는 어떤 외국의 외교정책에 대한 영향력을 의미할 뿐만 아니라 비밀경찰을 유지하고 언론자유를 소멸한 소련체제의 연장을 의미했다. 소련인들은 지배에 고정되어 있고 그것은 폴란드로 시작했다. 세계가 직면하고 있는 것은 유럽에 대한 야만적 침공이라고 해리먼은 말했다.

트루먼은 소련인들을 두려워하지 않는다고 말했다. 어쨌든 미국이 소련을 필요로 하는 것보다는 소련이 미국을 더 많이 필요로 할 것이라고 하면서 대통령은 특히 돈과 자원에 관해서 언급했다. 미국인들은 소련에게 매주 수백 톤의 식량과 군사장비를 수송해주고 있었고 소련인들은 전후 재건을 위해 미국으로부터 수십억 불의 차관을 얻어내길 희망하고 있었다. 폴란드에서 소련의 괴뢰정부는 사라져야 한다는데 트루먼은 단호했다. 그리고 그는 몰로토프에게 한마디로

---

73) A. J. Baime, *The Accidental President: Harry S. Truman and The Four Months That Changed The World*, New York: Houghton Mifflin Harcourt Publishing Company, 2017, p. 162.

바로 이것을 말하려 한다고 덧붙였다. 그리고 트루먼은 외교문제의 모든 세부적 내용에 대해서는 정통하지 않기 때문에 국무장관과 해리먼 대사에게 의지할 것이라고 인정했다. 그러나 그는 소련정부와의 거래에서 단호할 계획이었다. 이 논의를 통해 해리먼 대사는 트루먼이 얄타협상에 관해서 얼마나 면밀히 연구했는지를 알게 되었다. 이 첫 만남 후에 해리먼은 트루먼에 대한 존경심을 즉시 갖게 되었다고 기록했다. 그럼에도 불구하고, 해리먼은 트루먼이 그 일에 준비가 안 되어 있으며 쟁점을 충분히 이해하고 있지 않다고 생각했다.[74]

4월 23일 오후 5시 30분에 몰로토프가 자신의 통역관인 파블로프(V. N. Pavlov)와 안드레이 그로미코(Andrei Gromyko) 러시아 대사를 대동하고 대통령의 집무실에 도착했다. 자기 통역관 볼렌(Bohlen)을 통해 트루먼은 곧바로 요점에 들어갔다. 그는 폴란드 문제에 진전을 원한다고 말했다. 미국은 자유선거를 제공하지 않는 폴란드의 어떤 정부도 인정하지 않을 것이라고 말했다. 그는 다른 문제들에 대한 이견과는 관계없이 유엔을 진행시킬 의도를 밝혔다. 그리고 그는 미국의 외교정책이 얼마나 크게 대중의 지지에 의존하는지를 그리고 전후 미국의 경제원조계획은 의회의 표결을 필요로 할 것이라는 것을 염두에 두길 희망했다.

몰로토프는 연합국 협력의 유일한 수용의 토대는 미-영-소 3국 정부들이 서로를 동등하게 취급하는 것이라고 말했다. 폴란드인들은 붉은 군대에 대항하고 있었다고 주장했다. 이에 트루먼은 그의 말을 잘랐다. 그리고 자기는 선전에 관심이 없다고 말했다.[75] 트루먼은

---

74) *Ibid.*, p. 164.

몰로토프가 스탈린에게 소련정부가 자기의 합의를 지키지 않은데 대해 트루먼의 염려를 전달하길 바랐다. 몰로토프는 창백해져서 대화의 주제를 바꾸려고 했다. 트루먼이 자기는 소련과 우호관계를 원하지만 폴란드가 아픈 곳이라고 말했다. 미국은 얄타에서 도달한 모든 합의들을 실행할 준비가 되었다고 말하면서 소련정부도 그렇게 하길 요구했다.

트루먼의 회고에 의하면, 몰로토프는 "내 평생 결코 그런 방식으로 말을 들은 적이 없다"고 대응했다. 그러자 트루먼은 "당신의 합의들을 실행하라, 그러면 그런 방식으로 말을 듣지 않을 것"이라고 트루먼이 몰로토프에게 말했다.[76] 볼렌의 설명에 따르면 그런 마지막 말의 교환은 발생하지 않았다. "그게 전부다. 미스터(Mr.) 몰로토프, 당신이 나의 견해를 스탈린 원수에게 전달해주면 감사하겠다"고 무뚝뚝하게 말하면서 트루먼이 대화를 끊어버렸다는 것이다.[77] 어떤 방식으로 대화가 끝났던지 간에 트루먼의 어조에 관해서는 오해가 없었다. 몰로토프가 가려고 일어서자 트루먼은 그에게 스탈린에게 전달하길 바라는 메모랜덤을 넘겨주었다. 그 문서는 트루먼이 방금 말했던 것을 똑같이 강력한 언어로 다시 밝힌 것이었다. 몰로토프가 떠났다.

그러나 몰로토프는 겉으로 겁먹지 않았다. 그 때나 샌프란시스코

---

75) David McCullough, *TRUMAN,* New York: Simon and Schuster Paperbacks, 1992, p. 375.
76) Harry S. Truman, *Memoirs,* Vol. 1, *Year of Decisions,* New York: Doubleday, 1955, p. 82.
77) David McCullough, *ibid.,* p. 376.

유엔기구 회의에서나 몰로토프는 미국의 요구를 들어줄 아무런 성향도 보이지 않았다. 그는 폴란드에서 그리고 동유럽에서 소련군이 권력을 쥐고 있는 어느 곳에서도 자유선거를 허용할 어떤 조짐도 주지 않았다.[78] 더 나아가서 샌프란시스코에서 몰로토프는 그들의 주권적 권리를 간섭할지도 모르는 어떤 문제의 논의도 막기 위해서 계속 유엔 안전보장이사회 회원국의 권리를 고집했다.

다음 날 워싱턴 전역으로 트루먼과 몰로토프의 회담에 관한 소식이 퍼져 나갔다. 많은 정부관리들은 놀라워했다. 레이히 비서실장은 전율을 느꼈다. 스팀슨 전쟁장관은 폴란드 문제가 정면충돌을 가져올 것이라고 두려워하면서 염려했다. 해리먼 대사는 그의 행위가 루즈벨트의 정책이 포기되고 있다고 스탈린에게 말할 구실을 주었다고 유감을 표했다. 그러나 어떤 일이 있었는지에 대한 소식이 의사당에 도달하자 아서 반덴버그(Arthur Vandenberg) 상원의원은 그것이 오랜만에 그가 들은 최고의 소식이라고 말했다.[79]

상황은 악화되었다. 트루먼은 폴란드 내에서 상황을 상세히 말해주는 국무성의 공직성명서를 당일 날 받았다. 바르샤바(Warsaw)에 들어가는 것이 허락된 한 프랑스 관리는 그곳의 정치적 상황에 소름이 끼친다고 서술했다. 국무성 보고서는 만일 뭔가를 하지 않으면 국가로서 폴란드는 일년 내에 존재하지 않을 것이라고 말했다. 미국정부는 소련인들이 합의를 지키지 않는 것에 의해 깊이 실망했으며 이

---

78) Robert Dallek, *Harry S. Truman*, New York: Times Books, 2008, p. 21.
79) A. J. Baime, *The Accidental President: Harry S. Truman and The Four Months That Changed The World*, New York: Houghton Mifflin Harcourt Publishing Company, 2017, p. 166.

실망은 전후 협력에 관해 목적의 통일성에 대해 심각한 의구심을 던질 것이라고 트루먼은 말했다.

4월 25일은 트루먼에게 중대한 날이 되었다. 오전 9시 직후 집무실에서 그의 일상적 직원들의 회의가 있었다. 그 후 중요한 약속 목록은 비어 있었다. 그런데 정오에 헨리 스팀슨 전쟁장관이 집무실에 들어왔다. 그는 서류가방을 들고 왔다. 집무실의 두 번째 문을 통해 트루먼이 곧바로 알아본 사람이 들어왔다. 그는 레슬리 그로브스(Leslie Groves) 소장이었다. 그는 기자들의 눈을 피하기 위해 지하 회랑을 걸어서 뒷문을 통해 백악관으로 안내되었다. 스팀슨 장관은 메모를 트루먼에게 건넨 후 스팀슨 장관과 그로브스 장군이 조용히 앉아 있는 동안 대통령은 그것을 읽었다.

그 메모는 4개월 이내에 한 도시를 모두 파괴할 수 있을 인류 역사상 가장 무서운 무기를 완성할 온전한 가능성이 있다고 시작했다. 전쟁장관의 비망록은 원자탄이라고 불리는 새로운 발명이 이루어지고 있다고 상세히 설명했다. 원자탄은 2천~5천 톤 사이의 TNT 폭발력과 맞먹는 것이었다. 그 계획은 맨해튼 지역 프로젝트(Manhattan District Project)라 불리고 있었다. 그로브스 장군의 메모는 원자탄의 성공적 개발이 미국에게 미국인들의 생명을 구원하면서 현재의 전쟁을 보다 신속하게 이길 결정적 요소가 될 엄청난 힘의 무기를 미국에게 제공할 것이라고 말했다. 만일 미국이 원자 에너지 무기의 개발에 선도를 유지한다면 미래는 훨씬 더 안전하고 세계평화를 유지할 사회들은 크게 증가할 것이라고 덧붙였다. 그로브스 장군과 스팀슨 장관은 인류 역사에서 가장 야심적인 산업적이고 과학적인 기획의 커튼을 열고 있었다.

　폭탄이 준비될 시간표를 트루먼이 물었을 때 스팀슨 장관이 제공할 수 있는 유일한 답변은 4개월 이내였다. 트루먼 대통령은 스팀슨과 그로브스에게 질문을 퍼부었다. 트루먼은 20억 불과 전국의 3곳(로스 알라모스, 오크 리지 그리고 핸포드)에서 대규모의 노동력과 자원을 요구하는 이런 규모의 작전이 그렇게 비밀로 남아 있을 수 있었다는데 놀랐다.[80] 스팀슨 장관은 몇 명의 의원들을 비밀리에 테네시(Tennessee)주에 있는 오크 리지(Oak Ridge)로 보낼 것을 제안했다. 이것은 나중에 이 프로젝트를 위한 비밀예산을 확보하는데 도움이 될 것이다. 트루먼은 이 무기가 어떻게 일본으로 하여금 무조건 항복하게 만들 수 있을 것인지를 이해했다. 그러나 고려할 문제들이 있었고 또 전후에 잠재적으로 공포스러운 미래가 있었다. 스팀슨은 소련인들이 로스 알라모스(Los Alamos)에서 첩보활동을 벌이고 있다고 확신했으며 독일의 임박한 몰락의 이 시점에서 소련만이 앞으로 5년 내에 그런 무기를 생산할 능력을 가진 국가라고 믿었다. 스팀슨은 세계가 궁극적으로 그런 무기의 자비에 놓일 수 있을 것이라고 결론지었다.

　그 날 오후에 나치 항복의 첫 사인이 백악관에 도착했다. 4월 25일 트루먼은 게슈타포(Gestapo)의 두목이며 나치 최종해결의 주동자들 중 하나인 하인리히 히믈러(Heinrich Himmler)가 스웨덴 적십자 기구의 고위회원에게 항복 제안을 제시했다는 소리를 들었다. 이 항

80) A. J. Baime, *The Accidental President: Harry S. Truman and The Four Months That Changed The World*, New York: Houghton Mifflin Harcourt Publishing Company, 2017, p. 174.

복제안이 어떤 타당성이 있는 지의 여부가 불분명했다. 오후 1시 40분에 트루먼은 백악관을 떠나 전쟁장관의 집무실로 갔고 거기서 비밀통신실로 안내되었다. 레이히, 마샬 그리고 킹 제독 등의 최고 보좌관들에 둘러싸인 채 트루먼은 전화기를 들었고 그것은 영국에 연결되었다. 그는 처음으로 윈스턴 처칠 수상의 목소리를 들었다. 서로간 목소리를 들어서 기쁘다는 대서양 횡단 인사를 나눈 뒤 처칠은 히믈러가 스웨덴의 폴케 버나도트(Folke Bernadott) 백작에 접근하여 히틀러가 뇌출혈로 고통받고 있어 오래 살아남을 것으로 기대되지 않는다고 주장했다고 처칠이 트루먼에게 말했다. 따라서 히틀러는 미국과 영국에게 독일군의 항복을 제안하고 있었다. 그러나 바로 그날 베를린을 완전히 포위한 소련군에 관해서는 아무 말이 없었다.

트루먼은 히믈러가 소련과 영국 그리고 미국의 연합 3국 정부 모두에게 항복해야만 한다고 생각한다. 그들은 따로따로 행하는 항복은 고려조차 해서는 안 된다고 생각한다면서 만일 미국과 영국이 소련의 승인없이 어떤 조건을 받아들인다면 군사동맹이 조셉 스탈린을 분노케 할 것이라고 말했다. 트루먼은 이어서 독일인들이 서방 동맹국가들과 소련 사이에 불협화음을 심으려는 것처럼 보인다고 전화에 대고 말했다.[81] 처칠은 동의했다. 미국과 영국은 나치로부터 어떤 그런 항복을 마음에 품지 않을 것이다. 처칠은 "우리는 손을 맞잡고 가고 있다"고 말하면서 자기는 바로 그 일을 계속하고 싶다고 말했다. 처칠은 "사실, 나는 그 문제에 대해 무엇을 하든 뒷받침하면서 당신의 주도를 따르고 있다"고 말했다. 트루먼은 처칠에게 감사를

---

81) *Ibid.*, p. 175.

표하고 작별인사를 했다. 처칠과 통화한 직후 트루먼은 스웨덴 주재 미국대사로부터 히틀러가 실제로 접촉해 왔다는 확인을 받았다. 트루먼은 그 날 늦게 스탈린에게 이런 사태 발전을 알리는 전문을 보냈다. 그 전문에서 트루먼은 3 연합국 모두에게 무조건 항복하는 것 외에 어떤 항복조건도 고려되지 않을 것이라고 약속했다. 그러나 그것은 독일 제3제국의 죽음의 전조가 다가온다는 것처럼 보였다.

트루먼이 처칠과 대서양 횡단 전화통화를 하고 있던 바로 그 순간에 샌프란시스코의 전역에서 모든 호텔들은 거의 50개국의 대표단들이 유엔평화회의를 발족시키기 위해 최종적 준비를 서두르고 있었다. 개회식 행사는 샌프란시스코 오페라 하우스에서 태평양 시간으로 오후 4시 30분에 시작했다. 스테티니어스 국무장관이 이끄는 미국은 페어몬트 호텔(the Fairmont Hotel)에 본부를 설치했다. 영국인들은 마크 홉킨스 호텔(Mark Hopkins Hotel)에, 그리고 몰로토프가 단장인 소련의 대표단원들은 안전상의 이유로 샌프란시스코 만에 정박한 한 선박에 자리를 잡았다. 이 선박은 비밀 통신기술과 무제한의 철갑상어와 보드카가 실려 있는 것으로 보도되었다. 이 회의는 수년간 준비되었으며 무엇보다도 폴란드 정부에 관해 미-소관계의 하락으로 인해 환상 속에서 시작되었다. 소련과의 문제들을 화해시키고 유엔을 성공적으로 완성하는 일은 다름 아닌 스테티니어스 국무장관에게 달렸다. 트루먼은 그에게 완전한 신임을 표시하고 그에게 의지한다고 말했다.

미국의 동부시간으로 오후 7시 30분 직전에 트루먼은 백악관에서 외교사절 영접실로 들어갔다. 라디오 방송장비가 모두 준비되어 있었다. 트루먼은 자기 앞에 연설문이 펼쳐진 책상에 앉았다. 그의 연설은 샌프란시스코에 있는 오페라 하우스로 직접 방송될 것이다. 트루먼의 코멘트들은 간결하고 적절했다. 위대한 인도주의적 루즈벨트를 불러내면서 트루먼은 오페라 하우스에 모인 사람들에게 이 회의에 참석한 그들은 보다 나은 세계의 건축가들이 될 것이며 그들의 손에 세계의 미래가 달려있다고 말했다. 트루먼은 이어서 세계는 정의의 영원한 도덕적 힘에 대한 오랜 신념의 부활을 경험했다며 역사상 그 때에도 그들이 개최하고 있는 이 샌프란시스코 회의보다 더 중요한 회의나 보다 필요한 회의는 없었다고 말했다.[82]

샌프란시스코 유엔회의는 미-소간 긴장의 리트머스 시험이 되었다. 이것은 국제사회가 세계적 평화연맹의 창조를 처음으로 시도했던 것이 아니었다. 트루먼은 젊었을 때 제1차 세계대전 후 국제연맹 조약을 수용하도록 의회의 설득을 시도했던 우드로 윌슨 대통령의 연설문들을 열광적으로 읽었던 것을 생생하게 상기할 수 있었다. 국제연맹은 미래의 전쟁에서 세계를 구했을 것이다. 그러나 윌슨은 의회를 동참시키려는 사명에서 실패했고 그 결과 국제연맹은 결국 실패했다. 국제연맹의 좌절은 윌슨을 신체적으로 무너뜨렸고 전세계적으로 지금 수행되고 있는 전쟁과도 깊은 관련성이 있다고 많은 사람들은 믿었다. 트루먼은 이번에 새로운 평화연맹이 살아남아 그것의 역할을 수행해 줄 것이라고 믿을 수 있을 뿐이었다. 그 날 일찍 원자탄에 관한 모임 후에 세계적 문제의 몫이 우드로 윌슨 대통령이 직

---

82) A. J. Baime, *The Accidental President: Harry S. Truman and The Four Months That Changed The World,* New York: Houghton Mifflin Harcourt Publishing Company, 2017, p. 176.

면했던 그 어떤 것도 넘어서 상승하고 있다는 것을 알게 되었다.

같은 날 독일에서 라이프치히(Leipzig)의 북동쪽으로 28마일 떨어져 있고 전쟁으로 파괴된 마을인 토르가우(Torgau)의 외곽에서 로스앤젤레스 출신의 윌리엄 로버트슨(William Robertson)이라는 한 미군 장교가 엘베 강의 파괴된 다리의 떨어진 대들보를 밟고 건너가 한 소련 군인에게 자신을 소개하고 소련인의 등을 가볍게 두드렸다. 현지 시간으로 오후 4시 45분이었다. 코트니 호지스(Courtney Hodges) 장군의 미 제1군 소속인 로버트슨 소위가 손을 뻗어 소련인과 악수를 했던 것이다. 그것은 전세계에 울려 퍼진 악수였다.[83] 몇 분 후에 미군 야영지에 있는 무전기에서 "여기는 붉은 군대. 여기는 미군을 부르는 붉은 군대이다. 우리는 무전 접촉을 수립하기 위해 부른다"는 러시아인의 목소리가 흘러나왔다.

역시 같은 날 아이젠하워의 육군과 소련군이 베를린 남쪽 50마일 지점인 엘베 강에서 상봉했다. 그들은 나치 독일을 둘로 쪼개어 동서 전선에서 합류했다. 또한 이날 약 60마일 동쪽에서 러시아 병력들이 이미 연합군의 폭격작전으로 돌덩어리만 쌓인 베를린의 부근을 강습하기 시작했다. 독일인들은 여전히 반격했지만 러시아인들이 베를린을 장악할 것이라는 것은 이제 곧 분명해졌다. 히틀러는 숨어 있었다. 트루먼, 처칠 그리고 스탈린은 영-미군과 러시아 군이 엘베 강에서 합류했다는 소식을 접하면 각국이 정부성명을 발표하기로 이미 합의했었다. 트루먼은 4월 27일 성명을 발표했다. 트루먼은 히틀러

---

83) A. J. Baime, *The Accidental President: Harry S. Truman and The Four Months That Changed The World,* New York: Houghton Mifflin Harcourt Publishing Company, 2017, p. 178.

와 그의 사악한 정부의 최후의 희미한 필사적 희망이 사라졌다면서 이것은 유럽에서 최종적 승리의 시간이 아니지만 그러나 그 시간이, 즉 모든 미국인들과, 모든 영국인들 그리고 모든 소련인들이 그렇게 오랫동안 노고하고 기도한 바로 그 시간이 가까워졌다는 엘베 데이 (Elbe Day) 성명서를 읽었다.[84]

4월 28일 독일 관리들이 이탈리아에 있는 연합국 본부에 나타나서 이탈리아에 있는 나치의 항복조건을 제시하는 문건을 받았다. 미, 영, 소련 군대의 대표들이 참석했다. 이날 레이크 코모(Lake Como) 근처 줄리노 디 메쩨그라(Giulino di Mezzegra)에서 이탈리아의 파르티잔들 (partisans)이 무솔리니의 젊은 정부인 클라라 페타치(Clara Petacci)와 17명의 다른 파시스트 추종자들과 함께 전 파시스트 독재자 베니토 무솔리니(Benito Mussolini)를 처형했다. 파르티잔들은 그의 시체를 밀란(Milan)으로 옮겨 가서 그 도시의 광장에 전시했다. 파르티잔들은 무솔리니의 시체를 도살된 돼지처럼 거꾸로 매달아 놓았다.[85]

4월 29일 민간인 옷을 입은 독일군 관료들이 차세르타(Caserta)에 있는 연합군 본부에서 항복문서에 서명했다. 이탈리아에서 전쟁이 종식되었다. 트루먼은 독일뿐만 아니라 일본도 이런 사건들의 의미를 이해해야 한다는 성명을 냈다.[86] 그리고 같은 날 미군은 다카우 (Dachau)에서 나치의 죽음의 수용소를 해방시켰다. 그 곳에서는 썩

---

84) *Ibid.*, p. 179.
85) David McCullough, *TRUMAN*, New York: Simon and Schuster Paperbacks, 1992, p. 380.
86) A. J. Baime, *The Accidental President: Harry S. Truman and The Four Months That Changed The World*, New York: Houghton Mifflin Harcourt Publishing Company, 2017, p. 179.

어가는 시체들을 실은 30개가 넘는 기차 칸들이 발견되었다. 3만 명 이상의 포로들이 해방 당시 다카우에서 살고 있었다.

4월 30일 영국에서 BBC 라디오를 통해 티어가르텐(Tiergarten)의 지하본부에서 금일 정오에 히틀러가 죽었다고 주장하는 보도가 나왔다. 하루 후에 독일 내에 있는 라디오 방송국들도 히틀러가 죽었다고 보도했다. 트루먼은 육군 정보로부터 그 얘기가 사실이라는 보고를 받았다. 5월 2일 정기 기자회견 중에 어떤 기자가 보도된 히틀러의 사망이나 무솔리니에 대한 코멘트를 요청했다. 트루먼은 두 핵심적 전쟁범죄자들은 재판에 올 필요 없으며 그들이 사라진 것을 아주 기뻐한다고 말했다. 트루먼이 히틀러의 사망을 인정한 같은 날 스탈린은 베를린이 함락되었다고 공식적으로 발표했다.

다음 날 트루먼은 제3제국의 몰락에 대해 어떤 때는 시간별로 보고를 받았다. 미국인들은 나치가 여전히 잡혀 있는 미국의 전쟁포로들에게 무슨 짓을 할까 봐 두려웠다. 트루먼은 이 문제에 성명서를 냈고 이 성명서는 후에 비행기를 이용하여 독일 전역에 대량 전단으로 뿌려졌다. 그 성명서는 연합국 전쟁포로들을 잘못 대우하는 죄가 있는 자는 누구든 잔혹하게 추적하여 처벌하겠다는 것이었다. 아이젠하워는 독일병사들과 지휘관들이 러시아에 포로가 될 경우 고문과 처형을 두려워한 나머지 그들은 미국과 영국의 포로가 되기 위해 대규모로 항복하고 있다고 보고했다.[87] 모든 저항이 무너졌다고 아이젠하워는 기록했다. 제3제국의 붕괴로 유럽은 완전히 파괴되었으며

---

87) A. J. Baime, *The Accidental President: Harry S. Truman and The Four Months That Changed The World,* New York: Houghton Mifflin Harcourt Publishing Company, 2017, p. 181.

미국 관리들은 절망의 깊이를 이제 막 이해하기 시작하고 있었다. 트루먼은 생존하고 있는 유일한 전직 대통령인 허버트 후버(Herbert Hoover)에게 유럽의 식량문제에 대한 보고서를 요청했다. 후버는 제1차 세계대전 중에도 비슷한 조사를 한 적이 있어 즉각 그 일에 착수했다. 그는 자기의 보고서 가운데에 이제 기아의 시계가 11시 59분이라는 결론을 내렸다.[88]

곧 미, 영, 소, 그리고 프랑스의 4개 강국들은 독일 내의 그들의 각국 통치지구로 이동할 것이다. 이제 와서 보니 이 점령계획은 위험을 내포하고 있는 것처럼 보였다. 그런 계획이 수립될 때에는 소련이 우정과 전후 협력의 기대와 함께 신임하는 동맹국으로 보였다. 그러나 이제 스탈린과 붉은 군대의 다른 이미지가 초점이 되었다. 소련인들은 추축국 병력을 야만적 전투작전으로 대륙을 가로질러 1천 마일이나 밀어붙였다. 붉은 군대 군인들의 행위에 관한 소문이 서방에 도착했다. 약탈과 강간의 얘기들은 중세 시대의 정복군을 상기시켰다. 처칠은 트루먼에게 러시아가 독일을 통과하여 엘베 강까지 진격하는 동안 끔찍한 일들이 발생했다는 전문을 보냈다.

유럽에 있는 아이젠하워 사령부로부터 최신보고를 받던 4월의 마지막 날들에 트루먼은 역시 지구의 반대편에 있는 샌프란시스코로부터 정기적 보고를 받고 있었다. 주최국으로서 미국 대표단들은 회의들을 주재해야 한다고 스테티니어스 국무장관이 고집했다. 그것이 국제회의에서 주최국에게는 전통이었다. 그러나 몰로토프는 미, 영소, 중국의 4개국들이 평등하게 의장을 맞아야 한다고 주장하면서

---

88) *Ibid.*

그 전통에 찬성하지 않았다. 페어몬트 호텔에서 지쳐버린 스테티니어스 국무장관이 대통령에게 전화를 하여 자기의 주장을 고수해야하는 지의 여부를 물었다. 트루먼은 그 입장을 고수하라고 말했다. 대표단들은 샌프란시스코에서 회의가 시작되자마자 너무도 많은 이견들에 직면했다. 유엔회의는 세계를 단결시키기보다는 주요국가들을 더 벌려 놓을 운명이었다. 미-소 양국은 어떤 국가들이 승인되고또 회의에 초대되어야 하는 지에 대해, 그리고 어느 국가가 유엔 안보리에서 투표권을 가질 것인지, 그리고 또 세계평화기구가 이미 수립된 지역적 조약들에 대해 우선권을 갖게 될 것인지에 대해서 서로다투었다. 폴란드는 여전히 문제의 핵심으로 남았다.

　1945년 5월 7일 트루먼은 루즈벨트 대통령의 사망을 계기로 갑자기 대통령으로 취임한 뒤 거의 한 달만에 부인과 딸 그리고 장모와함께 새롭게 단장한 백악관으로 마침내 이사했다. 전임 대통령의 부인인 엘리너 루즈벨트의 이삿짐은 20대의 트럭이 필요했지만 트루먼은 이사하는데 오직 한 대의 트럭만이 필요했다. 트루먼은 다음 날자기의 61번째 생일을 축하하는데 다행히 늦지 않게 백악관에 입주했다. 대단한 축제의 파티가 있을 것이다. 트루먼이 백악관에 입주한이날 새벽 2시 41분 아이젠하워 사령관은 전쟁부에게 전문을 보내독일 대표 요들(Jodl) 장군이 항복문서에 서명했음을 알려왔다. 적대행위는 5월 8일 밤 자정 1분 후에 종식될 예정이라고 아이젠하워는보고했다. 연합 3국은 나치 독일의 무조건 항복을 발표하도록 조정했었다. 그러나 스탈린은 이 발표를 거절했다. 독일과 러시아 군 사이에 증오심이 너무 깊어 서로간 총질을 멈출 수 없었다. 그러나 독일의 라디오 방송국들은 무조건 항복을 이미 발표하고 있었다.

이미 5월 7일 50만 명의 미국인들은 축하를 하기 위해 맨해튼 타임스 스퀘어(Manhattan Times Square) 광장에 운집했다. 처칠은 성명을 즉시 발표할 것을 요구했지만 트루먼은 스탈린의 동의 없이는 그것을 허용하려 하지 않았다. 처칠은 트루먼의 비서실장 레이히에게 전화로 호통을 쳤다. 오후 6시에 발표하는 것이 절대적으로 필요하다고 느낀다면서 처칠은 독일인들이 전세계에 걸쳐 그것을 망쳤다는 사실을 고려하여 스탈린에게 동일한 메시지를 전문으로 보낼 것이라고 말했다. 백악관에서 기자단은 거의 히스테리컬하게 되어가고 있었고 트루먼은 성명을 발표하지 않을 수 없었다. 트루먼은 3국 정부에 의해 동시에 성명이 준비될 때까지 유럽이나 어느 곳에서도 적군의 무조건 항복에 관련하여 발표하지 않기로 런던과 모스크바 정부와 합의했다면서 그 때까지는 아무것도 말할 수 없고 또 하지 않을 것이라고 발표했다.[89] 처칠도 기다려야만 했다.

5월 8일 오전 8시 35분 트루먼은 자기 책상에 앉아 있었다. 이미 그의 집무실은 각료들과 상하원 의회 지도자들, 조지 마샬 장군과 레이히 제독을 포함하는 군 대표들 그리고 부인 베스와 딸 마가렛이 대통령의 옆과 뒤쪽 의자에 앉아 있었다. 트루먼의 신호로 백악관 집무실의 문이 열렸다. 기자들이 밀려들었다. 트루먼은 간단한 성명을 읽는 것으로 시작하고 싶다고 하면서 이것은 숭고하고 영광된 시간이라고 말했다. 아이젠하워 장군은 독일군이 연합국에 항복했음을

---

89) A. J. Baime, *The Accidental President: Harry S. Truman and The Four Months That Changed the World,* New York: Houghton Mifflin Harcourt Publishing Company, 2017, p. 187.

자기에게 알려왔다고 말했다. 그것이 그의 생일도 축하하고 있다고 말하자 "생일 축하합니다. 대통령님"이라는 목소리가 터져 나왔다. 트루먼은 군중들을 진정시켰다. 그리고 "우리의 기쁨은 히틀러와 그의 악당들을 세상에서 제거하는 데 우리가 지불한 무서운 대가의 최고 의식에 의해서 냉정해지고 또 완화된다. 나의 친구 미국인들은, 아주 많은 우리의 이웃집에서 오늘 감수하는 슬픔과 두통을 잊지 맙시다"라고 계속해서 말했다.[90] 그러면서 트루먼은 적에게 분명한 메시지를 주었다. 미국은 세계의 역사에서 가장 거대한 전쟁기계를 일본인들에게 풀어놓을 지위에 있게 될 것이라면서 그는 극동에 있는 적의 무조건 항복을 요구했다.[91] 트루먼은 이렇게 걱정스럽게 VE-Day(유럽에서 승리를 선언한 날)의 일을 마쳤다.[92]

바로 다음 날 5월 9일 오전 9시 30분에 국가방위 연구위원회의 배니바 부시(Vannevar Bush) 박사와 칼 티 컴프톤(Karl T. Compton) 박사가 이끄는 일단의 사람들이 임시위원회(the Interim Committee)의 첫 모임을 위해 그로브스 장군과 함께 펜타곤에 있는 전쟁장관의 사무실에 도착했다. 이 임시위원회는 스팀슨 전쟁장관이 트루먼 대통령의 승인 하에 싱크탱크(think tank)로 설립했다. 이 임시위원회는 맨해튼 프로젝트의 속도를 측정하고 원자탄의 군사적 및 정치적 모든 쟁점들에 대해 대통령을 보좌할 것이다. 스팀슨 전쟁장관은 의장으로서 문명의 진로를 바꿀지도 모르는 조치를 권고하는 것이 그

---

90) *Ibid.*, p. 188.
91) *Ibid.*
92) *Ibid.*, p. 189.

들의 책임이라는 말로 모임을 시작했다. 이어진 논의는 이 프로젝트의 진전에 관한 속도를 모든 이들에게 일깨웠다.

그리고 이 위원회는 3가지 사항에 만장일치를 이루었다.[93] 첫째 폭탄은 가능한 한 빨리 일본에 대해 사용되어야 한다. 둘째, 그것은 가능한 한 많은 주민들에게 깊은 심리적 인상을 주기 위해서 파괴에 민감한 노동자들의 집이나 다른 건물들에 의해 둘러싸인 전쟁물자 공장들에게 사용되어야 한다. 셋째, 그것은 경고없이 사용되어야 한다. 이미 그로브스 장군은 표적위원회(Target Committee)로 하여금 일본에서 도시들을 대상으로 선별작업을 하게 하고 있었다. 그는 33개의 주된 목표물의 목록을 갖고 있었다. 5월 초에 목표물의 첫 번째는 히로시마(Hiroshima)였다. 히로시마는 제21 폭격부대의 우선순위에 있지 않은 가장 큰 폭격되지 않은 목표물이었다. 표적위원회는 이곳은 최초 목표물이고 따라서 폭탄의 손상이 정확하게 측정될 수 있다고 보고했었다.

원자폭탄의 수송에 관해서 육군의 제509 혼성부대가 제1급 비밀 임무를 위해 새로 건설된 유타주에 있는 웬도버(Wendover) 육군 비행장에서 훈련 중이었다. 제509 부대의 어느 누구도 무엇을 위해 훈련을 받는지를 알지 못했다. 오직 첫 폭탄을 투하할 B-29 폭격기를 비행하도록 특별히 선발된 뛰어난 비행사인 일리노이주 퀸시(Quincy) 출신인 폴 티베츠(Paul Tibbets) 대령만이 훈련의 이유를 알고 있었다. 임시위원회의 위원들은 곧 폭탄이 준비될 것이고 수송수단도 그

---

93) David McCullough, *TRUMAN,* New York: Simon and Schuster Paperbacks, 1992, p. 391.

럴 것이라고 믿었다. 트루먼의 개인적 대표로 이 위원회의 첫 모임에 참석한 제임스 번스는 그로브스와 스팀슨이 진전에 관해서 자세하게 말하는 것을 듣고서 크게 놀랐다. 그래서 그는 다른 어떤 나라가 그런 무기를 소유할 때 미국에 대한 위험을 상정할 충분한 상상력을 갖고 있다고 번스는 말했다. 그리고 그는 미국에게 비우호적으로 행동할 가장 많은 가능성이 있는 나라를 생각한다면서 번스는 소련을 생각하고 있다고 기록했다.

첫 임시위원회가 열린 같은 주에 트루먼은 처칠로부터 스탈린에 관한 전문을 받았다. 처칠은 가능한 한 빨리 3국 원수들의 모임이 있어야 한다고 썼다. 처칠의 전문은 제2차 대전 중에 개최된 세 번째 마지막 3거두의 회담인 포츠담(Potsdam) 회담이 될 촉매였다. 트루먼은 처칠에 동의했다. 통신은 여기까지가 한계였다. 그래서 세 지도자들이 친히 만나는 것이 절대로 필요했다. 트루먼은 처칠에게 스탈린이 서쪽으로 오는 것을 거절하는데 아무런 타당한 구실이 이제는 없을 것이라고 썼다.[94] 타이밍에 관해서 트루먼 대통령은 6월 30일 회계연도가 끝나기 전에는 미국을 떠날 수 없을 것이라고 지적했다.

처칠은 트루먼에게 이 3자 회담을 보다 빨리 계획하라고 촉구했고 다음날 5월 12일 처칠은 또 다시 전문을 트루먼에게 보냈다. 처칠은 유럽 상황을 깊이 우려했고 얄타의 결정들에 대한 소련의 오역을 심히 걱정한다고 했다. 그리고 처칠은 "'철의 장막'(an iron curtain)이 그들의 전선에 쳐졌다. 우리는 그 뒤에서 무엇이 진행되고 있는지를

---

94) A. J. Baime, *The Accidental President: Harry S. Truman and The Four Months That Changed The World,* New York: Houghton Mifflin Harcourt Publishing Company, 2017, p. 193.

모른다"고 말했다.[95] 이 때 처칠은 철의 장막이라는 표현을 처음으로 사용했다. 그는 후에 이 말을 1946년 트루먼의 고향에서 행한 그의 중요한 연설에서 다시 사용하여 이 용어는 범세계적으로 뿐만 아니라 역사적으로도 아주 유명하게 되었다.

5월 24일 새벽 도쿄에서 공습 사이렌이 어둠을 틈타 파도처럼 밀려오는 미국의 B-29들을 알렸다. 커티스 르메이 소장은 마리아나(Marianas)에 있는 기지에서 550대의 초고공비행 요새들(Superfortresses)을 발진시켰다. 그 공격은 1만 피트 이하로 낮게 날아 해가 뜨기 전에 도쿄의 하늘을 갈랐으며 그 도시를 점화하는 산탄통을 퍼부었다. 당시 도쿄에 살고 있던 프랑스 기자는 폭탄들 수는 믿을 수 없었다고 회고했다. 다음날 25일 도쿄의 소방관들이 불을 진화하려고 했다. 그러나 밤이 되자 르메이 장군 지휘 하의 폭격기들이 천황의 궁전의 지상을 쳤다. 히로히토(Hirohito) 천황은 안전했으며 콘크리트 지하 대피소에 숨었다. 소방관들은 궁전을 구하기 위해 주변의 모든 화염을 포기하여 도쿄의 거대한 지역들이 불타도록 방치했다.[96]

미국의 신문들은 5월 24일의 소이탄 폭격을 신문의 제1면에 보도했다. 미국 대중의 분노가 없었다. 나치 독일의 민간인 인구 중심지를 폭격한다고 영국에 비난을 퍼부었던 모든 비판자들이 침묵했다.

---

95) Robert Dallek, *Harry S. Truman,* New York: Times Books, 2008, p. 21; David McCullough, *TRUMAN,* New York: Simon and Schuster Paperbacks, 1992, p. 383; A. J. Baime, *The Accidental President: Harry S. Truman and The Four Months That Changed The World,* New York: Houghton Mifflin Harcourt Publishing Company, 2017, p. 194.

96) A. J. Baime, *The Accidental President: Harry S. Truman and The Four Months That Changed The World,* New York: Houghton Mifflin Harcourt Publishing Company, 2017, p. 214.

사실 미국의 대중 여론은 이제 이런 형태의 전투를 수용하는 것처럼 보였다. 오직 스팀슨 전쟁장관만이 무차별 살육의 종식을 촉구했다. 일본인들은 미국인들의 눈에 제3제국과 무엇이 달랐던가? 역사가들은 전쟁 중 일본인들에 대한 미국인들의 내재적 인종주의를 중요시했다. 그러나 일본인들에 대한 미국인들의 감정은 인종주의를 넘어서는 것이었다. 진주만 기습 후에 증오심이 미국인들의 의식에 깊이 심어졌다. 이것은 유럽의 전쟁에서, 심지어 나치들을 향해서도 작용하지 않았던 증오심이었다.[97] 미국이 제2차 세계대전에 참전하기 훨씬 전에 동아시아에서 전쟁은 유럽의 전쟁과 달랐던 것이 분명해졌다. 미국인들은 일본인들에 의해서 자행된 광적인 살육, 특히 1937년에 "난징의 대학살"(the Rape of Nanking)에 관해서 읽었다.[98] 당시 뉴욕 타임즈(New York Times)는 일본의 잔혹성이 난징의 함락을 표상한다고 했었다.[99]

난징의 침략자들은 2만 명을 처형했다. 일본 군인들 사이에서 죽음의 우상이 연합국들을 공포스럽게 만들었고 이 군인들을 유럽에서 싸우는 독일군과 분리했다. 따라서 미국의 언론은 극동의 적을 신성한 전쟁을 수행하는 인종적 위협으로 특징지었다. 죽음이 포로가 되는 것보다 더 낫다는 믿음으로 민간인들과 전사들 사이에 대량 자살을 초래했으며 이런 전쟁행위로 인해 일본인들은 그들이 신으로 숭

---

97) Ibid., p. 216.
98) 이것에 관련된 최근 저서로는, Iris Chang, The Rape of Nanking: The Forgotten Holocaust of World War II, New York: Basic Books, 2012; Peter Harmsen, Shanghai 1937: Stalingrad on the Yangtze, Havertown, PA: Casemate Publishers, 2013을 참조.
99) A. J. Baime, ibid.

배하는 천황을 위해 기꺼이 죽음을 선택하는 광신자들로 간주되었다. 일본인들이 자행한 잔혹성이 나치의 최종해결보다도 더 사악했다고 특징지을 수는 없다. 그러나 나치는 미국 땅에서 미국인들을 공격한 적이 없었다. 미국의 군부관리들은 일본인들을 가능한 한 빨리 끝장내는 것이 자신의 의무라고 느꼈다. 그것은 소이탄들을 포함하여 군부에 가용 가능한 어떤 그리고 모든 도구를 이용하여 적을 박살내는 것이었다.

5월 25일 펜타곤에서 합동참모회의에 참석한 총장들이 대일본 전쟁의 미래에 관한 계획을 수립하기 위해 모였다. 그들은 소이탄이 일본을 굴복시킬 수 있다고 믿는 르메이 장군과는 달리 일본인들에게 무조건 항복을 강요하기 위해서는 일본 열도의 지상군 침공이 필수적이라는 결론에 도달했다. 3일 후 29일 조셉 그루(Joseph Grew) 국무차관이 새로운 아이디어를 가지고 트루먼을 보러 왔다. 대일본 전에서 목표가 최소의 미군 생명의 희생으로 적을 패배시키는 것이다. 그런데 일본인들은 광신자들이라서 최후의 일인까지 최후의 일각까지 싸울 수 있다. 그러면 미국인들의 생명으로 지불하는 비용이 예측할 수 없을 것이다. 일본인들은 그들의 천황을 신처럼 숭배한다고 그루 차관은 말했다. 그는 1930년대 상당한 기간 동안 그리고 진주만 기습 때 일본 주재 미국대사로 활동했었다. 따라서 그루는 천황의 운명이 위기에 처하면 일본인들은 결코 항복하지 않을 것이라고 말했다.

그러므로 그루 국무차관은 그들의 천황이 권좌에 남을 수 있다면 일본인들이 항복할 지도 모른다고 제안했다.[100] 그 아이디어는 예리

---

100) A. J. Baime, *The Accidental President: Harry S. Truman and The Four*

한 것이었지만 그러나 문제가 많았다. 루즈벨트와 그 후 트루먼도 그들이 나치에게 요구하고 달성했던 것처럼 일본인들의 무조건 항복을 요구했다. 천황이 권좌에 그대로 머문다는 것은 중대한 조건으로 간주될 것이다. 트루먼은 이 제안의 도전적 성격을 이해했다. 그러나 그는 곧 이 문제가 세계사에서 중요한 문제가 될 것이고 자신의 역사적 유산에 막중하게 관련될 것이라는 점을 알 수 없었다.

트루먼이 대통령직에 오른 뒤 그는 평범한 미국인들의 상징이 되었다. 워싱턴 포스트(*Washington Post*)에 의하면 미국 전역이 대통령에 의해 진작된 좋은 감정을 반영했다. 미국이 수년 동안 알지 못했던 정중한 분위기가 감돌았다. 미국의 대학들은 백악관 비서를 접촉하여 대학 졸업장이 없는 대통령에게 명예학위를 제안했다. 그러나 트루먼은 자기가 그럴 만한 자격이 없다면서 그런 제안들을 정중하게 사양했다. 일상적 시민들의 관점에서 보면 트루먼 대통령의 직무 수행은 어느 누가 예측할 수 있었던 것보다 더 잘 이루어지고 있었다.

그러나 5월 말에 그의 집무실의 분위기를 상당히 어둡게 하는 일이 발생했다. 트루먼이 파견한 해리 홉킨스(Harry Hopkins) 특사가 스탈린과의 논의에 대한 최신 정보를 보내주고 있었다. 5월 27일 크레믈린 궁에서 조셉 스탈린과의 두 번째 만남에서 스탈린이 트루먼의 무기대여법에 관한 새 정책을 들고 나왔다. 트루먼은 소련에 대한 공급을 중단했고 이에 스탈린은 분개했다. 스탈린은 트루먼이 무기대여법을 소련의 양보를 얻어내기 위한 수단으로 사용하고 있는데

Months That Changed The World, New York: Houghton Mifflin Harcourt Publishing Company, 2017, p. 218.

그런 행위는 친구의 자세가 아니라고 믿었다. 만일 소련인들에게 우정의 토대 위에서 솔직하게 접근하면 많은 것이 이루어질 수 있지만 그러나 어떤 형태로든 실력행사는 정확하게 반대의 효과를 초래할 것이라고 스탈린은 부언했다.

그 때쯤 트루먼은 처칠로부터도 무기대여는 자기가 루즈벨트와 합의했던 것으로 영국에 대한 무기대여는 계속되어야 한다는 말을 들었다. 무기대여법 중단은 국제관계의 중대한 순간에 처칠과 스탈린의 눈에 트루먼의 입장을 크게 손상시켰다. 수백만의 소련인들이 굶주리고 있는 반면에 영국도 역시 모든 자원의 부족에 시달리고 있었다. 그래서 트루먼의 중단 결정은 처칠과 스탈린이 그들의 발바닥까지 놀라게 만들었다. 트루먼 행정부가 무기대여의 시동을 다시 걸었지만 이미 손상을 주었다.[101]

5월 29일 3국 지도자들은 그들의 다가오는 3자회담의 일자와 장소를 정해야 했다. 트루먼은 알래스카(Alaska)에서 만나기를 원했었다. 그러나 과거 테헤란과 얄타 회담처럼 스탈린이 원하는 포츠담(Potsdam)으로 정해졌다.[102] 그곳은 붉은 군대가 장악하고 있는 구역에 있는 베를린 교외에 있었다. 날짜는 트루먼이 7월까지는 미국을 떠날 수 없다고 하자 스탈린은 트루먼이 제안한 7월 15일에 반대하지 않는다고 직접 답변했다. 트루먼은 처칠이 합류하기 전에 스탈

---

101) A. J. Baime, *The Accidental President: Harry S. Truman and The Four Months That Changed The World,* New York: Houghton Mifflin Harcourt Publishing Company, 2017, p. 225.
102) David McCullough, *TRUMAN,* New York: Simon and Schuster Paperbacks, 1992, p. 399.

린과 일대 일로 직접 만나는 것을 고려하고 있었다. 세계의 미래는 분명히 미국과 소련의 협상에 달려 있으며 영국의 역할은 이제 더 이상 주도적이지 않았다. 처칠 수상은 분명히 영국 대표의 참가 없이 트루먼과 스탈린의 단독 모임의 아이디어를 좋아하지 않을 것이지만 처칠도 별수 없을 것이라고 트루먼은 계산했다.[103]

처칠은 포츠담 회담의 개최 날짜를 좀 더 앞당기자고 트루먼에게 계속 사정을 했다. 그는 미-영 사이에 주목을 요구하는 긴급한 문제들에 7월 15일은 너무 늦고 또 만일 그들이 개인적이거나 국가적인 필요한 일이 보다 이른 모임을 방해한다면 세계의 희망과 단결에 상처를 주게 될 것이라고 트루먼에게 전문을 보냈다. 처칠은 회담일의 지연에 대해서 이해할 수 없었지만 트루먼은 그 사이에 원자탄이 성공하길 희망할 수 있을 뿐이었다. 처칠은 정말로 중요한 것은 아무 것도 아직 해결되지 않았다면서 트루먼과 자신이 미래에 대한 거대한 책임을 지게 될 것이라고 트루먼에게 보낸 전문에서 부언했다.

6월 1일 백악관은 대통령이 미국 국민에게 일본의 무조건 항복을 가져올 연합국의 계획을 미의회에 보내는 메시지로 발표했다. 그는 이 메시지에서 지금 1만 4천 마일을 넘어 병력과 공급품의 대규모 이동으로 일본에 대항하여 수백만 명의 군병력을 전개하는 과정을 수행하고 있다면서 일본 민간인들에게 생명을 구하고 싶으면 도시에서 떠나라고 촉구했다. 점심 직후 트루먼은 나치 전범자들을 심판할 군사재판소를 설치하려고 애쓰고 있는 파괴된 유럽에서 방금 돌아온

---

103) A. J. Baime, *The Accidental President: Harry S. Truman and The Four Months That Changed The World*, New York: Houghton Mifflin Harcourt Publishing Company, 2017, p. 227.

로버트 잭슨(Robert Jackson) 판사를 환영했다. 잭슨 판사는 지금까지 뉘른베르크(Nuremberg)를 심판장소로 정했다. 그는 예상 못한 장애에 부딪쳤다. 영국은 군사재판을 좋아하지 않았다. 영국인들의 만장일치의 견해는 이 범죄자들을 재판에 회부하는 것이 아니라 즉시 처형해야 한다는 것이다. 잭슨은 가장 흉악한 나치들에게도 인신보호법의 권리가 부여되어야 한다고 고집하고 있었다. 도덕적 의무가 지상명령이었다.

트루먼이 집무실에서 잭슨 판사를 만나고 있을 때 헨리 스팀슨 전쟁장관은 펜타곤에서 원자탄에 관해 일련의 최종적 모임들 가운데 마지막 임시위원회의 회의를 주재하고 있었다. 그 회의의 목적은 대통령에게 권고할 맨해튼 프로젝트에 대한 최종적 입장을 정하는 일이었다. 이 모임은 4일간이나 계속되었고 임시위원회의 주요 위원들이 모두 참석했다. 이 스팀슨 전쟁장관이 주재하는 임시위원회 모임에서 상당히 설득력 있는 아이디어로 무장한 전쟁장관에게 온 마샬(Marshall) 장군을 군사적 판단의 관점에서 압도할 사람은 아무도 없었다. 마샬 장군은 미국정부가 일본인들에게 소개(疏開) 경고를 해서 그 폭탄이 수많은 민간인들을 죽이지 않고 일본에 사용될 수 있을 것이라면서 이 무기는 대규모 해군시설과 같은 명백한 군사적 목표물에 대해 먼저 사용될 수 있을 것이라고 생각했다. 경고의 기록을 선명하게 유지하기 위해 모든 노력이 이루어져야 한다고 마샬 장군은 촉구했다. 스팀슨 장관은 이 프로젝트가 단지 군사적 무기의 관점에서만 아니라 우주에 대한 인간의 새로운 관계로서 고려되어야 한다고 말했다. 이 발견은 코페르니쿠스 이론(the Copernican theory)과

중력의 법칙(the Laws of Gravity)의 발견에 비견될 수 있을 것이지만 인간의 삶에 대한 효과에서 이것들보다 훨씬 더 중요할 것이라고 덧붙였다.[104]

임시위원회는 결론에 도달했다. 일본인들에 사전경고가 주어져서는 안 된다. 경고를 한 다음에 폭탄이 폭발에 실패하면 어떻게 되겠는가? 설사 그 무기가 폭발을 해서 무조건 항복을 가져오는데 실패한다면 놀라움의 치명적 요소가 낭비되는 것 아닌가? 그리고 전략가들은 만일 목표 지점이 어디라는 것을 일본인들에게 미리 알려주면 그들은 미군 포로들을 목표지점으로 이동할 수 있을 것이라고 믿었다. 위원회는 폭격이 민간인 지역에 발생해서는 안 되지만 그러나 가능한 한 많은 주민들에게 깊은 심리적 인상을 주도록 모색되어야 한다고 동의했다. 임시위원회의 마지막 회의 후에 번즈는 자동차로 펜타곤에서 포토맥 강(the Potomac River)을 건너 백악관으로 가서 트루먼과 예정에 없던 만남을 가졌다. 번즈는 최고위층 군사적, 정치적 및 과학적 사상가들의 대통령을 위한 권고들을 자세히 설명했다. 번즈 자신도 이 회의에서 가장 강력한 목소리를 냈던 사람이었다. 그리고 그는 다음과 같은 최종적 회의에서 승인된 건의안을 트루먼에게 보고했다.

"목표의 최종적 선발은 본질적으로 군사적 결정이라는 것을 인정하는 반면에 위원회의 현재 견해는 폭탄이 가능한 한 빨리 일본에 대해 사용되어야 하고 또한 그것은 노동자들의 집에 둘러싸인

---

104) A. J. Baime, *The Accidental President: Harry S. Truman and The Four Months That Changed The World,* New York: Houghton Mifflin Harcourt Publishing Company, 2017, p. 235.

전시 공장에 사용되어야 하며 또한 그것은 사전 경고 없이 사용되어야 한다."105)

트루먼에게 이것의 함의는 놀랍게도 아주 선명했다. 건의가 무엇이든 결국 폭탄에 관한 최종적 결정은 결국 그의 것이고 또 오직 자기 혼자만의 것이라는 사실이었다.106) 미국의 역사상 과거에 대통령이 전쟁 중에 그렇게 중대한 군사전략적 결정에 대해 개인적으로 책임을 진 적이 결코 없었다. 그렇지만 원자폭탄에 관한 모든 것이 전례가 없는 일이었다. 트루먼은 어린 시절에 독서를 통해 자기의 정치교육을 시작했지만 그러나 역사 속의 어떤 것도 원자폭탄에 대한, 그리고 지금 트루먼의 관점에서 잠재적으로 묵시록 같은 지구적 그림을 준비할 수 없었다.107)

그동안 샌프란시스코에서 스테티니어스 국무장관은 트루먼에게 전화로 유엔협상에 관한 가장 최신 소식을 알려왔다. 미국인들과 소련인들 사이에 가장 심각한 이견은 안보리의 거부권에 관한 것이었다. 소련은 한 국가가 다른 국가를 공격했을 때 유엔을 무기력하게 만들어 죄를 물을 수 없게 하는 거부권을 고집했다. 미국인들은 소련인들이 정의하는 방식의 거부권에 반대했다. 몰로토프는 협상을 거절했다. 그래서 스테티니어스는 몰로토프를 건너뛰어 해리 홉킨스를

105) A. J. Baime, *The Accidental President: Harry S. Truman and The Four Months That Changed The World*, New York: Houghton Mifflin Harcourt Publishing Company, 2017, p. 236.
106) *The Accidental President: Harry S. Truman and The Four Months That Changed The World*, New York: Houghton Mifflin Harcourt Publishing Company, 2017, p. 237.
107) *Ibid.*

통해 모스크바에서 스탈린에게 직접 접근하는 대담한 조치를 취했다. 6월 6일 홉킨스는 스탈린과 마지막 회합을 가진 후에 유엔 거부권에 관해서 직접 트루먼에게 전문을 보냈다. 스탈린은 몰로토프를 제압하고 미국의 입장이 자기에게 수용될 수 있다고 동의했다. 다시 한 번 해리 홉킨스가 돌파했다. 그가 유엔 평화기구를 구했다.[108] 이 승리는 모든 유엔회의 대표단들 앞에서 몰로토프에게 망신을 주었다. 스테티니어스는 트루먼에게 6월 15일 경에 회의가 성공적으로 마무리될 것이며 그 때 대통령이 폐회식에서 대표단들에게 연설하기 위해 서부로 여행해야 할 것으로 보인다고 알려왔다.

6월 13일 해리 홉킨스가 모스크바에서 돌아와 백악관에 도착했다. 스탈린은 소련에 대한 미국의 태도가 독일의 패배가 분명해지면서 눈에 띄게 싸늘해졌다는 인상을 갖고 있다고 말했다. 그리고 홉킨스가 극동으로 대화를 옮겨가자 날카로운 눈의 스탈린이 미국인들에게 상당한 놀라움을 주었다고 말했다. 즉, 처음으로 스탈린은 대일본 전쟁에 합류할 날짜를 공약했다. 그것은 8월 8일이었다.[109] 그 날 붉은 군대가 중국의 만주지역을 점령하고 있는 일본군을 공격하도록 적절히 전개될 것이라고 스탈린은 말했다. 그리고 스탈린은 소련 인민들은 참전을 위해 좋은 이유가 필요하다고 설명했다. 트루먼은 미국인들의 생명을 구하기 위해 소련이 대일본 전쟁에 합류하기를 원했다. 그러나 그것은 소련병사들의 피를 의미하기 때문에 스탈린은

108) *Ibid.,* p. 240.
109) *The Accidental President: Harry S. Truman and The Four Months That Changed The World,* New York: Houghton Mifflin Harcourt Publishing Company, 2017, p. 244.

아무 대가 없이 그렇게 하려 들지 않았다. 극동에 소련의 참전에 대한 교환으로 스탈린은 중국에 대한 요구들 위에 다른 트로피를 염두에 두고 있었다. 홉킨스의 보고에 의하면 스탈린은 그의 주된 전리품으로 보이는 것을 말했다. 홉킨스의 보고에 따르면 스탈린 원수는 소련이 일본의 점령을 공유할 것이며 점령지역에 영-미와 합의하기를 기대한다는 것이다. 그러나 트루먼은 소련이 일본의 어떤 부분도 점령하게 하는데 관심이 없었다.[110]

스탈린은 자기의 병력이 일본 점령군을 축출하기 위해 중국의 국경에서 만주로 몰려갈 때 자기는 중국의 영토 자체에, 특히 만주와 신장 지역에서 아무런 계획이 없을 것이라고 말했다. 그는 중국에 대한 영토적 야심이 없다는 것을 명확하게 천명하고 또 일본과 싸우기 위해 들어가는 모든 지역에서 그는 중국의 주권을 존중할 것이라고 홉킨스는 스탈린의 말을 트루먼에게 전했다. 그러나 문제는 스탈린이 그런 약속을 지킬 것이라고 미국인들이 믿어야 하는 것일까? 아니면 소련의 영향력이 붉은 군대의 꽁무니에 편승하여 중국으로 깊숙이 이동할 것인가? 그러고 나서 계속해서 일본으로 진격하지 않을까? 미국정부는 스탈린의 요구에 대해서 대답해야만 할 것인데 그것은 대통령을 비상한 지위에 놓이게 할 것이다. 만일 그가 소련의 요구에 동의한다면 소련의 영향력은 동쪽으로 밀고 들어갈 것이다. 만일 트루먼이 동의하지 않는다면 미국은 소련의 도움 없이 일본과 싸워야 할 것이고 그러면 보다 많은 미군들이 죽게 될 것이다.

트루먼은 대통령 취임 후 처음 2달 동안 대부분의 시간을 외교문제

---

110) *Ibid.*, p. 245.

에 헌신했지만 국내문제들이 점점 중요해지고 있었다. 6월 11일 그는 자기의 첫 군사 예산을 의회에 제출했다. 대통령의 행정명령을 요구하는 노동자 파업이 있었다. 그리하여 연방정부가 전쟁수행에 치명적인 공장들, 광산들, 그리고 철도를 장악할 수 있었다. 트루먼은 전국의 농민들에게 가능한 모든 방법으로 식량생산을 증대하도록 요청했다. 그럼에도 불구하고 여전히 전시의 대통령으로서 트루먼은 지구적 긴급한 과제들에게 주로 초점을 맞추어야 했다. 6월 18일 오후 3시 30분에 트루먼은 참모총장들과 전쟁부의 고위 내각 보좌관들의 모임을 소집했다. 이 모임에서 맨 처음 발언한 조지 마샬 장군은 일본의 상황이 노르망디(Normandy) 침공 전 유럽의 상황과 실제로 동일하다면서 대일본 전에서 추진할 유일한 길은 나치를 굴복시켰던 지상군 침공이라고 믿었다. 그는 상륙을 위한 일본 본토의 남쪽 끝인 규슈(九州) 섬을 선택했고 4개월 반 후인 11월 1일을 D-Day로 정했다.[111]

그리고 마샬 장군의 예상되는 사상자를 논했다. 미국은 이오지마(硫黃島)의 침공 시 약 2만 5천 명의 일본인들의 사상자에 비해서 대략 2만 명의 사상자를 냈고 또 오키나와에서는 8만 1천 명의 일본인 사상자에 비해 미국인들은 3만 4천 명의 육군과 7,700명의 해군 사상자를 냈다. 노르망디 침공의 처음 30일 동안에 미군의 사상자는 4만 2천 명이었다. 일본 본토의 침공에서 예상되는 사상자의 숫자는 가늠할 길이 없다면서 마샬은 전쟁에서 승리로 가는 쉬운, 무혈의 길은 없다는 것이 냉혹한 사실이라고 말했다. 그는 일본의 상륙작전에

---

111) A. J. Baime, *The Accidental President: Harry S. Truman and The Four Months That Changed The World*, New York: Houghton Mifflin Harcourt Publishing Company, 2017, p. 249.

필요한 병력의 수를 77만 6,700명으로 잡았다. 트루먼이 방안의 다른 참석자들을 돌아보았지만 단 한 사람의 이견도 없었다. 그리고 이 6월 18일 회의가 열렸을 때 뉴멕시코의 로스 알라모스(Los Alamos)에 있는 맨해튼 프로젝트의 과학자들은 원자탄의 첫 실험을 위한 7월 14일 데드라인에 맞추기 위해서 애를 쓰고 있었다.

6월 25일 오전 9시 트루먼은 대통령 전용기 세이크리드 카우(Sacred Cow)를 타고 이륙하여 오후에 샌프란시스코 바로 북쪽에 위치한 마린 카운티(Marin County)에 있는 활주로에 착륙했다. 스테티니어스 국무장관을 옆에 앉힌 대통령은 자동차로 머린 카운티를 벗어났다. 금문교(the Golden Gate Bridge)를 통과할 때 트루먼은 그 다리의 높은 첨탑에 메어진 거대한 환영 사인을 보았다. 시내에는 트루먼이 오픈 카(open car)로 지나갈 때 100만 명의 인파의 사람들이 거리에 나와 그에게 환호성을 보냈다.112) 깃발을 흔드는 군중들이 대통령을 보기 위해서 호텔 페어몬트 주변에 모여 대통령을 기다리고 있었다. 트루먼은 제1차 세계대전 후 국제연맹을 위해 파리에 온 우드로 윌슨을 생각했을 것이다. 그 때는 의회가 국제연맹조약의 승인에 실패했다. 그러나 이번에는 얘기가 달랐다. 분명히 유엔을 대중 모두가 찬성했다.

다음 날 트루먼, 스테티니어스, 그리고 다른 미국의 유엔대표단원들이 유엔헌장에 서명하기 위해 전쟁기념 재향군인 건물(the War Memorial Veterans Building)에 들어섰다. 스테티니어스 국무장관이 서명하고 톰 코넬리(Tom Connally)와 아서 반덴버그(Arthur Vandenberg)

---

112) David McCullough, *TRUMAN,* New York: Simon and Schuster Paperbacks, 1992, p. 401.

상원의원들이 유엔대표단의 다른 두 고위단원으로서 서명했다. 모두 50개국이 서명하느라 여러 시간이 걸렸다. 그 헌장은 워싱턴으로 수송되어 상원이 그것에 관해 표결할 것이다. 서명 후 대표단들은 기조연설을 듣기 위해 자리를 잡았다. 해리 트루먼 대통령이 군중들에게 연설하기 위해 단상에 올랐을 때 모든 자리가 다 차 있었다. 트루먼은 그들이 방금 서명한 유엔헌장은 우리가 보다 나은 세계를 건설할 수 있는 견고한 구조물이라고 말했다. 역사는 그들을 존경할 것이라면서 유럽에서 승리와 일본에서 최종적 승리 사이에 그들은 전쟁 그 자체에 대해 승리했다고 말했다. 그리고 트루먼은 유엔은 하나의 중대한 목적, 즉 전쟁을 종식시키는 길을 발견하기 위해 탄생했다고 강조했다.[113] 폐회식 다음날 트루먼은 전용기를 타고 캔자스 시티로 비행했다. 그곳에서 트루먼은 일생일대의 귀환(homecoming) 경험을 맛볼 것이다.

7월 2일 오찬 후에 트루먼 대통령은 상원 의사당의 연단에 서서 정식으로 유엔헌장을 제출했다. 국제조약으로서 이 문건은 3분의 2 이상의 찬성에 의해 상원에 의해 승인되거나 그렇지 않으면 우드로 윌슨의 국제연맹 재판으로 역사의 쓰레기통에 처박힐 것이다. 트루먼은 어떤 국제적 문건도 이것보다 더 눈부신 평판을 끌어들인 것은 없다면서 상원 앞에 있는 선택은 이제 분명하다고 계속했다. 선택은 이 헌장과 어떤 다른 것 사이에서 아니라 바로 헌장과 무(無)헌장 사이라고 강조했다. 트루먼이 떠난 뒤 상원은 심의를 시작할 것이다.

---

113) A. J. Baime, *The Accidental President: Harry S. Truman and The Four Months That Changed The World,* New York: Houghton Mifflin Harcourt Publishing Company, 2017, p. 260.

그 심의는 때로 과열될 것이고 그러면 유엔헌장은 어떻게 될지 알수 없을 것이다.

다음날 11시에 제임스 번스가 국무장관으로 취임선서를 했다. 이제 번스는 미국 외교정책의 최고 건축가로 트루먼에 합류했다. 토마스 제퍼슨(Thomas Jefferson)이 최초의 국무장관으로 봉사한 이래 그 역할은 미국이 얼마나 많이 타국의 갈등에 관여할 것인지 그리고 국가의 안전과 경제적 성장을 위해 국제관계를 어떻게 이용할 것인가에 대한 결정들에 의해서 정의되었다. 제2차 세계대전의 종결은 과거에 어떤 국무장관도 직면하지 않았던 복잡성을 제기할 것이다. 번스 신임 국무장관은 아주 드문 경력의 소유자였다. 그는 국가의 3부모두에서 일했다. 국무장관으로서 행정부에서, 대법원 판사로서 사법부에서, 그리고 사우스 캐롤라이나 출신의 상원의원으로서 입법부에서 봉사했던 것이다. 트루먼 대통령은 번스에게서 그가 올바른 사람을 갖게 되었다고 확신했다. 트루먼 대통령은 2일 후엔 포츠담에서 3거두회담을 위해 베를린으로 출발할 예정이었다. 그는 푸른 눈을가진 제임스 번스가 그의 가장 신임하는 보좌관으로 그의 옆에 있을것이다. 7월 17일에서 8월 2일까지 계속될 포츠담 회담은 트루먼의 희망을 시험할 것이다.[114] 그러나 동시에 이 회담은 하나의 극적인 목적도 가지고 있었다. 그것은 미국의 국민 대중에게 트루먼 행정부가 평화를 위해 일하고 있다는 증거를 제공하는 것이다.[115]

---

114) Robert Dallek, *Harry S. Truman,* New York: Times Books, 2008, p. 22.
115) *Ibid.,* p. 204.

제4장
포츠담(Potsdam) 회담과 원자탄 사용 결정

"나는 소련인들의 응석을 받아주는데 질렸다."
-해리 S. 트루먼-

윈스턴 처칠 영국 수상은 다가오는 3거두회담에 "종착역"(Terminal)
이라는 불길한 암호명을 주었다.[116] 트루먼은 부인 베스에게 다가오
는 베를린 회의에 관해서 그가 마주해야 했던 어떤 것보다도 더 나
쁜 이 여행을 확실히 두려워한다고 했다.[117] 스탈린은 바로 소련의
점령지역 내에서 이번 회담을 주관하기로 했다. 3거두의 회담은 베
를린 시가 완전히 파괴되었기 때문에 베를린 교외에 있는 포츠담에
서 폭격으로 손상되지 않은 체칠리엔호프 궁전에서 개최될 것이다.
트루먼은 7월 6일 밤에 백악관에서 출발할 예정이다. 버지니아주의
뉴포트 뉴스(Newport News) 항구에서 오거스트라(*Augustra*)호의 승
무원들은 대통령을 위해 배를 준비하고 있었다.

---

116) A. J. Baime, *The Accidental President: Harry S. Truman and The Four Months That Changed the World,* New York: Houghton Mifflin Harcourt Publishing Company, 2017, p. 273.
117) *Ibid.,* p. 267.

트루먼이 유럽을 향해 출발하기 전에 스팀슨 전쟁장관이 그를 방문하여 일본에 관해 논의했다. 그는 대통령의 옆에 앉아서 조심스럽게 "일본에 제안된 계획"(Proposed Program for Japan)이라는 문건 하나를 제출했다. 일본의 침공계획은 이제 실제로 진행 중이었다. 상륙 후 일본의 점령을 위한 작전은 미국측에 아주 길고 희생이 크고 고난의 투쟁일 수 있다고 스팀슨은 썼다. 그는 침공계획을 재고하고 있었다. 일본인들은 그들의 향토가 외국인들에 의해서 침공을 받는다면 어떤 경우에도 항복을 거부할 것이다. 그들은 최후의 일인까지 최후의 일각까지 싸울 것이다. 그렇다면 미국은 셀 수 없는 미국인들의 사상자의 비용으로 일본을 완전히 파괴할 수밖에 없다. 여기서 일본의 무조건 항복에 버금가는 것을 미국에게 확보해줄 일본의 강제 점령에 다른 대안은 없는 것인가라는 의문이 제기된다고 스팀슨 메모는 지적했다. 일본은 동맹국이 없다. 일본은 미국의 집중적 공습에 전적으로 취약하다. 미국은 일본의 비열한 공격의 희생자이기 때문에 커다란 도덕적 우위를 갖고 있다. 문제는 이러한 이점들을 미국의 즉각적이고 경제적인 성취로 전환시키는 것이라고 스팀슨은 주장했다. 그가 비망록에 1급 비밀의 이유로 원자탄을 언급하지 않았다. 그러나 대통령의 집무실 안에서 그들은 그 문제에 대해 자유롭게 말했다.

스팀슨 장관은 일본에 일종의 경고를 권유했다. 그리고 그는 동료들의 도움아 받아 그런 경고문의 초안을 작성했다. 트루먼 대통령은 스팀슨 장관에게 들은 것이 마음에 들었다. 스팀슨의 비망록은 후에 일본에 대한 최후의 통첩인 포츠담선언(the Potsdam Declaration)의 촉매가 되었다. 스팀슨은 또한 일본에서 천황이 권좌에 남는 것을 허용하는 데에서 오는 해는 없을 것이라고 믿고 그 제안은 일본이 항복할 기회를 상당히 높일 것이라고 믿었다. 그러나 트루먼은 이 문제를 여전히 미결 상태로 남겼다. 최종적으로 스팀슨은 다가오는 회담에서 그것이 사용되기 전에 스탈린에게 원자탄에 대해 알리는 것이 좋은 아이디어일 것이라고 생각했다. 트루먼이 이에 동의했다.[118] 그러나 문제는 스탈린에게 어떻게 알릴 것인가의 문제가 남았다.

스팀슨이 포츠담 여행을 준비하려 자리를 뜨자 트루먼은 중국의 외교부장 쑹쯔원(T. V. Soong)을 만나서 마침내 그에게 얄타회담의 비밀합의에 관해서 알려주었다. 트루먼은 루즈벨트 대통령에 의해 도달한 합의사항에 명백한 공약을 하였다. 쑹 장관은 대일본 전쟁에 소련인들을 끌어들이기 위해 중국인들이 주요한 양보를 해야 할 것이라는 것을 이해했다. 그리고 그는 중국인들과 협의하지 않은 그런 합의를 중국인들이 존중하기는 불가능하다고 트루먼에게 말했다. 트루먼에게 중국과 소련의 합의는 지상명령이었다. 왜냐하면 그것은 그가 태평양 전쟁에 소련의 공약을 원하기 때문만이 아니라 북쪽에서 마오쩌둥(Mao Zedong) 하에서 권력을 획득하고 있는 중국의 반란 공산주의자들이 아니라 장제스(Jiang Jieshi) 하의 현 중국정부와 스탈린이 제휴하기를 원하기 때문이었다.[119]

소련에 대한 양보와 관련하여 중국의 쑹 외상은 "중국인들은 소련에게 그런 양보를 하기보다는 차라리 싸울 것"이라고 말하면서 군

---

118) A. J. Baime, *The Accidental President: Harry S. Truman and The Four Months That Changed the World,* New York: Houghton Mifflin Harcourt Publishing Company, 2017, pp. 270－271.

119) *Ibid.,* p. 271.

사적 행동에 의해서 이 문제의 해결을 선호한다고 선언했다.[120] 그러나 쑹과 트루먼은 다 같이 중국이 이미 현재 수행하고 있는 전쟁을 넘어서 전쟁할 자원을 중국이 갖고 있지 못하다는 것을 잘 알고 있었다. 그 후 쑹 장관은 스탈린과 직접 협상하려는 시도로 모스크바로 가기 위해 워싱턴을 떠났다.

트루먼과 그의 수행원들이 워싱턴을 떠나기로 한 날인 7월 6일에 그의 스케줄엔 빈 틈이 없었다. 대통령의 달력은 그 날 20개의 약속을 말해주었다. 대통령은 예산관련 모임과 내각 회의를 가졌다. 그는 전쟁수행에 치명적인 중서부 철도회사에서 노동자들의 파업을 조사할 비상위원회를 설립하는 명령을 포함하여 3개의 행정명령을 발했다. 오후 9시 40분에 그는 지친 채로 수행원들과 함께 백악관을 떠났다. 이 일행은 9시 50분에 워싱턴 중앙역 센트럴 유니온 스테이션에서 특별열차를 타고 버지니아주 항구도시 뉴포트 뉴스(Newport News)에 있는 부두로 향했다. 그가 출발할 때 새 갤럽여론조사(Gallup poll)에서 그의 지지율은 기적적인 87%에 달했다.[121] 루즈벨트 시대의 프랭클린 루즈벨트도 대통령으로서 그렇게 높은 지지율을 받은 적이 없었다. 여론조사에 의하면 트루먼은 루즈벨트보다도 사람들을 더 잘 다루었고 또 비정상적인 아이디어를 갖고 있지 않았다.

7월 6일 트루먼과 그의 일행을 태운 오거스트라호는 항구를 벗어났다. 이 배의 제임스 포스켓(James Poskett) 선장이 트루먼 대통령을

---

120) *Ibid.,* pp. 271-272.
121) A. J. Baime, *The Accidental President: Harry S. Truman and The Four Months That Changed The World,* New York: Houghton Mifflin Harcourt Publishing Company, 2017, p. 273.

그의 선실로 안내했다. 대서양을 건너는 항해는 8일간 계속될 것이며 그 배는 이제 더 이상 독일의 유보트의 공격이 없기 때문에 불을 켜고 여행할 것이다. 7월 15일 오거스트라호는 오후 5시 경에 베를린과 포츠담 사이의 작은 교외인 바벨스베르크(Babelsberg)에 있는 그리브니츠(Lake Griebnitz) 호수에 있는 3층짜리 벽돌 빌라인 숙소에 도착했다. 그곳은 곧 "작은 백악관"(the Little White House)으로 알려졌다.

7월 16일 오전 11시에 처칠 수상이 수행원들과 함께 트루먼의 빌라에 나타났다. 이제 70세의 처칠은 흐린 눈을 갖고 있었다. 그는 밤의 올빼미였다. 그러나 그는 아주 오랜만에 일찍 일어나야 했다. 트루먼은 이미 4시간 반이나 깨어 있었다. 트루먼은 처칠에 대해 다소 모호했다. 왜냐하면 그가 통신에서 종종 요구하고 신경을 건드렸기 때문이다. 처칠과의 어려움은 소련인들과 있을 때처럼 성질을 돋구었다. 그러나 트루먼은 첫 악수를 하자마자 처칠 수상에 반해 버렸다. 핑크 빛 뺨을 가진 수상은 오직 5피트 6인치에 지나지 않았지만 그는 초월적 장엄함을 소유하고 있었다. 그의 생애는 군인으로 시작하여 영국정부의 여러 장관직을 거쳐 1940년 이래 대영제국의 수상으로 영국 역사의 바로 그 길을 가고 있는 것처럼 보였다. 처칠은 영국의 결의를 상징하게 되었다. 나치의 손에서 영국의 운명이 적막하게 보이던 전쟁 초기 그의 연설들은 국민의 싸울 의지를 진작했다. 프랭클린 루즈벨트처럼 처칠은 시대 속에 자신의 위치를 깊이 이해했다.[122)]

---

122) 처칠의 생애와 위대한 리더십에 관해서는, 강성학, <윈스턴 S. 처칠: 전쟁과 평화의 위대한 리더십>, 서울: 박영사, 2019를 참조.

트루먼은 처칠에게 회담을 위한 의사일정을 준비했는지를 물었다. 처칠은 준비하지 않았으며 자기는 그것이 필요하지 않다고 말했다. 트루먼은 처칠이 지나친 자신감에 차 있다고 생각했음이 분명했다. 어쨌든 처칠은 최고의 몫이 걸린 대면외교에 오랫동안 익숙해져 있었다. 첫 만남의 끝에 처칠 수상은 트루먼의 명백한 결정 권한이라는 트루먼의 주목할 만한 개인적 특징을 이해하게 되었다. 트루먼은 개인적 우정으로 초대했고 처칠은 감동을 받았다. 처칠은 트루먼의 첫인상에 관해서 그는 그동안 발전된 영-미 관계의 노선에 정확히 따른 탁월한 전망, 간결하고 직접적인 연설방법, 그리고 대단한 자신감과 결의에 찬 예외적 성격과 능력의 사나이임을 느꼈다고 기록했다.[123] 그들은 헤어지기 전에 위스키를 채운 큰 잔으로 자유를 위해 건배했다. 그 만남은 모두에게 만족스러웠다.

오후에 트루먼은 스탈린과의 만남을 기대하고 있었지만 그가 몸이 아파서 그의 도착은 다음날로 연기될 것이라고 알려왔다. 스탈린은 가벼운 심장마비에서 회복 중인 것으로 밝혀졌다. 그래서 트루먼은 예정에 없던 베를린 여행을 결정했다. 그는 레이히 장군과 번스 장군을 동행하고 오픈카로 3시 40분에 작은 백악관을 떠났다. 그의 차는 유명한 아우토반(Autobahn)으로 향했다. 가는 길의 한쪽에 미군의 제2기갑 사단이 전개되어 있었다. 약 1천 1백 대의 지프들, 탱크들로 아마도 세계에서 가장 막강한 기갑사단이었다. 대통령의 자동차가 사단장과 인사하기 위해 멈추었을 때 레이히가 그것은 그가

---

123) A. J. Baime, *The Accidental President: Harry S. Truman and The Four Months That Changed The World,* New York: Houghton Mifflin Harcourt Publishing Company, 2017, p. 280.

본 가장 막강한 지상 병력이며 그들이 어디를 가든 아무도 중지시킬 수 없을 것이라고 말하자 콜리어(John H. Collier) 사단장이 아직까지 누구도 그들을 멈추게 한 적이 없다고 대답했다. 시의 중심지로 들어서자 트루먼은 처음으로 연합국들이 베를린에 무엇을 했는지를 보았다. 미국과 영국의 폭격기들은 베를린을 2~3층 건물 높이의 돌더미로 만들어 버렸다. 살아남은 베를린 사람들의 장면은 트루먼이 절망감을 느끼게 했다. 식량이나 물이나 피난처에 대한 접근이 거의 불가능하였다.

베를린의 중심지에서 그의 자동차는 빌헬름 거리를 달려 히틀러 제국의 수상관저의 잔재에 도달했다. 트루먼은 나치 지도자가 그렇게 자주 자기의 세뇌된 지지자들에게 연설했던 이제는 부서진 발코니를 볼 수 있었다. 그는 그런 파괴를 본 적이 없었다면서 그들이 그것으로부터 배우게 될 지의 여부를 모르겠다고 옆에 있던 레이히 제독과 번스 장관에게 말했다. 트루먼은 젊은 장교로서 유럽의 전쟁에서 싸웠으며 전쟁의 파괴를 보았다. 그러나 그는 1945년 7월 16일에 베를린 같은 것은 어떤 것도 본 적이 결코 없었다. 그가 참전했던 제1차 세계대전과는 대조적으로 제2차 세계대전은 완전히 산업화된 전쟁이었다. 이제 트루먼은 인류의 미래에 대해 철학적이 되고 또 두려워하게 되었다.[124]

뉴멕시코에 있는 원자탄 실험 장소는 베를린보다 8시간이 빨랐다. 처칠과 트루먼이 7월 16일 처음으로 작은 백악관에서 환담을 하고 있을 때 로버트 오펜하이머(Robert Oppenheimer)와 레슬리(Reslie)

---

124) *Ibid.*, p. 281.

장군은 그라운드 제로(Ground Zero)에서 9.14km 떨어진 통제소 벙커에 있었다. 최초의 원자 폭발을 오전 4시로 계획하였지만 날씨가 모든 것을 위협했다. 실험의 연기에 관한 얘기도 있었다. 그로브스 장군은 단호했다. 이제 실험할 때다. 그들은 트루먼이 포츠담에서 협상 테이블에 앉기 전에 핵실험을 해야만 했다. 뿐만 아니라 극동에서 전쟁은 계속되고 있어 더 많은 미국 군인들이 매일 죽어갔다. 매 30분마다 오펜하이머와 그로브스는 벙커를 떠나 날씨를 논의하기 위해 폭풍의 밤으로 걸어 나갔다. 주임 기상학자인 잭 허바드(Jack Hubbard)는 해가 뜨기 전에 폭풍이 밀려올 것이라고 장담했다. 그러나 그로브스는 기상학자를 믿지 않았다. 그들은 오전 5시 30분까지 90분을 연기하면서 실험을 밀고 가기로 결정했다. 5시 30분 전에는 끝나야 했다.

모두의 신경이 날카로웠다. 왜냐하면 지금이야 말로 차분한 숙의가 가장 긴요했기 때문이다. 수백 명의 과학자들이 실험장 주변에 퍼져 있었다. 그들은 기능별 집단으로 조직되었다. 오전 5시 30분에 시카고 대학교 물리학자 샘 앨리슨(Sam Allison)이 통제센터에서 확성기를 통해 이제 20분 남았다고 발표했다. 최종 수준 내에 그곳의 모든 사람들은 자리를 잡았다. 발사는 자동 타이머(timer)에 의해 이루어 질 것이고 그것을 모니터하는 것은 과학자인 도날드 호닝(Donald Horning)의 일이었다. 호닝만이 핵실험을 중단할 스위치를 움직일 수 있는 유일한 사람이었다. 그는 스위치에 손을 얹어 놓고 "셋, 둘, 하나"하고 타이머 소리를 들었다. 그리고 발사되었다.

그로브스 장군에게 핵실험의 첫 인상은 엄청난 빛이었다. 그는 이제는 익숙한 불기둥을 보았다. 빛은 어느 인간도 과거에 경험한 것보다도 훨씬 더 밝았다고 기록했다. 갑자기 밤이 낮으로 변했다. 싸늘한 기온이 따뜻하게 변했다. 그리고 그것은 굉장한 빛이었다. 불덩어리가 커지고 하늘로 올라감에 따라 점차 흰색으로부터 노랑색 그리고 붉은색으로 변했다고 과학자 조 허쉬펠더(Joe Hirschfelder)는 회고했다.[125] 로스 알라모스(Los Alamos)의 육군의 현지 작전사령관인 토마스 파렐(Thomas Farrell) 장군은 "번개 효과가 필설로 다할 수 없다. 전국이 한낮의 태양보다도 몇 배의 강도로 타오르는 빛에 의해 밝아졌다. 그것은 금빛, 자주색, 제비꽃색, 회색 그리고 푸른색이었다"고 묘사했다.[126] 그들은 버섯 구름이 3,000미터 이상의 높이로 오르는 것을 바라보았다. 파렐 장군은 그로브스에게 다가가 자기의 상관에게 전쟁은 끝났다고 말했다.

오펜하이머는 세상은 예전과 같지 않을 것임을 알고 있다면서 "이제 나는 죽음이, 세계의 파괴자가 되었다"는 힌두교 경전의 한 구절을 상기했다.[127] 대략 30분 정도 후에 그로브스 장군은 조지 해리슨(George Harrison)이라는 워싱턴에 있는 임시위원회의 한 관리를 전화로 불렀다. 그 후 한 시간 후에 그로브스 장군은 보다 상세한 내용을 불러주었다. 지금 독일에 있는 전쟁장관에게 보낼 전문을 작성하는 것이 해리슨의 일이었다. 해리슨은 숨겨진 암호로 전문을 작성

---

125) A. J. Baime, *The Accidental President: Harry S. Truman and The Four Months That Changed The World*, New York: Houghton Mifflin Harcourt Publishing Company, 2017, p. 285.
126) *Ibid.*
127) *Ibid.*, p. 286.

했다. 그리고 오전 9시 30분에 그는 이 전문을 자기의 상관들에게 보여주었고 그들은 그것을 승인했다. 그 전문은 워싱턴 시간으로 오전 11시 15분에 수천 마일이 떨어진 독일 땅 바벨스베르크에 있는 작은 백악관으로 발송되었다. 그 핵실험은 트루먼과 처칠이 아무 것도 모른 채 자유를 위한 건배를 하고 있을 때 발사되었다.

트루먼은 그 날 밤 8시에 빌라에서 해리먼 대사와 조셉 데이비스(Joseph Davies) 등과 함께 저녁을 먹었다. 저녁식사 중 커피가 제공될 때 트루먼의 비서 한 사람이 다가와 그에게 스팀슨 전쟁장관과 마샬 장군이 중요한 문제를 논의하기 위해 작은 백악관으로 오고 있는 중이라고 알려주었다. 스팀슨과 마샬은 그 후 곧 2층에 있는 트루먼의 집무실에서 만났다. 제임스 번스 국무장관도 그 자리에 있었다. 스팀슨은 워싱턴에 있는 조지 엘 해리슨에게서 온 전문을 트루먼에게 내밀었다. 그것은 오늘 아침에 보낸 것으로 공룡은 아직 완전하지 않지만 그러나 결과가 만족스럽고 이미 기대를 초과한다고 말했다. 트루먼과 번스는 그 소식에 기뻐했다. 이것은 기다리던 소식이었다. 이 폭탄은 이제 트루먼의 손에 있었다. 그것은 트루먼을 인류 역사상 가장 강력한 사람으로 만들었다. 당시 언론은 알라모고도 육군비행기지(Alamogordo Army Airbase)에서 기대하지 않은 폭발이 발생했으며 아무런 인명의 손실이 없었다고 간단히 보도했다.

작은 백악관에서 대화는 전쟁장관이 더 많은 소식을 갖고 있었기에 일본 문제로 들어갔다. 평화의 탐지가 분명히 일본으로부터 모스크바에 있는 스탈린 정부의 대표들에게 왔다고 말했다. 그 탐지가 아무런 내용을 갖고 있지는 않지만 그러나 그것은 고무적인 소식이었다. 이날 일찍이 스팀슨은 "일본과의 전쟁수행"이라는 메모랜덤을 작성하여 이 문건을 트루먼에게 넘겼다. 스팀슨에 의하면 미국인들은 일본에 미국의 경고를 시작할 심리적 순간에 있는 것으로 보였다. 그러므로 그는 이 회담의 과정에서 전달될 일본에 대한 경고를 작성할 것을 촉구했다. 그런데도 만일 일본이 항복을 거부한다면 미국의 새로운 무기들의 충분한 무력이 가해져야 한다고 결론을 지었다.

스팀슨 장관은 소련 문제도 꺼냈다. 트루먼이 포츠담에서 협상 테이블에 좀 더 가까이 가면 갈수록 스팀슨은 극동에서 소련인들의 동기들을 더욱 더 두려워했다. 그는 스탈린이 동유럽에서 하고 있는 일을, 즉 소련과 공산주의 영향력을 확장을 극동에서도 노리고 있다고 걱정했다. 협상에서 미국은 소련이 만주의 다롄(Dalian)과 같은 극동에서 무역항들을 완전히 장악하는 것을 막아야 한다고 스팀슨은 촉구했다. 그는 또한 한국에서 새로운 사태발전을 두려워했다. 그리고 스팀슨의 메모에는 다음의 문장이 트루먼 행정부가 끝나기 전에 시작할 전적으로 새로운 전쟁을 예고했다. 그는 보고서에 다음과 같이 썼다.

"소련인들이 1~2개 사단의 한국인들을 이미 훈련시켰다고 들었다. 소련인들은 한국에서 소련지배 하의 현지정부를 수립하는데 영향을 미치기 위해 이 사단들을 사용할 것이다."[128]

---

128) A. J. Baime, *The Accidental President: Harry S. Truman and The Four Months That Changed The World*, New York: Houghton Mifflin Harcourt Publishing Company, 2017, p. 287.

그리고 스팀슨은 한국이란 극동으로 이식된 유럽의 "폴란드 문제"라고 결론지었다.

원자탄 실험 하루 뒤인 7월 17일 정오에 완전 방탄 자동차 한 대가 작은 백악관에 도착했다. 그것은 넥타이를 매고 무장한 사람들에 의해서 둘러싸였다. 그 리무진은 커튼이 없었고 그래서 아무도 안에 누가 있는지를 알 수 없었다. 자동차 문이 열렸을 때 스탈린이 나타났다. 그는 군복을 입고 있었고 몰로토프와 통역관 파블로프가 그를 수행했다. 그들은 작은 백악관 내로 안내되었다. 그곳에서 트루먼은 태양 빛으로 밝은 창문 옆에 지나치게 큰 책상 뒤에 앉아 있었다. 트루먼은 일어나서 스탈린을 맞이했다. 스탈린은 손을 내밀며 미소를 지었다고 트루먼은 기록했다. 조셉 스탈린은 살아있는, 가장 신비로운 사람이었다. 그를 눈으로 직접 본 미국인들은 거의 없었다. 그가 어디에 사는지, 누구와 사는지, 혹은 권력정치를 제외하고 만일 있다면 그의 열정은 무엇인지 아무도 알지 못했다.

그러나 스탈린이 러시아제국 조지아(Georgia) 지방의 아주 가난한 집안에서 태어났고 또 호전주의자들 중에서 가장 마키아벨리적인 자들만이 살아남은 공산주의 혁명기간 동안에 권좌에 올랐다고 알려졌다. 그는 1922년 공산당을 장악했으며 이것이 그의 독재체제의 토대였다. 스탈린과 함께 권좌에 오른 거의 모든 강력한 소련인들은, 즉 그의 잠재적 라이벌들은 모두 암살되거나 추방당하거나 정치범으로 처형되거나 혹은 지구에서 간단히 사라졌다. 그러는 동안에 스탈린은 이제 약 1억 9천 만 인구의 무서운 독재자로서 소련을 산업시대로 안내했다.[129)]

트루먼은 스탈린을 처음으로 만나 그의 왜소한 체구를 보고 놀랐다. 66세의 스탈린은 5피트 5인치(165.1cm)에 지나지 않았다. 스탈린은 하루 늦게 나타난 것에 대해 트루먼에 사과했고 그들의 대화는 곧바로 복잡한 중국문제를 다루었다. 스탈린은 중국의 외교부장인 쑹쯔원(T. V. Soong)과의 협상이 별로 성공없이 진행되었다고 털어놓았다. 그 협상은 얄타의 비밀합의, 즉 소련에게 항구들의 사용과 중국철도의 통제권을 인정하는 중국인들의 용의와 관련되었다. 쑹 중국 외교부장은 모든 조건에 동의하길 거절했다. 중국인들의 문제는 그들이 거래를 이해하지 못하는 것이었다. 그러나 협상은 계속되고 있었다. 스탈린은 이제 8월 15일로 참전 날짜를 정하면서 어쨌든 대일본 전쟁에 합류하기로 결정했다고 트루먼 대통령에게 말했다.

트루먼 대통령은 여러 가지 목적을 가지고 포츠담에 왔지만 그의 마음에 가장 긴급한 것은 스탈린으로부터 대일본 전쟁에 소련의 참전에 대한 스탈린의 개인적 재확인을 받는 것이었다.130) 그 문제는 미국의 군참모총장들이 성취하길 가장 갈망했던 것이다. 트루먼은 이 목적을 제1차 본회의가 시작하기도 전에 달성해 버렸다. 트루먼은 스탈린과 그의 수행원들에게 오찬을 위해 머물기를 제안했다. 스탈린은 그럴 수 없다고 대답했지만 트루먼이 "당신이 원하면 그럴 수 있다"면서 고집했다. 그래서 오찬을 함께 하는데 합의가 이루어

129) 플루타르크의 영웅전 방법으로 두 전체주의적 독재자인 히틀러와 스탈린의 일생을 비교한 탁월한 저서로서는, Alan Bullock, *Hitler and Stalin: Parallel Lives,* New York: Vintage Books, 1993을 참조.
130) A. J. Baime, *The Accidental President: Harry S. Truman and The Four Months That Changed The World,* New York: Houghton Mifflin Harcourt Publishing Company, 2017, p. 289.

졌다. 오찬은 오후 1시 40분에 제공되었다. 스탈린은 식탁에서 자기는 히틀러가 죽었다고 믿지 않는다면서 어디서인가, 어쩌면 아르헨티나 아니면 스페인에서, 자유로울 것이라 생각한다고 털어 놓았다. 스탈린은 식탁에 있는 포도주를 칭찬했고 한 병이 그의 맛보기 점검을 위해 나왔다. 그 포도주는 캘리포니아 산이었다. 후에 트루먼은 여러 병의 포도주를 스탈린에게 선물했다. 점심 후 그들은 사진을 찍기 위해 현관으로 이동했다. 지도자들은 마치 오랜 친구들처럼 얼굴에 미소를 띠는 자세를 취했다. 그러고 나서 스탈린과 그의 수행원들이 작은 백악관을 떠났다.

오후에 트루먼 대통령은 포츠담에서 제1차 본회의를 준비했다. 트루먼은 스탈린에 대해 이미 어떤 결론에 도달했다. 그는 그 날의 일기에 "나는 스탈린을 다룰 수 있다. 그는 정직하지만 무지무지하게 영리하다"고 기록했다.[131] 오후 4시 40분에 트루먼은 그의 보좌진들과 함께 자동차로 작은 백악관에서 출발했다. 회의가 열리는 궁전은 체칠리엔호프(Cecilienhof)라고 불리었다. 수위실에는 소련 군인들이 배치되어 있었고 3국의 국기들이 미풍에 날렸다. 궁전은 붉은 타일의 지붕을 가진 3층짜리 건물로서 1917년에 완성되었고 176개의 방을 갖고 있었다. 각국의 대표단은 궁전으로 가는 각자의 입구를 갖고 있었다. 트루먼과 그의 수행원들은 그들의 문을 통해 걸었고 긴 회랑을 지나 높은 천정과 자연의 빛이 방으로 쏟아지게 허용한 큰 창살의 문을 가진 회의장으로 들어갔다. 가운데에는 의자들에 둘러싸인 둥근 테이블이 있고 테이블 가운데에는 3국의 작은 국기들이 있었

---

131) *Ibid.*, p. 290.

다. 스탈린과 처칠 그리고 그들의 수행원들은 이미 와있었다. 오후 5시에 일행들이 모여 사진과 뉴스영화 카메라들을 위해 포즈를 취했다. 각국에서 5명씩 16명인 테이블에 앉고 나머지 보좌진들은 그들 주변에 둘러앉았다.

　1945년 7월 17일 오후 5시 마침내 "종착역"(Terminal)이라는 암호명으로 8월 2일까지 계속될 3거두의 전시 마지막 모임인 포츠담 회담의 첫 본회의가 프러시아의 빌헬름 황태자(Crown Prince Wilhelm)의 과거 여름 거주지였지만 보다 최근에는 처음에 독일의 군병원으로 그 후에 소련인들의 군병원으로 사용된 포츠담의 체칠리엔호프 궁전에서 개최되었다.[132] 처칠이 누가 이 회의의 의장이 될 것인가 하고 물었다. 소련의 통역관을 통해 들은 스탈린이 유일한 국가원수로서 미국의 트루먼 대통령을 제안하자 처칠이 영국의 대표단은 그 제안을 지지한다고 말했다.[133] 그리고 트루먼은 그 회의의 의장직을 수락한다고 말했다. 포츠담의 첫 번째 합의가 이루어졌다. 이어지는 협상은 결코 다시는 쉽지 않을 것이다. 아마도 트루먼은 스탈린이 그의 조심스러운 조종을 이미 시작했다는 것을 알아차리지 못했다. 스탈린은 반대급부를 요구함이 없이 결코 어떤 제안도 하지 않을 것이며 그런 노선을 견지할 것이다.[134]

---

132) David McCullough, *TRUMAN*, New York: Simon and Schuster Paperbacks, 1992, p. 420; Robert Dallek, *Harry S. Truman*, New York: Times Books, 2008, p. 22.

133) David McCullough, *ibid.*, p. 421.

134) A. J. Baime, *The Accidental President: Harry S. Truman and The Four Months That Changed The World*, New York: Houghton Mifflin Harcourt Publishing Company, 2017, p. 295.

첫 회의는 대부분 회의절차 문제에 소비했다. 트루먼은 준비해 왔으며 그래서 그의 첫 요지를 제시했다. 현재 가장 첨예한 문제들 중 하나는 평화회담을 마련할 어떤 조직을 설립하는 것이다. 그것이 없는 유럽의 경제발전은 연합국들과 전 세계의 대의에 손해를 계속 끼칠 것이라고 주장하면서 그는 영, 미, 소, 프, 그리고 중국의 외상협의회의 설립을 권고했다. 이들은 샌프란시스코 회의에서 수립된 유엔안전보장이사회의 상임 회원국들이라고 트루먼은 말했다. 이 협의회가 모든 교전 당사국들을 위한 모든 평화조약들을 마련하는 역할을 해야 할 것이라고 트루먼은 말했다. 회의장이 담배연기로 가득해지면서 회의를 위한 의사일정이 형태를 갖추기 시작했다. 다룰 필요가 있는 문제들의 항목들이 엄청 많아졌다. 독일의 미래와 독일의 배상금 문제, 여전히 분명히 소련 지배하에 있는 폴란드 정치체제의 문제, 평화회담에서 중국의 역할, 유럽에서 복잡한 이탈리아의 역할 등이었다. 이 모든 문제들을 처칠은 유럽의 "뒤얽힌 문제들(the tangled problems)로서 거기서 전쟁이 터져 나올 화산"이라는 것이다.

트루먼의 개성은 일찍 드러났다. 그는 효율적인 회담을 원했다. 그는 그 날의 회의가 끝나기 전에 다음 날 논의할 의사일정이 정해지길 원했다. 트루먼은 그가 단지 논의하기를 원하지 않으며 그는 결정하기를 원한다고 말했다. 그는 다음 날엔 오후 5시 대신에 4시에 회의를 시작하길 원했다. 그는 또한 방 안에 있는 모든 사람들이 생각하고 있는 것을 말할 순간을 포착했다: "나는 대체하기 불가능한 사람, 즉 고(故) 루즈벨트 대통령을 지금 대체하고 있다는 것을 잘 알고 있다. 비록 부분적이라고 할지라도 여러분들이 루즈벨트 대통령에 대해 보존하고 있는 기억에 기꺼이 봉사하겠다."[135]

첫 본회의가 끝나기 전에 첫 갈등이 불길한 조짐을 보였다. 소동은 영국의 손안에 있는 독일 군함들에 관한 것이었다. 스탈린이 회의 말미에 그것은 오직 하나의 다른 문제라고 말했다. 그는 왜 독일 해군의 소련 몫을 부인하느냐고 처칠에게 물었다. 처칠은 반대하지 않지만 그러나 답을 하자면 독일 해군은 침몰시키거나 분할되어야 한다고 처칠은 말했다. 스탈린이 침몰시키길 원하느냐 아니면 분할하기를 원하느냐고 물었다. 처칠은 질문을 피하면서 모든 전쟁수단은 무서운 것이라고 말했다. 스탈린이 해군은 분할하자고 말했다.[136] 만일 처칠 수상이 침몰시키길 원한다면 그의 몫을 침몰시킬 자유가 있지만 자기는 자기 몫을 침몰시킬 의도가 없다고 말했다. 처칠이 현재 거의 모든 독일 해군이 자기들의 손 안에 있다고 말하자 스탈린은 그것이 바로 요점이라면서 그것이 그들이 그 문제를 결정할 필요가 있는 이유라고 받아쳤다. 트루먼은 1시간 45분 간의 논쟁 후에 독일 함대에 대한 어떤 결정이 이루어지기 전에 회의를 끝냈다. 그는 다음 날엔 4시에 시작한다고 말했다.

그 날 밤 자신의 빌라에서 트루먼은 뉴멕시코의 원자탄 실험에 관하여 워싱턴으로부터 또 하나의 암호통신을 가지고 온 스팀슨 전쟁장관을 맞이했다. 그것은 일본에 대해 사용할 폭탄인 리틀보이(the

---

135) A. J. Baime, *The Accidental President: Harry S. Truman and The Four Months That Changed The World,* New York: Houghton Mifflin Harcourt Publishing Company, 2017, p. 296.

136) David McCullough, *TRUMAN,* New York: Simon and Schuster Paperbacks, 1992, p. 423.

Little Boy)가 원자탄 실험인 그의 형만큼이나 건장하다는 것이었다. 포츠담에 관한 여러 해설들은 그의 빌라에서 수심에 잠겨 침착한 순간들을 묘사했다. 그는 염려했다. 회의가 시작하기도 전에 강력한 세력들이 작용하여 그것의 성공을 손상시킬 것을 3국 대표단들은 모두가 이해하고 있었다. 거대 3국들이 전쟁에서 승자로 등장하고 있지만 그들은 대립 속에서 최선의 이익을 추구하게 하는 경제적 및 정치적 불안정에 젖어 있었다.

미국인들은 자신들을 세계의 경찰이며 도덕적 조정자로 보았다. 영국은 불꽃이 시들고 있었다. 포츠담 회담이 시작할 때에도 거대 3국은 "거대 2국과 반"이라고 불리고 있었다.[137] 소련인들이 가장 짜증나게 했다. 협상 테이블에서 그들의 목적들은 비교적 분명해 보였지만 그들의 동기는 결코 그렇지 않았다. 그들의 동기들은 세월이 흐름에 따라 보다 잘 이해되었을 뿐이다. 스탈린은 모든 이웃 국가에서 비밀경찰과 언론에 대한 탄압과 괴뢰정권을 이용하여 미래에 영향을 미치고 인접국가들의 지배를 통해 소련의 안전을 확보할 기회를 보았다. 바로 여기에 스탈린이 전쟁에 그렇게도 많은 피를 투입했고 또 대일본 전쟁에서 기꺼이 더 많은 희생을 치를 이유가 있었다. 스탈린은 제2차 세계대전의 결과로 군인과 민간인을 포함하여 약 2천 4백만 명의 소련인들이 죽었다는 것을 알게 될 것이다. 중국이 대략 2천만으로 그 뒤를 따랐다. 미국은 41만 8천 5백 명을 잃었다. 이제 소련은 피의 대가를 원했다. 소련인들은 피의 대가로 권력과 팽창의 권

---

137) A. J. Baime, *The Accidental President: Harry S. Truman and The Four Months That Changed The World*, New York: Houghton Mifflin Harcourt Publishing Company, 2017, p. 298.

리가 있다고 믿었다. 이런 그들의 사고방식이 포츠담에서 스탈린의 모든 말에 들어 있었다.

다음 날 오후 1시 15분에 트루먼은 6명의 수행원들과 함께 몇 구획을 걸어서 처칠의 빌라에 갔다. 그러나 대통령은 처칠과 단 둘이서 오찬을 했다. 처칠 수상은 영국제국의 상태에 대해 우울하게 표현했다. 영국은 나치 폭격으로 깊게 상처를 입었으며 유럽의 전쟁에서 30억 달러의 빚을 지게 되었다. 트루먼은 미래의 경제원조가 있을 것을 암시하면서 동정적이었다. 미국은 제3제국을 패배시키는데 그렇게 많을 것을 바친 영국에게 빚을 지고 있다. 트루먼은 만일 처칠이 프랑스처럼 몰락했다면 미국인들은 지금 미국의 해안에서 독일인들과 싸우고 있을 것이라면서 이것이 바로 순전히 재정적 측면을 넘어서 이 문제들에 관하여 그들을 정당화시킨다고 트루먼은 말했다.[138] 트루먼은 전달 스팀슨 전쟁장관과 만나는 동안에 처칠이 이미 그것에 관해서 통보를 받은 원자탄 실험을 꺼냈다. 처칠은 그것이 이미 기대되었지만 원자탄 실험을 "세계를 뒤흔드는 소식"이라고 말했다. 이제 악몽의 그림은 초자연적 무기로 인해 사라졌다고 처칠은 기록했다. 이 새로운 힘을 사용하여 그들은 도시들을 단지 파괴하는 것이 아니라 친구와 적의 똑같은 생명들을 구할 것이라고 처칠은 믿었다.

처칠은 또한 대일본 전쟁에 더 이상 소련인들이 필요하지 않다고 믿었다. 폭탄으로 대일본 전쟁에 관해서 스탈린은 협상력은 이제 사라졌다고 처칠은 믿었다.[139] 그러나 처칠은 그 존재를 스탈린이 알

---

138) *Ibid.*, p. 299.
139) *Ibid.*, p. 300.

지 못한 채 원자탄의 사용은 스탈린에 의해 놀라운 배반으로 간주될 것이라고 덧붙였다. 트루먼은 대일본 전쟁에서 소련인들을 선호할지의 여부에 대해선 아무 말도 하지 않았지만 처칠에게 동의했다. 스탈린에게 이 비밀을 누설할 시간이 가까웠다. 트루먼은 처칠에게 그들이 전적으로 새로운 형태의 폭탄을, 즉 아주 특별한 어떤 것으로 전쟁을 계속할 일본의 의지에 결정적 효과를 가질 것으로 생각하는 것을 갖고 있다고 그들의 회담들 중 하나가 끝난 후에 스탈린에게 말하는 것이 최선일 것으로 생각한다고 말했다. 처칠은 이에 동의했다.

오후 3시 몇 분 후에 트루먼과 번스는 통역관 볼렌(Bohlen)을 대동하고 스탈린의 빌라를 방문했다. 안에서 소련인들은 미국인들에게 세심한 뷔페를 제공했다. 그리고 스탈린은 트루먼을 그리브니츠 호수(Lake Griebnitz)가 내다보이는 발코니로 안내했다. 건배가 있었고 외교적 언어가 교환되었다. 상대국의 지도자에 대한 심각한 오해가 있다는데 두 지도자들은 동의했다. 트루먼은 양국에서 대중의 여론을 바꾸는 수단으로 스탈린의 미국 방문을 제안했다. 스탈린은 아무 약속도 하지 않았지만 소련인들이 전시에 그랬었던 것처럼 평화시에 미국과 협력하는 것이 더 어려워지고 있다고 인정했다.

스탈린은 모스크바에 있는 한 사절을 통해 도착한 일본으로부터 평화의 탐지를 꺼냈다. 스탈린은 소련이 일본인들부터 통지를 받았다고 말하고 일본 천황의 메시지를 가진 모스크바 주재 사토(Sato) 일본 대사에게서 온 노트(note) 한 장을 트루먼 대통령에게 건네주었다.140) 스탈린은 이 통신에 답변할 가치가 있는 지의 여부를 트루먼

---

140) A. J. Baime, *The Accidental President: Harry S. Truman and The Four*

에게 물었다. 트루먼 대통령은 일본인들에 대한 선한 신념에 대해 존중하지 않는다고 대답했다. 트루먼은 번스 그리고 볼렌과 함께 스탈린의 빌라를 떠났다. 그리고 한 시간도 채 안 되어 대표단들은 협상 테이블에 돌아왔다.

7월 18일 오후 4시 수분 후에 시작한 제2차 본회에서 트루먼은 아주 멋있었다. 그의 스타일은 그의 전임자의 것과 달랐다. 루즈벨트는 즉흥적이었던 반면에 트루먼은 각본에 충실했다.[141] 두 대통령 모두의 통역관이었던 볼렌에 의하면 루즈벨트의 담론이 장황했던 반면에 트루먼은 명쾌하고 요령이 있었다. 루즈벨트가 처칠과 스탈린에게 따뜻하게 우호적이었다면 트루먼은 기분 좋은 거리를 유지했다. 처칠은 영국의 총선에 정신이 가 있었다. 제2차 회담의 주요 의제는 독일과 폴란드 정부의 통제에 관한 것이었다. 처칠은 제기된 문제를 포착하여 보다 많은 질문으로 그것들을 해체했다. 반면에 스탈린은 자기의 이익에 간결하고 우호적이며 단호하게 보호적이었다. 트루먼이 지금까지 본 모든 무표정한 얼굴들 가운데에서 스탈린을 당할 사람은 없었다.

7월 19일 시작된 제3차 포츠담 회의에서 트루먼은 비등점에 도달했다. 3거두들은 스페인의 프랑코(Franco) 정부의 운명에 관해 다투었다. 스탈린은 프랑코가 나가길 원했지만 트루먼은 그 문제에 미국이 연루되길 원치 않았다. 그들은 또한 유고슬라비아의 정권에 대해서도 다투었다. 트루먼과 처칠은 민주선거를 원했지만 스탈린은 티

Months That Changed The World, New York: Houghton Mifflin Harcourt Publishing Company, 2017, p. 301.

141) *Ibid.,* p. 302.

토(Tito)의 독재체제를 지지했다. 처칠과 스탈린이 서로 말꼬리를 잡고 시간을 보내자 트루먼이 자기는 소련과 영국 정부와 함께 세계정세를 논의하기 위해 그 자리에 있는 것이 아니라 세 정부가 합의에 도달할 수 있게 될 문제를 논의하고 싶다고 말했다. 그는 결정을 위해 포츠담에 왔는데 세 지도자들은 어떤 것에도 동의할 수 없었다. 그는 궁전의 지붕이 날아가는 것처럼 느꼈다고 기록했다.

제3차 회의까지 무대 뒤에서는 2개의 심각한 쟁점들이 미국의 대표단을 압박했다. 첫째는 일본에 대한 최후통첩에 관한 것이었다. 언어를 마무리지어야 할 때가 가까웠다. 그리고 전쟁이 미래가 일본인들에게 그들의 천황이 권좌에 남을 수 있을 것이라고 알려야 할지의 여부인 단 하나의 문제에 달려있는 것으로 보였다. 암호해독 장비 매직(Magic)을 이용하여 미 육군정보기관은 암호를 해독하고 일본의 통신을 읽고 있었다. 7월 17일자 최고 1급비밀 메모랜덤에 의하면 일본의 도고(Togo) 외상이 모스크바 주재 일본 대사이며 현재 일본의 평화촉수를 맞고 있는 사토 대사에게 다음의 문장들을 보냈다: "우리는 일본과 소련 사이에 우호관계를 강화하거나 혹은 전쟁을 종결하는데 소련을 효율적으로 이용하는 것이 현재 환경에서 어려울 것이라는 사실을 처음부터 충분히 잘 알고 있었다. 그러나 현재 상황이 그렇기 때문에 우리는 이런 노선으로 노력하는 도리 밖에 없다"고 도고는 사토에게 전문을 보냈다. 그리고 그 통신문은 "우리가 여전히 우리의 힘을 유지하고 있는 오늘날 영-미 인들이 일본의 명예와 존재를 존중한다면 그들은 전쟁을 종식시켜 인류를 구원할 수 있을 것이다. 그러나 만일 그들이 무조건 항복을 고집한다면 일본인들은 철두철미 전쟁을 수행할 그들의 결의에 만장일치를 이루고 있다"
고 결론을 지었다.[142]

일본의 "명예와 존재"라는 말로 그 통신은 분명히 천황을 지칭했
다. 만일 천황이 권좌에 남도록 허용된다면 일본인들은 전쟁을 끝낼
것이다. 그러나 그렇지 않다면 일본인들은 계속 죽이고 죽임을 당할
것이다. 스팀슨과 레이히를 포함하여 대통령의 고위 보좌진들은 연
합국이 무조건 항복을 생략해야 한다는데 동의했다. 레이히 제독은
일본의 항복 결정이 천황의 손에 있으니 천황을 위협하는 성명이나
행동이 일본에게 항복을 더 어렵게 할 것이라고 믿었다. 다른 사람들
은 동의하지 않았다. 번스는 대부분의 전쟁기간 동안 루즈벨트로부
터의 깊이 존경받는 국무장관이었던 코델 헐(Cordell Hull)에게 자문
을 구했다. 헐은 만일 미국인들이 천황을 권좌에 남도록 허용한다고
동의한다면 미국에서 무서운 정치적 반발이 따를 것이라는 반응을
보였다. 헐은 일반대중이 분명히 그 문제를 어떻게 파악할지 그가 생
각하고 있는 것을 말했다. 번스는 헐에 동의했다. 번스는 만일 대통
령이 무조건 항복이 미치지 못하는 어떤 것을 수락한다면 미국인들
은 대통령을 십자가에 못박을 것이라고 생각했다.[143] 최종적 책임은
트루먼에 있을 것이지만 번스는 그의 가장 영향력 있는 보좌진이 되
었다.

둘째로 영-미국인들을 직면하고 있는 치명적 쟁점은 대일본 전쟁

---

142) A. J. Baime, *The Accidental President: Harry S. Truman and The Four
   Months That Changed The World,* New York: Houghton Mifflin Harcourt
   Publishing Company, 2017, p. 305.
143) *Ibid.,* p. 306.

에 합류하는 소련의 공약이었다. 미국이 원자탄을 소유한 지금에 와서 태평양 전쟁에 소련의 참가가 여전히 필요한가? 중국과 한국 그리고 결국 일본 그 자체로 행군하는 스탈린의 군인들과 함께 붉은 군대는 소련의 전체주의적 공산주의를 극동에서 질병처럼 퍼트릴 것이라고 미국과 영국의 지도자들을 두려워했다. 따라서 번스는 소련인들이 오기 전에 전쟁을 끝내는 것이 중요하다고 말했다. 그러나 트루먼은 붉은 군대가 전쟁에 합류하는 아이디어를 여전히 지지했다. 미국 대표단들의 사이에서 의견이 어디로 가든 스탈린은 태평양 전쟁에 합류하고자 했다. 스탈린이 자신의 군대를 동쪽으로 밀어붙이는 것을 막는 유일한 길은 그가 그렇게 하기 전에 전쟁을 끝내는 것이었다.

협상 테이블에서 처음으로 성질이 난 몇 시간 뒤에 미국인들은 작은 백악관에서 포츠담 3국의 첫 만찬을 주최했다. 첫 건배는 루즈벨트 대통령을 위한 것이었다. 그들은 처칠에게 건배하고 다음에 스탈린에게 건배하고 그리고 나서 트루먼은 처칠과 스탈린에게 건배했다. 처칠은 테이블 건너편에 조용이 앉아 있는 자기의 정적 클레먼트 애틀리(Clement Attlee)에게까지 건배를 했다. 건배 중에 트루먼은 버번 위스키를, 처칠은 브랜디를, 그리고 스탈린은 보드카를 마시는 것으로 보였다. 문득 트루먼이 모인 사람들에게 다음 회의장소는 어디가 될 것인가를 물었다. 대통령은 워싱턴을 그리고 처칠은 런던을 제안했다. 스탈린만이 엉뚱하게 "일본에도 역시 궁전들이 있다는 것을 알고 있지요"라고 대답했다.

다음 날 아침에 아이젠하워 장군이 오마 브래들리(Omar Bradley)

장군과 함께 작은 백악관으로 대통령을 방문했다. 점심 후 그들은 베를린에 있는 미국의 구역으로 오픈 카를 타고 떠났다. 다음 날 피로가 찾아 들었다. 저녁 때 본회, 낮에 외상들의 회의, 경제분과위원회의 모임, 그리고 합동참모장회의 등 협상은 대표단들의 진을 빼기 시작했다. 복잡한 문제들은 거듭해서 합의를 이루지 못했다. 스탈린은 폴란드의 서부 국경에 대해 처칠 및 트루먼과 지독하게 충돌했다. 궁극적으로 미국인들과 소련인들 사이에 가장 뜨거운 마찰은 이념적이었다.[144] 이탈리아, 헝가리, 루마니아, 불가리아, 터키, 오스트리아 그리고 다른 국가들에서 정부의 운명에 대해 논쟁하는 동안 하나의 차이가 양국을 끊임없이 갈라쳤다. 미국은 도덕적 바름, 평화 그리고 경제적 이득을 이유로 세계를 위해 민주적 국가들과 정치적 안정을 원했다. 힘의 균형을 위한 추구도 있었다. 그러나 소련은 생존을 내세워 불안정과 힘의 불균형을 원했다. 소련인들에게 강한 국가들은 위협인 반면에 약한 국가들은 그렇지 않았다. 이 차이가 철의 장막의 구조를 형성할 것이다.

스탈린은 7월 21일 소련의 국가 만찬을 주최했고 7월 23일에는 처칠 수상이 만찬을 주최했다. 그 사이에 회의의 주요 얘기는 본회의와 호화로운 만찬과는 멀리 떨어진 곳에서 비공개로 진행되었다. 7월 24에서 26일까지는 포츠담에서 운명을 가름하는 아주 중요한 날들이었다. 24일 오전에 자기의 빌라에서 트루먼 대통령은 일본에 대한 최후통첩의 최종안인 "포츠담선언"(the Potsdam Declaration)을 충칭(Chungking)에 있는 주중 대사인 패트릭 헐리(Patrick Hurley)에게

---

144) *Ibid.*, p. 310.

전하기 위해서 백악관의 지도실(Map Room)로 보내는 것을 승인했다. 그것은 헐리 대사가 그 문건을 중국의 장제스 총통에게 가져가서 최후통첩의 표현에 대한 승인을 받는 계획이었다. 최후통첩은 일본에 선전포고를 한 3개국, 즉 미국, 영국, 그리고 중국의 3국 이름으로 보낼 것이다. 트루먼과 처칠이 그 문건에 서명했기에 일단 장제스가 서명하면 그 최후통첩은 전세계에 공표될 것이다.

몇 주 동안 국무성과 전쟁성은 일본의 천황문제와 무조건 항복이라는 용어의 사용 문제로 씨름을 했다. 또 다른 낚아 챈 일본의 암호 전문에서 도쿄에 있는 도고 외상은 모스크바에 있는 일본대사에게 다음과 같이 썼다: "무조건 항복에 관해서 우리는 어떤 경우에도 그것에 동의할 수 없다. 설사 전쟁이 계속되고 보다 많은 유혈을 요구한다고 할지라도 적이 무조건 항복을 요구하는 한 일본 전체는 한 사람처럼 천황의 의지에 따라 적에 대항할 것이다." 결국 최후통첩, 즉 포츠담선언의 최종안은 무조건 항복이란 조건을 적시했다. 그러나 천황이 투옥되거나 죽임을 당하지 않을 것을 의미하는 다음과 같은 용어를 포함했다.

"일본의 군사력은 완전히 탈무장화된 다음에 평화롭고 생산적인 삶을 살아갈 기회와 함께 집으로 돌아가는 것이 허용될 것이다. 우리는 일본이 하나의 인종이나 하나의 민족으로서 노예화 되지 않을 것이지만 그러나 우리의 포로들에게 가혹행위를 행한 자들을 포함하여 모든 전범자들에게 준엄한 정의가 배분될 것이다. 일본정부는 일본 인민들 사이에서 민주주의적 경향의 부활과 강화에 대한 모든 장애물을 제거할 것이다. 근본적 인권에 대한 존중은 물론이고 언론, 종교, 그리고 사상의 자유가 수립될 것이다. … 연합국의 점령군들은 이런 목적이 달성되고 또 일본인들의 자유롭게 표현된 의지에 맞추어 평화적으로 지향되고 책임 있는 정부가 수립되자마자 일본으로부터 철수할 것이다. … 우리는 일본 정부에게 이제는 일본의 무장세력의 무조건 항복을 선포하고 그런 조치에 그들의 선한 신념의 적합하고 적절한 보장을 제시하도록 촉구한다. 일본에 대한 대안은 즉각적이고 완전한 파괴일 것이다."[145]

이 포츠담선언은 원자탄이라는 단어들을 사용하지 않은 반면에 그것은 완전한 파괴가 임박했음을 명백히 했다. 이 문건이 승인을 위해 중국인들에게 보내진 몇 분 후에 스팀슨 장관이 작은 백악관에서 오전 10시 20분 트루먼과의 모임에 왔다. 트루먼은 그 날 늦게 열리는 본회의 후에 스탈린에게 원자폭탄에 관해서 말할 계획이라고 말했다. 7월 24일 스팀슨의 트루먼 방문은 인류에게 중대한 시간이었다. 일본에게 원자탄을 투하하는 트루먼의 공식적 결정의 증거를 입증하는 서류는 없다. 그러나 핵무기 사용을 위한 트루먼 대통령의 결정은 두 가지 이유에 기초했다. 하나는 역사적인 이유이다. 일본인들이 전쟁을 시작하고 또 그 이후 전쟁을 수행하는 잔혹성이다. 진주만에서 미국이 일본과 평화로울 때 일본의 비밀 공격에 의해 초래된 수천 명의 미국인들이 바다 속에 잠겼다. 이것은 포로들에 대한 일본의 비인간적 행위, 특히 필리핀에서 자행된 바탄(Bataan)의 죽음의

---

145) A. J. Baime, *The Accidental President: Harry S. Truman and The Four Months That Changed The World,* New York: Houghton Mifflin Harcourt Publishing Company, 2017, pp. 313-314에서 재인용.

행진, 그리고 전쟁의 바로 종결 때까지 계속된 멋대로 총질과 참수 같은 잔혹성을 더 이상 허용할 수 없었다. 또 하나의 원자탄 투하의 이유는 역사적 이유보다도 훨씬 더 중요한 것으로 일본에 항복을 강요하기 위한 유일하게 남아 있는 재래식 군사적 방법인 일본의 열도들을 침략하는 비용이었다. 그 비용은 너무 높아서 미국의 무기고에 있는 어떤 무기의 사용도 정당화해주는 것으로 보였다.[146] 다음 날 트루먼은 자신의 일기에 스팀슨과의 만남을 다음과 같이 서술했다.

"무기는 지금과 8월 10일 사이에 일본에 대해 사용될 예정이다. 나는 스팀슨 전쟁장관에게 여자들과 어린 아이들이 아닌 군사적인 목적과 군인들과 수병들이 목표물이 되도록 사용하라고 말했다. 설사 일본인들이 야만인이고 무심하며 광적이라 할지라도 공동복지를 위한 세계의 지도자로서 우리는 그 무서운 무기를 옛 수도(쿄도)나 새 수도(도쿄)에 투하할 수 없다. 그와 나는 일치했다. 목표는 순전히 군사적인 것이고 그리고 우리는 일본인들에게 항복하고 생명을 구하라고 요구하는 경고성명을 발표할 것이다. 나는 그들이 그렇게 하지 않을 것으로 확신한다. 그러나 우리는 그들에게 기회를 줄 것이다. 히틀러의 군중이나 스탈린의 군중이 이 원자탄을 발명하지 않은 것은 세계를 위해 분명히 좋은 일이다. 그것은 지금까지 발명된 가장 무시무시한 것이지만 그러나 그 것은 가장 유용하게 될 수 있을 것이다."[147]

---

146) Robert H. Ferrell, *Harry S. Truman: A Life,* Newtown, CT: American Political Biography Press, 1994, p. 211.
147) A. J. Baime, *The Accidental President: Harry S. Truman and The Four Months That Changed The World,* New York: Houghton Mifflin Harcourt Publishing Company, 2017, pp. 314-315에서 재인용.

몇 시간 후인 오후 5시 15분 트루먼은 다음 본회의의 개회를 선언했다. 그리고 가장 치열한 논쟁이 포츠담에서 벌어질 참이었다. 동유럽의 정부들과 폴란드의 국경문제가 의사일정에 올라 있었다. 스탈린은 헝가리, 루마니아 그리고 핀란드의 정부들은 이탈리아와 똑같이 간주되어야 한다고 압박했다. 그는 이 정부들이 런던과 워싱턴에 의해 공식적으로 인정되길 원했다. 트루먼과 처칠은 이탈리아를 소련의 영향을 받았다고 보지 않았다. 그리하여 그들은 이탈리아를 국제사회 안으로 환영할 준비가 되어 있었다. 그러나 다른 국가들은 명백히 철의 장막 뒤에서 운영하는 소련의 괴뢰정권에 의해서 지배되고 있었다. 합의는 없을 것이었다. 소련의 영향은 동유럽으로 스며들어가고 있었다. 그리고 트루먼과 처칠은 군사력의 사용을 선택하지 않는 한 그것을 막을 수 없었다. 회의를 휴정한 뒤 트루먼은 움직였다. 그는 볼렌 통역관에게 따라오지 말라고 지시했다. 그리고 그는 회의 테이블을 돌아서 스탈린에게 천천히 다가가서 스탈린과 조용한 대화를 했다. 시간은 오후 7시 30분이었다. 소련측 통역관 파블로프가 통역을 했다.

> "나는 문득 생각이 난 듯이 스탈린에게 우리가 비상한 파괴력을 가진 신무기를 갖고 있다고 말했다. 소련 수상은 특별한 관심을 보이지 않았다. 그가 한 말이란 그런 말을 들어서 기쁘다며 우리가 일본에 대해 그것을 잘 사용하길 바란다는 것이었다."[148]

---

148) Harry S. Truman, *Memoirs,* Vol. 1, *Year of Decisions,* New York: Doubleday, 1955, p. 416.

그 방의 한쪽에서 볼렌이 스탈린의 얼굴을 면밀히 관찰했다. 스탈린이 너무나 무뚝뚝해서 대통령의 메시지가 제대로 전달되었는지 마음속에서 의문이 들었다고 볼렌은 기록했다.[149] 후에 처칠이 트루먼에게 다가와 "어떻게 됐어요?" 하고 물었고 트루먼은 "그는 아무 것도 묻지 않았어요."라고 대답했다.[150] 미국인들과 영국인들은 모두가 스탈린이 핵물리학의 존재에 대해 아무런 지식이 없었다고 가정했다. 그러나 그 후 증거들은 소련인들이 원자 에너지 분야에서 미국의 작업에 관해 첩보활동을 열심히 벌이고 있을 뿐만 아니라 그들도 이미 그들의 원자폭탄을 위해 일하고 있었다. 그 모임 후에 소련 대표단의 한 사람인 게오르기 주코프(Georgy Zhukov) 원수가 가라 앉은 어조로 트루먼의 그 날 밤의 인정을 논의하고 있었다고 회고했다. 몰로토프가 스탈린에게 "속도를 높여야 할 때"라고 말했다. 주코프 원수는 그들이 원자폭탄에 대한 연구에 관해서 말하고 있음을 깨달았다고 나중에 회고했다.[151] 냉전이 언제 시작했는지 정확한 날짜는 없다.[152] 그러나 역사학자 찰스 리(Charles L. Mee Jr.)가 지적한 것처럼 핵무기 경쟁은 1945년 7월 24일 오후 7시 40분 체칠리엔호프 궁

---

149) Charles E. Bohlen, *Witness to History: 1929-1959,* New York: W. W. Norton, 1973, p. 237.
150) Winston S. Churchill, *The Second World War,* Vol. 6, *Triumph and Tragedy,* New York: Bantam, 1962, p. 573.
151) A. J. Baime, *The Accidental President: Harry S. Truman and The Four Months That Changed The World,* New York: Houghton Mifflin Harcourt Publishing Company, 2017, p. 317.
152) 냉전의 기원에 관한 다양한 학설과 사건에 관한 논의의 가장 최근의 종합적 정리를 위해서는, Martin McCauley, *Origins of the Cold War,* 4th Edition, London and New York: Routledge, 2016을 참조.

전에서 시작했다.[153]

　7월 25일 늦은 오후에 포츠담의 체칠리엔호프 궁전에서 3거두는 협상 테이블에서 또 다시 다투었다. 제9차 본회의 말에 사진기자들이 비애의 순간을 포착하기 위해 회의장에 밀고 들어왔다. 윈스턴 처칠과 그의 정적인 클레먼트 애틀리는 선거의 최종 결과를 알기 위해 영국을 향해 독일을 떠나는 중이었다.[154] 처칠과 애틀리는 트루먼과 스탈린과의 공식인사를 위해 모였다. 트루먼은 두 사람에게 행운을 빈다고 말했고 스탈린은 연민을 표현했다. 처칠은 회의가 저조할 때 떠나고 있었다. 이날의 협상도 잘 나가지 못했다. 3거두는 아무런 진전도 없이 동유럽에 대해 또 다시 충돌했다. 작별인사와 공식 사진촬영 이후에 트루먼은 조셉 데이비스(Joseph Davies)와 함께 자신의 빌라로 돌아왔다.

　포츠담 회담은 계획했던 대로 진행되지 않았다. 미국인들과 소련인들 사이의 간격이 갈수록 거대해지고 불길해지고 있었다. 곧 트루먼은 미국으로 돌아가 국민을 마주하게 될 것이다. 그는 책임을 져야 할 것이다. 트루먼은 이 짧은 자동차로 이동하는 동안에 만일 이제 대통령이 상원과 의회에 의해 지지를 받지 못한다면 대통령직의 사임을 생각하고 있었다. 예리한 역사 학도인 트루먼은 이것이 자기의 유산이 무엇을 의미할 지를 잘 알고 있었다. 왜냐하면 그 때까지 사임한 대통령은 아무도 없었기 때문이다.[155]

---

153) Charles E. Mee Jr., *Meeting at Potsdam*, New York: Franklin Square, 1975, p. 174.
154) David McCullough, *TRUMAN*, New York: Simon and Schuster Paperbacks, 1992, p. 446.

7월 26일 트루먼은 습관대로 일찍 일어났다. 영국의 지도자들이 부재하기에 협상은 없을 것이다. 오전 8시에 그는 전용기 세이크리드 카우(*Sacred Cow*)를 타고 프랑크푸르트(Frankfurt)로 비행했다. 아이젠하워 장군이 그를 영접했다. 아이젠하워의 자동차는 폭격되지 않은 진기한 마을들을 통과하여 시골 깊숙이 들어갔다. 이 공동체들은 모든 독일인들이 다 나치는 아니라는 것을 상기시켰다. 어쩔 수 없이 전쟁을 겪으면서 너무나 많은 것을 잃어버린 많은 독일인들이 있었다. 자동차 안에서 트루먼은 갑자기 아이젠하워를 향해 고개를 돌리면서 아이젠하워가 얻으려고 한다면 그가 돕지 않을 일은 없다고 말했다. 그것은 분명히 그리고 구체적으로 1948년 대통령직을 포함했다. 아이젠하워는 큰 소리로 웃었다. 그리고 아이젠하워는 "대통령 각하, 대통령직을 위해 누가 당신의 적이 될지 저는 모릅니다만 그러나 그것이 저는 아닙니다"라고 진지하게 말했다.[156]

트루먼이 오후 7시에 작은 백악관으로 돌아왔을 때 2개의 전문이 그를 기다리고 있었다. 하나는 오랜 주영 미대사인 존 위넌트(John Winant)로부터 처칠이 패배했다는 소식이었다. 영국인들은 애틀리를 그들의 새 수상으로 선출했다. 처칠에겐 참으로 안 좋은 일이었다. 미국의 대표단원들은 경악했다. 또 하나의 전문은 충칭에 있는 헐리 대사로부터 온 것이었다. 장제스 중국 총통이 아주 사소한 하나의 변경만으로 최후통첩의 표현에 동의했다는 것이었다. 7월 26일 베를린

155) A. J. Baime, *The Accidental President: Harry S. Truman and The Four Months That Changed The World,* New York: Houghton Mifflin Harcourt Publishing Company, 2017, p. 318.
156) Dwight D. Eisenhower, *Crusade in Europe,* New York: Doubleday, 1948, p. 489.

시간으로 9시 20분에 언론담당 비서인 찰리 로스(Charlie Ross)가 포츠담선언을 언론인들에게 넘겨주었다. 그것은 일본에게 무조건 항복을 요구했다:

> "우리는, 미국의 대통령, 중화민국의 국민정부의 총통, 그리고 영국의 수상은 수억의 우리 동포들을 대표하여 협의하고 일본에게 이 전쟁을 끝낼 기회를 부여할 것으로 동의했다. 일본은 그들의 무지한 계산으로 일본제국을 괴멸의 직전으로 몰고 간 그런 자의적인 군국주의적 보좌진에 의해 계속 지배될 것인가 아니면 이성의 길을 따를 것인가를 결정할 때가 왔다."157)

로스는 백악관에 있는 자기의 조수인 에벤 애이어스(Eben Ayers)에게 전쟁정보국이 일본인들에 대한 메시지를 모든 가능한 방법으로 전달하려는 것이 대통령의 염원이라는 전문을 보냈다. 곧 비행기들이 일본 본토 위를 비행하면서 창문 밖으로 60만 장의 전단지를 살포했다. 최후통첩은 바로 라디오에서 낭독되고 있었으며 그 소식은 바로 다음날인 7월 27일 오전에 전 세계 신문들의 전면에 등장했다. 26일 밤에 트루먼은 지쳐 보였다. 트루먼은 스탈린이 격분할 것을 알았다. 스탈린과는 최후통첩에 관해 전혀 협의하지 않았기 때문이다. 그러나 그 당시에 소련은 아직 일본과 전쟁 중이 아니었다. 그래서 소련은 어떤 공식적 요구를 할 권위를 갖지 않았다.158) 트루먼은

---

157) A. J. Baime, *The Accidental President: Harry S. Truman and The Four Months That Changed The World*, New York: Houghton Mifflin Harcourt Publishing Company, 2017, p. 320에서 재인용.
158) *Ibid.*, p. 320.

특별 메신저를 시켜 바벨스베르크의 소련 구역으로 걸어가 그곳에 머물고 있는 몰로토프에게 포츠담선언을 전달하게 했다. 대통령은 다음 날 소련측의 항의 소리를 듣게 될 것이라고 확신했다.

7월 27일 오후 6시에 소련의 몰로토프 대표가 제임스 번스와 1대 1로 만나기 위해 작은 백악관에 나타났다. 그는 왜 소련인들이 대일본 최후통첩에 관해서 협의되지 않았는지를 알고 싶어 했다. 번스 국무장관은 소련이 일본과 전쟁 중이 아니고 또 일본과 소련을 당황스럽게 하기를 원하지 않았기 때문에 소련정부와 협의하지 않았다고 말했다. 몰로토프는 그 문제를 더 논의할 승인을 받지 않았다고 대답하면서 스탈린 원수가 언젠가 그 문제로 돌아갈 것이라는 인상을 남겼다. 영국 대표단이 아직 돌아오지 않았다. 번스와 몰로토프는 회담의 가장 치열한 불일치들 중 하나인 독일의 배상과 미래에 관해 협상했다. 소련은 지금까지 어느 나라보다도 이 전쟁에서 보다 많은 사상자가 발생했기에 소련은 그 대가로 배상금에서 사자의 몫을 받길 기대했다. 돈이 소련의 전후 팽창계획에 긴요했다.

얄타회담에서 루즈벨트가 배상금을 협상의 토대로 200억 달러라는 숫자를 수락했고 그 가운데 소련이 반을 받을 것이라고 했다. 이제 소련인들은 독일로부터 100억 달러를 원했다. 번스는 200억 달러라는 숫자는 논의의 토대일 뿐이라고 몰로토프에게 설명하려고 노력했다. 독일이 100억 달러를 소련에 지불할 수 있는 유일한 길은 결코 갚을 것 같지 않은 미국으로부터 차관을 통해서 지불할 수 있을 것이다. 미국정부는 전에, 즉 제1차 대전 후에 그런 실수를 했다. 그래서 미국인들은 다시 그것에 찬성하지 않을 것이다. 그 대신에 번즈는 각국이 자국의 점령지역에서 배상금을 확보하고 독일의 분할 점령된 지구간에 상품교환을 제안했다. 번스의 계획은 궁극적으로 재통일할 평화롭게 점령된 독일을 위해 작동하는 조직을 창조하려는 시도였다. 몰로토프는 미국인들이 얄타에서 이 100억 달러에 대한 약속을 깨고 있다고 반복하면서 그 문제에 더 이상 논의하기를 거부했다. 모임은 아무런 동의 없이 출발점에 그대로 끝났다. 이미 독일의 평화로운 재통일에 대한 희망은 빠져나가고 있었다.

7월 28일 오전까지 트루먼은 감정적 탈진상태를 겪고 있었다. 그의 유럽여행 내내 트루먼은 유엔헌장에 대한 상원에서 주장을 긴밀히 추적했다. 이제는 미국의 유엔대표인 스테티니어스가 유엔헌장에 대한 토론이 잘 진행되었으며 약 40명의 상원의원들이 발언했지만 어려움이 발생하지 않았다고 대통령에게 전문을 보냈다. 그리고 수 시간 후에 스테티니어스 대사는 상원이 마침내 유엔헌장을 비준했다고 트루먼에게 알려왔다. 그것은 어두운 시대에 밝은 한줄기 빛이었다. 트루먼은 백악관 언론담당 찰리 로스(Charlie Ross)에게 성명서를 건네주었고 로스는 워싱턴 시간으로 오후 6시 발표를 위해 그것을 전문으로 백악관으로 보냈다. 트루먼의 성명서는 상원이 사실상 만장일치로 유엔헌장을 비준한 것은 아주 만족스러운 일이며 상원의 조치는 세계평화의 대의를 실질적으로 전진시킨다고 말했다. 이제 유엔이 자기 임무를 수행할 수 있을지 아니면 제3차 대전으로 곧 쓸모없을지가 문제로 남았다.

상원이 유엔헌장을 비준한 7월 28일 같은 날 일본이 포츠담선언에 공식적으로 대답했다. 도쿄는 그것을 거절했다. 기자회견에서 간

타로 스즈키(鈴木貫太郎) 수상은 포츠담선언이 중요하다고 생각하지 않으며 그것을 무시해야 한다고 말했다.[159] 일본의 의도는 그것의 행동, 즉 자살공격으로 명백해졌다. 도쿄가 포츠담 최후통첩을 거부한 다음 날인 7월 29일에 가미카제들이 미국의 선박들로 몰려들었다. 가미카제 한 대가 미국의 구축함 캘러건(Callaghan)호에 파고들어 여전히 47명의 승무원이 타고 있는 함정을 태평양 바닥으로 침몰시켰다. 이것이 제2차 세계대전에서 침몰한 마지막 미국의 구축함이었다.

7월 28일 영국의 새 수상이 오후 9시 15분에 작은 백악관에 나타났다. 클레먼트 애틀리는 나이 든 대학교수의 모습을 하고 있었다. 그는 전통적인 중산층 출신의 옥스포드 맨(Oxford man)이었다. 그는 영국에서 지난 3년 동안 부수상으로서 봉사하면서 조용히 정치적으로 출세했다. 처칠과 달리 그는 자부심이나 카리스마가 없었다. 미국인들은 영국 시민들이 그런 사람을 이 중대한 순간에 영국정부를 맞도록 선출했다는 것을 헤아리기 어려웠다. 소련인들도 그렇게 느꼈다. 스탈린과 그의 고위 보좌진들은 처칠에게 높은 개인적 존경심을 갖고 있었던 것으로 보였다. 애틀리가 이어받은 후에 그들의 태도에는 눈에 띄게 쌀쌀함이 감돌았다.

이제 3거두들 중에서 둘이 신참이었다. 트루먼처럼 애틀리도 갑작스러운 국제적 호기심의 대상이었다. 그러나 트루먼과는 달리 애틀리는 자기의 국민들에 의해서 그들의 지도자로 선출되었다. 그럼에

---

159) A. J. Baime, *The Accidental President: Harry S. Truman and The Four Months That Changed The World*, New York: Houghton Mifflin Harcourt Publishing Company, 2017, p. 324.

도 불구하고 영국의 새 수상은 트루먼에게 자기의 손을 뻗었다. 애틀리는 런던식 억양으로 말하고 250파운드 몸무게의 거구인 어니스트 베빈(Ernest Bevin) 새 외상을 데리고 왔다. 번스와 레이히가 참석한 채 그들은 즉각적으로 어떤 것에 라도 소련인들과 합의를 발견하는 어려운 문제를 파고들었다. 대략 1시간 후인 오후 10시 30분 3거두가 체칠리엔호프 궁전에 있는 협상 테이블로 돌아가서 협상을 재개했다. 스탈린이 발언권을 요청했다.

스탈린은 러시아 대표단이 일본에 대한 영-미 선언 한 장을 받았다며 그는 서로 알리는 것이 의무라고 생각한다고 말했다. 그의 억양은 영-미 측의 배신을 암시했지만 그는 후에 필요할 때를 위해 그곳을 보류하는 것처럼 제쳐 두고 스탈린은 놀라운 소식을 내놓았다. 스탈린은 일본인들이 또 다시 모스크바에 있는 외교채널을 통해서 소련인들을 평화논의의 중재자로 이용하려는 시도를 하고 있다는 것이다. 그는 황궁에서 큰 영향력을 가진 것으로 밝혀진 고노에 후미마로 (近衛文磨) 공작이 이끄는 평화사절단을 파견하려는 일본 천황의 염원을 보다 정확하게 그에게 알리는 또 다른 전문을 받았다고 말했다. 이 문건에는 소련과 협력하고 싶다는 일본의 염원에 대한 강조 외에 새로운 것은 아무것도 없다면서 소련측의 대답은 물론 부정적이라고 스탈린은 말했다.[160]

다음 이틀 동안 3거두는 본회의장에서 그들이 합의할 수 있었던 것을 마무리했다. 몰로토프가 이상한 요청을 했다. 그는 미국인들이 소련에게 대일본 전쟁에 합류하도록 공식적으로 요청하는 서류의 작

---

160) *Ibid.*, p. 325.

성을 원했다. 트루먼은 달리 생각했다. 그래서 그 대신에 그는 평화를 보존하는데 도움이 될 여러 가지 합의들 하에서 소련의 의무를 지적하는 서류를 작성했다. 소련인들은 독일의 배상금에 대해 타협하기로 동의했다. 그리고 영-미는 오늘날 존재하는 그대로 폴란드의 서부 국경선이 오데르(the Oder River)와 나이세(the Neisse River) 강을 따라 독일로 더 깊이 들어가는 것을 허용하는 폴란드 서부 국경선에 타협하기로 동의했다. 세 강대국은 지중해에서 흑해로 들어가는 해협을 통제할 유일한 권리를 터키에게 준 1946년의 몽트뢰 협약(the Montreux Convention)의 수정을 시도하기로 동의했다. 이것은 스탈린의 승리였다.

독일에서 나치가 축출될 것이고 점령은 이미 그려진 구획별로 계속될 것이다. 트루먼은 그가 논의하길 원했던 작은 문제, 즉 이 새롭게 상상되는 유럽에서 통상과 정치적 관계를 원활하게 할 것으로 그가 믿는 일정한 수로의 국제화라는 작은 문제를 갖고 있었다. 그러나 스탈린은 그 문제를 꺼내는 것조차 거부했다. 대통령과 수상은 유엔이 헝가리, 루마니아, 그리고 불가리아를 인정해야 한다는 스탈린의 고집에 동의하지 않았다. 그리고 스탈린도 이 정부들의 어떤 변화도 협상하길 거부했다. 그리하여 포츠담에서 동부진영(Eastern bloc)이 선명해졌다. 해리먼 대사는 후에 소련과 전쟁을 하지 않는 한 동유럽에서 이런 사건들을 막을 수 있는 길이 없었다고 기록했다.[161]

8월 1일 오후 10시 30분이라는 늦은 시간에 시작한 마지막 본회의에서 모든 3국 대표단들이 포츠담 협정의 마지막 표현에 서명할

---

161) *Ibid.,* p. 327.

준비가 되었다. 스탈린이 테헤란과 얄타 회담에서 합의에 서명 순서에 따라 이 번이 그의 차례라서 자기가 맨 먼저 서명해야 한다고 생각했다. 트루먼은 먼저 하고 싶으면 하라면서 자기는 누가 먼저 하느냐는 관심이 없다고 말했다. 애틀리는 서명이 알파벳 순으로 가야 한다고 제안했다. 스탈린이 먼저 서명하고, 다음에 트루먼, 그리고 애틀리가 서명했다. 트루먼이 베를린 회의를 휴회한다고 선언하면서 다음 회담은 워싱턴에서 있길 희망한다고 말했을 때 시계는 막 자정을 지났다. 스탈린이 "기꺼이"라고 말하면서 그는 이 회의는 성공으로 간주될 수 있다고 믿는다고 덧붙였다.162) 트루먼은 베를린 회담의 폐회를 선언했다. 트루먼은 다음날 오전 8시 5분에 가토우(Gatow) 공항에서 이륙하여 영국의 국왕과의 환담을 갖게 될 영국으로 향했다.

8월 2일 목요일 오후 1시 직전에 트루먼은 영국의 플리머스(Plymouth)의 항구에서 영국의 크루저 리노운(Renown)호에 승선한채 말더듬이로 유명한 영국의 국왕 조지 6세(George VI)와 악수를 하고 있었다. 국왕과의 오찬에서 레이히와 번스가 트루먼의 양편에 앉았다. 국왕은 해군제독의 제복을 입고 있었다. 트루먼은 조지 6세가 놀랍게도 정보에 아주 밝다는 것을 발견했다. 오찬 중 국왕은 원자탄을 꺼냈다. 국왕은 원자 에너지의 전후 유용성에 관해서 흥분했다. 오찬 후에 왕실일행이 트루먼이 타고 갈 오거스트라호를 방문했다. 오케스트라가 미국의 국가와 영국의 국가를 연주했다. 국왕은 트루먼에게 자신의 부인과 딸들을 위해 카드에 서명을 요청했다. 그것은 트루

---

162) *Ibid.*, p. 328.

먼을 엄청나게 기쁘게 했다. 그는 여러 장의 카드에 서명했는데 그 가운데 한 장은 후에 여왕 엘리자베스 2세(Queen Elizabeth II)로 알려진 국왕의 딸 엘리자베스에게 갔다. 조지 6세가 떠난 지 얼마 안 되어 오거스트라호가 속도를 냈고 대통령은 미국 국민을 마주하기 위해 귀국여행을 시작했다. 그 사이에 세계는 신문에 발췌된 포츠담 협정을 소화하기 시작하고 있었다.

극동에서 일본은 계속 불타고 있었다. 8월 1일 커티스 르메이 장군은 그들의 도시가 신문에서 르메이의 죽음의 리스트라고 불린 것의 상위에 있는 미토(Mito), 후쿠야마(Fukuyama), 오츠(Otsu) 같은 12개 도시들에 있는 일본인들에게 생명을 구하기 위해서는 그들의 집이나 일자리에서 떠나라고 경고를 발했다. 8월 2일 트루먼이 영국의 국왕을 만나고 오거스트라호를 타고 대서양 횡단 귀국길에 오르던 날 제21폭격단이 적을 공격했다. 거의 900대의 B-29가 6,632톤의 재래식 및 소이탄들을 목표에 쏟아 부었다. "뉴욕 타임즈"(New York Times)는 이것을 세계역사에서 가장 큰 단일 공습이라고 불렀다. 불꽃들이 일본 도시들의 수마일을 집어 삼켰다. 그 장면은 묘사를 넘어 믿을 수 없는 것이라고 한 B-29 승무원이 회고했다.

8월 5일 오후 2시 남태평양의 괌(Guam)에 있는 자기의 본부에서 커티스 르메이 장군은 다음 날 비밀임무를 수행할 제509 항공대대에게 마지막 임무를 했다. 8월 6일 르메이는 아주 바빴다. 그의 소이탄 작전이 나고야(名古屋), 고베(神戸), 오사카(大阪), 요코하마(横浜), 그리고 가와사키(川崎)의 거대한 지역들뿐만 아니라 도쿄의 시내와 주변 거의 60평방마일을 폐허로 만들었다. 6개의 가장 중요한 일본의 산업도시가 파괴되었다. 오직 최근에 와서야 르메이 장군은 원자탄에 대해서 알게 되었다. 특별 메신저가 맨해튼 프로젝트에 관해 그에게 브리핑하기 위해 괌의 본부로 공수되었다. 르메이는 자기에게 필요한 것 이상의 어떤 정보도 갖고 싶어 하지 않았다. 그는 첫 원자탄의 주된 목표지에 관한 명령을 갖고 있었다. 그것은 히로시마(広島)였다.[163] 히로시마는 군사적 공급물자로 가득한 창고들을 가진 주요 보급지인 군사 도시였다. 그리고 정보통에 의하면 히로시마에는 포로 수용소들이 없어서 미국인들은 자국의 병사들을 폭격하지 않을 것이라고 비교적 확신할 수 있었다. 르메이 사령부는 아직 히로시마를 공격하지 않았다. 그곳은 미국측 정보에 의하면 31만 8천 명의 인구를 가진 번창하는 도시로 최초의 목표였다.

8월 5일 티니안(Tinian) 섬에서 군장교들이 리틀보이(Little Boy) 폭탄을 활주로에 있는 창고에서 밀어냈다. 그것은 강철포탄으로 얼핏 달걀 모양이었다. 티니안 공군기지는 그 자체로서 하나의 산업적 기적이었다. 1년 전만 해도 이 작은 섬의 대부분은 사탕수수로 덮여 있었다. 이제 그 섬은 대량의 비행교통으로 낮과 밤을 보내는 활주로의 본거지였다. 샌프란시스코에서 6천마일 떨어진 이곳에서 미국의 군사력은 세계에서 가장 큰 비행장을 건설했다. 맨해튼보다 작은 이 섬은 공중에서 보면 그것이 갑판이 폭격기로 채워진 거대한 항공모함처럼 보였다. 그 공항은 완전히 준비되었다. 그것은 무엇보다도 한 가지 목적, 즉 리틀보이를 위해서 건설되었다.

---

163) A. J. Baime, *The Accidental President: Harry S. Truman and The Four Months That Changed The World*, New York: Houghton Mifflin Harcourt Publishing Company, 2017, p. 333.

그 날 오후에 이 B-29 폭격기의 조종사인 폴 티베츠(Paul W. Tibbets)는 그 비행기를 자기 어머니의 이름을 따서 에놀라 게이(*Enola Gay*)라고 명명했다. 그것은 3대의 정찰 항공기(한 대는 히로시마, 두 대는 다른 제2차적 목표)를 포함하여 7대 항공기로 구성된 특수 임무부대의 일부로 비행할 것이다. 한 대는 폭발 측정장비를, 다른 한 대는 카메라 장비와 관측, 그리고 또 다른 한 대는 여분으로, 그리고 수송기 자체로는 에놀라 게이였다. 티베츠는 5일 저녁 식사 때까지 모든 준비가 완결되었다고 기록했다. 항공기들은 새벽 2시 45분에 이륙하게 되어 있었다. 7명의 항공기 승무원들을 위한 최종 브리핑이 자정에 있었다. 겨우 48시간 전에야 이 항공기들의 승무원들도 원자탄에 관해서 처음으로 알았다. 그리고 바로 이 비밀임무를 위해 그들은 수 개월 동안 훈련을 받았던 것이다. 그들에게 제1차 목표인 히로시마 그리고 제2차 목표인 고쿠라(小倉)와 나가사키의 항공사진들을 보여주었다. 최종 브리핑 동안에 각 승무원들은 새 태양이 탄생하는 것과 같을 폭발로부터 눈을 보호하기 위해서 검은 안경을 받았다. 기상예보자는 승무원들에게 순조로운 비행을 예보했다.

티니안에서 새벽 2시 27분 티베츠는 에놀라 게이의 시동을 걸고 항공기는 활주로로 나아갔다. 에놀라 게이는 티베츠가 비행통제라고 부른 "딤플스(Dimples) 82"라는 암호명을 받았다. 북 티니안 관제타워에서 딤플스 82는 활주로 A(Able)에서 동쪽으로 이륙하라는 명령이 떨어졌다. 티베츠는 이륙 준비가 되었다. 15초 후 새벽 2시 45분 에놀라 게이의 바퀴들이 지상을 떠났다. 8월 5일 남태평양에선 오전 6시에 해가 막 뜨고 있었다. 7시 30분에 날씨가 맑았고 티베츠는 제

1차적 목표를 추적했다. 그는 기내 통화장치로 "히로시마다"고 말하고 에놀라 게이를 3만 1천피트 상공으로 올렸다. 티베츠는 승무원들에게 폭발의 순간에 검은 안경을 쓰는 걸 상기시켰다. 그리고 폭탄이 투하되었다.

히로시마의 지상에선 오전 8시 15분이었다. 도시는 분주했다. 45분 전에 시민들은 밖으로 나가는 것이 안전하다고 모두 나가라는 경보를 발했다. 폭탄이 폭발했을 때 히로시마의 수천 명에 달하는 시민들이 즉각적으로 흔적도 없이 지구의 표면에서 사라져 버렸다. 생존자들은 먼저 인간의 귀로 결코 들어본 적이 없는 소리가 뒤따르는 빛의 번쩍임을 먼저 기억할 것이다.

오전 11시 45분 오거스트라호에서 점심을 위해 트루먼은 배의 선미에 있는 식당에 앉아 있었다. 정오 수분 전에(히로시마 파괴 약 16시간 후) 지도실에서 일하는 해군대위 프랭크 그러햄(Frank Graham)이 급히 식당으로 들어와 트루먼에게 메시지를 넘겼다. 대통령은 그것을 내려다보고 눈을 집중했다. 거기엔 히로시마가 눈에 보이게 폭격되었고 결과는 명백하고 모든 면에서 성공적이라고 적혀 있었다. 트루먼은 벌떡 일어나 메신저와 악수를 하면서, "대위, 이것은 역사상 가장 큰일이다. 그것을 국무장관에게 보이라"고 말했다. 그러햄 대위는 그 메시지를 번스에게 전해주자 그는 그것을 읽고 "좋아요, 좋아"라고 소리를 질렀다.[164] 몇 분 후에 그러햄 대위는 또 하나의 메시지, 이번에는 워싱턴에 있는 헨리 스팀슨 전쟁장관으로부터 온 메시

164) A. J. Baime, *The Accidental President: Harry S. Truman and The Four Months That Changed The World*, New York: Houghton Mifflin Harcourt Publishing Company, 2017, p. 338.

지를 갖고 돌아왔다. 그 메시지에는 워싱턴 시간으로 8월 5일 오후 7시 15분에 큰 폭탄이 히로시마에 투하되었다. 첫 보고들은 앞선 실험보다도 훨씬 더 과시적인 완전한 성공을 암시한다고 되어 있었다. 트루먼은 2개의 메시지를 손에 들고 번스를 돌아보면서 "지금은 우리가 집으로 갈 때"라고 소리쳤다.[165]

찰리 로스 언론비서가 오거스트라호에서 대통령의 성명서를 발표할 때라고 백악관에 있는 이븐 아이어스에게 전문을 보냈다. 아이어스는 그의 손에 배포가 준비된 성명서 사본들을 가지고 있었다. 그는 기자들을 불렀다. 그는 대통령의 성명서를 큰 소리로 읽었다:

> "16시간 전에 미국 항공기가 일본의 중요한 군사기지인 히로시마에 한 개의 폭탄을 투하했다. 이 폭탄은 2만톤 이상 TNT의 위력을 가졌다. 그것은 전쟁의 역사에서 아직까지 사용된 적이 없는 가장 큰 영국의 "그랜드 슬램"(Grand Slam)보다도 2천배 이상의 폭발력을 가졌다. 그것은 원자 에너지를 발산하는 원자탄이다. 이것은 역사상 처음이다."[166]

오거스트라호에서, 그리고 수백만의 가구에서, 미국인들은 라디오의 주변으로 모여들어 주파수를 넘어 읽고 있는 트루먼의 성명서에 귀를 기울였다. 그의 성명서는 기본적 우주의 힘의 이용에 관해서 말했다.

---

165) *Ibid.*, p. 339.
166) A. J. Baime, *The Accidental President: Harry S. Truman and The Four Months That Changed The World,* New York: Houghton Mifflin Harcourt Publishing Company, 2017, p. 340.

"우리는 이제 일본인들이 어느 도시에서든 지상 위에 가지고 있는 모든 생산적 사업을 보다 신속하고 완전하게 말소할 준비가 되어 있다. 우리는 그들의 부두들, 그들의 공장들, 그리고 그들의 통신을 파괴할 것이다. 오해가 없어야 한다. 우리는 일본의 전쟁할 힘을 완전히 파괴할 것이다. 만일 그들이 우리의 조건을 지금 수용하지 않는다면 그들은 이 지상에서 결코 본 적이 없는 것들, 즉 하늘에서 파멸의 비를 기대할 수 있을 것이다."[167]

트루먼은 배 위에서 기자회견을 갖고 그의 성명서를 다시 읽고 가장 큰 전시 비밀에 관한 질문에 답변했다. 그는 포츠담선언을 꺼냈다. 일본의 지도자들은 최후통첩을 즉시 거절했다. 정부 차원에서 그 프로젝트를 지금까지 지도한 헨리 스팀슨 전쟁장관에게 그의 충분한 기여를 인정했다. 트루먼은 일본인들이 진주만에서 공습으로 전쟁을 시작했다며 그들은 몇 배로 되돌려 받았다고 말했다.

다음 날 오후에 버지니아주의 뉴포트 뉴스 항구에 오거스트라호가 입항했다. 원자탄 성명서가 여전히 그의 머릿속에 맴돌았다. 그는 그 폭탄이 자연의 힘에 관한 단지 인간의 이해의 새로운 시대뿐만 아니라 인간의 자기 파괴 능력에 관한 새로운 이해를 예고했다고 이해했다. 트루먼의 성명서는 그가 좀 더 고려해 볼 것이며 의회에 원자력이 어떻게 세계평화의 유지를 향해 강력하고 또 효력 있는 영향력이 될 수 있는지에 대해서 앞서가는 권고를 할 것이라고 끝을 맺었다.

8월 7일 트루먼의 자동차가 백악관의 남문에서 멈추었다. 소수의

---

167) *Ibid.*

백악관 직원들이 밤에 밖에서 그를 기다리고 있었다. 대통령은 지쳐 있었다. 이번 여행은 정확히 한 달 하고 하루가 걸렸다. 그는 칵테일을 원했다. 방으로 올라가자고 트루먼이 말했다. 다들 그를 따라 2층 서재로 갔다. 피아노가 그의 눈에 들어왔다. 그는 피아노 앞에 앉아 몇 소절을 연주했다. 그리고 부인에게 전화로 안전하게 돌아왔다고 알렸다. 이때쯤 술이 부어졌다. 자신의 술을 끝내고 트루먼은 포츠담에 관해서 결론에 도달했다. 즉 집에 와서 행복하고 그래서 그냥 좋다. 어쩌면 그는 유럽에 결코 또 다시 발을 들여 놓지 않을지도 모른다고 말했다.

그 사이에 원자탄의 이야기는 세계를 공포로 오금이 저리게 했다. 단 한 번의 폭발로 히로시마의 4평방 마일 이상이 사라져버렸다. 폭탄의 섬광은 그라운드 제로에서 170마일이나 떨어진 곳에서도 보였다. 일본 내에서 첫 보도들이 그랬던 것처럼 신문에 항공사진들이 등장했다. 도쿄 라디오는 인간과 동물, 즉 실제로 살아있는 모든 것이 열과 압력으로 글자 그대로 놀라서 죽었다. 에놀라 게이의 승무원도 일어난 일을 믿을 수 없었다고 말했다.

8월 8일 오전 모스크바 대사관으로부터 오늘부로 소련인들은 자신들이 일본과 전쟁상태로 간주한다는 전갈을 받았다. 붉은 군대가 만주의 국경선들을 넘어 밀어붙일 참이었다. 찰리 로스가 기자들을 불렀고 트루먼은 그들에게 소련이 일본에 전쟁을 선포했다고 밝혔다. 8월 8일 1백만 명으로 보도된 소련군은 일본이 점령 중인 만주로 진격했다. 해리먼 대사가 보낸 상세한 내용에 관해서 스탈린과 몰로토프를 만났다고 트루먼에게 전문을 보냈다. 해리먼은 또한 스탈린과 원자탄을 논의했다고 트루먼에게 알렸다. 소련 독재자는 소련이 이미 원자 무기를 위해 작업을 하고 있지만 아직 원자 분리의 수수께끼를 해결할 수 없었다고 인정했다. 그리고 스탈린은 극동에서 자기의 의도를 아주 분명히 했다. 그는 전쟁 트로피에 관심이 있다면서 해리먼 대사는 트루먼에게 직접 보고했다: "스탈린은 일본의 사업에 공유를 포함해서 일본 영토의 상당 부분이 붉은 군대가 점령한 지역에서 소련의 전쟁 트로피로 간주되어야 한다고 시사했다. 스탈린은 그가 소유할 수 있는 모든 것을 소유하려 할 것이다."[168]

트루먼은 어떤 경우에도 소련인들이 일본의 어떤 땅 조각도 점령하도록 허용하지 않을 것이라고 이미 결심했다. 소련인들이 만주에서 일본의 요새들을 공격하는 바로 그 날 또 하나의 B-29의 중폭격기들의 파도가 일본 본토의 목표들을 박살냈다. 보다 많은 B-29들이 일본의 도시들 상공에서 전단지들을 투하했다. 이 전단지들은 공포에 질린 민간 주민들에게 비처럼 내렸다. 그 전단지의 일부 내용은 다음과 같았다.

"미국인들은 당신들이 이 전단지에서 하는 말에 즉각적으로 귀를 기울일 것을 요구한다. 우리는 인간이 지금까지 만든 가장 파괴적인 폭발물을 소유하고 있다. … 우리는 이 무기를 당신들의 고국에 막 사용하기 시작했다. 일본시민들은 천황에게 전쟁을 끝내라고 호소하라."[169]

---

168) A. J. Baime, *The Accidental President: Harry S. Truman and The Four Months That Changed The World*, New York: Houghton Mifflin Harcourt Publishing Company, 2017, p. 345.

169) A. J. Baime, *The Accidental President: Harry S. Truman and The Four*

8월 9일(워싱턴 시간으론 여전히 8월 8일) 남태평양에서 해가 뜨기 전에 B-29 특수부대가 일본에 2만 1천 톤의 TNT 위력의 "패트 맨"(Fat Man) 폭탄을 일본에 투하하기 위해 비행했다. 트루먼은 두 번째 폭탄이 사용될 것을 알고 있었지만 그러나 그가 이 임무를 직접 명령하지는 않았다. 그 무기는 그 항공기의 조종사인 미시간주의 그린빌(Greenville) 출신의 프레더릭 보크(Frederick C. Bock)의 이름을 따서 복스카(*Bockscar*) 중폭격기의 불룩한 내부에 실려 있었다.170) 패트 맨의 무게는 1만 8백 파운드였고 뉴멕시코에서 실험할 때 사용된 동일한 포탄의 작용과 분열 물질을 이용하여 그것이 잘 폭발할 것이라는 데엔 의심의 여지가 없었다.

복스카(*Bockscar*)는 제1차 목표인 고쿠라(Kokura) 상공을 세 차례나 지나갔다. 이 도시의 시민들은 이날 아침에 덮인 구름이 수만 명의 생명을 구했다는 걸 알지 못했다. 매사추세츠주의 노스 퀸시(North Quincy) 출신의 조종사인 찰스 스위니(Charles Sweeney) 소령은 두 번째 목표인 나가사키(Nagasaki)로 향해서 현지시간으로 오전 11시 수분 전에 그 도시 상공에 도착했다. 복스카는 폭탄을 투하할 때 2만 9천 피트의 상공에 있었다. 오전 11시 20분에 패트 맨이 투하되었다. 그것은 목표에서 거의 2마일 정도 벗어났지만 피해는 엄청났다. 약 4만 명의 사람들이 즉시 사라졌다. 또 다른 7만 명의 사람들이 방사선 관련 상처와 질병으로 죽었다.171) 카메라맨이 흑백

Months That Changed The World, New York: Houghton Mifflin Harcourt Publishing Company, 2017, p. 345에서 재인용.
170) 그러나 보크 대위가 이 임무에서 실제로 비행하지는 않았다.
171) Chris Wallace with Mitch Weiss, *Countdown 1945,* New York: Avid Reader

영화필름에 그 어두운 순간을 보존하면서 그 폭발을 필름에 담았다. 폭탄의 체적에는 아무런 소리가 없었고 오직 형상만 남았다. 마치 지구가 풍선처럼 튀었고 내부 깊은 곳으로부터 연기의 분출을 방출했다. 버섯구름이 볼 수 있는 전부였다. 다시 그 아래 맹렬함에 대한 사진은 없다. 8월 10일 일본에서 도쿄 라디오가 다음과 같은 방송을 내보냈다.

> "일본정부는 오늘 미국, 영국, 중국, 그리고 소련에게 전달해달라는 아래와 같은 통신을 각각 스위스와 스웨덴 정부에게 보냈다. … 일본정부는 1945년 7월 26일 포츠담에서 미국, 영국, 중국의 국가원수들에 의해 발표되고 후에 소련정부가 동의한 합동선언에 열거된 조건들이 언급된 선언이 주권 지배자로서 천황폐하의 특권을 손상하는 어떤 요구도 타협하지 않는다는 이해 하에서 수락할 준비가 되어 있다. 일본정부는 이 이해가 보증되길 진지하게 희망하고 또 이 결과에 대한 명시적 시사가 신속하게 오길 열렬히 갈망한다."[172]

워싱턴에서는 오전 9시에 트루먼이 번스, 레이히, 스팀슨 그리고 포레스털(Forrestal)을 그 절차를 의논하기 위해 집무실로 불렀다. 트루먼은 방의 주변을 돌면서 각자의 의견을 물었다. 일본이 제안하는 것은 무조건 항복이 아니었다. 트루먼 행정부에서 그렇게 많은 사람들이 예측했듯이 천황의 운명은 평화로부터 전쟁을 분리시키는 바로

Press, 2020, p. 242.
172) A. J. Baime, *The Accidental President: Harry S. Truman and The Four Months That Changed The World*, New York: Houghton Mifflin Harcourt Publishing Company, 2017, p. 346에서 재인용.

그 문제였다. 레이히와 스팀슨은 천황이 그대로 남는 걸 허용하는데 대해 아무런 가책이 없었다. 어느 편인가 하면 그들은 오히려 일본인들 사이에 평화를 진작시키는데 유용할 것이라고 보았다. 번스는 그렇게 확신하지 않았다. 그는 미국이 모든 조건을 명령해야 한다고 믿었다. 포레스털이 가장 현명한 계획을 내놓았다. 그는 만일 이 조건들이 더 명시화 되어서 포츠담 조건들이 분명하게 달성될 수 있다면 연합국들이 일본의 조건을 수락할 수 있을 답변을 제안했다. 바꾸어 말한다면, 만일 천황이 무조건 항복한다면 그는 그 자리에 남을 수 있을 것이다.173)

트루먼은 예정된 백악관 방문자들과의 약속을 이행하느라 오후 2시 각료회의에 거의 30분이 늦었다. 대통령은 평상시처럼 백악관 로즈 가든(the White House Rose Garden)이 내다 보이는 창문에 등을 향하고 자신의 의자에 앉았다. 번스가 스위스 공사관을 통한 외교 채널을 통해 이제야 도착한 일본의 온전한 성명서를 큰 소리로 읽었다. 그리고 나서 그는 일본에 대한 답변 초안도 큰 소리로 읽었다. 미국인 혼자서 일본을 다룰 것이다. 소련이나 영국의 점령지역은 없을 것이다. 일본에 대한 답변은 여전히 영국, 중국, 그리고 소련의 승인이 필요했다. 트루먼은 이 문제에 대해서 소련인들과 협상하지 않을 것이라고 강조했다. 스팀슨은 소련인들이 일본에 대한 답변 초안에 어떤 반응도 지연시켜서 일본의 항복이 달성되기 전에 가능한 한 붉은 군대가 극동에 깊숙이 파고들 수 있도록 할 것이라고 말했다.

그로브스 장군이 이날 전쟁부에 통신을 보내 다음 폭탄이 8월 17

---

173) *Ibid.*, p, 347.

일이나 18일 이후에 수송 준비가 될 것이라고 말했다. 그러나 이제 각료회의에서 트루먼은 원자탄 폭격에 종식을 명령하고 있다고 말했다. 그는 자신의 내각에 모든 어린이들을 죽이는 또 하나의 10만 명을 쓸어버리는 아이디어를 견딜 수 없다고 말했다.[174] 무조건 항복에 관해서 트루먼은 모든 사람을 즐겁게 할 방법은 없다는 것을 알고 있었다. 많은 미국인들은 나치의 최고 관리들에게 하고 있는 것처럼 일본의 천황이 전범의 죄목으로 완전히 처형되기를 원했다. 백악관의 우편실은 트루먼이 그렇게 하기를 염원하는 편지들로 가득했다. 트루먼은 국가 지도자들의 어리석음 때문에 전 인구를 쓸어버릴 필요성을 그는 유감으로 생각한다. 그것이 절대적으로 필요하지 않는 한 그는 이제 그렇게 하지 않을 것이다. 그의 목적은 가능한 한 많은 미국인들의 생명을 구하는 것이지만 그러나 그는 일본의 여자들과 어린이들에 대한 인간적 감정도 역시 갖고 있었다.

8월 10일 오후에 일본에 대한 최종적 답변 초안이 국무성의 채널을 통해 런던, 모스크바 그리고 충칭에 있는 대사관으로 보내졌다. 그것은 천황의 문제를 언급하지 않았지만 부분적으로 다음과 같았다.

> "항복의 순간으로부터 일본을 통치할 천황과 일본정부의 권위
> 는 연합국 최고사령관이 항복 조건들을 달성하는데 적합하다고
> 보이는 그런 조치들을 취하는 그에게 복종할 것이다. … 일본정부

---

174) A. J. Baime, *The Accidental President: Harry S. Truman and The Four Months That Changed The World,* New York: Houghton Mifflin Harcourt Publishing Company, 2017, p. 348.

의 궁극적 형태는 포츠담선언에 따라 자유롭게 표현된 일본국민의 의지에 의해 수립될 것이다."[175]

　이 답변은 일본인들에게 그들의 천황을 보유할 권리를 인정하여 평화가 뒤따르게 하는 반면에 무조건 항복을 요구하는 모든 미국인들을 만족시키려 시도했다. 나가사키에 원자탄이 투하된 하루 뒤인 8월 10일 그리고 일본에 대한 답변이 런던, 모스크바, 그리고 충칭으로 보내진 몇 시간 후에 영국의 애틀리 수상과 베빈 외상은 사소한 조정과 함께 일본에 대한 번스의 초안에 정해진 조건에 동의했다. 다음 날 오전 7시 35분에 비서가 중국의 답변을 가져왔는데 장제스도 그 문건의 내용에 동의했다.
　소련은 모스크바 시간으로 새벽 2시에 한 가지 조건부로 항복의 조건에 동의했다. 즉 연합국들은 일본의 천황과 일본정부가 복종하게 되는 연합 고위사령부의 대표를 위한 후보자나 후보자들에 대해 합의를 해야 한다는 것이었다. 스탈린은 소련의 장군이 항복 과정에 그리고 일본의 점령을 공유하길 원한다고 해리먼 대사가 전문을 보냈다. 해리먼 대사는 스탈린에게 그런 조항에 미국정부는 결코 동의하지 않을 것이라고 주장하여 소련이 후퇴하면서 일본에 대한 답변 내용에 동의했다. 8월 11일 미국은 스위스 정부를 통해 일본에게 최종적 답변을 보냈다. 그리고 바로 그 날 트루먼은 연합국들에게 더글러스 맥아더(Douglas MacArthur) 장군이 일본에 대한 최고사령관이 될 것이고 그가 혼자서 항복과정에서 연합국을 대표할 것이라고 통

---

175) *Ibid.*에서 재인용.

보했다.

8월 11일의 새 항복 요구에 대해 일본이 답변하기도 전에 극동에서는 새로운 위협이 표면화되었다. 중국에서 공산주의 세력이 일본의 몰락에서 이득을 취하고 있었다. 마오쩌둥 휘하의 공산군은 자기들이 일본의 무기들을 획득할 수 있도록 일본군이 자기들에게 항복할 것을 요구하고 있었다. 패트릭 헐 미국 대사는 대통령에게 만일 이런 일이 허용된다면 중국에서 골육상쟁이 확실하게 될 것이라고 경고했다. 여론에서는 기적이 일어나지 않는 한 어떤 것도 중국정부의 몰락을 막을 수 없을 것이라고 헐 대사는 지적했다. 중국이 바야흐로 내전과 공산주의 혁명의 직전이었다. 그 사이에 모스크바 대사관에서 국무성 관리인 에드윈 폴리(Edwin Pauley)가 미국은 할 수 있는 한 만주와 한국에서 산업지역을 많이 점령해야 한다고 트루먼과 번스 장관에게 1급 비밀 전문을 보냈다. 트루먼도 생각을 같이했다.

다음 날 합동참모본부는 중국과 한국에 관해서 맥아더 장군에게 명령서를 보냈다. 즉, 대통령은 만일 그런 항구들이 당시 소련군에 점령되지 않았다면 일본의 항복 이후 즉시 중국에서 다롄 항구(the Port of Dalian)와 한국에서 항구의 점령이 실제적으로 이루어 질 수 있는 그런 사전 조정을 대통령이 갈망하고 있다는 것이다. 극동에서는 일본의 군부 통치가 붕괴되고 있는 동안 힘의 진공상태가 형성되고 있었다. 일본의 항복 이전에 이미 중국과 한국의 지배를 위한 경쟁이 벌어지고 있었다.

8월 14일 오후 6시 10분 국무성 집무실에서 번스는 전세계가 기다리고 있던 일본의 항복조건의 수락을 담은 문건을 가진 스위스의

대리 공사를 기다리고 있었다. 마침내 그가 국무성에 도착하여 국무
장관에게 일본의 문건을 제시했다.176) 번스는 그 문건을 트루먼에게
전달하기 위해 신속하게 백악관으로 이동했다. 그 후 대통령이 그 문
건을 손에 들고 책상 뒤에서 일어났을 때 카메라를 위한 불빛들이
그의 눈을 부시게 했다. 그는 번스와 레이히를 그의 오른쪽에 앉게
하고 코델 헐(Cordell Hull)을 왼쪽에 앉게 했다. 각료들은 트루먼 뒤
에 줄을 섰다. 그가 성명을 발표하기 시작하자 뉴스영화 카메라가 돌
아가고 있었다. 트루먼은 이날 오후 일본정부로부터 메시지를 받았
다고 말했다. 그는 찰리 로스가 그 문건을 기자들에게 배포하는 동안
잠깐 말을 멈추었다. 그리고 그는 8월 11일 국무장관에 의해 일본정
부에 보낸 메시지에 대한 답변에서 그는 이 답변이 일본의 무조건
항복을 명시한 포츠담선언의 완전한 수락으로 간주한다고 말했
다.177) 그리고 그는 계속해서 일본에 대한 최고 연합국 사령관으로
서 맥아더 장군의 역할을 발표하고 또 일본에서 승리의 날(VJ-Day)
의 선포는 공식적 항복문서의 서명을 기다릴 것이라고 발표했다.

트루먼이 전쟁의 종결을 발표하는 기자회견을 마칠 때 백악관 문
밖 군중은 약 7만 5천 명에 달했다. 백악관 안에서도 트루먼은 자기
의 이름을 부르는 군중의 구호를 들을 수 있었다. 트루먼이 부인 베
스, 군사경찰들과 비밀 경호원들과 함께 백악관 잔디에 나타났을 때

---

176) David McCullough, *TRUMAN,* New York: Simon and Schuster Paperbacks, 1992, p. 461.
177) A. J. Baime, *The Accidental President: Harry S. Truman and The Four Months That Changed The World,* New York: Houghton Mifflin Harcourt Publishing Company, 2017, p. 352.

해가 지기 시작했다. 트루먼은 승리의 상징인 V자를 자기의 손으로 만들고 귀를 멀게 할 정도의 함성에 대한 답변으로 손을 군중들에게 내보였다. 트루먼은 백악관 잔디에서 대통령 관저 앞에 갑자기 몰려든 환호하는 수만 명의 미국인들에게 마치 오케스트라 지휘자처럼 자신의 양팔로 펌프질을 하고 있었다. 수분 후에 트루먼은 백악관 안으로 되돌아와 자신의 어머니에게 전화를 걸어 제2차 세계대전이 끝났다는 소식을 직접 전했다.178)

제2차 대전의 최종적 승리의 환호는 미국의 전역에서 자연스럽게 타올랐다. 뉴욕에선 6만 명의 군중이 타임 스퀘어(Time Squire)광장으로 쏟아졌다. 브로드 웨이(Broadway)와 제7번가 길 사이에 뛰어나온 건물의 전자 빌보드는 "일본애들이 항복했다!"는 글씨가 반짝이고 있었다. 라이프(Life)지의 사진사는 한 수병이 어떤 간호사에게 키스하는 하나의 성상화 같은 사진을 찍었다.179) 미국인들을 승리를 스스로 자축할 자격이 있었다. 그들은 야만적 나치즘을 파괴하고 유럽을 구하기 위해 수많은 군인들과 압도적인 다수의 전쟁도구들을 제공했다. 그리고 미국은 극동에서 모두를 지배하려 들던 잔혹한 일본의 군부를 패배시켰다. 세계인들의 눈에 이것은 미국에게 "최고의 시간"(the finest hour)이었다. 과거에 미국은 그런 국가적 위신을 성취한 적이 전혀 없었다. 트루먼이 이 순간에 몰랐던 것은 바로 미국

---

178) *Ibid.*, p. 353.
179) Ian W. Toll, *Twilight of the Gods: War in the Western Pacific, 1944–1945*, New York: W. W. Norton, 2020, p. 746; George Capaccio, *The Marshall Plan and the Truman Doctrine*, New York: Cavendish Square, 2018, p. 18. 이곳에는 바로 그 키스장면의 사진이 실려 있다.

이 그런 위신을 또 다시 성취할 수 없을 것이라는 사실이었다.

1945년 9월 2일 오후 8시 대통령의 고향을 위해 명명한 미국의 전투함 "미주리"(*Missouri*)호의 우현 갑판에서 11명의 일본 관리들이 항복문서에 서명하기 위해 와있었다. 요코하마 항구에서 항복행사 장면은 위엄이 있었다. 해군 선박들의 함대가 닻을 내렸다. 미국의 성조기가 바람에 잔물결을 만들었다. 미국의 폭격기들이 상공에서 포효했다. 미육군 항공부대의 칼 스파츠(Cal Spaatz) 장군이 배신행위의 사소한 기미에도 일본에 8천 톤의 폭탄을 투하할 준비가 되어 있다고 경고했다. 맥아더 장군이 9시 정각에 미주리호의 갑판에 올라왔다. 그리고 그는 마이크로폰에 다가섰다. 그의 얼굴은 너무나 무표정해서 그는 박물관에 앉아 있을 흉상으로 이미 변하고 있는 것 같았다. 그는 잠깐 멈추었다가 절제되고 큰 목소리의 어조로 말하기 시작했다.

"주요 전쟁 강대국의 대표들인 우리는 이것으로 평화가 회복되는 경건한 합의에 서명하려 이 자리에 모였다. 다른 아이디어와 이데올로기들과 관련된 쟁점들은 세계의 전장에서 결정되었다. 따라서 그것들은 우리의 논의나 토론의 대상이 아니다. 또한 불신이나 악감정 혹은 증오의 정신으로 지구의 다수 국민들을 대변하여 우리가 모인 것도 아니다. 그러나 승자와 패자인 우리가 모든 우리 국민들을 여기서 공식적으로 취하는 이해에 충실한 복종에 유보없이 헌신하게 하여 우리가 봉사하고자 하는 신성한 목적들을 유익하게만 하는 보다 높은 존엄에 오르기 위한 것이다."[180]

---

180) Douglas MacArthur, *Reminiscences,* New York: McGrew−Hill, 1964, p. 275; Ian W. Toll, *Twilight of the Gods: War in the Western Pacific, 1944−1945,* New York: W. W. Norton, 2020, p. 760에서 재인용.

그리고 맥아더는 테이블에 있는 문서들에게 제스처를 취하면서 말했다. "일본제국 정부의 대표들과 일본제국의 참모장군들은 이제 앞으로 나와서 서명할 것"이라고 말했다. 일단 일본관리들이 문서에 서명을 하자 맥아더는 8천만 일본 신민들의 최고 지배자가 되었다. 다시 말해서 그는 지금부터 일본인들을 실제로 통치할 새로운 푸른 눈의 쇼군(Shogun)이 된 것이다. 맥아더 장군은 곧 군국주의적 일본을 완전히 폐지하고 완전히 새로운 자유민주주의 국가의 토대를 마련할 것이다. 아마도 트루먼 대통령의 원자탄의 사용결정은 일본의 훨씬 더 값비싼 침공의 필요성을 배제했고 또 돌연히 태평양 전쟁을 종식시킴으로써 전후 아시아에서 스탈린의 야심을 제한했다.[181] 어쩌면 얄타회담이 수개월 뒤에, 즉 원자탄이 1945년 7월까지 실험의 성공이 거의 확실해졌을 때, 트루먼이 대통령이고 연합국들이 그가 동유럽에 들어간 뒤 스탈린의 배신행위에 대한 더 많은 증거를 가졌을 때 이루어졌다면, 소련인들은 대일본 전쟁에 합류하려고 로비를 하지 않았을 것이고, 그리하여 다음 50년간 서방을 괴롭힐 지역들에서 전후 보다 적은 아시아 영향력을 누렸을 것이다. 실제로 태평양 전쟁에 끼어든 소련인들의 기회는 중국, 한국, 인도차이나, 그리고 일본에 대해 해로운 효과를 가질 뿐이었다.[182]

---

181) Victor Davis Hanson, *The Second World Wars,* New York: Basic Books, 2017, p. 393.
182) *Ibid.,* p. 523.

제5장
트루먼 독트린(The Truman Doctrine):
자유민주주의의 수호자(Guardian)

"우리는 자유로운 국민들을 도와주어야 한다."
-해리 S. 트루먼-

이제 더 이상 전시 대통령이 아닌 트루먼은 평화의 과업이 그가 늘 상상했던 것보다 더욱 어렵고 짜증나는 일임을 발견하고 있었다. 만일 미국인들이 자국의 엄청난 기계를 평화를 위해 일하게 한다면 그들은 인류의 역사에서 가장 위대한 시대를 기대할 수 있다고 트루먼은 말했다. 그러나 트루먼의 어려움은 일본이 항복한 며칠 후에 의회에 대한 전후 메시지로 시작했다. 9월 6일 의회에 보낸 그의 메시지는 1만 6천자 길이로 증가된 실업보상, 최저임금의 즉시 인상, 항구적 공정고용실천위원회, 세금개혁, 농부들의 곡물보험, 그리고 정부가 기업에 대한 통제를 유지하고 1년에 수백만 새 주택을 가능하게 하는 주택에 대한 연방정부의 지원을 의미하는 전쟁권한과 안정화법의 1년 연장을 포함하는 21개 조항의 국내계획을 제시했다.[183]

---

183) David McCullough, *TRUMAN,* New York: Simon & Schuster, 1992, p. 468.

그것은 트루먼이 포츠담에서 귀국하면서 오거스트라호에서 샘 로즈먼(Sam Roseman)에게 자신의 생각을 받아쓰게 하면서 트루먼이 작업하기 시작했던 진보주의적 철학과 전반적인 자유주의적 행동 계획에 관한 완전하고 포괄적인 성명서였다. 그는 국내적 계획을 제시하기 위해 연두교서 연설까지 기다리길 바라지 않았다. 또한 그는 부분적 프로그램을 가지고 의회에 가려고 하지 않았다. 그는 한 개의 큰 메시지 그리고 시간이 가면서 그 중요성이 대단해서 처음부터 자기의 국내적 계획을 자유주의적 노선 위에 올려놓으려 했다. 그러나 그가 상원에서 그런 프로그램을 위해서 투표하는 것과 정당의 우두머리가 되어 그것을 권유하고 그것을 위해 싸우는 것은 서로가 완전히 별개의 일이었다. 의회에서 트루먼 자신의 정당에 속하는 많은 사람들조차도 그와 같이 가려고 하지 않았다. 신문들은 트루먼의 예견된 6개월간 "의회와의 월츠"(waltz with Congress)는 그것이 시작하기도 전에 끝났다고 주장하고 있었다.

노동계 지도자들은 임금통제에 대한 종식을 요구하면서도 물가의 통제는 유지하길 원했다. 기업계 지도자들은 그와 정반대를 요구했다. 전쟁이 초래한 그런 통화팽창을 더 원하는 사람은 아무도 없었다. 그러나 대부분의 일상적 상품들은 공급이 부족했던 반면에 거의 모두가 전시채권과 저축계좌에 묻어둔 소비할 수십억 달러의 돈을 가지고 있는 것으로 보였다. 반면에 국방부는 한 달 내에 150억 달러에 달하는 전시계약의 수십억 달러를 취소하기 바빴다. 보잉 항공기 회사는 2만 1천 명의 노동자들을 해고했고, 포드 자동차 회사는 수만 명의 군인들이 직장의 발견을 기대하면서 고향으로 쏟아지고 있었다. 모두 1천 2백만 명의 남녀들이 군복을 입고 있었으며 가능한 한 빨리 정상적인 삶으로 돌아가길 희망하고 있었다. 경제적 비운의 예측들이 상식이 되었다. 제1차 대전 후 남성복 가게를 운영했던 사람으로서 자기 자신의 몰락이 기억에 생생한 트루먼은 의회에 그때 나라가 경험했던 것에 관해 상기시켰다. 그 때 미국인들은 그들의 역사상 최악의 통화팽창 중 하나를 경험했다.

모두가 알다시피 미국은 전시에 번창했다. 1945년 상품과 용역의 생산은 1939년의 2배 이상이었다. 만일 생활비용이 약 30%가 상승했다면 평균 노동자의 소득도 배가 되었으며 실업률은 믿을 수 없는 숫자인 2% 미만이었다. 10월 9일 각료회의에서 대통령을 위한 보고에서 통상장관인 헨리 월러스(Henry Wallace)는 앞으로 수개월만에 GNP의 하락이 400억 달러가 될 것이며, 봄까지 7~8백만의 실업을 의미할 수 있는 임금의 하락도 200억 달러에 달할 것이라고 추산했다. 기획하고 준비할 시간이 있다고 해도, 설사 장병들을 귀국시키라는 아우성을 무시하고 보다 느리고 질서있게 동원체제를 해제하는 것이 가능하다고 할지라도 "전환"의 문제들은 지난(至難)할 것이다. 실제로, 갑작스러운 평화는 갑작스러운 전쟁만큼이나 미국을 거의 무방비하게 만들었다. 공급 부족과 불편, 임금의 제한과 1941년 이후 부적합한 주택을 기꺼이 수용했던 인구가 모든 것을 당장 요구하면서 잃어버린 시간을 보상받기 위해 필사적이었다.[184]

국제적으로 전쟁승리의 축제 분위기는 오래가지 않았다. 극동에서 중국과 한국은 통제 밖에서 시간을 보내고 있었다. 한국에서 미국과

---

184) David McCullough, *TRUMAN*, New York: Simon and Schuster, 1992, p. 470.

소련의 군 사령관들은 한반도의 38선 남쪽의 일본인들은 미군에게 항복하고 38선 북쪽에선 붉은 군대에 항복하기로 합의했다. 일본이 항복한지 채 5주도 안 되어 한국에 있는 미군 사령관은 한국의 상황을 불꽃만 있으면 폭발할 준비가 되어 있는 화약고에 비교했다.[185] 일본의 점령에서 보다 큰 역할에 대한 소련의 요구가 모스크바와 워싱턴 사이에 갈등을 야기했다. 1945년 9월에 런던에서 개최되는 3상회의가 험담을 주고받는 실습장이 되었다.[186]

이 회의에서 동유럽 및 남동유럽에 대한 소련의 지배력을 완화시키려는 영-미의 압력에 대한 소련의 저항은 미국이 소련의 손을 강요하기 위해 원자탄 공격의 위협을 사용하려 한다고 시사하는 소련 외상 몰로토프의 언급에 의해 촉발되었다.[187] 언론이 이 회의를 실패로 묘사할 때 미래 평화를 위한 전망은 소련과 그의 전 연합국들 사이의 악화되는 관계로 위협을 받고 있는 것으로 보였다. 12월 모스크바에서 열린 제2차 외상회의에서 어려움들이 더 많이 표출되었다. 소련인들은 불가리아, 루마니아, 그리고 폴란드에서 그들의 지배력을 전혀 양보하지 않았다. 소련인들은 동독의 점령지에서 미래 독일의 힘을 축소시키는 방법으로 그리고 폴란드가 소련에 할애한 영토에 대해 폴란드를 보상하기 위해서 독일의 영토를 폴란드에게 양도했다. 더 나아가서 소련인들은 하나의 정부하에 나라를 통일할 한

---

185) A. J. Baime, *The Accidental President: Harry S. Truman and The Four Months That Changed the World,* New York: Houghton Mifflin Harcourt Publishing Company, 2017, p. 356에서 재인용.

186) Robert Dallek, *Harry S. Truman,* New York: Times Books, 2008, p. 28.

187) *Ibid.*

국에서 자유선거를 위한 제안들을 고려하려 들지 않았다. 그들은 자기들이 공산정권을 설치한 38선 북쪽 지역에서 지배력을 상실하는 것을 두려워했다.[188] 그들은 또한 미국이 이란의 주권에 대한 침해라고 선언한 후 이란으로부터 병력 철수에도 동의하지 않을 것이다.

모스크바 외상회의 후에 트루먼이 번스 국무장관에게 준 메모에서 그는 소련인들에 대한 보다 강경한 노선을 취하기 시작할 그의 결의를 밝혔다. 그는 루마니아와 불가리아를 경찰국가로 묘사했다. 그는 그들이 과감하게 변화되지 않는 한 이 정부들의 승인에 동의하지 않을 것이다. 트루먼은 이란에서 소련의 계획에 가능한 한 최대한으로 항의할 것이며 그의 마음속에 터키를 침공하고 또 지중해로 가는 흑해 해협을 장악하려 든다는데 의심이 들었다. 소련은 철의 주먹과 강력한 언어에 직면하지 않는 한 또 하나의 전쟁이 만들어지고 있다. 그들이 이해하는 유일한 언어는 상대가 얼마나 많은 사단을 갖고 있는가이다. 트루먼은 미국이 더 이상 타협해야 한다고 생각하지 않는다고 기록했다.

국제적 말썽은 미-소 간에만 국한되지 않았다. 1945년 가을, 일본이 항복한 뒤에 중국은 내란에 빠져들었다. 중국인들이 일본에서 공동의 적을 마주하는 한 그들은 장제스의 국민당 정부와 마오쩌둥의 공산당 사이에 긴장의 억제를 유지해 나갔다. 그러나 일단 전쟁이 끝나자 이 분열들이 즉시 표면으로 재부상했다. 루즈벨트는 얄타에서 중국의 연립정부를 위한 지지를 확보한 것으로 보이는 것에 스탈린과 합의를 서명하여 중국에서 전후 충돌을 예방하려고 애를 썼다. 스

---

188) *Ibid.*, p. 29.

탈린이 요구한 대가는 이미 앞서 언급했던 대로 외몽골의 지배, 산둥 반도에서 중국의 얼지 않는 항구인 다롄의 이용, 만주의 뤼순(Port Arthur)을 소련의 해군기지로 사용하기 위한 임대, 그리고 만주철도 의 통제 공유 등이었다. 소련이나 미국 어느 쪽도 중국이 사태발전을 충분히 형성할 수단을 갖고 있지 않았기 때문에 9월에 공산주의자들 이 통제하는 부분에서 발발하여 가을에 중국의 각지로 퍼져 나갔다.

11월 과거 공화당의 전쟁장관이었고 주 중국 미국대사로 복무한 패트릭 헐 대사가 사전에 국무성이나 백악관에 알리지 않고 중국의 내란이 충칭에 있는 미국 외교관들의 잘못이라고 선언하면서 공개적 으로 사임을 발표했다. 그의 사임과 주장은 트루먼을 분노하게 만들 었다. 그것은 대통령의 외교정책 운영에 대해 명백하게 상처를 입히 는 공격이었으며 또한 1946년 의회의 중간선거운동에서 백악관과 민주당에 대한 공화당의 공격 개시였다. 중국에서 내전을 중지시키 기 위해서 트루먼은 전 육군 참모총장이었던 조지 마샬(George C. Marshall) 장군에게 헐 대사를 대체하여 내란을 종식시키는 협상을 해달라고 요청했다. 트루먼은 마샬 장군에 대해 정파적 성향이 없는 군사적 지도자로서 최고의 존경심을 갖고 있었다.[189] 비록 마샬이 최근에 은퇴했지만 그의 욕심없이 "보람없는" 임무가 분명한 것을 맡는데 동의했다. 미-소 관계의 악화와 결합하여 중국에서 이런 사 태발전은 보다 조용한 세계에 대한 많은 미국인들의 희망을 침식했 으며 또한 트루먼의 인기도 외교문제에 대한 냉소주의와 미국 전역 에서 재등장한 고립주의적 감정에 의해서 손상되었다. 마샬은 1945

---

189) Robert Dallek, *Harry S. Truman*, New York: Times Books, 2008, p. 30.

년 12월 20일 상하이에 당도하였다. 장제스와 마오쩌둥을 만나고 3월 11일 미국으로 귀국하였다.

새해가 되자 트루먼은 라디오 방송에서 1946년은 미국의 "결정의 해"(the year of decision)라고 말했다. 금년에 트루먼 정부는 수 세대 동안 봉사할 경제구조의 토대를 세우겠다는 것이다. 그러나 현실은 어려웠다. 1월 19일 미국 전국에 걸쳐 역사상 가장 큰 80만 명의 철강 노동자들이 파업에 들어갔다. 전국이 파업에 의해 장악되었다. 약 20만 명의 정육업자들도 파업을 했다. 유리 세공업자의 파업, 전화 파업, 장례업자의 파업, 제너럴 일렉트릭(General Electric)의 대규모 파업이 있었다. 피츠버그에서는 3만 5천 명의 전기회사 사원들은 10만 명의 다른 노동자들에 영향을 끼치는 공장의 폐쇄를 야기했다. 전차들이 운영을 멈추었다. 사무실 건물들은 문을 닫았다. 다음 기자회견에서 철강 파업에 관해 성명을 요구 받은 트루먼 대통령은 양쪽에 너무 많은 힘이 있다고 개인적으로 생각한다면서 정부가 나서는 것이 필요하다고 생각한다고 대답했다. 그러나 정부가 어떻게 나설 것인가? 트루먼은 희망을 주지는 않았지만 행정부는 가능한 모든 일을 하고 있다고 덧붙였다.

책임을 져본 적이 없는 사람은 누구나 대통령이 되는 것이 어떤 것인지를 이해할 가능성이 거의 없다면서 트루먼은 가장 가까운 비서나 가족들 조차도 이해할 수 없다고 말했다. 대통령을 묶는 책임의 쇠사슬에 끝이 없었다. 그리고 자기가 대통령이라는 사실을 잊는 것이 허락되지 않는다고 트루먼은 말했다. 비판과 책망이 그러는 것처럼 생각할 수 있는 모든 형태의 문제들과 결정들이 그의 책상 위에서 끝이 났다. 가을에 프레드 캔필(Fred Canfil)이 트루먼에게 책상 위에 놓을 작은 팻말을 선물했다: "책임은 이곳에서 멈춘다(The Buck Stops Here)." 캔필은 오클라호마주의 엘 레노(El Reno)에서 한 연방 소년원의 본부사무실에서 그런 것을 보았다. 그래서 그는 교도소장에게 자기 친구인 대통령을 위해 복제를 요청했다. 비록 트루먼이 그 팻말을 잠시 동안 자기 책상위에 두었지만 메시지는 영원히 그와 함께 머물렀다.[190]

1946년 2월 9일 모스크바에서 아주 드문 대중연설에서 스탈린은 공산주의와 자본주의는 양립할 수 없다면서 또 다른 전쟁이 불가피하다고 선언했다.[191] 스탈린은 어떤 경우에도 그들의 조국을 보장할 새 5개년 계획에서 생산증대를 요구했다. 국방을 위한 물자의 생산이 3배가 되어야 하고 소비상품은 재무장을 기다려야 한다고 말했다. 그는 자본주의, 제국주의 서방과의 대립은 미국이 또 다른 불경기에 빠질 1950년대에 올 것이라고 예측했다. 워싱턴은 경악했다. 많은 미국인들은 그 연설을 스탈린이 필연적이라고 생각하는 전쟁의 선언으로 간주했다.[192] 월터 리프만(Walter Lippmann)은 스탈린이 군사력을 그의 목적으로 결정한 이상 미국도 같은 일을 할 수밖에 다른 선택이 없다고 썼다.[193]

모스크바에서 미국의 대리공사인 조지 케넌(George F. Kennan)이 1946년 2월 22일 "긴 전문"(the long telegram)으로 알려진 것에서

190) David McCullough, *TRUMAN*, New York: Simon and Schuster, 1992, p. 481.
191) *Ibid.*, p. 486.
192) Robert Dallek, *Harry S. Truman*, New York: Times Books, 2008, p. 42.
193) David McCullough, *TRUMAN*, New York: Simon and Schuster, 1992, p. 486.

이런 공포에 대해 강력한 표현을 했다.[194] 소련 전문가이며 소련문제를 오랫동안 관찰했던 케넌은 서방세계에 대한 소련의 적대감을 무장해제할 방법은 없다고 경고했다. 왜냐하면 그것은 흔들림 없는 해외 위험에 대해 공포를 일으킴으로써 국내적 권력을 강화할 필요성의 산물이기 때문이다. 서방은 공산주의의 팽창과 민주적 제도들의 전복시도에 저항할 필요가 있다면서 소련의 지배가 그 자체의 내적 모순으로 몰락할 때까지 기다려야 한다고 케넌은 주장했다. 트루먼은 케넌의 분석과 소련 위협을 다루는 처방을 읽고 또 승인했다. 그러나 국내 정치적 역류가 그로 하여금 공개적으로 그렇게 말하길 싫어하게 만들었다.

미-소 관계에 대한 트루먼의 모호한 태도는 1946년 바로 첫 주에 미주리주 풀턴(Fulton)에서 행한 윈스턴 처칠의 연설에 관련해서 분명해졌다. 처칠을 작은 웨스트민스터 대학(Westminster College)에 초빙하는 아이디어는 그 대학의 총장인 프랭크 맥클러(Franc L. McCluer)의 염원이었다. 트루먼도 즉시 열정적이 되었다. 그리하여 대학 초청장의 맨 밑에 처칠에게 "이곳은 내 고향 마을에 있는 좋은 학교이다. 내가 당신을 소개하겠다"는 추신을 써넣었다. 처칠은 답장에서 "당신의 후원 하에서는 내가 말하는 것이 무엇이든 그것은 상당한 관심을 끌 것이다"라고 처칠은 말했다.[195]

미국 플로리다주에서 휴가 중이던 윈스턴 처칠 전 영국 수상이 트루먼과 자기의 연설에 관해서 상의하기 위해 워싱턴으로 비행했

---

194) John L. Gaddis, *The United States the Origins of the Cold War,* New York: Columbia University Press, 1972, pp. 302－304.
195) David McCullough, *TRUMAN,* New York: Simon and Schuster, 1992, p. 487.

다. 그의 연설 주제는 세계에서 평화를 보존하기 위해서 영국과 미국의 완전한 군사적 협력의 필요성이 될 것이다. 3월 3일 플로리다에서 다시 워싱턴으로 돌아와 시가 연기를 품으며 자신의 원고를 검토했다. 다음 날인 3월 4일 트루먼과 처칠은 특별기차를 이용하여 미주리로 출발했다. 트루먼은 처칠과 여행하는 것이 그리고 세계에서 가장 유명한 연설가를 아무도 들어본 적이 없는 자기의 고향 미주리에 있는 대학에 모셔가는 것이 기뻤다. 다음 날 3월 5일 화요일 오전에 처칠은 자기 연설문에서 몇 개의 마지막 수정을 가했다.

웨스트민스터 대학 캠퍼스는 영국과 미국의 국기로 장식되었다. 처칠을 소개하면서 트루먼 대통령은 포츠담 때까지 자기는 결코 처칠이나 스탈린을 만나본 적이 없다면서 그가 두 사람 모두 좋아하게 되었다고 말했다. 그리고 트루먼은 처칠을 역사상 탁월한 인물 가운데 한 사람이라고 부르면서 그가 세계에 뭔가 건설적인 것을 말할 것으로 알고 있다고 말했다. 처칠은 사적인 방문자가 미국의 대통령에 의해 학술적 군중들에게 소개되는 것은 커다란 영광이며 아마도 거의 독특한 일이라는 말로서 처칠은 연설을 시작했다. "우리는 러시아가 세계의 지도적 국가들 가운데 그의 정당한 자리에 위치하는 것을 환영한다"고 말하면서 러시아 국민과 그의 전시 전우인 스탈린 원수에 대해 높은 존경심을 갖고 있다고 말했다. 우리는 러시아의 깃발을 바다 위에서 환영한다. 무엇보다도 우리는 러시아 국민과 대서양 양쪽의 있는 우리의 국민들 사이에 끊임없고, 빈번하며, 성장하는 접촉들을 환영한다. 그러면서도 여전히 처칠은 "확실한 사실들"을 제시하는 것이 자기의 의무라고 말했다. 그리하여 그는 화제를 일으키게 된 연설의 일부를 시작했다.

"발트해에 있는 스테틴(Stettin)으로부터 아드리아해에 있는 트리에스테(Trieste)까지 대륙을 가로질러 철의 장막(an iron curtain)이 내렸다. 그 선 뒤에는 중유럽 및 동유럽 고대 국가들의 수도들이 놓여있다. 바르샤바, 베를린, 프라하, 비엔나, 부다페스트, 베오그라드, 부카레스트, 그리고 소피아, 이 모든 유명한 도시들과 그곳들 주변의 주민들이 내가 소련의 영향권이라고 불러야만 하는 곳에 놓여 있으며 모두가 이런저런 형식으로 소련의 영향력 하에 뿐만 아니라 아주 고도의, 많은 경우에, 모스크바로부터 점증하는 지배하에 처해있다. …"196)

소련인들은 전쟁을 원하지 않지만 그러나 그들의 권력과 이데올로기의 무한정한 팽창을 모색한다. 따라서 이에 대한 대응에서 우리에게 필요한 것은 서방 민주주의의 결속, 특히 영어를 사용하는 영국과 미국의 결속이라고 강조했다. 처칠의 연설은 그가 미국에게 반소연립에 주도권을 쥐라고 촉구하고 있다는 사실에 아무런 의심도 남기지 않았다.197) 트루먼의 얼굴 표정으로 그리고 연설 중 여러 대목에서 그가 박수를 쳤던 것으로 볼 때 청중들이 그랬듯이 트루먼도 처칠의 연설을 인정했음이 분명했다.198) 그러나 미국에서 즉각적인

196) Andrew Roberts, *Churchill: Walking with Destiny,* New York: Viking, 2018, p. 895; Martin Gilbert, ed., *Churchill: The Power of Words,* Boston, MA: Da Capo Press, 2012, pp. 370−374; Martin Gilbert, *Churchill: A Life:* New York: Henry Holt, 1991, pp.865−867.

197) Robert Dallek, *Harry S. Truman,* New York: Times Books, 2008, p. 43.

198) David McCullough, *TRUMAN,* New York: Simon and Schuster, 1992, p. 489.

반응은 반대가 강했다. 예를 들어 월터 리프만에게 그 연설은 하나의 거의 재앙적 실수였다. 모스크바에서 스탈린은 그 연설이 소련과의 "전쟁을 부르는 것"이라고 말했다.[199] 트루먼은 비판에 경악했다. 워싱턴에 돌아와 트루먼은 처칠의 연설내용을 사전에 알지 못했다며 신속하게 책임으로부터 물러섰다. 그리고 그는 자유로운 나라에서 처칠은 그가 원하는 대로 말할 모든 권리를 갖는다고 덧붙였다. 스탈린을 달래기 위해서 트루먼은 그를 미국에 초대하기 위해 미주리호를 보내겠다고 제안하면서 처칠이 그랬던 것처럼 스탈린도 역시 자기의 마음을 말할 수 있도록 미주리 대학에 그를 동반하겠다고 약속했다. 그러나 스탈린은 그 초대를 사양했다.[200]

트루먼에게는 좋지 않은 때였다. 트루먼이 빠르게 발을 뺐었어도 그는 그것에 대해 정당한 평가를 받지 못했다. 3월에 이란의 북부 지역인 아제르바이잔(Azerbaijan)으로부터 약속된 소련군 철수의 데드라인이 지나갔을 때 번스 장관의 주도로 국무성은 이란의 주권에 대한 소련의 위반에 종식을 요구하는 유엔의 요구를 공개적으로 지지했다. 비록 소련의 철수가 미국에선 만족스러웠음에도 불구하고 트루먼 대신에 번스와 유엔이 칭송을 받았다. 그러나 사실은 트루먼이 스탈린에게 철수하도록 개인적 압력을 가했었다.[201]

그러나 실패가 있을 경우엔 모든 비난이 대통령에게 떨어졌다. 예를 들어, 국무성이 유엔 원자력 에너지 위원회(the United Nations

---

199) *Ibid.,* p. 490.
200) *Ibid.*
201) John L. Gaddis, *The United States the Origins of the Cold War,* New York: Columbia University Press, 1972, pp. 348-350.

Atomic Energy Commission)에 제출하기 위해 원자탄의 확산을 제한하는 제안을 개발했다. 국무차관인 딘 애치슨(Dean Acheson)과 테네시(Tennesse) 계곡 사업단 의장인 데이비드 릴리엔탈(David Lilenthal)이 다른 국가들이 원자탄 무기를 개발하지 않는다는 것이 확실해 보이면 원자탄 개발에 반대하고 미국의 원자탄 무기고를 제거한다는 국가적 공약을 요청했다. 번스와 트루먼은 의회가 어떤 합의에도 반대할 것을 염려하여 그들은 민주당과 공화당에서 다 같이 강력한 영향력을 가진 재정가 버나드 바루크(Bernard Baruch)를 끌어들였다. 바루크는 유엔 위원회 심의에 미국을 대표하기로 동의했지만 한 가지 조건이 있었다. 그것은 미국의 제안이 국무성이 아니라 자기 이름으로 제안되어야 하고 또 그가 몇 규정을 바꿀 재량권을 가져야 한다는 것이었다. 트루먼은 바루크를 달래기 위해서 동의할 수밖에 없다고 느꼈다.

그리하여 그가 유엔에 소위 바루크 플랜(the Baruch Plan)을 유엔에 제출했을 때 그는 이 세계기구가 "산 자와 죽은 자" 사이의 선택에 직면하고 있다고 발표했다. 그러나 그 제안에 대해 미국 의회와 모스크바는 모두가 불편하게 생각하여 유엔에서 몇 달간 논의한 뒤에 폐기시켜 버렸다. 트루먼은 그 제안이 소련에 대해 유화적이라고 반대한 보수주의자들은 물론이고 그 제안이 미국의 원자탄 독점을 유지하여 소련을 도발하려 한다고 비난한 자유주의자들에게서도 인정을 받지 못했다. 바루크 플랜에 대한 소련의 거부로 트루먼은 그의 점증하는 반소 감정을 표출하기도 했다.[202] 원자탄의 국제적 통제에

---

202) Robert Dallek, *Harry S. Truman,* New York: Times Books, 2008, p. 46.

대한 이 제안의 실패는 고스란히 트루먼의 책임이 되었다. 국내외적 어려움으로 트루먼의 지지율이 급락했다. 의회의 중간선거 1개월 전 10월 첫 주에 발표된 여론조사의 결과는 오직 40%만이 그의 국정운영을 승인했다. 몇 주가 지나자 여론조사에서 트루먼의 지지율은 1년 전에 비해 거의 50%나 낮은 32%까지 떨어졌다.[203]

모든 사람들이 그렇게 두려워했던 불경기는 오지 않았다. 그 많은 파업에도 불구하고 고용률은 높았다. 돈은 넘쳤다. 기업도 붐을 일으켰다. 그러나 생활비용이 1945년 말 직후에 6.5포인트가 올랐다. 그리고 사람들이 가장 원하는 것들, 즉 주택, 자동차, 냉장고, 나일론 스타킹, 설탕, 커피 같은 것들의 심각한 부족이 여전했다. 그리고 점점 고기가 부족했다. 여론조사에서 민주당의 패퇴를 두려워하는 샘 레이번 하원의장은 이번 선거는 저주받은 비프 스테이크(beefsteak) 선거가 되어가고 있다고 불평했다. 11월이 다가옴에 따라 그리고 고기 부족이 악화되어 감에 따라 공화당원들은 그런 문제들을 이용했다. 목축업자들은 가축들을 시장에 보내지 않으면서 파업을 했다. 민주당 의장인 밥 하네건(Bob Hannegan)은 트루먼에게 만일 고기 가격이 떨어지지 않는다면 그는 공화당의 압승을 기대할 수 있을 것이라고 경고했다. 트루먼은 그가 무엇을 하든 욕을 먹을 것이 확실하고 만일 그가 통제를 끝내면 압력에 굴복했다고 비난을 받을 것이라고 자신의 백악관 직원들에게 말했다. 그렇다고 해서 그가 가만 있으면 그는 모든 어려움의 원인으로 계속 비칠 것이다.

고기의 부족에 대한 불만과 공산주의 영향과 침투에 대한 두려움

---

203) David McCullough, *TRUMAN*, New York: Simon and Schuster, 1992, p. 520.

은 전혀 별개의 것이었다. 공산주의에 대한 공포가 분명히 상승세였다. 공화당원들은 트루먼이 해외에서 소련인들에게 유화정책을 추구하고 국내에서는 공산주의를 조장하고 있다고 비난했다. 그러나 그런 공격은 "빨갱이들"(Reds)과 "휴게실 핑크족"(parlor pinks)에 대한 그의 개인적 불안감에서 오는 정신에서 별로 다르지 않았다. 샌프란시스코에서 행한 연설에서 연방수사국(FBI)의 에드가 후버(J. Edgar Hoover)는 미국에 10만 명에 달하는 공산주의자들이 활동하고 있다고 경고했다. 민주당은 절망감으로 가득했다. 어려울 때 미소를 짓는 능력이 정치인에게는 주로 필요한 것이다. 직업정치인으로서 트루먼은 그것을 오랫동안 이해했다. 과거에 종종 어려운 시절에 그랬던 것처럼 지금도 그는 어떤 분노나 우울함도 내색하지 않았다. 그는 결코 불평하지 않았고, 자기 연민에서 결코 행동하지 않았으며 다른 사람들을 책망하지도 않았다. 그는 유쾌했고 낙천적이었다. 그는 타인들에게 관심을 갖고 그들을 만나는 것을, 또 언제나 그들과 같이 있는 것을 즐거워했다.[204]

선거가 있기 3주 전인 10월 14일 트루먼은 라디오 방송을 통해 고기에 대한 가격통제를 어쩔 수 없이 푼다고 발표했다. 10월 23일에는 뉴욕으로 비행하여 유엔총회에서 연설했다. 그의 잘 준비된 연설에서 역사의 과정은 미국인들을 세계에서 보다 강력한 국가들 중 하나로 만들었다. 그러므로 오늘날처럼 상호의존적인 세계에서 미국의 힘을 보전하고 또 그것을 올바르게 사용할 특별한 책임이 미국에게 있다고 트루먼은 말했다. 이 연설에 대해 심지어 소련인들도 그를

---

204) *Ibid.*, p. 522.

칭찬했다. 공화당원들이 선거를 휩쓸었다. 그들은 대공황 이전 이래 처음으로 의회의 양원에서 모두 승리했다. 하원의 차이는 공화당이 246석, 민주당이 188석 그리고 상원에선 51석 대 45석이었다. 공화당은 토마스 듀이(Thomas E. Dewey)가 기록적인 표차이로 재선된 뉴욕주를 포함하여 주지사의 다수를 차지했다.

뉴딜(the New Deal)은 마침내 날아갔고 민주당원들의 워싱턴 장악도 마침내 깨졌다. "우연한 대통령인" 해리 트루먼은 이제 또한 "소수당의 대통령"이었다. 아칸소(Arkansas)주 출신의 젊은 민주당 하원의원인 제이 윌리엄 풀브라이트(J. William Fulbright)가 공화당의 압승과 워싱턴에서 앞으로 2년간 교착상태의 가능성에 의해 너무 열을 받은 나머지 트루먼 대통령에게 아서 반덴버그(Arthur Vandenberg)를 국무장관으로 임명한 다음에 사임하여 반덴버그가 대통령이 되게 하라고 제안했다. 이 아이디어는 그 이후 트루먼으로 하여금 풀브라이트를 "하프브라이트"(Halfbright)로 부르게 했다.[205] 1946년 11월 중간선거에서 처참하게 패배한 직후 트루먼은 아마도 제17대 앤드루 존슨(Andrew Johnson) 대통령 이래 어느 대통령보다 처량하게 느꼈을 것이고 또 그가 그 황량하고 안개 낀 11월의 아침에 아무도 모르게 워싱턴으로 돌아왔을 때 트루먼보다도 더 철저히 위신과 리더십의 김이 빠진 대통령은 없었을 것이다. 중앙 철도역 센트럴 유니온 스테이션에서 트루먼은 말 없이 그러나 미소를 지으며 팔에 책을 한 권 끼고 자동차에서 내렸다.[206]

---

205) *Ibid.*, p. 523.
206) *Ibid.*, p. 524.

1945년 이래 많은 사람들이 트루먼을 평범하다고 판단했다. 어느 기자가 그에게 자기 자신을 평균적 인간의 승화라고 생각하느냐는 질문을 받고 그는 평균적 인간에게 무슨 잘못이 있느냐고 되물었다. 트루먼은 자신을 언제나 평범한 인간으로 인식하고 있었다. 그러나 대부분의 사람들과는 달리 그에게서, 즉 그의 평범함 속에서 비범함을 발견한 사람들도 없지는 않았다. 포츠담에서 윈스턴 처칠은 트루먼이 굉장한 결의의 사나이라고 즉각 인지했으며 또한 1947년 운명적 봄에 자신의 회고록 집필로 바쁜 처칠은 트루먼의 대통령직이 세계에서 희망을 위한 하나의 원인이 될 것이라고 쓸 예정이다.[207] 자기에게 필적할 만한 인물이라고 생각하지 않는 사람들의 평가에서 대단히 냉혹하고 심지어 경멸적일 수 있는 딘 애치슨(Dean Acheson)은 루즈벨트의 사후 트루먼을 단도직입적이고, 결정적이며, 정직하고, 그리고 경험이 없는 일에 빠르게 배울 것이라고 묘사했다. 그 때 이래로 애치슨은 다르게 생각할 이유를 발견하지 못했다. 1946년 11월 오전에 트루먼이 워싱턴의 유니온 스테이션에 도착했을 때 그의 정치적 주가가 가장 낮을 때 행정부 내애서는 오직 애치슨만이 유일하게 플랫폼에서 트루먼을 영접하러 기다리고 있었다. 트루먼이 애치슨의 이 제스처를 결코 잊지 않았다는 것은 이해할 만하다. 애치슨은 트루먼을 지도자로 보았다. 애치슨은 트루먼을 "강인한 심장의 선장"이라고 평가했다.[208]

---

207) Martin Gilbert, *Winston Churchill, Never Despair 1945–1965*, Boston: Houghton Mifflin, 1988, p. 326.

208) Dean Acheson, *Present at the Creation: My Years in the State Department*, New York: W. W. Norton, 1969, 책의 맨 앞에 트루먼에 헌정하는 페이지.

11월 선거 후에 대통령의 변화가 분명해졌다. 석탄파업의 주역인 존 루이스(John L. Lewis)와 결판이 있었다. 트루먼 행정부는 그 강력한 노동자 두목을 스미스-코넬리 법(the Smith-Connally Act)을 위반한 죄목으로 법원으로 데려갔다. 그 법은 정부소유의 시설에 대한 파업을 금지했는데 석탄광산은 여전히 기술적으로 정부의 장악 하에 있었기 때문이다. 그것은 완벽한 행정부의 승리였다. 트루먼은 루이스의 몰락에 엄청 기뻐했다. 수개월 만에 트루먼은 언론에 의해서 칭송되었다. 그러나 진정한 변화는 역시 선거의 결과와 함께 왔다. 아이러니하게도 마침내 트루먼을 루즈벨트의 그림자에서 해방시키며 트루먼에게 새로운 수명의 연장을 가져다 준 것은 싹 쓸어버린 공화당의 승리였다. 그는 이제 더 이상 누구에게도 빚을 진 것이 없었다. 진정한 트루먼 행정부는 선거 후에 시작했다.

제80차 의회에서 조 마틴(Joe Martin)이 하원의장으로서 샘 레이번을 대체했다. 상원에서는 태프트(Taft)와 반덴버그(Vandenberg)가 힘을 장악할 것이다. 태프트는 국내 문제에, 그리고 묵시적 이해로 반덴버그는 외교분과 위원회 위원장으로서 외교문제에 집중할 것이다. 반덴버그는 트루먼이 상원의원이던 첫날부터 서로가 잘 알고 또 서로가 가장 좋아하는 친구였다. 전에 신문사 편집인이었던 반덴버그는 전쟁 때까지 철저한 고립주의자였지만 스스로 말하듯이 진주만 이후에 고립주의를 끝내고 현실주의자가 되었다. 태프트, 반덴버그, 그리고 마틴은 모두가 루즈벨트 시절에 잃어버린 의회의 위신과 권위를 회복하려고 결연했다. 이 세 사람들 모두가 다음 해인 1948년 대통령 선거의 잠재적 후보자들로 간주되었다.

제27대 대통령인 윌리엄 하워드 태프트(William Howard Taft)의 아들인 로버트 태프트(Robert A. Taft)는 반덴버그와 마틴과는 달리 태프트에게 트루먼은 배경과 교육에서 부족하고 그렇게 무거운 책임에는 거의 모든 면에서 준비되지 않은 진정으로 평범한 인간인 트루먼에 대한 존경심이 별로 없었다. 특히 태프트는 자기 아버지의 뒤를 따르려는 결심으로 1940년에 공화당 지명전에 나서는 시도를 이미 했지만 이제 현직 해리 트루먼을 생각하면 그의 기회는 그 어느 때보다도 밝아 보였다. 그러나 중요한 사실은 태프트는 행정부와 협력하는데 별로 관심이 없었다. 제80차 의회에 진입한 새 공화당 의원들의 얼굴 가운데에는 캘리포니아주 출신 하원의원 리처드 닉슨(Richard M. Nixon), 매사추세츠 출신의 상원의원 헨리 캐봇 롯지(Henry Cabot Lodge, Jr.), 그리고 위스콘신 출신의 상원의원 조셉 맥카시(Joseph McCarthy)가 있었다. 비교적 몇 명 안 되는 민주당의 새 당선자들 사이에는 조 케네디(Joe Kennedy)의 29세 아들인 매사추세츠 출신의 존 F. 케네디(John F. Kennedy) 하원의원이 있었다. 의회의 변화가 국가의 국내외적 문제들을 바꾸지는 않았다.

1947년 1월 6일 연두교서 메시지에서 막 선언했던 것처럼 미국은 작년에 온갖 노동자들의 파업에도 불구하고 번창하고 있었다. 식량생산은 새로운 기록을 냈다. 국민소득은 평화시 그 어느 때보다도 더 높았다. 트루먼은 미국이 사실상 완전고용 상태라고 만족스럽게 말했다. 그는 광범위한 노사관계의 향상, 반트러스트 법률의 강화, 정신 건강과 어린이 보살핌, 그리고 병원건설을 위한 지지를 포함하는 국가 건강 보험계획을 요청했다. 그는 농부들을 위한 공정한 수준의 보답, 전역군인들에 대한 지원, 그리고 주택건설의 저돌적 프로그램을 원했다. 트루먼의 연설은 그가 1945년 자기의 메시지에서 제시했던 국내 프로그램에서 전혀 후퇴하지 않았다. 그러나 그는 동시에 균형 있는 예산, 군사시설들의 축소, 그리고 원자에너지의 국제적 관리를 주창했다. 이 연두교서는 의회에서 트루먼의 지위를 높여 주었다.

다음 날 저녁에 백악관에서 트루먼의 놀라운 발표의 효과는 더욱 컸다. 그것은 조지 마샬 장군이 새 국무장관이 되는 것이었다. 제임스 번스는 사임했다. 마샬은 이미 중국에서 귀국하는 중이었다.[209] 마샬의 국무장관직 임명은 트루먼 대통령직의 최선이고 가장 중요한 결정들 중의 하나였다.[210] 반응은 모든 곳에서 즉각적이고 사실상 만장일치의 승인을 받았다. 의회에서 아서 반덴버그는 청문회나 반대 없이 외교위원회를 통해 그 지명을 밀어붙여서 상원에서 바로 그 날로 만장일치의 승인을 받았다. 몇 공화당원들의 관점에서 그 임명의 하나의 가능한 망령은 그것이 마샬을 미래의 대통령 후보로 세울 가능성이었지만 그런 아이디어는 마샬 자신이 워싱턴에 도착하자 마자 그 날 오전에 잠재워버렸다. 그는 결코 정치적인 자리의 후보가 되지 않을 것이라고 말했고 그 말은 마샬이었기에 믿어주었다. 그는 1947년 1월 21일 화요일 오전 늦게 백악관에서 빈슨(Vinson) 대법원장에 의해 취임선서가 이루어졌다. 환하게 미소 짓는 트루먼이 악수

---

209) 조지 마샬이 중국에서 수행한 중국의 국공합작 정부수립의 노력과 궁극적 실패에 관한 상세한 논의를 위해서는, David L. Roll, *George Marshall: Defender of the Republic*, New York: Dutton Caliber, 2019, 제13장을 참조.; Daniel Kurtz-Phelan, *The China Mission: George Marshall's Unfinished War, 1945–1947*, New York: W.W.Norton & Company, 2019.

210) David McCullough, *TRUMAN*, New York: Simon and Schuster, 1992, p. 532.

하며 그가 얼마나 마샬의 수락을 고마워하는 지를 말했을 때 마샬은 최선을 다하겠다고 간단히 대답했다.

66세의 조지 마샬은 국무장관이 되는 최초의 직업 군인이었다. 1901년 버지니아 군사학교를 졸업하고 포병부대의 소위로 임관하였다. 그 후 꾸준히 진급하여 필리핀, 오클라호마, 그리고 포트 레븐워스(Fort Leavenworth)에서 제1차 대전 때까지 근무했다. 그리고 제1차 대전 때에는 퍼싱(Pershing) 미국 원정군 총사령관의 부관으로 미국인들을 아르곤느(Argonne)까지 진격을 지휘했다. 양차 세계대전 중간 기간에 그는 중국에서 3년간 근무했고 1939년에 루즈벨트 대통령이 그를 참모총장으로 임명했다. 그가 종종 비견되는 조지 워싱턴처럼 마샬은 무오류와 자기통제의 인물로서 그는 경외심을 불러일으켰고 묘사하기 어려웠다. 처칠은 그를 고결한 로마인이라고 불렀다. 국무성의 직원 하나가 후에 기록했듯이 마샬은 애치슨 같은 지적 탁월성이나 웅변의 재능을 소유하지 않았지만 그는 중요한 것을 중요하지 않은 것과 구별할 수 있었고 바로 이것이 그를 무한히 가치 있게 만들었다.[211]

트루먼은 마샬을 예리하고, 깊이 사고하고 그리고 말하기 보다는 듣는 사람이라고 묘사했다. 때때로 그는 자신의 얼굴에 별로 표정이 없이 앉아 있지만 그러나 그가 충분히 들었을 때 논의 중인 문제의 핵심을 찌르는 자기의 입장을 내놓을 것이다. 그러나 트루먼이 특별히 높이 산 것은 마샬의 바위 같은 의무감, 무욕, 그리고 정직성이었다. 마샬은 의회에서 공화당 의원들에게도 과거에 누구도 그러지 못

---

211) *Ibid.*, p. 533.

했던 방식으로 높게 평가받았다. 평화시에 최초의 징집법안을 의회에서 통과시킨 것은 마샬이었으며 그는 원자폭탄의 비밀을 의회의 지도자들에게 털어 놓으면서 그들의 비밀유지를 믿었던 인물이었다. 마샬에게 그의 최근 중국 임무는 큰 실망이었지만 그러나 아무도 그 실패에 대해 그를 책망하지 않았다. 모두가 마샬의 새 임무를 곤란해진 트루먼 행정부를 위한 아주 큰 전진으로 간주했다.

모스크바에서 불러들인 탁월한 소련 전문가인 조지 케넌(George Kennan)의 지휘하에 새로운 정책기획실이 트루먼의 지시로 설치되었다. 조직 전반이 보다 질서 있고 효율적이 되었다. 부처 내 기관장들이 그의 앞에서 분쟁에 들어가면 마샬은 그들에게 문제와 싸우지 말고 그것을 해결하라고 말하곤 하였다. 은퇴하려던 애치슨은 6개월 동안 더 국무성 차관으로 남기로 겸실하였다. 애치슨은 마샬과 함께 일하는 것이 아주 즐거웠다. 그러나 그 누구에게보다도 마샬의 존재는 트루먼에게 보다 더 안정되고 고무적이었다. 트루먼은 그를 더 많이 만나고 더 많이 얘기할수록 그가 위대한 시대적 인물임을 더 확신한다고 말했다. 마샬은 힘과 상식의 타워라며 트루먼이 어떤 다른 인물에 대해서 느끼지 못한 찬양을 했다.212)

마샬 국무장관의 존재로 인해서 트루먼의 인기가 여론조사에서 48%까지 돌아왔다. 전체 분위기가 달라졌다. 트루먼은 공식적 방문자들 외에 모든 사람들에게 6년간 전시 금지된 후 관광객들에게 백악관을 다시 공개했다. 그와 영부인 베스는 1941년 이후 처음으로 공식적인 리셉션과 국가 만찬을 재개했다. 자신의 역사의식을 가진

---

212) David McCullough, *TRUMAN,* New York: Simon and Schuster, 1992, p. 535.

트루먼 대통령은 전시 외에는 지난 반세기 동안 변하지 않은 규정들에 의해서 백악관의 그런 행사들을 원했다. 잊었던 백악관의 모든 공식행사들이 되돌아온 것이다.

마샬 국무장관이 그의 첫 외상회의를 위해 일주일 내에 모스크마로 떠날 예정이었다. 트루먼 자신은 3일 후에 미국 대통령으로서는 처음으로 멕시코를 방문하였다. 트루먼은 정책에 관해서 논의하고 지속적 평화를 얻을 수 있기를 바라면서 마샬 장관과 하루하루를 보냈다. 그러나 전망은 그렇게 좋아 보이지 않았다. 2월 21일 마샬이 국무장관직을 시작한 지 한달 째인 그 날 영국 대사인 인버채플 경(Lord Inverchapel)으로부터 소위 '청서'(Blue Paper)인 긴급 공식 메시지가 국무성에 배달되었다. 마샬은 프린스틴 대학교의 200주년 기념집회에서 연설하느라 워싱턴 밖에 있었다. 그리하여 그 날 오후에 트루먼 대통령에게 전화를 한 것은 애치슨 국무성 차관이었다. 영국은 재정적 조건의 악화로 인해서 그리스와 터키를 위해 더 이상 경제적 및 군사적 지원을 할 수 없었다. 영국의 애틀리 정부는 그리스로부터 4만 명의 병력을 철수하고 또 경제적 원조도 3월 31일자로 중단할 것이다. 그러므로 영국정부는 미국이 그 책임을 맡기를 희망한다는 메시지였다.

21일은 금요일이었다. 트루먼은 애치슨에게 월요일까지 보고하라고 요구했다. 애치슨, 볼렌, 그리고 다른 사람들이 국무성에서 주말 내내 작업을 했다. 월요일 마샬과 애치슨이 대통령을 면담하고 그리스에게 그리고 작은 정도로 터키에게도 도움을 제공하는 즉각적인 조치를 촉구했다. 마샬에게 그리스로부터 영국의 철수 발표는 전 중동으로부터 영국이 철수한다는 것과 다름이 아니었다. 트루먼도 역시 상황을 아주 심각하게 보았다. 1947년 한 해에 그리스에게만 필요한 액수가 2억 5천만 달러였다. 트루먼은 동의했다.213) 그리스는 신속하게 상당한 액수의 경제적 지원의 도움을 받게 되었다. 그러나 그리스에 대한 원조는 문제의 오직 일면에 지나지 않았다. 조지 케넌의 "긴 전문"과 풀톤(Fulton)에서 행한 처칠의 "철의 장막" 연설이 있은 지도 이제 1년이 되었다. 단순히 원조법안 이상의 어떤 것이 요청되었다.

국무성 고위 관리인 조셉 존스(Joseph M. Jones)가 국민에게 위기의 현실을 깨우치게 하기 위해서 대통령이 아니라 마샬 장관이 의회에 나서길 촉구했다. 왜냐하면 마샬이 깊은 인상을 줄 위신을 가진 유일한 인물이기 때문이라는 것이었다. 2월 27일 오전에 트루먼은 자기 집무실에서 중대한 회의를 위해 의회 지도자들을 불렀다. 그들은 마샬에 경청했다. 소련의 지배를 유럽, 중동 그리고 아시아에 확장할 일련의 위기들 중 첫 위기를 미국이 직면하고 있다고 지적하면서 선택은 힘을 가지고 행동할 것인가 아니면 태만으로 잃을 것인가라고 마샬은 말했다. 마샬 장관이 충분히 강력하게 말하지 못했다고 생각한 애치슨이 나섰다. 애치슨은 측정된 평가를 위해 남은 시간이 없다고 말했다. 그리스는 바구니 전부에 영향을 끼칠 썩은 사과이다. 소련은 최소의 비용으로 역사상 가장 큰 도박들 중 하나를 하고 있었다. 모든 가능성들을 이길 필요는 없다고 애치슨은 말했다. 반덴버그는 만일 대통령이 의회에서 같은 말을 같은 방식으로 할 것 같으

---

213) David McCullough, *TRUMAN*, New York: Simon and Schuster, 1992, p. 541.

면 자기는 지지할 것이며 의회에서 다수도 그럴 것이라고 당당하게 트루먼에게 말했다. 그 말은 그리스와 터키에 대한 원조는 오직 트루먼이 의회가 놀라서 행동하게 할 경우에만 가능하다는 것을 분명히 의미했던 것이다. 트루먼은 마샬이 선택을 아주 분명하게 했다며 자기는 거기에 명확한 동의를 표했다. 정오에 회의는 끝이 났지만 논의된 내용은 아무것도 노출되지 않았다.

오직 소수의 사람들만 알고 있었지만, 1년도 안되는 1946년 7월에 트루먼은 클라크 클리포드(Clark Clifford)에게 그런 종류의 최초의 것으로 미소관계에 관한 포괄적 분석을 준비하도록 요구했다.[214] 그 프로젝트는 즉각 시작되었다. 비록 클리포드가 책임자였지만 연구와 작성의 실제 작업은 그 프로젝트를 처음 제안한 그의 보좌관 조지 엘시(George Elsey)에 의해서 이루어졌다. 1946년 9월에 엘시가 작업을 끝냈을 때 그 보고서는 거의 10만 단어에 달했다. 그것은 엄청나게 상세하고 또 케넌의 "긴 전문"에 의해 분명히 영향을 받았지만 그러나 그것의 대부분은 정부내 10여 명의 핵심적 인물들과 인터뷰나 쓰인 보고서에 의존한 것이었다. 그것은 전체가 "긴 전문"보다 훨씬 더 경각시키는 국가문서였다. "소련과의 관계"라는 제목을 가진 그 문서는 그런 관계가 미국이 직면하고 있는 가장 엄중한 문제를 제기하고 또한 소련 지도자들은 소련에 의한 궁극적 지배를 위해 마련된 세력확장의 길 위에 있는 것으로 보인다고 말하는 것으로 시작했다.

소련은 세계평화를 달성하기 위한 영-미의 노력을 끈질기게 반대

---

214) *Ibid.*, p. 543.

했다. 왜냐하면 평화의 타결이 지연되면 지연될수록 그만큼 붉은 군대가 "적국들"에 합법적으로 머물 수 있기 때문이다. 더구나 소련은 위성국들에서 지나치게 대규모 병력을 유지하고 있었다. 소련인들은 이미 핀란드, 폴란드, 체코슬로바키아, 헝가리, 루마니아, 불가리아를 지배했다. 오스트리아에서 영국, 프랑스, 그리고 미국의 점령군만이 소련의 장악을 방지했다. 공산당들이 프랑스와 이탈리아에서 성장하고 있었다. 약하고 분할된 중국에서 소련은 어느 국가보다도 그곳에서 보다 큰 영향력을 행사할 위치에 있었다. 소련인들은 중국에서 공산주의 세력에게 물자를 공급하는 반면에 한국에서 소련인들은 "우호적인" 정부가 보장되는 경우에만 한국의 통일에 동의할 것이라는 입장이었다.[215]

가장 불길한 것은 소련의 군사력이었다. 스탈린은 외국 국가들의 잠재력보다도 더 강력한 군사력을 지원하고 있었다. 위협이 다가오고 있었다. 소련인들은 급속하게 원자무기, 원격조정 미사일, 생물학적 전쟁의 물자, 전략 공군, 거대한 항해력의 잠수함 등을 개발하고 있었다. 그 보고서는 또한 소련이 미국에서 첩보활동과 전복운동을 적극적으로 지시하고 있다고 이어서 주장했다. 군사력의 언어만이 소련인들이 이해하는 유일한 언어이기 때문에 미국은 소련의 영향력을 제한할 충분한 군사적 힘을 유지하는 것이 필요했다. 그러므로 미국도 역시 원자 및 생물학적 전쟁을 수행할 준비를 갖추어야만 한다. 준비되어 있다는 간단한 사실만이 소련의 침략적 행동에 유일하게 강력한 억제력이 될 것이며 바로 이런 의미에서 평화가 유일하게 확

---

215) David McCullough, *TRUMAN*, New York: Simon and Schuster, 1992, p. 544.

실한 보장이 될 것이다.

중동 상황의 재검토에서 그 보고서는 소련인들이 중동에서 그들의 다른 우호적 정부들을 수립하기 위해서 그리스로부터 병력의 철수를 희망하고 있다고 지적했다. 터키에 대한 소련의 갈망은 동부 지중해의 지배를 위한 발판으로 봉사할 괴뢰국가였다. 그 보고서는 최종적으로 군사력의 유지에 추가해서 미국은 소련에 의해 어떤 방식으로든 위협을 당하거나 위험에 처한 모든 민주주의 국가들을 지지하고 또 지원해야 한다고 결론을 지었다. 거의 완성된 보고서의 검토의 요청을 받은 조지 케넌은 그 보고서가 탁월하다고 판단했다. 최종 보고서를 읽느라고 거의 하룻밤의 대부분을 보낸 트루먼은 다음 날 오전에 집에 있는 클리포드에게 전화를 걸어 그 보고서가 몇 부나 있느냐고 물었다. 클리포드가 10부가 있다고 대답하자 트루먼은 다른 9부에 즉시 자물쇠를 채우길 원했다. 그는 클리포드에게 그 보고서가 너무 뜨겁다면서 만일 그것이 밖으로 나오면 동서갈등을 평화적으로 해소하려는 자기의 노력에 미치는 효과가 지극히 불행할 것이라고 말했다. 3월 7일 각료회의에서 애치슨은 그리스의 완전한 붕괴가 수주 밖에 남지 않았다고 말했다. 미국이 들어간다 해도 중동과 지중해에서 미국은 성공을 확신할 수 없다. 그러나 만일 가지 않는다면 그 지역에서 몰락이 있을 것이고 물론 군사적 모험의 가능성도 있다고 애치슨은 말했다. 트루먼은 대통령이 직면한 그 어느 결정만큼이나 어려운 결정을 마주하고 있다고 느꼈다. 그리스를 위한 돈은 단지 시작일 뿐이다. 그것은 미국이 유럽의 정치에 들어간다는 것을 의미했기 때문이다.

트루먼은 국무성에 그가 의회에서 행할 연설의 준비된 초안이 마치 투자 설명서처럼 단어들이 너무 많고 너무 기술적이라고 생각했다. 또한 그는 미국정책의 강력한 천 명의 추가를 원했다. 애치슨이 수정을 가했다. 후에 트루먼 독트린(the Truman Doctrine)이라고 알려진 것을 제시하는 연설은 1947년 3월 12일 수요일 오후 1시가 지난 수분 내에 하원 의사당에서 열린 의회의 합동회의에서 행해졌다. 그것은 18분 동안 계속된 솔직한 선언적 성명이었다. 그리스 정부는 필사적인 궁핍에 놓여있고 상황은 긴급했다. 기존의 그리스 정부가 완벽하지는 않았다. 그리고 미국 정부는 언제나 좌익이든 우익이든 극단주의적 조치들을 규탄했다. 그리스와 달리 터키는 전쟁의 파괴와 고통을 면했지만 역시 미국의 지원을 필요로 했다. 트루먼이 미국 정책의 주요 목적들 중의 하나는 미국과 다른 나라들이 강제 없는 삶의 방식으로 살아갈 수 있을 조건들의 창조였다. 이것은 다른 국가들에게 자기들의 의지와 삶의 방식을 강요하려고 했던 독일과 일본과의 전쟁에서 근본적인 문제였다. 트루먼의 청중들은 조용히 들었다. 어느 누구도 움직이려 하지 않았다. 이 연설은 미국의 외교정책 특히 소련과의 관계에서 극적인 전환을 표시했다.216)

"세계사의 지금 이 순간에 거의 모든 국가는 대안적 삶의 방식 사이에서 선택해야만 한다. 선택은 너무나 빈번하게 자유로운 것이 아니다.
한 가지 삶의 방식은 다수의 의지에 기초하고 또 자유로운 제

---

216) George Capaccio, *The Marshall Plan and the Truman Doctrine*, New York: Cavendish Square, 2018, p. 35.

도, 대의정부, 자유선거, 개인자유의 보장, 표현과 종교의 자유, 그리고 정치적 탄압으로부터 자유를 특징으로 한다.

두 번째 삶의 방식은 다수에 강요된 소수의 의지에 기초한다. 그것은 테러와 탄압, 통제된 언론과 라디오, 고정된 선거, 그리고 개인적 자유의 억압에 의존한다.

나는 무장한 소수나 외부의 압력에 의해서 시도되는 굴종에 저항하는 자유국민들을 지지하는 것이 미국의 정책이어야 한다고 믿는다.

나는 우리가 그들 자신의 운명을 그들의 방식으로 헤쳐가는 자유국민들을 도와주어야 한다고 믿는다.

나는 우리의 도움이 경제적 안정과 질서 있는 정치과정에 긴요한 주로 경제적이고 재정적인 원조를 통해서 이루어져야 한다고 믿는다.

이 운명적 시간에 우리가 그리스와 터키에서 실패한다면 그 여파는 널리 뻗어 나가 서양은 물론 동양에까지 미칠 것이다.

우리는 즉각적이고 그리고 결연한 조치를 취해야만 한다."[217]

트루먼의 연설을 그곳 의사당과 전국에서 라디오를 통해 경청하던 많은 사람들에게 그것은 기이하고 아이러니한 위기의 시간이었다. 당시에 미국은 세계에서 가장 부유하고 강력한 국가였고 또 지금까지 상상한 사람들이 별로 없는 그런 번영을 누리고 있었다. 생산은 늘었고 소득도 올랐다. 파업도 별로 없었다. 더 이상 새 자동차를 기다리지 않았고 고기의 부족도 지나갔다. 하얀 셔츠와 나일론 스타킹, 낚시 도구, 그리고 골프공들도 가게의 진열장에 돌아왔다. 다른 때

---

217) David McCullough, *TRUMAN*, New York: Simon and Schuster, 1992, pp. 547－548에서 재인용.

같으면 대부분이 그러지 못했을 것이지만 "지아이 법안"(GI Bill) 덕택에 4백만 이상의 제대군인들이 대학을 다니고 있었다. 그런데 트루먼의 연설은 어지럽게도 무장의 요구같이 보였다. 트루먼은 그리스와 터키에 대한 원조의 요청이 새로운 해외비용 이상을 훨씬 넘어서 구식 고립주의로부터 탈피하여 새로운 국제주의나 미국의 지속적인 해외공약을 대변한다는 것을 이해하고 있었다.[218]

전쟁에 승리하는 데 든 비용은 3,410억 달러였다. 이제 그리스와 터키를 위해 4억 달러가 필요했다. 트루먼은 연설의 마지막 부분에서 "이것은 우리가 시작하는 진지한 길"이라고 말했다. 그리고 만일 미국인들이 그들의 리더십에서 흔들린다면 미국인들은 자국의 복지를 분명히 위태롭게 할 것이라고 트루먼은 덧붙였다. 그의 연설이 끝나자 의사당의 모두가 일어나서 환호했다. 그것은 애치슨이 후에 기록한 것처럼 그의 정책에 대한 만장일치의 수용을 의미하기보다는 용기 있는 사나이에게 보내는 찬사였다.

언론의 반응은 압도적인 지지였다. 뉴욕 타임즈(*The New York Times*)는 그 연설을 먼로 독트린(the Monroe Doctrine)에 비견했다. 타임(*Time*)과 라이프(*Life*)의 편집자들에게는 마침내 분위기를 크게 일소하는 것이었다. 라이프는 날벼락처럼 그 연설은 혼란스러운 국제적 분위기를 꿰뚫었다. 그러나 지지는 종종 곤란한 유보로 표현되었다. 가장 중요한 것은 월터 리프만(Walter Lippman)의 반대였다. 그는 그리스에 대한 원조를 찬성하지만 대통령의 어조를 승인하지 않았다. 이념적 십자군의 경종처럼 들리는 막연한 지구적 정책은 한

---

218) Robert Dallek, *Harry S. Truman*, New York: Times Books, 2008, pp. 58-59.

계가 없다면서 그것은 통제될 수 없고 그 효과는 예측될 수 없다. 전환점을 나타내면서 그 연설이 굉장히 중요하다는 것을 아무도 의심한 것 같지 않다. 만일 말이 국가들의 미래를 형성할 수 있다면 이런 말들이 그럴 것이라고 뉴스위크(*Newsweek*)는 썼다.

의회에서 반덴버그 상원의원은 그리스-터키 원조가 보편적 유형이 아니지만 그러나 주어진 환경에만 맞는 어떤 것이라고 재빠르게 강조했다. 애치슨도 역시 상원 외교위원회에서 그 법안은 미래를 위한 패턴을 수립하려고 의도된 것이 아니라고 말했다. 미국은 물론 구체적인 경우의 조건에 맞춰 행동할 것이라고 그는 강조했다. 의회에서 반대는 자유주의자들과 보수주위자들 모두에서 나왔다. 반대는 거의 모두가 공화당이었다. 의회에서 연설한 9일 후인 1947년 3월 21일 금요일 트루먼은 정교한 연방 피고용인 충성 및 보안 계획(Federal Employees Loyalty and Security Program)을 수립하는 행정명령 제9835호를 발했다. 지금까지 그런 조치는 평화시에 취해진 적이 없었다.

1947년 4월 22일 상원은 그리스와 터키에 대한 원조를 67대 23의 표결에 의해 압도적으로 승인했다. 5월 9일 하원도 상원처럼 287대 107이라는 거의 3대 1의 표차이로 그 법안을 통과시켰다. 5월 22일 트루먼은 4억 달러 원조법안에 서명했다. 그리하여 역사적인 트루먼 독트린이 인정되었다. 그의 거의 8년에 걸친 대통령직 동안에 해리 트루먼의 중요 업적은 유럽과 세계 문제에서 불참에서 참여로 미국의 외교정책을 근본적으로 변경하는 것이었다.[219] 그리고 대소

---

219) Robert H. Ferrell, *Harry S. Truman: A Life,* Newtown, CT: American Political

봉쇄정책의 출발점이 되었다. 역사학자 존 L. 개디스(John L. Gaddis)는 후에 트루먼이 두 가지 삶의 방식 사이의 이념적 갈등의 관점에서 그리스와 터키에 대한 원조를 제시했고 또 세월이 감에 따라 소련 외교정책을 제약했던 것만큼이나 거의 제한하는 이념적 강압복(straightjacket) 속으로 미국의 외교를 몰아넣게 되는 냉전의 단순한 견해를 진작시켰다.[220]

20세기 말 소련제국의 몰락으로 냉전시대가 종식되었을 때 트루먼 독트린은 결국 미국 외교정책의 기본 원칙으로서 옳았음이 역사적으로 입증되었다. 트루먼 독트린은 150년간의 고립주의를 마침내 종식시켰다.[221] 미국은 초대 대통령 조지 워싱턴의 고별사에 담긴 소위 "워싱턴 규칙"에 따라 다른 국가들이 따라야 할 본보기로서 국제적 음모로부터 떨어져 있을 것이다.[222] 그러나 트루먼 독트린의 원칙들이 미국을 다른 위험에 처한 국가들의 정치적 문제들에 적극적 참여로 전환시켰다.[223] 조지 워싱턴이 대통령직 이래 주로 고수했던 하나의 원칙과 세계관이 줄어드는 세계의 현실에 자리를 내주고 있었다. 그 결과는 미국과 세계에 광대했다. 이러한 의미에서 딘 애치슨은 트루먼이 "미국외교정책의 완전한 혁명"을 가져왔다고 칭송

Biography Press, 1994, p. 246.

220) John L. Gaddis, *The United States and the Origins of the Cold War, 1941-1947,* New York: Columbia University Press, 1972, pp. 348-352.

221) Joe Scarborough, *Saving Freedom: Truman, The Cold War, and the Fight for Western Civilization,* New York: HarperCollins, 2020, p. xviii.

222) 강성학, <조지 워싱턴: 창업의 거룩한 카리스마적 리더십>, 서울: 박영사, 2020, 제13장을 참조.

223) Joe Scarborough, *Saving Freedom: Truman, The Cold War, and the Fight for Western Civilization,* New York: HarperCollins, 2020, p. xix.

했다.224) 요컨대, 트루먼 대통령은 트루먼 독트린의 선언과 그에 따른 정책을 통해 자유 민주주의의 국제적 수호자(guardian)가 되었다.

---

224) *Ibid.*, p. xviii.

제6장
마샬 플랜(The Marshall Plan):
서유럽의 유모(Nanny)

> "세계의 모든 역사에서 우리는 정복된 사람들을
> 먹이고 지원하는 최초의 유일한 국가이다."
> ─해리 S, 트루먼─

　트루먼은 인간이 역사를 만든다는 신념을 오랫동안 간직하고 있었다. 1947년 4월 26일 마샬 장관이 모스크바에서 크게 염려하고 혼란스러운 마음으로 워싱턴으로 돌아왔다. 몰로토프와의 회의들은 아무런 목적도 없이 매일매일을 끌어가는 시련이었다. 마샬은 독일의 미래에 대해 합의를 원했다. 그는 스탈린과 직접 거래를 더 잘할 수 있기를 희망하면서 크레믈린에서 그를 예방했다. 그러나 스탈린은 합의가 없는데 무슨 차이가 있느냐고 물었다. 스탈린의 무관심은 마샬에게 깊은 인상을 남겼다. 소련인들은 유럽에서 불확실성과 혼돈이 지배하는 것을 보는데 아주 만족하는 것 같았다.[225] 워싱턴을 떠나기 전에 마샬은 서유럽의 조건들이 일반적으로 이해하고 있는 것

---

225) David McCullough, *TRUMAN,* New York: Simon & Schuster, 1992, p. 561.

보다 훨씬 심각하다고 경고하는 경제문제 담당 차관인 윌 클레이턴 (Will Clayton)의 긴급한 메모를 받았다. 모스크바를 갔다가 오는 중에 머문 파리와 베를린에서 마샬은 그가 보고 들은 것에 경악했다. 워싱턴으로 돌아가는 비행기에서 그는 서유럽을 구하기 위해 무엇을 해야 하는 지에 관한 것 외에는 별로 말이 없었다.

트루먼은 유럽 경제 위기의 심각성에 대한 깨달음이 1947년 4월 말에 모스크바 회의에서 마샬 장관의 귀국에 기인했다고 말했다.226) 마샬의 귀국과 그가 유럽에서 목격한 생생하고 직접적인 비탄의 설명은 문제의 긴급성을 강조했다. 시간이 본질적 문제라고 마샬은 트루먼에게 강조했다. 4월 29일 마샬은 정책기획실장인 조지 케넌을 불러서 즉시 특별 회의를 소집해서 유럽을 구하기 위해 무엇이 행해져야 하는 지에 대해 지체없이 보고하라고 지시했다. 케넌이 기억하기로 마샬은 "사소한 것들을 피하라"(Avoid trivia)는 오직 한 가지 충고를 했을 뿐이다.

유럽에 대한 경제원조의 아이디어는 한동안 트루먼의 마음속에 있었다. 2년 전에 대통령 집무실에서 가진 대화에서 헨리 스팀슨 전쟁장관은 트루먼에게 경제적으로 강하고 생산적인 독일이 유럽의 미래 안정에 긴요하다고 뚜렷하게 말했었다. 트루먼은 곧바로 수용했다. 1월 그의 연두교서 메시지에서 트루먼은 자유와 민주주의의 신념을 확산하는 수단으로 전쟁으로 폐허가 된 국민들과 미국의 장려금을 공유하는 주제가 떠올랐다. 그리고 트루먼 독트린의 발표 전인

---

226) Robert H. Ferrell, *Harry S. Truman: A Life,* Newtown, CT: American Political Biography Press, 1994, p. 395.

3월 6일 베일러 대학교(Baylor University)에서 행한 연설에서 미국인들은 경제세계의 거인이다. 그들이 좋아하든 혹은 싫어하든 경제관계의 미래는 미국인들에게 달려있다고 말했었다. 5월 초에 트루먼은 클리브랜드(Cleveland)라는 미시시피주에 있는 작은 마을에 있는 델타 주립사범대학(Delta State Teachers' College)에서 외교정책에 관한 연설을 자기 대신 하도록 딘 애치슨을 보냈다. 케넌의 보고서는 아직 완성되지 않았다. 애치슨이 행한 연설은 트루먼이 원했던 경종을 울렸다. 유럽에 대한 재정적 지원의 목적은 구호품이 아니다. 그것은 산업과 농업 그리고 무역의 부활이라고 애치슨은 강조했다.[227]

"미국의 관점에서 본 유럽 회복문제의 어떤 측면들"이라는 제목 하에 케넌의 보고서는 5월 25일 마샬 장관에게 전달되었다. 그것은 세계문제들에 대한 미국의 대응은 공산주의 압력에 대한 방어적 반작용 이상이 되어야 한다고 말했다. 이틀 후에 유럽의 현지조사 여행을 막 마친 클레이턴 차관은 또 하나의 긴급 메모를 보냈다. 상황은 어느 누가 가정했던 것보다 더 나쁘다. 수백만의 사람들이 서서히 굶어 죽어 가고 있다. 유럽에서 몰락은 혁명을 의미할 것이며 미국 경제에 의기소침이 될 것이다. 국무성과 백악관 대통령의 책상 주변에서 회의들이 잇따랐다. 트루먼의 승인을 받아 마샬 장관은 6월 5일 목요일 졸업식 행사에서 명예학위를 받도록 초청받았던 하버드 대학교에서 연설을 하기로 결정했다.

1947년 6월 5일 하버드의 제286번째 졸업식 날은 여 명이 맑고 선선하게 밝았다. 자신의 연설문에 몇 개의 추가적인 수정을 한 뒤에

---

227) David McCullough, *TRUMAN*, New York: Simon and Schuster, 1992, p. 562.

마샬은 대학총장의 집을 떠나 명예학위 수상자들을 이끌었다. 청중들이 마샬의 모습이 스쳐가자 그들은 일어서서 긴 환호를 보냈다. 마샬의 연설은 졸업식 연설들이 행해진 기념교회의 계단이 아니라 그날 늦게 하버드 야드(Harvard Yard)에서 동창들 앞에서 행해질 것이다. 하버드 대학신문인 "하버드 크림슨"(*Harvard Crimson*)에 의하면 1만 5천 명의 군중이 역사가 이루어지는 것을 보겠다는 기대보다는 단지 마샬에 대한 경외심에서 모였다.[228] 코넌트(Conant) 총장이 학위를 수여하면서 사용했던 그를 조지 워싱턴에 비교하는 말들의 기대에 미치지 못하는 자신의 무능력을 언급하면서 관습적 겸손으로 시작했다. 그 순간에 하버드 야드의 태양 빛이 비치는 연단에서 그리고 1만 5천 명의 청중들 앞에서 마샬은 마치 자기는 그들의 경청 여부에 특별히 신경을 쓰지 않는 듯이 고개를 숙이고 부드러운 목소리로 자신의 연설문을 읽어 나갔다. 그 연설문은 이틀만에 케넌 보고서에 크게 의지하여 볼렌에 의해 작성되었다. 트루먼이 미리 연설문을 보았는지의 여부는 기록이 없지만 대통령에게 언제나 모든 것을 알리는 마샬의 극심한 조심성을 고려하면 그들이 그 문제를 논의했음이 거의 확실하다.

마샬이 원했던 대로 그 연설에 웅변적 과시나 날카로운 반공산주의적 언어는 없었다.

"우리의 정책은 어떤 국가나 교리를 겨냥해서가 아니라 기아,

---

228) David L. Roll, *George Marshall: Defender of the Republic,* New York: Dutton Caliber, 2019, p. 441.

빈곤, 절망과 혼돈을 겨냥하고 있다. 그것의 목적은 자유로운 제도들이 존재할 수 있는 정치적 및 사회적 조건의 출현을 허용할 수 있도록 세계의 작동하는 경제의 부활이어야 한다. … 이 정부가 유럽을 경제적으로 설 수 있게 마련된 계획을 일방적으로 착수하는 것은 적절하지도 유효하지도 않을 것이다. 그것은 유럽인들이 할 일이다. 이 나라의 역할은 유럽의 프로그램을 작성하는데 우호적 도움과 우리가 그렇게 하는 것이 실질적인 정도까지만 그런 프로그램을 위한 후속 지원으로 구성된다. 이 프로그램은 유럽 국가들 모두는 아니라 해도 숫자로 합의된 합동 프로그램이어야 한다."[229]

마샬은 자기의 준비된 연설문의 말미에 이르고 군중들 속에서 약간의 사람들이 일어나서 환호했을 때 안경을 벗고 연단의 앞으로 숙여서 몇 마디의 손으로 쓴 끝맺는 말이 적혀 있는 종이 한 장을 꺼냈다. 그리고 "그러나 전세계의 미래는 무엇이 최선으로 행해질 수 있거나 아니면 무엇이 행해져야만 하는지에 대한 미국 국민의 적절한 판단과 자각에 달려있다"고 말하고 연설을 마무리했다.[230]

마샬의 연설에서는 2개의 아이디어가 새롭고 또 눈에 띄었다. 그는 유럽인들이 함께 모이길 원했고 또 미국의 도움으로 그들 자신의 프로그램을 작성할 것을 요구하고 있었다. 그리고 추론하건데 이것은 그가 소련인들과 그들의 위성국가들도 참가할 문을 열어놓고 있었다. 그리고 미국 국민들에게 직접 말하면서 마샬은 단지 신문 기사들을 읽거나 사진들을 보는 것만으로는 유럽이 처한 조건들의 진정

---

229) David McCullough, *TRUMAN*, New York: Simon and Schuster, 1992, p. 563에서 재인용.

230) David L. Roll, *George Marshall: Defender of the Republic*, New York: Dutton Caliber, 2019, p. 442.

한 중요성을 간파하기가 사실상 불가능하다고 말했다. 다음 날 국무성의 모임에서 마샬은 케넌과 볼렌에게 소련이 그 계획에 참여하라는 초청을 수락할 것인지의 여부를 물었다. 이 두 소련 전문가들은 그렇게 생각하지 않지만 그러나 그에게 그대로 나아가야 한다고 권고했다. 의회는 소련인들을 포함하는 어떤 원조계획도 지지할 것 같지 않기 때문에 그것은 계산된 도박이었다. 그러나 마샬은 기꺼이 도박을 했고 트루먼 대통령은 그를 지원했다.[231]

마샬의 연설에서 표출된 광범위한 계획이 완전히 개발된 계획이 되는 데에는 몇 달이 걸릴 것이다. 그러나 몇 주 안에 언론인들은 그리고 사실상 모두가 그 계획을 마샬 플랜이라고 부르기 시작했다. 클리포드가 "마샬 플랜"은 대통령의 이름을 딴 "트루먼 개념"(the Truman Concept)이나 아니면 "트루먼 플랜"(the Truman Plan)으로 불려야 한다고 제안했을 때 트루먼은 그 아이디어를 즉시 기각했다. 트루먼은 항상 마샬에게 완전한 믿음을 주었다. 트루먼은 마샬 장군에게 모든 것을 주기로 결정했다.[232] 그것은 "마샬 플랜"이라 불릴 것이라고 트루먼은 말했다. 자신의 대통령직 동안에 적어도 한번 이상 트루먼은 만일 당신이 누가 공을 인정받는지에 신경을 쓰지 않으면 얼마나 많은 것이 성취될 수 있겠냐고 말한 것으로 기억될 것이다. 그러나 이 경우에 그는 마샬이 그럴 자격이 충분히 있기 때문에 가장 큰 명예를 누려야 할 사람임을 고집했다.[233] 트루먼은 역시 현실적인 코

---

231) David McCullough, *TRUMAN*, New York: Simon and Schuster, 1992, p. 563.
232) David L. Roll, *George Marshall: Defender of the Republic*, New York: Dutton Caliber, 2019, p. 445.
233) David McCullough, *ibid.*, p. 564.

멘트를 했다.

> "만일 나의 이름으로 상원과 하원에 보내진다면 어느 것이나
> 그것은 두어 차례 떨다가 죽을 것이다."[234]

그러나 그는 역시 대통령이었다. 그래서 마셜 플랜도 그것이 성공하든 혹은 실패하든 필연적으로 그의 것이 될 것이다.

정책기획실의 한 직원이었던 루이스 할(Louis L. Halle)은 후에 트루먼에 관해서 이렇게 말했다.

> "트루먼은 마셜에게서 최고 위신의 군인을, 애치슨에게서 주도
> 적인 지성과 강렬한 진실성을 가진 인물을, 그리고 케넌에게서는
> 셰익스피어식 통찰과 비전의 인물을 갖고 있다. 트루먼의 가장 강
> 한 재능들 중의 하나는 이런 사람들을 알아보고 그들이 자기를 지
> 지하는 것처럼 그들을 지지하는 것이다."[235]

트루먼은 마셜 플랜을 파는데 있어서 비교적 저자세를 취했다. 그는 여러 번의 기자회견에서 그것에 관해 치하했지만 그러나 조심스럽게 그리고 분명히 의도적으로 매스 미디어 작전에서 자기 자신을 내세우지 않았다. 그는 자기가 너무 그것과 개인적으로 동일시하면 공화당이 지배하는 의회에서 좋지 않을 것이라는 것을 알고 있었다. 그는 대통령직의 힘을 다른 방식으로 사용했다. 그는 크루그(Krug)

---

234) *Ibid.*
235) *Ibid.*

내무장관과 해리먼(Harriman) 상무장관이 주도하는 2개의 "블루 리본 위원회"(the Blue-ribbon Commissions)를 설립하여 마샬 플랜이 미국의 자원과 경제에 미치는 영향을 연구하게 했다. 그는 경제자문위원회(the Council of Economic Advisers)에게도 동일한 임무를 주었다. 전혀 놀랍지 않게 이 세 가지 노력은 마샬 플랜의 명백한 필요성을 칭송하고 또 미국에 악영향을 최소화하는 보고서들을 내놓았다. 무엇보다도 트루먼 대통령은 마샬 장관의 위신과 로버트 로벳(Robert Lovett)의 로비스트로서 완벽한 기술에 의존했다.[236]

트루먼이 샘 레이번을 백악관에 초청하여 비용이 얼마나 될지에 관해서 브리핑을 했을 때 레이번은 반덴버그 만큼이나 믿으려 하지 않았고 그것은 미국을 파산시킬 것이라고 주장했다. 트루먼은 유럽에서 수십 만의 사람들이 아사할지 알 수 없다면서 이런 일은 발생해서는 안 되고 또 만일 막을 수 있다면 발생하지 않을 것이라고 말했다. 트루먼은 또한 만일 유럽이 불경기에 들어가면 미국이 뒤따를 것임을 확신한다고 말했다. 그는 샘 레이번에게 "그리고 당신과 내가 불경기를 한 번 겪었는데 또 하나의 불경기를 겪어야 하겠느냐"고 묻고 있었다.[237]

그 연설은 미국에서 못지않게 유럽에서도 거의 모든 사람을 놀라게 했다.[238] 영국의 외상 베빈(Bevin)은 마샬 연설의 함의를 즉각 이해했다. 그리하여 영국 베빈 외상의 주도로 서두른 회의가 파리에서

---

236) Alonzo L. Hamby, *Man of the People: A Life of Harry S. Truman,* New York: Oxford University Press, 1995, p. 400.
237) David McCullough, *TRUMAN,* New York: Simon and Schuster, 1992, p. 565.
238) *Ibid.*

조직되었고 거기에 소련은 몰로토프가 이끄는 상당한 규모의 대표단을 파견했다. 주로 공산주의자들이 지배하는 체코슬로바키아의 임시 정부는 그 프로그램에 자기도 포함되길 원한다고 표시했다. 폴란드와 루마니아의 공산주의 지도자들도 관심을 보였다. 그러나 회의가 소집된 지 5일 후에 모스크바로부터 전문을 받아 쥔 몰로토프가 자리에서 일어나 돌연히 소련은 철수한다고 발표했다. 그는 마샬 플랜이 달러를 이용하여 유럽의 문제에 끼어들기 위한 사악한 미국의 계획에 지나지 않는다고 비난했다. 스탈린은 특히 2개의 조건들이 수락될 수 없음을 발견했다. 하나는 서유럽과 중유럽의 일부를 재건하기 위해 소련의 자금을 포함할 자원의 공유였다. 그리고 또 하나는 미국의 돈이 어떻게 소비되는가에 관한 공개 계좌였다. 결국 17개 국가들이 참여했지만 소련의 압력으로 체코슬로바키아, 폴란드, 루마니아, 그리고 다른 동유럽 위성국가들은 참여하지 않았다. 만일 공산주의 진영이 미국의 재정적 계획에 참여하지 않기를 선택한다면 대륙을 분할하는 부담은 그들에게 떨어질 것이다.[239]

마샬 플랜에 참가하기를 거부함으로써 스탈린은 사실상 그것의 성공을 보장했다.[240] 의회에서 얼마나 투덜대든지 간에 머지않아 의회의 지지가 이제는 따라오게 되었다. 그것은 공식적으로 유럽회복계획(the European Recovery Program)이라고 불렸고 요청된 총액은 참으로 어마어마한 170억 달러였다. 아서 반덴버그가 또 다시 상원에서 중대한 역할을 했다. 비록 그가 제안한 플랜은 대담하고 성실한

---

239) Robert Dallek, *Harry S. Truman,* New York: Times Books, 2008, p. 60.
240) David McCullough, *TRUMAN,* New York: Simon and Schuster, 1992, p. 565.

것이지만 하룻밤 사이에 일어날 수 있는 일이 아니었다. 그리하여 마샬 장관 자신도 기업과 시민 집단들을 설득하기 위해 결국 전국 연설 여행을 했고 대단한 성과를 거뒀다.

1947년 7월 25일 의회는 지난 2월에 그가 의회에 보낸 총체적 국가안보법(National Security Act)을 통과시켰다. 이 입법은 워싱턴에서 전체 권력구조를 대대적으로 바꾸는 것이었다. 그것의 주된 목적은 하나의 국방성과 한 사람의 국방성 장관 하에 육, 해, 공의 군별을 통합하는 것이었다. 이것은 트루먼이 직무를 시작한 이래 꾸준히 모색한 목적이었다. 그것은 또한 별도의 군종으로 공군을 설립하고 국가안보회의(National Security Council)를 설치하고 중앙정보국(the Central Intelligence Agency)에 공식적 권능을 부여했다.[241]

트루먼은 어머니가 심장마비를 일으켜 생존이 기대되지 않는다는 소식을 접하고 즉시 워싱턴을 떠났다. 그것은 그의 어머니가 처음 넘어져서 골반을 다친 이후 5번째 고향으로 여행이었다. 그러나 모두가 놀랍게도 그녀는 회복되었고 트루먼은 워싱턴으로 돌아왔다. 그후 그는 매일같이 어머니에게 전화를 했고 규칙적으로 편지를 썼다. 6월 중순에 트루먼은 다시 고향을 방문했다. 트루먼은 자기 어머니가 좋아하지 않을 연설을 하려 한다고 그녀에게 알렸다. 그 연설은 "유색인종의 향상을 위한 국가협회"(the National Association for the Advancement of Colored People)를 위한 것이었다. 그는 에이브러햄 링컨을 인용할 것이라고 말했다. 6월 29일 링컨 기념관의 계단에서 1만 명의 군중들에게 행한 그 연설은 링컨의 시대 이래 워싱턴에서

---

241) *Ibid.*, p. 566.

민권에 관한 가장 강력한 천 명이었으며 대통령이 행한 첫 연설이었다. 트루먼은 그 협회의 대표인 월터 화이트(Walter White)를 자기 바로 옆에 두고 완전한 민권과 자유가 모든 미국인들에게 부여되고 보장되어야 한다고 말했다.242)

> "내가 모든 미국인들이라고 말할 때 나는 모든 미국인들을 의미한다. 우리 국민의 많은 사람들이 여전히 모욕적 경멸, 겁박의 편협한 공포, 그리고 말하기 유감스럽지만, 폭도의 폭력으로 신체적 고통을 당하고 있다. 이러한 악들이 뿌리를 박고 있는 편견과 불관용이 여전히 존재한다. 우리 국민의 양심, 그리고 그것을 집행하는 법률적 조직이 각 시민들에게 공포로부터 완전한 자유를 확보해 주지 않았다. 이런 악들을 교정하기 위해서 우리는 또 하나의 연대나 또 하나의 세대를 기다릴 수 없다. 이제 그것들을 치유하기 위해 과거에 결코 하지 않은 일을 해야만 한다."243)

트루먼은 구타와 인두세에 대한 주정부와 연방정부의 조치 그리고 교육, 고용, 인종이나 피부색에 기초한 전계급제도에 있어서 불평등의 종식을 요청했다. 서부 미주리 출신의 배경을 가진 누군가가 그런 말을 하면서 위대한 해방자의 전당에 서 있다는 것은 거의 상정될 수 없었다. 월터 화이트는 경청하면서 링컨의 게티스버그 연설을 생각했다. 그러나 모든 면에서 그것은 인종 편견에 기초한 악들의 구체적인 규탄과 그것들에 즉각적인 조치의 촉구로 더 용기 있었다고

---

242) *Ibid.*, pp. 569-570.
243) David McCullough, *TRUMAN*, New York: Simon and Schuster, 1992, p. 570에서 재인용.

제6장 마샬 플랜(the Marshall Plan): 서유럽의 유모(Nanny) **205**

후에 기록했다. 1946년 말에 화이트와 다른 사람들의 촉구로 트루먼은 제너럴 일렉트릭(General Electric)의 사장인 찰스 윌슨(Charles E. Wilson)을 의장으로 하는 민권에 관한 자기의 블루 리본 위원회를 설립했었다. 그것은 전례가 없는 조치였고 트루먼은 거기에 자신의 정치적 운명을 걸었다고 화이트는 확신했다. 거의 예외 없이 남부와 북부의 모든 그의 정치 보좌진들은 폭발적인 민권문제의 조사에 대한 그의 승인은 정치적 자살에 다름 아니라고 확신했다. 그러나 트루먼은 굳건했다고 화이트는 기록했다. 트루먼은 연설 후에 자기 자리를 다시 잡고서 화이트를 돌아보면서 자기는 진심이다. 나는 그것을 입증하려 한다고 말했다.[244]

한 시간쯤 후에 모친이 폐렴에 걸려 그 날을 넘길 것 같지 않다는 전화를 받고 트루먼은 비행기를 즉시 준비시켰지만 지연되었다. 그는 국가안보법에 서명하길 원했고 또 의회가 휴회하기 전에 제임스 포레스털(James Forrestal)을 새 국방장관으로 임명하길 원했다. 몇 개의 의회 관련 서명이 아직도 요구되었다. 공항에서 그는 거의 한 시간 동안이나 그 법안이 자기에게 전달될 때까지 비행기 옆에서 기다리느라 출발하지 못했다. 수분 후에 비행기가 이륙했다. 그는 모친이 자기에게 와서 "잘 있게, 좋은 사람이 되어야 해"라고 말하는 꿈을 꾸었다고 후에 기록했다.[245] 그녀는 그 날 오전 11시 30분에 운명했다. "아 이제 어머니는 더 이상 고통받을 필요가 없다고 트루먼은 말했다. 나머지 비행 동안에 트루먼은 창가에 앉아서 체스판을 내

---

244) *Ibid.*
245) *Ibid.*, p. 571.

려다보면서 아무 말도 하지 않았다.

1947년 여름에 포린 어페어스(*Foreign Affairs*) 잡지에 조지 케넌이 "봉쇄"(containment)라는 아이디어를 소개한 논문을 발표했다. 그때는 국무성에서 이미 봉쇄라는 표현이 사용되고 있었지만 케넌은 소련이 침식의 징조를 보이는 모든 지점에서 소련이 원숙해지거나 몰락할 때까지 변치 않는 반격력으로 소련에 대한 군건한 봉쇄정책을 촉구했다. 그 논문은 단지 'X'로 서명되었지만 그러나 저자의 실체가 곧 알려졌다. 몇 개월 후에 월터 리프만이 "냉전"(*the Cold War*)이라는 책에서 그 개념에 대한 자기 자신의 강력한 반박을 제시했지만 철의 장막이라는 말처럼 전후 유행한 어휘의 일부가 되었다.

"냉전이 언제, 왜 시작되었나"의 문제는 앞으로도 오랫동안 여전히 많은 고려의 주제가 될 것이다. 그러나 전후 소련에 대한 미국 외교정책과 그 후 그것이 바뀌게 될 것 사이에서 확실한 분할 지점은 모스크바로부터 마샬의 귀국이었다.[246] 그 변화는 마샬이 트루먼에게 트루먼이 이미 사적으로 외교가 작동하지 않은 것이라고 내린 결론을 보고했던 1947년 4월 26일이었다. 트루먼은 냉전이라는 표현을 결코 좋아하지 않았고 그것을 사용하는 일도 별로 없었다. 트루먼은 그것을 "신경전"(the war of nerves)이라고 불렀다.[247]

9월에 트루먼은 윈스턴 처칠로부터 트루먼이 그의 위대한 나라를 지도한 정책을 그가 얼마나 칭송하는지를 말하고 그리고 세계를 기아와 전쟁으로부터 구하기 위해 트루먼이 하고 있는 일에 대해 충심

---

246) *Ibid.*, p. 582.
247) *Ibid.*

으로 감사한다는 손으로 쓴 노트(note)를 받았다. 감사의 노트에서 트루먼은 어느 누구도 대통령직의 짐을 지고 그것을 올바로 수행할 수 없지만 자기는 이제 주변에 좋은 사람들을 갖고 있다고 말했다. 10월 중순에 트루먼은 자기의 집무실에서 전국의 신문 편집자들과 가진 비공식 모임에서 대부분의 시간을 마샬 플랜의 절대적 필요성을 역설하는데 보냈다. 끝에 트루먼은 이런 것들을 유럽에 보낸데 대해 미국이 언제 보답을 받은 적이 있느냐는 질문을 받았다. 트루먼은 "나는 보답을 위해 이 일을 하는게 아니다. 그것이 옳기 때문에 그 일을 하고 있다. 만일 우리가 스스로 살아남으려 한다면 그렇게 하는 것이 필요하기 때문에 나는 그 일을 하고 있다"고 대답했다.[248]

3월 16일 조간신문들은 전쟁의 소문으로 가득했다. 트루먼의 걱정은 극심했다. 마샬 플랜은 소련의 위협을 견제하기에 불충분했다. 미국의 국가적 힘 역시 신속하게 재수립되어야 한다고 강조하면서 트루먼은 그가 가진 모든 것을 가지고 그에 맞설 것이라고 말했다. 3월 17일 그는 의회의 합동회의에 나가서 국가 안전을 위협하는 유럽에서 일어나고 있는 급속한 변화에 대응하기 위해서 마샬 플랜의 즉각 통과, 한번 더 보편적 군사훈련, 그리고 징집제도의 일시적 재입법화를 요청했다. 트루먼은 처음으로 소련의 위협을 평화의 길을 막는 국가로 규정했다. 그것은 강력하고 역사적인 성명이었다.

"적대성들의 종료 이래 소련과 그의 대리인들은 동유럽과 중유럽에서 전 일련의 국가들의 독립과 민주적 성격을 파괴했다. 그것

248) *Ibid.*, p. 583.

은 이 가혹한 행동의 과정이며, 그리고 오늘날 유럽에서 심각한 상황을 초래한 것은 유럽에서 남아있는 자유 국가들에 그것을 확대하려는 분명한 계획이다. … 나는 미국의 지위가 실수없이 확실하게 할 지점에 도달했다고 믿는다. … 세계사에는 망설이는 것보다 행동하는 것이 훨씬 현명한 시대가 있다."[249]

트루먼 대통령은 이 연설에서 평화의 의지는 평화를 위한 힘에 의해서 뒷받침되어야 한다고 강조했다. 그리고 미국인들은 평화를 위한 대가를 지불할 준비를 갖추어야 하며 그렇지 않으면 분명히 미국인들은 전쟁의 대가를 지불할 것이라고 덧붙였다.

마샬 플랜은 하버드 대학교에서 마샬이 연설을 한지 거의 1년만인 1948년 4월에 의회에 의해 투표에 붙여졌고 상하 양원에서 압도적으로 통과되었다. 그것은 트루먼 행정부의 단일 승리였다. 실제로 그것은 결국 거의 모두가 보았던 것처럼 20세기의 위대한 미국의 성취들 가운데 하나가 될 것이다. 마샬 플랜의 최종적 통과 며칠 뒤에 트루먼은 사적으로 이렇게 기록했다.

"세계의 모든 역사에서 우리는 정복된 사람들을 먹이고 지원하는 최초의 유일한 국가이다. 우리는 정복된 영토인 쿠바와 필리핀으로부터 독립적 공화국들을 창조한 첫 위대한 국가이다. 우리의 이웃들은 우리를 두려워하지 않고 있다. 그들의 국경들은 요새들, 군인들, 탱크들, 그리고 즐비한 대포들을 갖고 있지 않다."[250]

---

249) David McCullough, *TRUMAN*, New York: Simon and Schuster, 1992, p. 608에서 재인용.
250) *Ibid.*

그리고 미국은 닥쳐올 말썽을 대비할 것이라고 트루먼은 강조했다. 트루먼과 미국인들은 세계의 평화를 원했다. 그리고 그 평화를 위해서는 서유럽이 경제적으로 신속하게 부흥하는 것이 필수적 요건이었다. 그렇지 않으면, 서유럽 국가들도 공산주의 침투와 전복, 그리고 침략의 시도에 취약할 수밖에 없을 것이기 때문이다. 요컨대, 마샬 플랜은 서유럽 국가들에게는 그들이 배고프고 빈곤에 허덕일 때 일종의 유모(nanny)의 역할을 했다고 해도 결코 과언이 아닐 것이다.

제7장
이스라엘 국가 탄생의 산파(Midwife)

> "자기의 조국에서 끌려 나온 그 밖의 모든 사람들은
> 돌아갈 어떤 곳이 있다. 그러나 유대인들은 갈 곳이 없다."
> -해리 S. 트루먼-

마샬 플랜이 의회를 통과하는 동안에 트루먼은 어떤 의미에서 지엽적으로 보였지만 그러나 유래 없는 중요성을 가진 또 하나의 문제와 씨름을 해야만 했다. 트루먼은 팔레스타인에서 유대인의 조국을 수립하려는 운동으로 도덕성, 정치, 그리고 국가이익과 관련된 갈피를 잡지 못하게 하는 일련의 갈등들을 직면했다. 그것은 심지어 대통령으로서 그의 권위에 대한 도전을 제기했다.[251] 나아가서, 그 결과는 다음 반세기 동안에 중동에서 미국의 외교와 국가이익에 중대한 영향을 끼칠 것이다. 그러나 트루먼이 말했듯이 그 문제는 복잡하고, 걷잡을 수 없고, 아주 감정적이고 폭발적이라서 아주 극도로 문제였다.

트루먼의 생각도 여러 방향으로 끌렸지만 대다수 미국인들처럼 상상할 수 없는 공포를 겪은 홀로코스트(Holocaust)의 생존자들인 수

---

251) Robert H. Ferrell, *Harry S. Truman: A Life,* Newtown, CT: American Political Biography Press, 1994, p. 404.

십만 명에 달하는 유럽의 유대인들에게 뭔가 옳은 일을 하고 싶었다. 그들을 위한 그의 동정심은 진정이었고 그의 마음속 깊이 자리를 잡았다. 1943년 시카고의 한 대중 집회에서 상원으로서 그는 나치의 유대인 생존자들을 위한 피난처를 제공하기 위해 인간적으로 가능한 모든 것이 행해져야 한다고 말했었다. 종종 상원의원으로서 그는 시오니즘 지도자들에게(Zionist leaders) 팔레스타인에서 유대인의 조국을 위해 싸울 것이라고 개인적으로 보증했었다. 대통령으로서 트루먼은 1945년 여름에 유럽에서 수용소를 조사하고 유대인 생존자들과 대화를 갖도록 파견된 한 특사의 보고서에 의해서 더욱 더 인상을 받았다.[252]

백악관에서 유대인 대의의 두 열렬한 옹호자들은 클라크 클리포드(Clark Clifford)와 소수자 문제를 위한 특별 보좌관인 데이비드 나일스(David K. Niles)였다. 루즈벨트 행정부의 잔류자들 중 한 사람이고 그 자신이 유대인인 나일스는 그가 루즈벨트에게서는 결코 느껴본 적이 없는 유대인들의 비참한 처지에 대한 근본적 동정심을 트루먼에게서 느꼈다. 나일스와 클리포드는 핵심적 시온주의자들에게 워싱턴에서 그리고 백악관 내에서 무엇이 진행되는지를 거의 모든 조치에 관해 알려주었다. 비록 클리포드는 어떤 변화에도 강력하게 반대했지만, 그 때나 그 후에나 11월 선거가 문제의 진정한 핵심이며 그 모든 것은 단지 유대인의 표를 얻기 위한 정치에 불과하다고 두 사람은 팔레스타인 문제의 정치에 예리하게 조율하고 있었다. 물론 유대인의 조국을 위한 지지는 1948년에 아주 좋은 정치, 다시 말해

---

252) David McCullough, *TRUMAN,* New York: Simon & Schuster, 1992, p. 595.

펜실베니아나 일리노이, 그리고 특히 250만 유대인들이 있는 뉴욕 같은 큰 주 들에서는 중대할 수 있었다. 궁핍한 민주당에게 유대인들의 표보다 더 중요한 것은 유대인들의 선거운동 헌금이었다. 공화당 원들이 유대인의 대의와 똑같은 이유에서 그들이 할 수 있는 모든 것을 할 준비가 되어 있다는 것도 의심할 여지가 없었다. 그러나 유대인들의 표를 넘어서 유대인의 조국을 위한 대중들의 지지가 전국적으로 압도적이었다. 종종 잊히기는 하지만 유대인의 새 국가를 위한 전망에 의해 흥분한 것은 미국의 유대인들만이 아니라 대다수 미국인이었다.[253]

외교정책은 정치와 인도주의적 관심이 밀접하게 연계되었다. 그러나 트루먼에게는 당연히 인도주의적 관심이 우선이었다. 그의 동정심은 자연스럽게 약자 편이었지만 그러나 트루먼은 고대사에 대한 그의 평생동안 사랑, 즉 비옥한 초승달 지대(Fertile Crescent)의 복잡한 전 연대기에 대한 그 자신의 대단한 파악에 의해서도 역시 영향을 받았다. 트루먼에게 팔레스타인은 단지 지도 위에 있는 장소가 결코 아니었다. 그것은 기본적인 인간의 문제였다.[254] 그의 포레스틸 국방장관이 전시에 사우디아라비아의 석유에 대한 치명적 필요성을 트루먼에게 상기시키자 트루먼은 석유가 아니라 정의의 관점에서 상황을 다룰 것이라고 말했다.[255]

대통령으로서 트루먼은 급속히 개발되고 있는 중동의 석유 매장

---

253) *Ibid.*, p. 596.
254) *Ibid.*, p. 597.
255) *Ibid.*

량에 대한 미국과 유럽에 대한 전략적이고 경제적인 중요성을 감히 무시할 수 없었을 것이다. 대부분의 미국인들처럼 그는 아랍인들과 그들의 문화에 대해서 비교적 아는 것이 별로 없었지만 그러나 동시에 그들 가운데에 유대인 국가의 수립에 대한 적대감이 달랠 수 없는 것으로 보이는 아랍인들과의 관계를 손상하고 싶지 않았다. 아랍 국가들과 미국의 관계는 지금까지 좋았다. 그리고 포레스틸 국방장관처럼 석유가 부족한 상황에서의 전쟁 발발을 두려워하는 합참 장군들도 그런 관계를 유지할 중요성을 크게 강조했다. 아랍인들에게는 그들이 히틀러의 범죄에 대해 자기들이 보상하게 되는 것으로 보였다.

팔레스타인에서는 이미 많은 피가 뿌려졌다. 아랍 집단들은 유대인 정착촌을 공격했다. 유대인 테러주의자들은 영국군을 공격했다. 시온주의 지도자들은 투옥되었다. 트루먼이 팔레스타인에 대해 유대인들의 주장에 계속 동정적이고 또 60만 명 이상의 유대인들이 이미 팔레스타인에 있다는 것을 알고 있었던 반면에 그는 또한 아랍인들의 압도적인 수적 우월성도 알고 있었다. 그가 여러 번 말했듯이 그는 새 유대인 국가의 생존을 보장하기 위해 미군을 파견하길 원치 않았다. 그는 또한 유대인 조직들로부터 점증하는 압력이 아주 짜증나게 하는 것임을 발견했다. 1947년 후반에 백악관은 팔레스타인에 관련하여 10만 통 이상의 편지와 전보를 받았다. 중동에서 소환된 여러 미국 외교관들이 아랍측 견해의 제시를 마쳤을 때 트루먼의 코멘트는 그의 유권자들 사이에는 많은 아랍인들을 갖고 있지 않다는 것이었다.

그러나 트루먼은 시온주의 대변인들을 박대하지 않았으며 그의 옛 친구이자 사업 파트너였던 에디 제이콥슨(Eddie Jacobson)의 접촉을 막지 않았다. 그러나 트루먼은 시온주의 지도자들의 유대 피난민들의 문제해결을 기대했다. 그리고 그는 작은 집단들을 백악관에 불러서 시온주의 입장을 설명하게 하여 피난민들과 유대인 조국의 대의를 위해 자신의 역할을 했다. 트루먼은 제이콥슨을 늘 좋아했다. 트루먼은 그가 헌신적 유대인이며 애국적 미국인임을 잘 알고 있었다. 그래서 트루먼은 그를 절대적으로 신임했고 이것은 제이콥슨에게 사건들이 전개되는 동안에 비상하게 중요한 역할을 부여하게 될 것이다.

팔레스타인을 유대인들의 조국으로 만든다는 것은 19세기 후반에 시작했으며 그 대의를 주창하는 미국인들 가운데에서 저명했던 인물은 시오니즘의 꿈에 대한 우드로 윌슨(Woodrow Wilson) 대통령의 승인을 받는데 도왔던 트루먼의 친구인 고(故) 루이스 브랜다이스(Louis Brandeis) 판사였다. 1917년 제1차 대전 중에 영국인들은 같은 해에 터키인들로부터 팔레스타인을 장악했고 "밸푸어 선언"(the Balfour Declaration)이라고 알려진 것에서 영국정부는 공식적으로 이스라엘의 고대왕국인 팔레스타인에 미래 유대의 조국의 아이디어를 인정했다. 전쟁이 끝나자 영국은 곧 독립이 뒤따를 것이라는 이해 하에 국제연맹(the League of Nations)에 의해 팔레스타인에 대한 특별한 위임통치를 인정받았다. 그러나 영국의 위임통치는 계속되었다. 오직 제2차 세계대전 후인 1947년에 와서 영국의 애틀리 정부가 그리스에서 그랬던 것처럼 팔레스타인으로부터 철수할 것이라며 이 고통스러운 문제를 유엔(the United Nations)으로 넘긴다고 발표했다.256) 그리하여 사실상 팔레스타인과 유럽의 추방된 유대인들은 제2차 세계대전의 또 다른 결과가 되어 원자탄과 동유럽에서 붉은 군대의 주둔처럼 결국 미국의 트루먼 대통령이 직면할 문제로 남게 되었다.257)

일반적으로 말해서, 미국의 정책은 팔레스타인의 즉각적인 독립을 선호했다. 그리고 그것이 유대국가와 아랍국가라는 두 개의 별개 국가들로 분단되거나 분할된 다음에 경제적 통합으로 하나가 되는 것이었다. 또한 미국은 새 조국으로 대규모 유대인들의 이민을 뜻하는 아이디어를 지지했다. 그러나 도처에 있는 유대인들은 분단을 원했다. 아랍 국가들은 맹렬하게 반대했다. 영국은 그 계획이 성공할 수 없다고 생각했다. 윈스턴 처칠은 그가 정상에 있을 때 유대 조국을 옹호했다. 애틀리 정부는 팔레스타인으로 가는 유대인들의 이민에 반대했다. 영국인들에게 트루먼은 조심성이 없는 친시온주의자로 보였다. 그 문제에 관심을 두면 둘수록 그것은 아랍인들로부터 유대인들을, 그리고 미국인들로부터 영국인들을 그리고 점점 더 국무성으로부터 백악관을 분할하는 문제가 되었다. 국무성은 아랍인들이 강제가 아닌 이상 결코 분할을 수락하지 않을 것이며 당연히 소련에 도움을 청할 것이라고 강력하게 느꼈다. 이것은 평화를 유지한다는 구실로 소련인들을 중동에 끌어들이는 결과를 초래할 것이다.

영국인들처럼 국무성의 고위 관리들은 아랍인들과 유대인들 사이의 대결이 어떻게 든 해소될 수 있을 때까지 팔레스타인에 대한 신

---

256) David McCullough, *TRUMAN,* New York: Simon and Schuster, 1992, p. 600.
257) *Ibid.*

탁통치(trusteeship)를 선호했다. 국무성과 클리포드와 나일스 같은 트루먼의 참모들 사이의 관계가 점점 극단적으로 어려워지고 있었다. 어떤 백악관 사람들은 이 문제에 대한 국무성 관리들이 취하는 여러 가지 입장이 외교가 아니라 반유대주의에 기초하고 있다고 여전히 믿고 있었다. 국무성의 사람들은 백악관 참모들이 미국의 안전보다는 분명히 미국의 국내정치의 관점에서 이스라엘에 관심을 갖는다고 믿고 있었다. 만일 클리포드가 관련된 국내정치적 몫을 강조하려 들지 않았다면 나일스는 달랐다. 그는 미국에게 가장 중요한 것은 대통령이 재선되는 것이라고 말했다. 그러는 동안에 팔레스타인에서는 폭력과 테러가 계속되었다.

1947년 11월 29일 토요일 추수감사절 주말에 유엔은 극적인 2시간 반 동안의 회의 끝에 작은 표 차이로 분할을 통과시켰다. 미국은 무대 뒤에서 그 안건이 통과하도록 주도적 역할을 했다. 시온주의자들은, 모든 곳의 유대인들은 상기되었다. 유엔 총회의 밖 로비에서 유엔 대표들은 대표들 속에 휩싸였다. 아랍 국가들의 대표들은 퇴장해 버린 홀에서 시온주의자들은 기뻐하고 있었다. 유대인들은 눈물을 흘렸다. 그 순간을 살았던 사람은 누구나 그 기억을 결코 잊을 수 없을 것이라고 공식적 시온주의 조직인 유대인 기관의 젊은 연락관이었던 아바 에반(Abba Eban)이 회고했다.258)

영국은 팔레스타인의 책임을 6개월 이내인 1948년 5월 14일 유엔에 넘긴다고 발표했다. 아랍인들이 분할은 곧 전쟁을 의미한다고 말했다. 트루먼은 합참으로부터 새 유대국가를 보호하기 위한 미국의

---

258) David McCullough, *TRUMAN,* New York: Simon and Schuster, 1992, p. 602.

군사적 개입은 10만 명 이상의 병력이 요구된다는 경고를 받았다. 포레스털 국방장관은 클리포드에게 아랍인들이 유대인들을 바다에 밀어 넣을 것이라고 말했다. 포레스털이 트루먼에 보고한 바에 따르면, 당시에 전개할 미국의 병력은 아마도 2만 3천 명의 해병대에 더하여 3만 명도 안 되는 병력이 있을 뿐이었다는 것이 엄중한 사실이었다.[259]

백악관에 대한 유대인들의 압력은 유엔에서 분단의 표결 후 며칠 동안 줄어들지 않았다. 수십만 장의 우편카드가 백악관의 우편함에 홍수를 이루었다. 그것들은 거의 모두가 유대인 이익단체로부터 온 것이었다. 주로 "미국 시온주의자 비상협의회"(the American Zionist Emergency Council)의 결과로 33개 주의 입법부들이 팔레스타인에 유대국가 수립을 찬성하는 결의안을 통과시켰다. 40명의 주지사들과 절반 이상의 의회의원들이 대통령에게 탄원서를 보냈다. 트루먼의 인내력은 얇아졌다. 그는 팔레스타인에 대한 더 이상의 코멘트를 거절했고 더 이상의 시온주의 대변인들을 만나는 것도 거부했으며 시온주의 지도자들 가운데 훌륭한 노인인 하임 바이츠만(Chaim Weizmann) 박사의 방문마저 배제했다. 그는 약해지는 건강에도 불구하고 트루먼을 만나려는 노골적인 목적을 위해 런던에서 항해를 했다. 이제 74세인 저명한 과학자인 바이츠만 박사는 자기 생애의 상당 부분을 유대 조국을 위해 헌신했다.

트루먼과 바이츠만은 유엔에서 분할이 투표에 부쳐지기 직전인 1947년 11월에 백악관에서 비밀리에 만났었다. 바이츠만은 트루먼

---

259) *Ibid.,* p. 603.

의 책상 위에 지도를 펴놓고 네게브 사막(Negev Desert)에서 농업적 가능성들로 미주리주의 농부 출신인 트루먼을 매혹했다. 바이츠만은 네게브의 아랍지배는 그곳을 황무지로 남기겠지만 유대인의 통제는 그 사막을 만발하게 만들 것이라고 트루먼에게 확신시켰다.[260] 트루먼은 유대국가에 네게브 사막을 포함하기 위해 지원할 것을 약속했다. 그러나 이제 트루먼이 바이츠만 박사에게 문을 닫았다. 이것은 바이츠만과 시온주의 동맹세력에게 특별히 근심거리가 되었다. 클리포드와 나일스를 통해 그들은 국무성에서 그들이 무슨 반대에 직면하고 있는지에 대해 자세하게 이미 알고 있었다. 조지 케넌 정책기획 실장의 비밀 정책 건의서는 팔레스타인 분할에 더 이상 지지를 하지 말라고 권고했다. 신설 중앙정보국의 보고서는 분할이 성공할 수 없다고 결론을 내리고 재고를 촉구했다. 트루먼에게 보다 더 중요한 것은 2월 12일 유엔 안전보장이사회의 모임에서 미국은 불을 진화할 것이 아무것도 없으면서 불장난을 하고 있다고 말했던 조지 마샬 국무장관의 견해였다.[261]

조지 마샬은 미국이 소련에 의해 심각하게 위협을 받고 있다고 보았고 군인으로서 앞으로 있을 것으로 보이는 유럽에서의 전쟁에 대비하는 차원에서 중동석유의 치명적 중요성을 예리하게 간파하고 있었다. 게다가 마샬은 정치에 대해 군인의 혐오감을 갖고 있었다. 클리포드는 점점 더 걱정하게 되었다. 런던으로부터 뉴욕에 도착했을 때 하임 바이츠만은 사건들의 압력으로 몸이 아팠다. 트루먼과 접

---

260) Robert Dallek, *Harry S. Truman*, New York: Times Books, 2008, p. 65.
261) David McCullough, *TRUMAN*, New York: Simon and Schuster, 1992, p. 604.

촉하려는 모든 노력이 실패했다. 그래서 2월 20일 밤늦게 세계 시온주의 기구(the World Zionist Organization)의 수장인 바이츠만 박사는 월도프-아스토리아(Waldorf-Astoria) 호텔의 방에 누워 있었다. 전국 브네이 브리스(B'nai B'rith) 회장인 프랭크 골드만(Frank Goldman)이 캔자스 시티에 있는 에디 제이콥슨(Eddie Jacobson)에게 전화를 걸어 그가 도와줄 수 있느냐고 물었다. 아무도 대통령을 움직일 수 없다고 골드만이 말했다.

제이콥슨은 트루먼에게 보내는 급하게 쓴 편지에서 그에게 가능한 한 빨리 바이츠만을 만나달라고 애원했다. 2월 27일 키 웨스트 휴가지에서 보낸 답장에서 트루먼은 바이츠만이 자기에게 할 새로운 얘기는 아무 것도 없다고 말했다. 트루먼은 현 상황은 지금 상태로는 해결될 수 없다고 덧붙였다. 제이콥슨은 포기하지 않았다. 트루먼이 워싱턴으로 돌아오자마자 제이콥슨이 캔자스 시티에서 도착했다. 3월 13일 토요일 사전 약속도 없이 그는 백악관의 서쪽 윙(West Wing)으로 걸어 들어갔다. 트루먼의 집무실에 들어가서 옛 친구와 악수를 하면서 제이콥슨은 트루먼이 건강해 보이는 것이 좋다고 했다. 플로리다가 그에게 좋은 일을 했다고 제이콥슨은 말했다.

가족과 사업 얘기를 서로 주고받은 뒤 제이콥슨은 팔레스타인을 꺼냈다. 트루먼이 갑자기 긴장하고 엄한 표정을 지었다. 트루먼은 팔레스타인이나 유대인들이나 아랍인들 혹은 영국인들에 관해서 말하고 싶지 않았다. 그것은 유엔에 맡기겠다고 트루먼이 말했다. 그리고 그는 그가 어떤 유대인들에게 당했던 비난에 대해 심각하게 말했다. 제이콥슨이 다시 주장하려고 했지만 트루먼은 감동하지 않았다. 제이콥슨은 망가지는 느낌이었다. 책상 오른쪽에 대통령의 소중한 소유물 중의 하나인 말을 타고 있는 미국의 제7대 대통령인 앤드류 잭슨(Andrew Jackson)의 작은 청동상이 있었다. 제이콥슨은 다른 방문 때 이미 그것을 알아봤지만 그러나 지금 그는 그 청동상을 가리키면서 열정적인 연설을 했다.

"해리, 당신의 전 생애 동안 당신에게 영웅이 있었다. … 나도 역시 결코 만나본 적은 없지만 내가 생각하기에 지금까지 가장 위대한 유대인인 영웅을 갖고 있다. 나는 하임 바이츠만에 관해서 말하고 있다. 그는 건강이 거의 망가진 아주 아픈 사람이지만 단지 당신을 만나고 나의 인민들의 대의를 호소하기 위해서 수천 마일을 여행했다. 이제 당신은 미국의 유대인 지도자들 가운데 어떤 사람들에 의해 모욕을 당했다는 이유만으로, 비록 바이츠만이 그런 모욕과 절대적으로 아무런 관련이 없다는 것과 그가 그들과 같은 파가 될 사람이 결코 아닐 것이라는 것을 잘 알면서도 그와 만나기를 거절하고 있다. 그것은, 해리, 당신 같지 않다. … "262)

바이츠만과 앤드류 잭슨 사이의 비교는 상상할 수 없을 만큼 무리한 것이었지만 그것이 성공했다고 아바 에반은 후에 기록했다. 제이콥슨의 열정적인 말을 들은 트루먼은 손가락으로 자기 책상을 마치 드럼을 치듯 두드리기 시작했다. 트루먼은 의자를 돌려 제이콥슨에게 등을 돌린 채 앉아서 창밖을 바라보고 있었다. 제이콥슨에게 수세기 같았을 시간 동안에 두 사람은 아무 말도 하지 않았다. 그 때

---

262) David McCullough, *TRUMAN*, New York: Simon and Schuster, 1992, p. 607에서 재인용.

트루먼이 의자를 돌려 제이콥슨의 눈을 보면서 제이콥슨이 후에 그가 지금까지 들은 말들 중 가장 사랑스러운 말이라고 묘사한 것을 트루먼이 꺼냈다: "네가 이겼다. 너, 이 대머리 자식아. 내가 그를 만날께."263) 백악관에서 나온 제이콥슨은 곧바로 라파예트 광장을 지나 제 16가까지 가서 스타틀러 호텔(Statler Hotel)에 있는 바(bar)에서 그의 전 생애에서 지금까지 한 번도 그런 적이 없었지만 버번 위스키를 더블로 두 잔이나 들이켰다.264)

3월 18일 목요일 저녁, 어두워진 직후에 기자들에 의해 목격되는 것을 피하기 위해 하임 바이츠만이 동쪽 윙(the East Wing)으로 백악관에 조용히 안내되었다. 국무성에게 알리지 않은 채 트루먼은 비밀유지를 고집했다. 이제는 백악관 기자들에게 익숙한 얼굴인 에디 제이콥슨도 멀리 있기로 동의했다. 회담은 잘 나갔다. 그들은 45분 동안 얘기했다. 트루먼은 유혈없이 정의가 실행되기를 원한다고 말했고 또 바이츠만에게 미국이 분할을 지지할 것이라고 확인했다. 그러나 상황은 바이츠만이나 트루먼이 이해했던 것으로 보이는 것보다 더 복잡했다. 그것은 24시간 내에 아주 극적으로 노출되었다. 의도하지는 않았지만 발생한 일에 부분적으로는 트루먼도 책임이 있었다.

트루먼 대통령은 마샬 국무장관이나 국무성의 누구에게도 바이츠만의 방문 사실을 알리지 않았다. 그가 수 주 전에 미 유엔대사인 워렌 오스틴(Warren Austin) 전 상원의원에게 승인했던 정책을 트루먼과 바이츠만이 그들 간의 이해에 도달한 바로 다음 날인 3월 19일

---

263) David McCullough, *TRUMAN*, New York: Simon and Schuster, 1992, p. 607.
264) *Ibid.*

금요일 유엔대사에게 아무런 경고도 없이 정책을 뒤집었던 것이다. 팔레스타인 논쟁의 열기가 식을 시간을 모든 당사자들에게 주기 위해서 유엔총회에서 오스틴 대사는 미국이 분할계획의 포기를 권고하고 팔레스타인에 일시적 유엔의 신탁통치를 요청했다. 그것은 행정부에 의한 완전하고 겉으로 보기에는 속죄할 수 없는 전환(turnabout)이었으며 도처의 유대인들에게는 박살내는, 거의 믿을 수 없는 소식이었다. 미국 유대인 의회(the American Jewish Congress)는 긴급 비상 회의를 열고 비 미국적이고 또 철저히 불명예스러운 행위로 국무성을 질타했다. 미국의회와 민주당에서도 난리였다. 뉴욕 타임즈(*The New York Times*)도 "젖과 꿀의 땅이 석유로 넘치고 3개의 위대한 종교의 고향이 정신적이고 윤리적인 고려의 표시도 없이 그곳의 운명이 편의에 의해 결정되고 있다"면서 행정부를 전례 없는 어리석음과 저열한 물질적 관심에 함몰되었다고 비난했다.

캔자스 시티에 있는 에디 제이콥슨에게 3월 19일은 "검은 금요일"이었다. 그 소식에 분개한 사람들이 계속 그의 이름을 불렀다. 그의 친구인 트루먼이 유대인들에게 배신자가 되어버렸는데 그는 어떻게 느낄까? 미국 대통령의 말에 신념과 확신을 표했던 사람은 아무도 없었다고 제이콥슨은 기억했다. 그가 자신의 가게로 돌아온 월요일이 되어서야 제이콥슨은 하임 바이츠만으로부터 소식을 들었다. 바이츠만은 그에게 절망하지 말라고 말하려 직접 전화를 걸었다. 바이츠만은 트루먼 대통령이 말한 것이 진심이었다고 확신했다. 바이츠만은 제이콥슨에게 그의 친구인 해리 S. 트루먼은 세계에서 가장 강력한 사람이고 또 백악관의 문을 열어 두게 하는 것은 그에게 달려있다는 것을 제이콥슨이 잊어서는 안 된다고 강조했다.

유엔에서 무엇이 발생했는지에 대한 트루먼의 첫 소식은 오스틴 대사의 연설 다음날인 3월 20일 토요일 조간신문에서 왔다. 오전 7시 30분에 트루먼은 집에 있는 클리포드에게 전화를 걸어 즉시 백악관으로 오라고 말했다. 그는 국무성의 3~4급 관리들이 그의 팔레스타인 정책을 뒤집었다고 생각했다. 그의 입장을 반대하는, 아니면 그의 입장을 오해하는 사람이 마샬 장관이라는 아이디어를 여전히 수락할 수 없었던 트루먼은 국무성 자체가 범죄자들이라고 보았다. 그는 클리포드에게 어떻게 그런 일이 발생할 수 있겠는가를 물었다. 그가 하임 바이츠만에게 보장했는데 이제 그가 자기를 틀림없이 "형편 없는 놈"으로 생각할 것이라고 안타까워했다. 유엔에서 조치는 자기가 알지 못한 채 일어났다는 대통령의 말은 믿기지 않는 것처럼 보였다.

그 날 저녁에 로스 앤젤레스(Los Angeles)에서 가진 기자회견에서 마샬 장관은 자기는 팔레스타인에 대한 신탁통치가 가장 현명한 길로 간주한다고 말했다. 그는 그것을 대통령에게 건의했으며 대통령이 그것을 승인했다고 말했다. 그 말은 간결하고 정확했지만 트루먼을 전혀 돕지 못했다. 그는 다음 날 21일 집으로 비행했고 그리고 월요일인 22일 백악관에서 대통령을 만났다. 분명히 마샬에 대한 존경심에서 대통령은 신탁통치 안을 즉각적 조치로 승인했으며 그를 화나게 한 것은 오스틴 대사의 연설 "타이밍"(timing)일 뿐이라고 말했다.[265]

사실은 트루먼이 유엔총회에서 분할계획으로부터 후퇴로 간주될

---

265) David McCullough, *TRUMAN*, New York: Simon and Schuster, 1992, p. 611

수 있는 어떤 조치도 취해서는 안 된다고 일찍이 구체화했었다. 나아가서 그는 오스틴의 연설문을 사전에 보지 못했다고 주장했다. 자신의 검토를 위해 오스틴의 최종 연설문안을 보내라고 2월 22일에 지시했는데 국무성이 분명히 그렇게 하질 않았던 것이다. 트루먼이 이런 사항들을 마샬에게 지적하지 않았지만 그는 예리하게 마샬의 밑에 있는 관리들이 자기 정책을 사보타주(sabotage)하려 했다고 여전히 느끼고 있었다. 기자회견에서 아주 솔직하게 말하면서 트루먼은 신탁통치가 최종적인 정치적 타결의 성격을 반드시 손상시키지는 않는다고 말했다.[266]

4월 9일 뉴욕에서 대통령에게 보내는 편지에서 하임 바이츠만 박사는 트루먼에 개인적 친절과 동정적 관심에 감사하면서 시대적 중요성과 그 속에서 트루먼의 역사적 역할을 강조했다.

> "대통령님, 우리 인민들의 선택은 국가성과 절멸 사이에 있습니다. 역사와 섭리는 이 문제를 당신의 손안에 두었습니다. 그리고 나는 당신이 그것을 도덕률의 정신에서 결정할 것으로 확신합니다."[267]

4월 11일 토요일 오후에 백악관에서 서성이는 몇 명의 기자들을 피하기 위해 에디 제이콥슨이 이스트 윙을 통해 백악관에 들어갔다. 트루먼은 그가 바이츠만에게 말했던 것을 재확인했다. 더 나아가 트루먼은 제이콥슨에게 신생 이스라엘 국가를 승인할 것이라고 보장했

---

266) *Ibid.*, p. 612.
267) *Ibid.*

다. 해리 트루먼은 결심을 했던 것이다. 최근의 갤럽 여론조사는 그의 지지율이 36%에 지나지 않았다. 공화당은 좋아했고 민주당과 자유주의 언론은 점점 낙담했다. 5월 초에 팔레스타인에 대한 중대한 백악관 전략회의에 앞서 트루먼은 클라크 클리포드에게 아직 국가명도 없는 새 유대국가의 즉각적 승인을 위한 옹호를 준비하라고 요구했다. 그는 스스로 준비하고 있었다. 마치 대법원에 사건을 제기하는 것처럼 트루먼은 클리포드에게 그가 진정으로 확신시키길 원하는 사람은 마샬이라고 말했다. 트루먼이 클리포드에게 말한 것처럼 그는 마샬이 그런 승인을 반대한다고 생각하는 것 같았다. 그러나 이것은 마샬 장군에 대한 트루먼의 존경심과는 아무런 관련이 없었다.

5월 12일 오후에 대통령의 집무실에서 팔레스타인에서 영국의 위임통치가 소멸하기 이틀 하고도 2시간 전에 회의가 시작되었다. 마샬은 로버트 로벳(Robert Lovett) 국무성 관리에게 신탁통치에 대한 주장을 제시하게 했다. 처음으로 승인을 언급한 클리포드가 소련에 앞서 미국이 보다 신속하게 움직일 것을 제안했다. 미국은 새 유대국가가 선포될 때까지 기다려서는 안 되고 5월 13일에 미국의 승인을 발표해야 한다고 클리포드는 주장했다. 그가 말하는 동안 마샬의 얼굴빛은 점점 더 붉어졌다. "이건 그냥 정치이다. 그러나 이것은 정치적 모임이 아니다"라고 마샬은 말했다. 새 유대국가의 승인은 처음부터 대통령의 정책이었던 것과 전체적으로 일치한다고 클리포드는 말했다. 그것은 인간애의 조치이다. 나치스에 의한 6백 만의 살인은 역사상 최악의 잔혹성이었다. 모든 생각이 있는 인간은 유럽의 다른 사람들과는 달리 갈 곳이 없는 생존자들을 위한 어떤 책임을 느껴야 한다. 그리고 그는 밸푸어 선언을 설명했다. 그리고 클리포드는 팔레스타인 조국에 대한 유대인들의 주장을 입증하는 구약성서의 신명기(Deuteronomy) 편의 신이 그들 앞에 땅을 정했다는 구절(신명기 1:8, 1:21)을 인용했다. 클리포드는 팔레스타인의 분할에 대한 대안이나 미국에 의한 승인에 대안은 없다. 왜냐하면 국무성이 상상하는 어떤 종류의 지연도 유대인들에 의해서 관용되지 않을 것이라고 말했다. 별개의 유대국가는 필연적이다. 달리 생각하는 것은 비현실적이라고 클리포드는 결론을 맺었다.

로벳이 다시 입을 열었다. 그것의 경계선이 알려지거나 그의 정부가 수립되기 전에 유대국가를 성급하게 승인하는 것은 물건을 알아보지도 않고 구매하는 꼴이 될 것이다. 그는 팔레스타인으로 가는 유대 이민자들 중 많은 수가 공산주의자들이거나 소련의 첩자들임을 가리키는 정보보고서의 파일을 제시했다. 모든 문제가 유엔문제로 남아야 한다고 로벳은 촉구했다. 유엔은 팔레스타인의 미래정부를 결정하기 위해 투쟁하고 있고 이것이 미국의 구체적인 촉구였다. 새 정부의 어떤 조급하고 잘못된 승인도 유엔에서 미국의 위신에 재앙이 될 것이며 11월 선거에서 유대인 표들을 위한 뻔한 구걸로만 보일 것이다. 이 때 마샬이 모든 자기의 명성의 무게를 가지고, 분노를 겨우 참으면서 심각하게 끼어들었다.

마샬은 클리포드의 제안이 틀렸다고 말했다. 국내정치적 고려가 외교정책을 결정해서는 안 된다. 위대한 대통령직이 달려 있다. 실제로 마샬은 트루먼 대통령을 똑바로 쳐다보면서 만일 대통령이 클리포드의 권고를 따른다면 그리고 만일 11월 선거에서 그가 투표한다면 그는 대통령에 반대하는 투표를 할 것이라고 마샬은 말했다. 그것은 트루먼에 대한 심각한 질책이었다. 회의가 갑자기 무겁게 중지되었다. 실제로 경악스러운 상태였다. 클리포드는 대통령이 말이 막혔다고 생각했다. 완전한 침묵이 흘렀다. 그러나 트루먼은 어떤 감정도 표시하지 않았다. 처음부터 진지했던 트루먼의 표정은 전혀 변하지 않았다. 트루먼은 손을 들었을 뿐이다. 그리고 그가 후보자가 될 선거에서 정치적 모험뿐만 아니라 관련된 어려움과 위험에 대해서 트루먼은 충분히 인식하고 있었다. 그는 마샬 장군에 동의하는 듯했지만 문제는 거기서 멈추는 것이 최선이라고 생각했다. 마샬 장관과 그의 수행원들은 백악관을 떠났다. 트루먼은 클리포드에게 너무 기분 나쁘게 생각하지 말라면서 아직 진 것이라고 동의하지 말자고 말했다.

다음 날 기자들은 미국이 새 팔레스타인 국가를 승인할 것인가를 물었다. 다리가 나오면 건널 것이라고 트루먼이 대답했다. 그러나 그때까지 다리는 이미 발밑에 있었다. 로벳이 회의가 깨어진지 한 시간도 안 되어 전화를 걸어 가능한 한 빨리 대화를 갖자고 말했다. 클리포드는 로벳의 집을 방문하여 술잔을 기울이며 뭔가 행해져야 하며 그렇지 않으면 대통령과 장관 사이에 심각한 불화가 있을 것이라는데 그들은 동의했다. 생각하건대 마샬이 사임할 지도 모른다. 그것은 트루먼 대통령의 위상에 가장 심한 타격이 될 것이며 의심할 여지없이 트루먼이 재선될 작은 가능성을 파괴할 것이라는 점을 클리포드는 알고 있었다. 마샬은 트루먼이 가지고 있는 최대의 자산이었다.[268] 대통령은 마샬을 잃을 수 없었다고 클리포드는 회고했다. 로벳은 클

---

268) David McCullough, *TRUMAN*, New York: Simon and Schuster, 1992, p. 617.

리포드에게 그 점에 관해서 생각해 보라고 요청했지만 다음 날 오전에 로벳이 클리포드에게 전화를 걸었을 때 클리포드는 자기가 할 수 있는 일은 아무 것도 없다고 말했다. 로벳은 마샬에게 그가 틀렸다고 설득해야만 할 것이다. 클리포드가 이 모든 것을 보고했을 때 트루먼의 반응은 마샬은 좀더 시간이 필요하다는 것이었다. 이것이 13일의 일이었다.

1948년 5월 14일 금요일, 워싱턴 시간으로 오후 5시 45분에(팔레스타인 시간으로 오후 11시 45분) 클리포드가 딘 러스크에게 전화를 걸어 오후 6시에 이스라엘 국가가 선포될 것이라고 알려주었다. 트루먼 대통령은 즉각 승인하는 성명서를 발표할 것이다. 그리고 유엔의 대표단도 그렇게 통보를 받을 것이다. 예루살렘에서 자정에 새 유대국가가 선포될 예정이었던 그 날 클리포드와 로벳은 대통령이 발표할 성명서의 문안을 작성하고 있었다. 그 날 오후 마샬이 대통령을 방문하여 그가 대통령이 취하고 싶어 하는 입장을 지지할 수 없지만 그것을 공개적으로 반대하지 않겠다고 말했다. 트루먼은 클리포드에게 그것이 우리가 필요한 모든 것이라고 말했다.[269] 그 사이에 마샬은 국무성에서 유엔문제 담당자인 딘 러스크(Dean Rusk)를 비행기로 뉴욕에 파견하여 미국의 전 대표단이 사임하는 걸 막았다. 미국은 새 유대국가의 사실상(de facto) 승인을 인정했던 반면에 소련은 보다 형식적인 법률적(de jure) 승인으로 뒤따랐다.[270]

마샬 장군은 전과 다름 없이 국무장관의 의무를 계속했다. 마샬이

269) Ibid., p. 618.
270) Ibid., p. 619.

몇몇 친구들이 사임을 촉구했을 때 마샬은 정책을 결정할 헌법적 권한을 가진 대통령이 결정을 했다고 해서 사임하지는 않는다고 대답했다고 한다. 그러나 마샬은 두 번 다시 클리포드에게 말을 하지 않을 것이다. 오랜 후에 로벳은 마지막 순산에 이스라엘의 승인에 마샬이 동의하도록 말하기 위해서 그가 무슨 생각을 했느냐는 질문에 로벳은 마샬에게 "그것은 대통령의 선택"이라고 말했다는 것이다.271) 텔 아비브(Tel Aviv)에서 새 이스라엘인들은 경축했고 또 그들이 알고 있듯이 아랍세계로부터 공격을 격퇴할 준비를 했다. 로벳은 트루먼의 보좌진들이 그를 신생국가의 아버지로 만들지는 못했지만 적어도 그를 산파(the midwife)로 만들었다고 비꼬아서 말했다.272)

5월 25일 하임 바이츠만(Chaim Azriel Weizmann)이 이번에는 공개적으로 그리고 이스라엘 국가의 대통령으로서 백악관을 다시 방문했다. 그리고 그는 국가원수의 모든 명예가 수여되었다. 수많은 사진기자들 앞에 서서 그는 미소 짓고 있는 트루먼 대통령에게 한 권의 토라(Torah)를 선물했다. 미국의 승인은 루비콘(Rubicon)을 상징적으로 건넌 것이지만 그 사실이 아랍-유대 문제를 일시적으로 나마 잠재우지 않았다. 시리아와 레바논은 이스라엘이 국가수립을 선포한 바로 그 날 이스라엘을 침공했다. 이라크가 다음날 뒤따랐다. 트루먼은 여전히 무기금지의 종식, 재정적 원조, 그리고 법적 승인의 요구에 직면했다. 그리고 그가 그것에 관해서 어떻게 느꼈든 사실상 승인은 너무나 노골적으로 정치적 행위로 보여서 그것이 광범위한 유권

---

271) *Ibid.*, p. 620.
272) Alonzo L. Hamby, *Man of the People: A Life of Harry S. Truman*, New York: Oxford University Press, 1995, p. 417.

자 대중들 사이에서 별로 그에게 이롭지 않았다.

시간이 가면서 피난민과 다른 문제들에 대해 그들의 트루먼 행정부와 차이에도 불구하고 대부분의 이스라엘 인들과 그들의 지지자들은 트루먼 대통령이 취했던 조치의 중요성을 이해했다. 바이츠만이 "밸푸어 선언"(the Balfour Declaration)에 관해서 말했듯이 세계의 모든 정부들이 그들에게 국가를 준다고 할지라도 그것은 구두의 선물일 것이었다. 그러나 유대인들은 팔레스타인으로 가서 건설할 것이고 유대인 국가는 현실이 되고 사실이 될 것이었다. 그래서 그들은 그렇게 했다. 그러나 새 국가가 생존하기 위해서는 정당성과 승인이 필요했다.273) 데이빗 나일스(David Niles)의 결론처럼, 만일 프랭클린 루즈벨트 대통령이 살아있고 트루먼이 대통령이 아니었더라면 아마도 이스라엘 국가는 없었을 것이다.274) 또한 트루먼이 없었더라면 새 이스라엘 국가는 처음 어려운 몇 년을 살아남지 못했을 것이고 그 이후에 성공하지 못했을 것이다. 이것으로 트루먼은 이스라엘에서 계속 영웅으로 간주될 것이고 유대인들의 역사에서 계속 명예로운 자리를 갖게 될 것이다. 다시 말해서, 이스라엘의 민족에서 트루먼 대통령은 일종의 국부같은 존재가 되어서 이스라엘 국가의 창설자들과 함께 존중될 것이다.

---

273) Allis Radosh and Ronald Radosh, *A Safe Haven: Harry S. Truman and the Founding of Israel,* New York: Harper Perennial, 2010, p. 353.
274) *Ibid.,* p. 354.

제8장
트루먼 대통령 재선의 기적

"나는 그들에게 지옥을 안겨줄 거야."
-해리 S.트루먼-

　　1948년은 무엇보다도 선거의 해였다. 그리고 그것은 또한 기적의 해였다. 1948년 선거는 트루먼의 가장 큰 개인적 승리를 장식했다. 그것은 미국의 역사에서 최고의 뒤집기였다. 1788년 이래 모든 대통령 후보자들 가운데 누구도 트루먼이 했던 비상한 방법으로 뒤에서 나와 승리한 적은 없었다. 대통령 자신의 정당인 민주당도 그를 원하지 않았다.[275] 정확히 언제 트루먼이 재선에 출마할 것을 결심했는지는 알려져 있지 않다. 1년 전인 1947년만 해도 트루먼은 여러 차례에 걸쳐 백악관에서 또 다른 4년을 감내하려 하지 않았다. 그리고 그는 또 다시 민주당원들을 위한 이상적 후보자로 아이젠하워 장군의 아이디어를 고려했다. 그러나 1947년 초에 아이젠하워에게 그 주제를 꺼냈을 때 아이젠하워는 자기가 민주당원이 아니어서가 아니라

---

275) Robert H. Ferrell, *Harry S. Truman: A Life,* Newtown, CT: American Political Biography Press, 1994.

자기는 전혀 정치적 야심이 없다고 말하면서 다시 사양했다. 육군장관 케네스 로얄(Kenneth C. Royall)에 의하면 트루먼은 아이젠하워가 원한다면 심지어 그를 부통령 후보로 하는 티켓을 제안하기까지 했다. 트루먼은 현실주의자여서 때로는 그가 1948년 선거에서 이길 수 있을지를 의심했다. 당시 아이젠하워는 미국에서 가장 인기 있는 사람이었다. 여론조사로 판단하면 아이젠하워는 그의 머리를 끄덕이기만 하면 대통령직은 그의 것이었다고 로얄 장관은 후에 설명했다.[276]

당시 트루먼은 불가능한 행정적 부담은 차치하더라도 거짓말쟁이들과 선동가들로부터 온갖 비난을 받아야 했다. 트루먼은 1948년에 출마하기를 원하지 않았다. 그러나 매일 가까운 곳에서 그를 보았던 다른 사람들이 보기에 대통령직은 그에게 잘 어울렸으며 그래서 그들은 그가 그것을 기꺼이 결코 포기하지 않을 것이라고 확신했다. 그의 생의 전 유형은 그에게 너무 커 보이는 과업들에 적합하다는 것을 입증하기 위해 그의 능력에 대해 갈수록 어려운 시험들의 연속이었다. 그리고 이런 최근의 그리고 가장 큰 시험에서 그는 실패하지 않았다. 루즈벨트의 사망 후에 그를 그렇게도 곤란하게 했던 부적합한 감정은 이제 지나갔다. 그는 책임 있는 자리를 좋아했다. 그것은 그의 얼굴과 그가 스스로 수행하는 방식에서 드러났다.[277]

트루먼의 건강은 좋았다. 그리고 그가 불평하는 온갖 비난은 이미 오래 전에 익숙해졌다. 그는 공직생활을 시작한 이래 그가 가진 모든 자리에서 그랬던 것처럼 대통령직에서 봉사의 보람을 진정으로 소중

---

276) David McCullough, *TRUMAN,* New York: Simon & Schuster, 1992, p. 584.
277) *Ibid.,* p. 585.

히 했다. 클라크 클리포드에 의하면 해리 트루먼의 가장 큰 야심은 자신의 이름으로 재선되는 것이었다. 지난 1946년 중간선거기간 중에 그렇게 침묵하고 무관하게 행동한 결과 그의 정당과 그 자신은 오직 굴욕을 당했을 뿐이었었다. 이제 트루먼은 공화당원들을 정면 돌파할 전망을 즐겼다. 그는 여전히 많은 것을 성취하고 싶었다. 그리고 그는 얼마나 신속하게 자신의 프로그램과 뉴딜 프로그램들, 즉 지난 16년간의 자유주의적 획득이 공화당 대통령과 공화당 의회에 의해서 수포로 돌아갈 것인가를 알고 있었다. 그는 전투장에 나아가 반동의 조류를 막는데 도움이 될 의무감을 느꼈다.

트루먼은 자신이 연방주의자들에 대항한 제퍼슨이나 반동세력에 대항한 혁명을 시도한 잭슨처럼 투쟁하고 있다고 생각했다. 백악관을 차지했던 많은 대통령들 가운데 그는 오직 두 사람, 즉 평민에 대해 관심을 둔 링컨(Lincoln)과 진보적 정책을 수행한 시어도어 루즈벨트(Theodore Roosevelt) 대통령만을 찬양했다. 트루먼에게 우드로 윌슨과 프랭클린 루즈벨트가 세기적 거인들이었다. 그리하여 자기에게 전수된 민주당의 유산을 위해 투쟁할 수밖에 다른 선택이 없다고 트루먼은 믿었다. 그는 나라의 복지에 기여하기 위해 그가 할 수 있는 일이 중요했다. 그래서 그는 대통령직을 위해 1948년 선거운동에 들어가야만 했다. 그리하여 1947년 늦가을까지 공식 가족들 사이에서는 그가 경주에 참가하고 있다는 것이 이미 잘 알려졌다. 그러나 1948년 새해가 시작됨에 따라 워싱턴에 있는 거의 모든 사람들은 그가 후보로 나서고 있으며 그러므로 연두교서 연설을 시작으로 하여 그가 말하고 행동하는 모든 것은 그것을 염두에 두었다.[278]

1948년 1월 7일 수요일 의회에서 그의 자유주의적 프로그램들을 비타협적으로 재확인하는 트루먼의 연두교서 연설은 별다른 환호 그리고 연설 후에 별다른 칭찬을 불러일으키지 못했다. 트루먼은 또 다시 국가적 건강보험계획, 대규모 주택계획, 교육을 위한 지원 확대, 농부들의 지원 확대, 자연자원의 보존, 그리고 시간당 40센트에서 75센트로 최저임금의 인상을 요구했다. 상승하는 가격을 보상하기 위해 그는 빈자의 세금삭감을 제안했다. 더 나아가 트루먼은 민권에 대한 특별 메시지를 의회에 보낼 것이라고 발표했다. 3주 후인 1948년 2월 2일 의회 지도자들과 상의하지 않고 트루먼은 민권 메시지를 보냈다. 자기의 민권위원회의 발견에 기초한 그것은 대통령에 의해서 지금까지 제안된 가장 강력한 그런 프로그램이었다. 실제로 지금까지 민권에 관한 특별 메시지는 결코 없었다. 그 메시지는 모든 미국인들이 폭력으로부터 자유롭지 않다고 지적하는 것부터 시작했다.

　"모든 집단들이 그들이 좋아하거나 자신들의 노력으로 그들의 삶의 조건을 향상시킬 곳에서 자유롭게 살고 일하지는 않는다. 모든 집단들이 시민권을 완전한 특권을 향유하지는 않고 있다. … 연방정부는 개인의 자유와 법률 하에 평등한 보호의 헌법적 보장이 미국의 어디에서나 부인되지 않거나 빼앗기지 않도록 감시할 분명한 의무를 갖고 있다. 그 의무는 정부의 3부에 의해서 공유되고 있지만 그러나 그것은 오직 의회가 오늘날의 필요성에 적합한 현대적이고 포괄적인 민권법들을 입법화하고 자유로운 삶의 방식에 대한 우리의 지속적 신념을 과시할 때에만 충족될 수 있을 것

---

278) *Ibid.*, p. 586.

이다."[279]

트루먼은 사형(私刑)의 범죄에 대항하는 연방법을 요구했다. 그는 미국의 어느 곳에서나 투표권의 보다 효과적인 법적 보호, 옛 남부의 7개 주에서 여전히 실시되고 있는 인두세에 대항하는 법, 고용주들과 노동조합에 의한 똑같은 차별을 종식시킬 권위를 가진 공정고용실천협회의 설치, 그리고 기차나 버스 그리고 항공기에 의한 주들 간 여행에서 차별의 종식을 원했다. 그는 또한 국방부 장관에게 군복무에서 차별을 조사하고 가능한 한 빨리 그것이 중단되도록 감독하라고 요구했다.[280] 그리고 마지막 요구로 그는 의회에 일본계 후손인 미국인들이 주장하는 주장들에 대해서 조치를 취하라고 하였다. 미국의 거의 모든 도처에서 견고한 차별의 현실과 백인 미국인들의 지배적인 태도를 고려하면, 특히 흑인 시민들의 사회적 신분과 법적 지위가 지난 반세기 동안 전혀 진전되지 않은 남부에서 그것은 용감하고 혁명적인 선언이었다. 트루먼은 그 메시지의 정신과 구체성 모두를 믿었다는 데는 의문의 여지가 없었다. 며칠 후에 기자회견에서 그가 근거하는 배경이 무엇인지 질문을 받은 트루먼은 헌법과 권리장전이라고 대답했다.

트루먼의 메시지가 1948년 좋은 정치였는지 아니면 나쁜 정치였는지는 의견의 문제였다. 클라크 클리포드는 대통령이 도덕적으로 그리고 정치적으로 올바른 일을 하고 있다고 확신했다. 그러나 의회

279) David McCullough, *TRUMAN,* New York: Simon & Schuster, 1992, p. 587에서
    재인용.
280) David McCullough, *TRUMAN,* New York: Simon & Schuster, 1992, p. 587.

에서 분노의 비명소리는 만일 트루먼이 자기가 말한 것을 믿는 다면 그는 남부에서 끝났으며 그러므로 11월 선거에서도 끝났다고 암시했다. 여러 남부 민주당원들이 대통령을 사적으로 만나서 만일 그가 그의 견해를 누그러뜨린다면 모든 것이 잘될 것이라고 제안했을 때 트루먼은 서면 답변에서 자기 자신의 조상들은 남북전쟁 때 남부의 국가연합이고 그는 "짐 크로우이즘"(Jim Crowism)이 여전히 지배하는 미주리의 일부 출신이라고 말했다. 그러나 해외에서 막 돌아온 흑인 병사들이 미시시피에서 군트럭에서 내팽개쳐져서 얻어맞고 있다는 것을 알았을 때 그것으로 그의 속이 뒤틀렸다고 트루먼 고백했다. 토착 미주리 출신으로서 그의 성향이 무엇이든 트루먼은 대통령으로서 그것이 잘못된 것임을 알고 그런 악을 종식시키기 위해 싸울 것이라고 강조했다.[281]

인종문제에서 트루먼은 그의 배경을 완전히 벗어나지는 않았다. 옛 편견들과 말하는 예전 방식이 계속되었다. 그의 민권협회의 발견들은 "이 권리들을 확보하기 위하여"(*To Secure These Rights*)라는 제목으로 나온 기념비적 보고서는 놀라운 폭로였다. 어떤 고향친구가 민권에 관해 편안히 가자고 편지를 썼을 때 대답하기 위해 트루먼은 사적으로 시간을 냈다: "나는 사회적 평등을 요구하고 있지 않다. 왜냐하면 그런 것은 존재하지 않기 때문이다. 그러나 나는 모든 인간에게 기회의 평등을 요구한다. 그리고 내가 여기에 머무는 동안에는 그 권리를 나는 계속 요구할 것이다."[282] 대통령의 모든 보좌진들과 각

---

281) *Ibid.*, p. 588.
282) *Ibid.*, p. 589.

료들 가운데 민권에 관해 강력한 입장을 밀고 나가도록 밀어붙이는 것은 누구도 클리포드를 능가하지 못했다. 그에 의하면 그것은 공화당 의회를 직면할 때는 언제든지 새로운 고지대를 제시하는 보다 큰 노력의 일환이었다. 그것은 도덕적 신념 못지않게 면밀한 연구에 기초한 전략이었다. 왜냐하면 클리포드는 주의 깊은 준비와 기획 없이는 아무 것도 하지 않는 사람이었기 때문이다.

한 젊은 워싱턴 변호사이며 과거 루즈벨트의 보좌관이었던 제임스 로우(James A. Rowe, Jr.)가 노동조합 지도자들, 직업정치인들, 그리고 언론인들과 대담을 가졌다. 그리고 그는 "1948년의 정치"에 대해 준비된 특별한 비밀 보고서를 준비했다. 로우가 강조하듯이, 그것은 행하면 정치적으로 유리할 것에 관한 평가에만 기초한 제안을 가진 하나의 정치적 예보였다. 로우는 트루먼이 싫어하는 인물의 법률 파트너였기에 클리포드는 그 보고서에서 로우의 역할을 트루먼에게 말하지 않기로 결정하고 그 대신에 자기의 보고서처럼 제출했다. 클리포드와 조지 엘시(George Elsey)가 약간 가필한 뒤 그 보고서는 1948년 민주당원들을 위한 정확히 청사진은 아니라 할지라도 항해를 위한 하나의 지침서였다.[283]

흑인의 투표가 중요했다. 많은 직업정치인들의 이론은 흑인들이 집단적 투표를 하고 또 핵심적이고, 크고 근소하게 대결하는 뉴욕, 일리노이, 펜실베니아, 오하이오 그리고 미시간 같은 지리적으로 집중된 지역에서 간단히 수적 이유로 대통령 선거에서 오늘날 북부 흑인들의 투표가 균형을 잡고 있다는 것이라고 로우는 보고했다. 1916

---

283) *Ibid.*, p. 590.

년 우드로 윌슨을 예외로 친다면 1876년 이래 어느 후보자도 뉴욕에서 승리하지 못한 채 대통령직을 얻지 못했다. 그리고 흑인들 표와 함께 뉴욕에서 중대한 것은 뉴욕에 집중된 유대인 표였다. 그러나 팔레스타인 문제가 행정부에 의해서 대담하게 그리고 호의적으로 다루어 지지 않는 한 유대인 표는 다른 정당으로 갈 것이 분명했다. 주택과 고물가가 주된 국내적 쟁점이 될 것이다. 물론 외교정책 문제는 소련과의 관계가 될 것이지만, 크레믈린과의 투쟁에서 정부에 상당한 정치적 이점들이 있으며 냉전은 좋은 선거의 해를 만들었다고 로우는 분석했다.

민주당의 리더십은 집권이 너무 오래 되어서 피로했고 과거 보스가 운영하던 조직은 보잘 것이 없었다. 미국인들은 대통령을 좋아하는 것으로 보였다. 문제는 사람들이 그를 근본적으로 정치인으로 보고 정치인은 그 자체로서 미국인들에게 영웅의 반열에서 첫 자리를 차지하지 않았다. 불행히도 대통령에 대한 '그림'은 충분히 다양하지 못했다. 사람들은 행정수반에게 더 많은 것을 원했다. 이 문제를 해결하기 위해서 로우는 트루먼이 정치인들보다는 보다 종종 유명한 과학자들과 저명한 작가들처럼 흥미로운 인물들과 함께 있는 것을 보여 주어야 한다고 건의했다. 로우는 트루먼이 앨버트 아인슈타인(Albert Einstein)을 백악관에서 오찬에 초청할 것을 제안하고 일상적으로 트루먼은 매주 적어도 두 명의 흥미롭고, 칭송할 만하고, 또 비정치적인 인물들과 함께 있는 것이 보이고 사진이 찍혀야 한다고 제안했다.

로우는 무엇보다도 중요한 것은 대통령이 보다 많은 사람들이 그를 직접 보아야 한다는 것이다. 즉, 그는 워싱턴을 벗어나 전국을 여행해야 한다는 것이다.[284] 로우의 정책 건의서가 트루먼에 얼마나 많은 진정한 영향을 가졌는지는 측정하기 불가능하다. 후에 로우는 "우리는 대통령에게 의회에서는 아무 것도 할 수 없으니 당신이 할 수 있는 모든 입법할 것들을 그곳으로 보내서 그것들에 대해 의회가 아무것도 하지 않는데 대해 그들에게 지옥을 안겨주라는 것"이었다고 회고했다.[285]

로우의 보고서가 건의한 그대로 트루먼은 곧 전국투어를 감행했다. 따라서 트루먼의 선거 기적은 6월 3일 밤 트루먼이 워싱턴 중앙역 유니언 스테이션(Union Station)에서 16칸의 대통령 특별열차인 페르디난드 마젤란(*Ferdinand Magellan*) 방탄열차로 일종의 전국투어를 시작하면서 시작했다고 봐야 할 것이다. 그의 이번 여행은 비밀요원들을 포함하여 약 20명의 백악관 직원들과 59명의 기자들과 사진사들이 수행하는 큰 행사였다. 이 여행의 구실은 버클리(Berkeley) 소재 캘리포니아 대학교(the University of California)에서 트루먼 대통령에게 명예박사학위를 수여하고 졸업식 연설을 해달라는 초청이었다.

다음 날 6월 4일 정오에 오하이오(Ohio)주의 크레스틀라인(Crestline)에서 간단한 첫 번째 정차 연설을 시작했다. 그 여행을 공식적 대통령 여행이라고 선언한 주된 이유는 민주당 위원회가 돈이 없었기 때문이다. 지도급 공화당원들과 많은 언론의 분개에도 불구하고 그 비

---

284) *Ibid.*, p. 592.
285) *Ibid.*

용은 대통령의 연간 여행자금에서 지불되었다. 기차를 탄 모든 사람들을 놀라게 하고 그리고 트루먼을 대단히 기쁘게 한 것은 그를 보러 나온 군중의 규모였다. 조그만 크레스틀라인에서 1천 명이, 그리고 시카고(Chicago)에서 10만 명이 그를 보려고 모여들었다. 시카고에서는 파머 하우스(Palmer House) 호텔까지 오픈 카를 타고 갔다. 오마하(Omaha)에선 그의 옛 친구인 에디 맥킴(Eddie McKim)이 그의 연설이 공개연설이라는 것을 알리지 않아 2천 명도 안 되는 사람들이 모였다. 그러나 트루먼은 신경 쓰지 않았다. 그는 맥킴을 책망하거나 비난하지 않았다. 트루먼은 맥킴에게 그가 농부들에게 라디오로 연설을 하지만 농부들은 거기에 없을 것이다. 그러나 그들은 모두 라디오를 들을 것이라며 바로 그들이야 말로 그가 말하려는 사람들이라고 말했다. 맥킴은 그에게 한 이 말을 언제나 기억할 것이다.[286]

부트(Butte)에선 환호하는 군중들의 줄이 4마일의 퍼레이드 노선 밖에 보도를 메웠다. 그의 기차가 늦은 밤에 미줄라(Missoula)에 들어서자 관중들이 그를 보려는 희망에서 기다렸을 때 그는 파자마와 목욕가운을 입고 나타났다. 그는 잠자리에 들어 미안하다면서 그러나 그가 옷을 제대로 입지 않았다고 해도 그들이 내가 어떻게 생겼는지 보고 싶어 할 것이라 생각했다고 트루먼은 말했다. 그는 소탈했다. 군중들은 점점 커져갔다. 오레곤(Oregon)주의 유진(Eugene)에서 트루먼은 포츠담에서 스탈린과의 만남을 회고하면서 갑자기 자기 기차의 플랫폼에 모인 군중들에게 자기는 늙은 조(Joe) 아저씨를 좋아한다며 그는 점잖은 녀석이라고 털어 놓았다. 이 언급은 기자들을 통

---

286) David McCullough, *TRUMAN*, New York: Simon & Schuster, 1992, p. 624.

해 즉각 센세이션을 일으켰다. 로버트 로벳이 클리포드에게 급히 전화했고 클리포드는 대통령에게 그 언급을 두 번 다시 되풀이하지 않도록 전술적으로 권유했다. 그리고 트루먼은 다시는 하지 않았다. 트루먼은 자기가 실수했다고 말했다.[287]

워싱턴주로 접어들어 그는 여러 곳에서 정차하고 연설했다. 시애틀(Seattle)에서는 10만 명 이상의 사람들이 그를 보러 나왔다. 그것은 시애틀에서 30년 만에 보는 군중이었다. 프랭클린 루즈벨트도 그런 영접을 받지 못했다. 지금까지 그의 연설들에서 나타난 하나의 결정된 유형은 의회가 목표였다. 그는 의회가 보다 나은 계급들의 복지에 관심이 있고 그들은 평범한 사람들의 복지에는 관심이 없다고 트루먼이 브레머튼(Bremerton)에서 말했다. 올림피아(Olympia)의 군중들에게 트루먼은 1946년에 그들의 2/3가 투표하지 않았다며 그때처럼 하지 말라고 말했다. 또한 트루먼은 그 결과 현재 의회를 보라며 그것은 바로 그들의 잘못이라고 말했다. 제80차 의회가 역사상 최악이라고 한 기자에게 한 언급은 워싱턴에 있는 수많은 공화당원들로부터 즉각 분노에 찬 목소리들을 야기했다. 예를 들어, 하원 다수당 지도자인 찰스 할렉(Charles Halleck) 의원은 해리 트루먼이 역사상 최악의 대통령이라고 말했다.

전국에 라디오로 방송된 버클리에서 행한 트루먼의 졸업식 연설에서 그는 외교문제를 다루었고 그의 대통령직의 가장 멋지고 또 가장 사려 깊은 연설들 가운데 하나를 했다. 장소는 5만 5천 명의 사람들이 가득 채운 캘리포니아 대학교의 태양이 내리쬐는 거대한 축구

---

287) *Ibid.*, p. 627.

장이었다. 그곳에 그런 행사들의 보통 참석자의 두 배가 모였다. 트루먼은 세계가 그렇게 값비싸게 이긴 전쟁과 여전히 잡히지 않는 평화 사이의 석양에 있다고 말했다. 불안의 주된 이유는 소련이다. 거대한 분열은 미국과 소련 사이에 있는 것이 아니라 소련과 세계의 모든 자유 국가들 사이에 있다. 세계의 회복과 세계평화를 위해 전시 연합국들과 일하지 않으려는 소련의 거부가 우리 시대의 가장 비참한 실망이라고 트루먼을 말했다. 상이한 경제제도들은 나란히 평화롭게 있다고 말하면서 그러나 오직 한쪽만이 상대방을 무력으로 파괴하려 들지 않는다고 트루먼은 말했다.

"우리의 정책은 계속해서 회복, 재건, 번영 그리고 자유와 정의를 가진 평화이다. 더 나아가 우리들은 같은 목적을 가진 모든 사람들과 기꺼이 함께할 것이다. 우리가 관심 있는 유일한 확장은 인간 자유의 확장이고 모든 나라에서 지구의 좋은 것들을 보다 광범위하게 즐기는 것이다. 우리가 갈망하는 유일한 경품은 국가들의 가족 속에서 우리 동료의 존경과 선의이다. 우리가 탁월하려고 하는 유일한 영역은 권위가 진정성, 동정 그리고 올바른 행위의 질을 통해 행사되는 인간의 마음속에 존재한다. … 나는 지구의 모든 곳의 남녀는 강렬하게 평화와 자유를 갈망한다고 믿는다. 나는 도처의 선한 사람들은 그들이 얼마나 강력하게 자신을 만들었든지 간에 그들을 파괴로 끌고 가는 지배자들을 허락하지 않을 것이라고 믿는다. 미국은 인민들에게 신념을 갖고 있다. 그 신념은 지배자들이란 흥하고 또 망하지만, 그러나 인민들은 계속 살아갈 것이라는 것을 알고 있다."[288]

288) David McCullough, *Truman*, New York: Simon & Schuster, 1992, p. 628에서 재인용.

이틀 후인 6월 14일 로스앤젤레스에서는 100만 명으로 추산되는 사람들이 기차역에서 엠배서더 호텔(Ambassador Hotel)까지 그의 퍼레이드 노선의 양쪽을 가득 채웠다. 사람들은 건물의 지붕에 매달리고, 창문과 화재 시 비상구들로 몰려들었고, 또 보도들을 따라 5겹으로 운집했다고 로스앤젤레스 타임즈(*Los Angeles Times*)가 보도했다. 그것은 13년 만에 대통령에 의한 그 도시의 방문이었다. 그곳에서 트루먼은 의회에 대한 공격의 수위를 높이고 가격통제에 대한 조치, 주택, 경작지원, 건강보험에 대한 조치와 그리고 사회안전의 폭넓은 토대를 요구했다. 그는 이번과 계속된 다른 연설에서 지나쳐버린 문제는 민권이었다. 트루먼의 보좌진들은 그것에 관해서 지금 아무 말도 하지 않는 것과 오히려 목청을 높이는 것 중에서 어느 것이 그에게 도움이 될 것인가에 관해 의견이 갈리었기 때문이다.

동부로 돌아오는 길에 그의 기차는 애리조나, 뉴멕시코, 캔자스, 미주리, 인디애나, 펜실베니아, 그리고 메릴랜드를 통과했다. 군중들은 계속 커졌고 친절했다. 그는 18개 주를 통해 총 9천 5백 5마일을 달렸다. 그리고 아마도 300만 명의 사람들이 트루먼을 보았다. 기차는 6월 18일 금요일 안개가 짙은 오후에 워싱턴의 유니온 스테이션에 도달했다. 트루먼은 아주 활기에 찼다고 보도되었다.

처칠이 포츠담에서 트루먼을 "당나귀처럼 완고하다"고 관찰했던 것처럼 트루먼은 대단히 결연한 사람이었다. 다른 사람들도 종종 코멘트했다. 1948년이 전개되어 감에 따라 트루먼이나 그 밖의 다른 사람들이 쓰거나 말했던 어느 것에서도 일단 재선에 출마하기로 결심한 이상 그가 철회할 충동을 느꼈다거나 혹은 지빠귀처럼 남의 노래를 부르려는 유혹에 빠진 어떤 흔적도 없었다. 트루먼은 "나는 포기하는 사람이 아니다"라고 말할 것이다. 민주당 전국전당대회 전날 밤에 트루먼의 전망은 훨씬 더 불길해 보였다. 그것은 단지 그가 강력하고 재정적으로 넉넉하고 아주 자신만만한 공화당 상대를 직면했거나 혹은 자유주의자들 사이에서 그에 대한 지지를 잘라내는 월러스(Wallace)운동의 위협 때문만은 아니었다. 전체 민주당이 사분오열되었기 때문이었다.

해럴드 익스(Harold Ickes)가 트루먼과의 옛 원한을 풀려는 듯 트루먼에게 편지를 썼다. 그는 트루먼에게 자발적으로 품위 있게 은퇴하거나 환멸을 느끼고 분노한 시민들에 의해서 직책에서 쫓겨나는 선택이 있을 뿐이라고 말했다. 가장 큰 이탈은 이제 익스 자신의 자유주의파, 즉 교리주의적 뉴 딜러들(New Dealers)로부터 왔다. 루즈벨트의 아들들에 의해서 시작된 아이젠하워의 불러내기는 그 수가 불어나서 같은 목소리를 냈다. 뉴저지의 보스 프랭크 헤이그(Frank Hague)도 역시 아이젠하워가 나설 때라고 결정했다. 그러나 이 모든 것은 아무도 아이젠하워가 정치에 대해 아는 것이 없다는 사실에 의해서 더욱 현저하게 되었다. 아무도 민권, 사회적 안전, 세금이나 혹은 스탈린과 평화를 유지할 방법과 같은 쟁점에 대한 그의 입장이 무엇인지는 말할 것도 없고 심지어 그가 민주당원인지의 여부도 알 수 없었다. 트루먼과 그에게 충성스러운 사람들에게 구 뉴 딜러들의 반란은 특별히 불쾌했다. 그것은 개인적 배신은 차치하더라도 전적으로 무원칙하고 또 지적으로 부정직한 것으로 보였다. 트루먼은 프랭클린 루즈벨트의 어느 계승자도 할 수 없었을 만큼 뉴딜의 깃발을 충실히 들었다는 것이 그들의 느낌이었다. 트루먼의 프로그램보다 더 진보적인 어떤 프로그램도 의회에 제출된 적이 없었다. 그것은 기록이 말해준다.

비록 아이젠하워 장군이 스스로 후보자가 아니며 또한 지명을 원하지 않는다고 여러 차례 공개적으로 천 명했지만 이것은 그의 새 칭송자들을 포기시키는 데는 별로 효과가 없었다. 민주당 전당대회의 일주일 전인 7월 4일 주말에 지미 루즈벨트(Jimmy Roosevelt)가 주도하는 아이젠하워 파당은 1,592명의 대표자들 각자에게 가용한 가장 유능하고 가장 강력한 사람을 그들의 후보자로 선택하라는 전문을 보냈다. 6개월 만에 트루먼은 역사상 어느 대통령에 대한 것보다도 가장 거친 비난과 상당한 어려움을 직면했다. 그는 남부 민주당원들에 의해 민권에 대해 비난을 받았고, 공화당 의회에 의해 거부당했으며 또 그가 새로 만든 백악관의 발코니와 미주리 친구들로부터 조롱을 당했다. 그는 팔레스타인 문제의 압력과 베를린에 대한 점증하는 전쟁의 위협에 직면했고, 여론조사에서 인기가 붕괴되는 것을 보았으며 언론에서 자기가 적합하지 않고 측은하게 그려지는 것을 보았다. 그의 당은 깨졌다. 이제 뉴 딜러들은 그를 그것도 요란스럽게 포기했다. 기억나는 어느 대통령도, 가장 어두운 시기에 허버트 후버(Herbert Hoover)조차도, 자기의 정당에 의해서 그렇게 공개적 경멸을 당한 적이 없었다.[289]

맷 코넬리(Matt Connelly)가 뉴저지의 보스 프랭크 헤이그의 변절을 보고했을 때 트루먼은 그를 결코 좋아한 적이 없다고 말했을 뿐

---

289) David McCullough, *TRUMAN,* New York: Simon & Schuster, 1992, p. 633.

이다. 그의 지명을 반대하는 민주당 지도자들은 모두 어리석게 행동하고 있었다. 그는 아이젠하워가 출마하지 않을 것을 확신했고 아마도 민주당원도 아니었다. 현직 대통령의 영향력은 너무 커서 저지하기 어려웠다. 그렇게 인기를 누리던 시어도어 루즈벨트도 1912년 현직 대통령에 대한 공화당 지명을 거부할 수 없었다고 트루먼은 자기의 직원들에게 말했다. 필라델피아에서 첫 투표에서 충분히 약속된 대표들을 갖게 될 것이라고 그가 생각하느냐는 기자회견에서 나온 질문에 트루먼은 확신한다고 말했다.

7월 9일 금요일 아이젠하워 장군은 또 다시 이번에 거절이 최종적이고 완전한 것이라며 어떤 조건에서도 출마하지 않겠다고 말했다. 아이젠하워 전보를 읽고 뉴저지의 보스 헤이그는 "트루먼, 해리 트루먼, 제기랄"을 내뱉으며 물고 있던 시가를 질끈 씹었다고 한다. 클라크 클리포드는 필라델피아를 몰래 드나들면서 대통령이 윌리엄 더글라스(William O. Douglas)에게 전화했다는 말을 퍼트렸다. 트루먼은 더글라스를 자신의 부통령으로 선택했다. 그는 티켓에 지리적 균형을 주었다. 그는 젊고, 민권에 강했으며, 굳건한 뉴 딜러였다. 더글라스는 생각할 시간만을 원했다. 그들의 목표는 대통령이 지명되는 것이다. 왜냐하면 4년 후에 민주당이 그를 거부하고 다른 사람에게 간다면 그것은 그에게 파렴치한 행위가 될 것이기 때문이라고 클리포드는 말했다.[290]

비록 아이젠하워 붐이 지나갔지만 그것은 11월 선거에서 얼마나 강렬하게 두려운 민주당원들이 패퇴가 되었는가의 척도였다. 그것은

---

290) *Ibid.,* p. 635.

단지 해리 트루먼이 재선에 실패할 뿐만 아니라 그가 모든 사람들을 그와 함께 끌어내릴 것이라는 점이었다. 전당대회의 참석률은 기대 이하였다. 예약한 호텔은 취소를 당하고 있었다. 대회의장에서 개회 일에 기대되는 군중은 나타나지 않았다. 회랑은 대체로 비어 있었다. 냉방장치도 없었다. 연단의 온도는 화씨 93도(섭씨 34도)였다. 언제나 승리한 지난 16년 만에 그들은 이제 확실한 패자의 전망에 직면했다. 텔레비전만이 1948년 민주당 대회의 가장 잘 기억되는 부분일 것이다. 백악관에서는 가능한 한 트루먼이 원하는 대로 많이 혹은 적게 볼 수 있도록 조절되었다. 당시 12인치 흑백 텔레비전으로 트루먼은 당대회 진행을 추적할 것이다.

윌리엄 더글라스는 대법원에 남겠다는 이유로 부통령 후보 제안을 거절했다. 트루먼은 깊게 상처를 받았다. 그날 밤 필라델피아에서 연단으로부터 앨번 바클리(Alben Barkley)가 분위기를 살리는 기조연설에서 당대회에 처음으로 생명력을 불러일으켰다. 그는 과거 뉴딜의 영광들을 되새기고 반대당에 가혹한 비웃음을 퍼부었다. 그것은 텔레비전을 위해 행한 연설이었다. 백악관에서 시청하면서 트루먼은 거의 대회장의 군중들 만큼이나 즐거워했다. 바클리는 영웅이었고 부통령 후보를 위한 총아였다. 심지어 바클리가 대통령 후보로 언급 되기도 했다. 그러나 바클리는 11월의 승리에 관해서는 한 마디도 말도 하지 않았으며 한 시간 이상 계속된 연설에서 트루먼을 오직 한 번 언급했다. 바클리는 강력한 자유주의자가 아니었고 트루먼 보다 7살이나 연상이었다. 더구나 그는 켄터키 출신으로 티켓에 지리적 균형을 가져오지 않았다. 공화당 티켓과의 대조는 피해를 가져올 수 있었다. 트루먼은 바클리에 대한 관심보다 더글라스의 거절에 더 많은 고통을 보였다. 그의 직원들에게 그는 그 문제에 기이하게 아니 어쩌면 무책임하게 무관심해 보였다. 바클리에 대한 흥분은 민권에 대해 대회장에서 싸움이 발생하면서 빠르게 사라졌다.

다음날인 7월 14일 수요일은 트루먼의 지명과 수락 연설을 위한 날이었다. 그러나 민권에 대한 소란이 휴버트 험프리(Hubert Humphrey) 시장이 이끄는 강렬한 "민주적 행동을 위한 미국인"(Americans for Democratic Action, ADA) 파당이 당의 정강정책에 보다 강력한 민권 항목을 요구함에 따라 분노로 변했다. 기존의 강령은 내용상 1944년 강령 그대로였다. 그리고 언어는 백악관에서 합의되었던 것이다. 트루먼과 그의 보좌진들은 남부인들을 소외시킬 시간이 없었다. 험프리는 그가 당을 쪼갤 것이며 그가 고집을 부린다면 그의 경력을 망칠 것이라고 경고를 받았다. 그러나 험프리와 그의 세력들은 트루먼 자신의 민권 프로그램을 항목별로 일일이 강력하게 인정하는 강령항목을 들고 나왔다. 그것들은 반인두세와 반사형입법화, 공정한 고용법률, 그리고 군복무에서 인종 분리의 종식이었다.

당 강령 위원회에서 치열하고 열띤 회의들이 있었다. 당 강령 위원회의 다수 보고서가 대회장에서 낭독되었고 험프리는 연단에서 자기가 말할 기회를 기다리고 있었다. 곧 험프리는 연단으로 나가서 10분 이내의 연설을 했다. 그리고 그는 역사를 만들었다.

"민권의 문제를 우리가 서두른다고 여러분들에게 말하는 사람들이 있다. 그러나 우리는 172년이나 늦었다고 말하고 싶다. 민주

당이 주정부 권리들의 그림자에서 벗어나 인권의 밝은 태양 빛 속
으로 똑바로 걸어가야 할 때가 도래했다."[291]

험프리는 민주당이 전진할 때라고 강조했다. 대회는 그것을 열광
적으로 승인했다. 연단에서 당대회의 영원한 의장인 텍사스의 샘 레
이번이 못마땅하게 내려보았다. 그는 남부의 퇴장이 11월에 그나마
미약한 기회를 파괴하고 어쩌면 민주당을 영원히 파멸시킬 것이라고
두려워했다. 레이번이 투표를 피하려고 했지만 그러나 투표가 행해
지자 험프리 세력들이 압도적 승리를 거두었다. 앨라바마(Alabama)
대표단이 그 날 밤 최종 점호 투표에서 퇴장을 주도할 것이라는 말
은 들은 레이번이 대신 구두투표를 명령했고 대회는 또 다시 천둥
치듯 승인을 했다.

백악관에서는 사건들이 돌아가는 것에 화가 났고 트루먼은 험프
리와 그의 추종자들을 남부가 탈주하기를 바라는 머리가 돈 자들이
라고 말했다. 그러나 실상은 그렇게 측은하게 우울함에 젖어 있던 것
으로 보였던 대회가 이제 갑자기, 극적으로 정당의 역사상 처음으로
명백한 민권항목이 통과되었다. 그리고 트루먼과 그의 사람들이 인
정했는지의 여부와 관계없이 휴버트 험프리는 트루먼 자신을 제외한
그 어느 누구보다도 당대회에서 트루먼을 재선출하기 위해 더 많은
일을 했다.[292]

그 날 저녁에 트루먼 대통령의 출발에 대비해 유니언 스테이션에

---

291) David McCullough, *TRUMAN,* New York: Simon & Schuster, 1992, p. 639.
292) *Ibid.,* p. 640.

는 텔레비전 카메라들이 있었다. 그리고 그가 도착했을 때 필라델피아 기차역에는 더 많은 카메라들이 있을 것이다. 1948년에 자기 자신의 텔레비전을 소유한 사람들이 많지 않았지만 그들은 대통령이 사적인 기차 칸의 창문을 조용히 앉아서 기차가 출발하기를 기다리고 있는 것을 보았다. 가랑비가 내리는 필라델피아에서 9시 15분에 기차에서 내렸다. 기차역에서부터 대회장까지는 곧바로 자동차로 갔다. 대회장은 이제 가득 찼고, 군중들은 시끄럽고, 기대에 차 있었다. 찬조 연설들이 시작되었다. 트루먼은 보이지 않았다. 그는 앨번 바클리와 함께 담소를 하고 있었다.

거의 4시간이나 지나서야 찬조 연설들이 끝나고 대통령 후보 지명을 위한 투표가 있었다. 12시 42분에야 트루먼은 최종적으로 지명되었다. 트루먼은 948표를 받았고 236표는 남부의 후보자인 조지아 출신의 리처드 러셀(Richard Russell) 상원의원이 획득했다. 그리고 바클리는 무투표 환호성으로 부통령 후보로 지명되었다. 트루먼과 바클리가 마침내 입장하여 연단으로 걸어나갔을 때 거의 새벽 2시였다. 시간과 군중의 피로를 고려할 때 그것은 실패를 위해 마련된 장면이었다. 트루먼이 희망했을 라디오나 텔레비전의 청중들은 이미 잠든지 오래되었다. 바클리가 먼저 간단하게 발언했다. 그리고 트루먼의 차례가 왔다.

트루먼은 마이크 앞으로 나아갔다. 시간, 열기, 그리고 청중들의 불편함과 지겨움에도 불구하고 그는 아무도 가능하다고 생각하지 않았던 일을 했다. 듣기 좋은 소리나 장대한 언어로 시간을 낭비하지 않고 그는 원고 없이, 목소리는 강력했고, 그의 손은 허공을 가르면서 그가 말을 하자 대회장의 모두가 일어나서 환호했다. 바클리 상원의원과 그가 이번 선거에서 이길 것이고 또 이 민주당원들이 그것을 좋아하게 만들 것이라면서 그 사실을 잊지 말라고 말했다. 이 순간까지 어느 누구도 그가 의미한 대로 "이길 것"이라는 단어를 사용한 사람이 없었다. 그는 민주당은 11월 선거에서 이길 것이다. 왜냐하면 민주당은 인민들의 정당이고 공화당은 항상 특권적 소수의 정당이기 때문이라고 그는 강조했다.

1945년 이래 처음으로 트루먼은 승계한 우연한 지도자가 아니라 자기정당에 의해 선택된 지도자로서 말하고 있었다. 그는 겸손하지도, 우아하지도, 거만하지도 않았다.[293] 트루먼은 "이제 우리가 함께 공동의 적을 격파할 시간이다"라고 선언했다.

> "모두가 알고 있다시피, 나는 의회에 민권 프로그램을 권고했다. 나는 그것이 헌법 하에서 나의 의무라고 믿는다. 나의 당원들 가운데 어떤 사람들은 이 문제에 관해서 격렬하게 동의하지 않는다. 그러나 그들은 일어나서 공개적으로 그렇게 하고 있다. 사람들은 자신의 입장을 말할 수 있다. 그러나 공화당원들은 모두가 이 조치에 찬성을 표했다. 그러나 의회는 행동하는데 실패했다."[294]

새 공화당의 강령에는 긴 목록의 약속들이 있었다. 그것들은 공화당원들이 원한다고 주장했지만 그러나 의회를 장악하고 있는 공화당원들은 그들의 행정부가 하는 걸 막았다고 트루먼은 말했다.

---

293) David McCullough, *TRUMAN,* New York: Simon & Schuster, 1992, p. 642.
294) *Ibid.,* p. 643에서 재인용.

"그러므로 7월 26일 의회가 회의에 복귀할 것을 요구한다. 7월 26일 나는 의회로 복귀하여 자기들의 강령에서 찬성한다고 말하고 있는 상승하는 물가를 중지하고 또 주택위기에 대처하길 요구한다. 나는 그들에게 그들이 찬성한다고 말하는 교육에 대한 지원과 그들이 찬성한다고 말하는 민권법의 입법화를 요구할 것이다."295)

당대회 장에서 환호성과 발을 구르는 소리가 너무 커서 그는 소리가 들리도록 목청껏 외쳐야 했다.

"이제 나의 친구들이여, 공화당 강령의 뒤에 어떤 현실이 있다면 우리는 제80차 의회의 짧은 회의로부터 어떤 조치를 획득해야만 한다. 그들이 원한다면 그들은 15일이면 이 일을 할 수 있다. 그들은 여전히 밖에 나가 공직에 출마할 시간을 갖고 있다."296)

트루먼은 공화당원들에게 도전하고 있었다. 그리고 당대회 대의원들은 환희에 젖었다. 뉴욕 타임즈는 그가 "대회에 불을 질렀다"고 말했다. 크라크 클리포드는 트루먼이 북 같은 연설을 할 힘과 영감을 발견했다고 기억했다. 좌·우의 비평가들은 불리함 속에서도 그런 용기와 호감에 의해 그리고 군중에 미친 그의 영향에 의해 마지못해 감동을 받았다고 인정했다. 그들은 이것이 가장 전투적인 수락연설이라고 느꼈으며 그들은 그가 자기의 귀퉁이 싸움에서 나왔다는 사실을 좋아했다. 그것은 큰 행사에 어울리는 위대한 연설이었으며 그것을 듣는 동안 내가 박수를 치고 있는 것을 발견했다고 맥스 러너

---

295) *Ibid.*
296) *Ibid.*

(Max Lerner)는 기록했다.[297]

　공화당원들은 그에게 노골적인 정치를 하고 있다면서 의회의 특별회의의 요구는 필사적 인간의 행동이었고 소멸하는 행정부의 마지막 히스테리컬한 헐떡거림이라고 비난했다. 물론 그것은 정치였고 또 효과적인 정치였다. 트루먼이 의도한대로 그것은 무엇보다도 의회에 초점을 맞추고 공화당의 분열을 도모했다. 그것은 제80차 의회를 문제 삼았고, 또 공화당을 수세로 몰아넣었다. 하원의장인 조 마틴(Joe Martin)이 트루먼은 정치전략가로서 악마같이 기민했다고 후에 인정했다. 필라델피아에서 워싱턴으로 돌아온 트루먼은 백악관에서 자기의 달력에다 7월 15일을 적어 넣었다.

　　"크레믈린과의 투쟁에는 행정부에 상당한 정치적 이득이 있다. 위기시에 미국시민들은 대통령을 지지하는 경향이 있다. 그리하여 그런 식으로 생각하면 베를린 위기는 한계만 지켜진다면 트루먼을 위해 주문된 것이다"라고 제임스 로우(James Rowe)는 1948년 정치전략의 개요를 작성하는 노력에서 썼다.[298] 그러나 트루먼이 말했거나 썼던 어떤 것에도 정치적 이득을 위해 그가 상황을 이용하는 징표는 없었다. 오히려 그 시점에서 트루먼은 대통령으로서 그가 감내해야 하는 막중한 책임이 대통령직을 수행한 이래 그 어느 때보다도 그를 보다 무겁게 짓눌렀다.

　의사당에서 의회의 특별회의가 열렸다. 그 날 늦게 트루먼은 또 하나의 놀라운 행동을 했다. 아무런 사전 경고도 없이 트루먼은 군대

---

297) *Ibid.*
298) David McCullough, *TRUMAN,* New York: Simon & Schuster, 1992, p. 643.

내에서 차별을 종식시키고 공직에서 공정한 고용을 보장하는 행정 명령을 발표했다.[299] 다음 날 그가 의회에 나타났을 때 영접은 현저하게 냉담했다. 그들의 분노를 나타내듯 어떤 의원들은 그가 입장할 때 자리에서 일어서기조차 하지 않았다. 트루먼은 민권을 포함하여 8개 항목의 조치를 요청했다. 그것들은 소비자 신용의 통제, 초과 이윤에 대한 세금, 강화된 임대통제, 가격통제, 인상된 최저임금, 그리고 가톨릭과 유대인들에게 차별적인 추방된 사람들을 위한 법안으로 모두가 트루먼이 과거에 요청했지만 거부된 것들이었다.

의회는 2주간 열렸지만 트루먼이 예상한 대로 아무것도 달성되지 않았다. 그것은 오직 공화당 지배의 의회가 나라의 사회적 발전에 거대한 걸림돌이고 그리고 공화당의 약속과 실천 사이에는 거대한 격차가 있다는 것을 보여주었을 뿐이었다. 8월 4일 의사당에서 "하원의 비미국적 활동위원회"(the House Un-American Activities Committee)에서 타임(*Time*)지의 편집장, 휘택커 챔버스(Whittaker Chambers)가 카네기 재단의 회장이며, 한때 뉴딜의 총명한 젊은이였고, 루즈벨트와 트루먼 두 행정부의 전 관리로서 국무성에서 14년간 근무했던 앨저 히스(Alger Hiss)가 공산주의 네트워크의 공범행위를 증언했다. 이 소식은 워싱턴을 뒤흔들었다.

1948년 9월 17일 트루먼은 전국 유세여행을 시작했다. 그는 총 21,928마일을 여행할 것이다. 이것은 지구를 한 바퀴 도는 거리이고,

---

299) *Ibid.*, p. 651.

또 거의 마젤란(Magellan)의 항해 거리였다. 대통령의 전용 기차의 이름도 "페르디난드 마젤란"이었다. 이 유세 작전은 트루먼 자신의 아이디어였다. 그는 사람들을 만나고 싶어 했다. 트루먼의 원래 의도 는 깊은 남부의 주들을 포함하여 48개 주 모두에 가는 것이었다. 그리하여 총 33일간 그의 전용열차 마젤란은 빠르게 돌아가는 정치적 순회공연의 중심 무대였다. 역사상 어느 대통령도 국민의 지지를 추구하여 그렇게 멀리 간 적이 없었다. 또한 어느 대통령 후보도 트루먼처럼 철도로 그런 유세작전을 시도하지 않을 것이다.300) 그것은 참으로 전무후무한 유세 작전이었다. 그 때 트루먼의 나이가 64세였다.

전국적 유세를 하면서 그는 오직 한 가지 전략만을 갖고 있었다. 그것은 공격하고, 공격하고, 또 공격하여 적진으로 싸움을 끌고 가는 것이었다. 그는 연설에서 공화당에 맹공을 퍼부었다. 유세의 청중 사이에서 누군가가 "그들에게 지옥을 안겨줘라, 해리!"고 소리쳤다. 그 말은 곧 전국을 휩쓸었다. 그 말은 특히 트루먼이 제80차 의회를 공격할 때 웃음과 승인의 외침이 항상 터져 나왔다. 그러나 트루먼은 공화당 후보자 듀이(Dewey)를 개인적으로 비판하거나 조롱하지 않았다.301) 그의 전용기차에서도 듀이는 논의의 대상조차 된 적이 없었다. 듀이의 개성이나 실패들에 관한 얘기가 전혀 없었고, 그에 관한 가십(gossip)도 없었고, 심지어 개인적 근거에서 그를 공격할 어떤 고려도 없었다. 대통령이 듀이를 언급한 것을 회고조차 할 수 없

---

300) David McCullough, *TRUMAN,* New York: Simon & Schuster, 1992, p. 655.
301) *Ibid.* p. 668.

을 것이다. 해리 트루먼은 참으로 신사다운 정치인이었고 정치인이기엔 너무 고결한 인물이었다.

10월 2일 일요일 오전에 워싱턴의 유니온 스테이션에서 기다리는 군중들에게 그는 이제 싸우기 시작했다며 며칠 후에 다시 유세하러 나갈 것이라고 말했다. 그의 영부인과 딸 그리고 그의 언론담당 비서 등 다른 사람들은 모두가 지쳐 보였지만 대통령은 그렇지 않았다. 10월 10일 일요일 트루먼은 다시 기차에 몸을 실었다. 여론조사에서 여전히 뒤지고 있었지만 트루먼은 여전히 자신감을 내비쳤다. 이제 선거는 단지 3주 앞으로 다가왔다.

수개월 동안 엘리너 루즈벨트(Eleanor Roosevelt)로 하여금 트루먼을 돕는 뭔가를, 어떤 말이든 하도록 설득하려는 노력이 있었다. 그러나 아무런 소용이 없었다. 트루먼은 어떤 그런 노력에도 끼길 거부했다. 그녀가 유엔회의에 참석하고 있는 파리에서 그녀는 트루먼이 약하고, 유유부단하고, 빈약한 정치적 임명을 한다면서 그 때까지 트루먼을 인정하지 않았다. 그러나 이제 마지막 순간에 민주당원들이 뉴욕에서 이기길 희망하면서 그녀는 마음을 바꾸었다. 그리하여 "미국 국민들에게 한 사람이 보다 많은 용기와 신임을 보여준 선거운동은 결코 없었다"고302) 파리에서 방송을 통해 말했다.

선거운동의 마지막 집회는 장면과 해리 트루먼이 공직의 후보자로서 행할 마지막 연단의 출현은 빈 자리가 없었던 세인트 루이스(St. Louis)에 있는 거대한 키엘 강당(Kiel Auditorium)이었다. 그의 참모들이 준비한 연설문을 무시하고 그는 공화당의 의회, 공화당 언론,

302) *Ibid.*, p. 702.

공화당의 옛 거래자들, 그리고 공화당 후보자를 공격하고 마지막으로 비난했다. 발을 구르는 환호성이 그가 계속하도록 촉구했다. 그는 자신이 잘 마쳤다고 느꼈다. 어쨌든 그는 자기가 아는 방법으로 최선을 다했다. 그의 유세를 위한 길었던 대서사시 오디세이는 10월 31일 일요일에 끝났다.

선거 당일 5시에 기상하여 평소 하던 아침 걷기를 하고, 신문들을 읽고, 아침식사를 했다. 그리고 기자들과 사진기자들이 모여든 가운데 그와 영부인 베스 그리고 딸 마가렛이 메이플 에비뉴(Maple Avenue)에서 3구역 떨어진 기념 홀(Memorial Hall)에서 투표를 했다. 최종 갤럽 조사는 그가 듀이의 리드를 줄이기는 했지만 그럼에도 불구하고 듀이가 49.5 대 44.5로 상당한 5포인트를 여전히 앞서가고 있었다. 뉴욕 타임즈(*The New York Times*)는 345 선거인단으로 듀이의 승리를 예측했다. 월 스트리트 저널(*The Wall Street Journal*)은 토마스 듀이 대통령 하에서도 정부는 크고, 적극적이며, 비싼 정부가 계속될 것이라고 말했다. 타임(*Time*)과 뉴스위크(*Newsweek*)는 듀이의 웃음을 내다보았다. 라이프(*Life*)의 새 판은 듀이를 다음 대통령이라고 전면 사진을 실었다. 맨체스터 가디언(*Manchester Guardian*)의 특파원인 알리스테어 쿠크(Alistair Cooke)는 11월 1일자 전송문을 "해리 S. 트루먼, 실패의 연구"라는 제목으로 보냈다. 다른 신문이나 잡지들도 거의 비슷한 전망을 내놓았다. 선거 전날 마지막 칼럼에서 알소프(Alsop) 형제는 "어떻게 정부가 레임덕 다음 10주간을 헤쳐 나갈 것인가: 사건들은 토마스 듀이가 해리 S. 트루먼을 대체할 때까지 참고 기다리지 않을 것"이라고 걱정을 늘어놓았다.

선거운동 참모들 사이에서는 신체적 및 정신적으로 지친 상태여서 시련이 끝났다는 안도감이 있었지만 결과에 대한 합리적 판단의 능력은 거의 배제되었다. 대통령에 대한 그들의 헌신은 그 어느 때보다 더 컸었지만 그러나 그것은 다른 문제였다. 그러나 누군가는 정직하게 트루먼이 성공할 것이라고 생각했다. 워싱턴에서 조용한 하루를 백악관에서 보낸 뒤 이븐 아이어스(Eben Ayers)가 그의 개인적 일기장에 자신의 놀라운 상황분석을 했다. 그는 대통령이 아주 좋은 기회를 갖고 있다고 말했다. 선거유세에서 그를 보러 나온 군중의 수가 꾸준히 늘었다. 그들은 단지 호기심에서 나오지 않았다. 다른 조건들이 대통령에게 유리하고 나라의 일반적 번영이 유리했다. 듀이의 개성과 선거운동은 유권자들을 끌어들이는 것이 아니었다. 그는 호감의 대상이 아니었다. 이것은 보편적 합의다.[303]

선거일 오후 늦게 트루먼은 무대에서 사라지기로 결정했다. 그것은 기이한 움직임이었고 결코 설명되지 않았다. 트루먼은 모든 사람들과 모든 것으로부터 벗어나 혼자 있고 싶은 인상이었다. 오직 그의 가족과 비밀 경호원들만이 그가 어디로 가고 있는지를 알고 있었다. 다음 날 개표결과가 나오기 시작했다. 미주리 시간으로 8시까지 듀이가 뉴욕, 펜실베니아 같은 핵심적 동부 주에서 앞서고 있었지만 트루먼이 전반적·전국적으로 일반투표에서 앞서고 있었다. 9시경 트루먼은 짐 로울리(Jim Rowley)를 방으로 불렀다. 그는 잠을 좀 자려고 하는데 로울리에게 만일 중요한 일이 발생하면 자신을 깨우라고

---

303) *Ibid.*, p. 704.

지시했다. 기자들은 대통령이 출연하기를 기대하고 있었다. 그들은 기다리고 또 기다렸다. 밤 11시까지 비록 여러 명의 뉴스 해설가들과 공화당 의장인 브로우넬(Brownell)이 여전히 듀이의 승리를 예측하고 있었지만 믿을 수 없을 정도로 트루먼이 일반투표에서 여전히 앞서고 있었다. 자정쯤 트루먼은 잠에서 깨어나 라디오를 켰다. 대통령이 비록 1백 2십만 표 앞서고 있지만 그는 여전히 틀림없이 패할 것이라는 정치 해설가의 소리를 듣고 라디오를 끄고 다시 잠들었다.

새벽 4시경에 아주 갑자기 조류가 변했다는 소식이 들어왔다고 로울리는 기억했다. 그래서 그는 트루먼의 방으로 들어가 그에게 "우리가 이겼다"고 말했다. 그리고 그는 라디오를 켰다. 비록 오하이오와 일리노이 같은 핵심 주에서 농촌 표가 아직 검표되지는 않았지만 트루먼은 2백 만 표 앞섰다. 뉴스 해설가는 아직도 어떻게 트루먼이 선출 가능할지를 알지 못했다. 트루먼은 "우리가 그들을 이겼다"고 말했다. 로울리는 자동차를 준비하라는 지시를 받았다. "우리는 캔자스 시티로 갈 것이다." 날이 막 밝아오는 새벽 6시 수분 전에 트루먼의 숙소인 뮐레바흐 호텔(Muehlebach Hotel)의 정문 앞에 검정색 포드 자동차가 들어섰다. 거리는 텅 비어 있었다.

17층 펜트하우스인 대통령 선거 본부에서 트루먼은 깨어 있는 네 사람을 발견했다. 매트 코넬리, 빌 보일, 그리고 두 명의 캔자스 시티 변호사인 제롬 월시(Jerome Walsh)와 젊은 리먼 필드(Lyman Field)였다. 그들은 트루먼을 위해 전 미주리에서 유세를 했다. 이제 그들은 가장 가까이서 대통령과 악수하고 그에게 축하하는 첫 번째 사람들이 되었다. 비록 듀이가 뉴욕, 뉴저지, 펜실베니아, 그리고 미시간을 가져갔지만 트루먼은 매사추세츠에서 이겼고 옛 남부에서 4개 주를 제외한 모든 주를 가져왔다. 그리고 트루먼은 위스콘신, 아이오와, 그리고 콜로라도에서 앞서고 있었다. 그는 일리노이, 오하이오, 그리고 지금까지는 중요한 캘리포니아에서 근소한 차이로 앞서고 있었다. 일반투표에서 트루먼은 거의 2백만 표가 앞섰다. 그러나 듀이는 아직 패배를 인정하지 않았다.

그러나 그 방에 있는 사람들에게 가장 인상적인 것은 바로 그런 순간에 트루먼의 완벽한 침착성이었다. 리먼 필드에게 대통령은 전적으로 무관심한 것 같았다. 여기에 모든 표시로 보아 미국 역사상 가장 큰 정치적 뒤집기를 막 하려는 사람이 있었다. 그는 칼럼리스트와 여론 조사자들의 전국적 합창은 말할 것도 없고 모든 전문가들, 양당의 프로들을 부끄럽게 만들었다. 자기 당에서 단지 지명을 받기 위해 싸워야 했던 대통령은 모두가 이길 수 없다고 말하는 상대를 이기고 있었다. 그것은 그의 긴 정치적 삶에서 최고 승리의 순간일 뿐만 아니라 지금까지 모든 미국의 정치인의 가장 큰 개인적 승리들 중의 하나였다. 그러나 승리의 목전에서 트루먼은 아무런 특별한 일도 없었다는 듯이 거기에 앉아 있었다. 그는 동일한 해리 트루먼이었다. 그것은 여전히 그에게 경이로운 그 날 아침의 기억이었다고 필드는 40년 후에 말할 것이다.[304] 제롬 월시도 트루먼의 완전한 평정에 너무도 감동하여 친구에게 쓴 편지에서 모든 것이 여전히 생생할 때 그 장면을 기록하기로 결정했다.

---

304) David McCullough, *TRUMAN,* New York: Simon & Schuster, 1992, p. 708.

"나는 대통령이 전체 상황을 직면했을 때 마치 그가 2주 전에 점치는 구슬에서 답변을 읽은 것처럼 그가 상황을 당연시하는 태도, 즉 믿을 수 없는 냉정함에 우리가 느낀 경악스러움을 당신에게 전하려 한다. 오전 6시에 듀이 주지사가 패배의 인정을 거부할 충분히 많은 이유가 있었다. … 그러나 그 시간에 트루먼은 그 문제에 별로 관심이 없어 보였다. 그에게 선거는 이겼으며, 그가 자신의 싸움을 국민들에게 끌고 가기 시작한 이래 항상 그랬던 것처럼 이겼다. 그리고 그의 마음은 이미 자기 프로그램의 다른 측면들에 이미 가 있었다. … 대통령의 평온함은 공직에서 수년간의 위기가 그에게 아주 큰 내적 힘의 비축과 의지할 규율로 그를 무장시킨 것을 우리 모두에게 암시한다고 나는 생각한다."[305]

월시는 에이브러햄 링컨을 생각하지 않을 수 없었다. 그는 "이것이 감상적 토로인가?"를 묻고 자기는 그렇게 생각하지 않는다고 스스로 답했다. 찰리 로스(Charlie Ross)는 6시 30분에 그를 흔드는 누구인가에 의해서 잠에서 깼던 것을 기억할 것이다. "내가 눈을 올려 떠보니 내 침대 옆에 씩 웃고 있는 보스가 있었다"고 회고했다. 트루먼은 영부인 베스와 딸 마가렛에게 전화를 걸었고 그들은 그의 목소리에 눈물이 터져 나왔다. 8시 30분까지 오하이오가 트루먼으로 가서 선거인단 270표로 그를 1위로 올렸다. 9시 30분에 일리노이와 캘리포니아에서 승리자로 선언되었다. 지금까지 민주당도 의회의 양원에 대한 통제를 획득한 것이 분명했다. 10시 14분에 듀이는 패배를 인정했다. 17층 선거 본부에서 사나운 박수소리가 터져 나왔고 스위트의 문이 열리자 보다 많은 친구들과 정치인들, 그리고 기자들이 밀

---

305) *Ibid.*, p. 709에서 재인용.

고 들어왔다. 트루먼은 악수를 하면서 고맙다는 말을 계속했다. 그리고 그의 두꺼운 안경 뒤 그의 눈에는 눈물이 가득했다.

수분 후에 그의 고향 인디펜던스에서는 모든 종과 휘슬, 사이렌과 자동차의 경적 소리가 즉시 울렸다. 승리의 축하 계획은 마을의 누구에게도 결코 생각나지 않았지만 그러나 이제 로저 서면(Roger Sermon) 시장이 재빨리 휴일을 선언했다. 학교는 문을 닫았고 그 날의 끝자락에 자랑스러움과 선의의 자연스러운 포효 속에서 4천 명의 사람들이 광장에 밀집하여 승리한 고향의 아들을 보고 또 존경심을 표했다. 마을의 역사상 가장 큰 군중에 의해 눈에 띄게 감동을 받은 트루먼은 작은 연단에서 축하는 자기보다는 나라를 위한 것이라고 불렀다.

미국인들은 어리둥절했다. 그것은 "놀라운 승리", "경악", "큰 기적"이라고 불리었다. 뉴스위크(Newsweek)는 표지에서 트루먼을 "기적의 사나이"(the Miracle Man)라고 말했다.[306] 트루먼은 미국의 대통령 정치의 연대기에서 가장 불리한 경우에 대항하여 승리를 거두었다. 어떤 여론조사 기구도 그것의 예측에서 정확하지 않았다. 단한 사람의 라디오 해설가나 신문의 칼럼리스트도, 혹은 선거운동을 취재한 수백 명의 기자들 가운데 어느 누구도 결과를 맞추지 못했다. 모든 전문가들은 틀렸음이 입증되었고 그래서 전국에 걸쳐 커다란 비웃음 소리가 일어났다. 사람들은 소위 뭘 좀 안다는 사람들을 바보로 만들었다. 가장 믿을 수 없는 일은 오직 해리 트루먼 혼자만이 자기가 무슨 소리를 하고 있는지를 아는 유일한 사람으로 밝혀졌다.[307]

---

306) David McCullough, *TRUMAN,* New York: Simon & Schuster, 1992, p. 710.
307) *Ibid.*

라디오 코미디언인 프레드 앨런(Fred Allen)은 갤럽에서 지고 걸어서 승리한 최초의 대통령이라고 말했다.

라이프(*Life*)지의 운영 편집장인 조셉 손다이크(Joseph Thorndike)가 트루먼의 승리는 주로 그의 개인적 승리라고 말했다. 그리고 이것이 선거 후 첫 판에서 타임(*Time*)지가 내린 결론으로 드러났다. 정치인 트루먼에게 보내는 헌사에서 그 잡지는 "그는 모든 것을 혼자 해냈다"고 말했다.[308] 그는 미국정치에서 새로운 챔피언이었으며 부활하는 민주당의 절대적 보스였다. 라이프(*Life*)에서 중심 얘기의 헤드라인은 "트루먼은 정치적 기적을 이룬다"였다. 이제 트루먼은 빛나는 장관들의 지속적 영웅이고 선거운동을 한 가장 잘 싸우는 사람들 중 한 사람이었다. 샘 레이번 상원의원은 해리 트루먼이 승리의 90%를 해냈다고 말했다. 11월 4일 마샬은 트루먼에게 쓴 편지에서 "당신은 나에게 말한 것을 그대로 해냈고 그 밖에 누구도 가능하다고 믿지 않은 것을 해냈다"고 말했다. 클라크 클리포드는 트루먼의 승리에 대해서 이렇게 말했다.

"트루먼은 좋은 정치인이다. … 감각이 있는 정치인이다. 그러나 그것은 그가 대통령으로 선출된 이유가 아니다. 그것은 그 남자에게 있는 놀라운 용기였다. 낙담의 거부, 선거운동의 고통, 즉 피로를 감내할 용의, 그리고 가는 길의 모든 단계에서 싸우려는 의지, 이기려는 의지 … 승리한 것은 정치인 해리 트루먼이 아니었다. 그것은 사나이 해리 트루먼이었다."[309]

---

308) *Ibid.*, p. 717.

309) David McCullough, *TRUMAN*, New York: Simon & Schuster, 1992, pp. 717-718에서 재인용.

11월 4일 목요일 이른 아침에 세인트 루이스(St. Louis)에서 잠시 멈추는 동안에 전용기차 "페르디난드 마젤란"의 뒤쪽 플랫폼으로 다가가자 사진기자들이 다른 어떤 유세보다도 더 기억되고 즐길 사진을 찍었다. 트루먼은 기자들과 담소하면서 미소를 짓고 있었다. 그때 누군가가 트루먼에게 그가 별로 좋아하지 않는 신문인 시카고 트리뷴(*The Chicago Tribune*)지 한 부를 그에게 건네주었다. 그 신문은 전면에 걸쳐 거대하고 곧 유명하게 될 "듀이 트루먼을 패배시키다"(DEWEY DEFEATS TRUMAN)라는 헤드라인을 갖고 있었다.[310] 그 신문을 양손으로 높이 쳐들고 활짝 웃으면서 보다 좋은 싸움의 기회를 부여받지 못했던 사람이 "신문에서 읽는 모든 것은 믿지 말라"고 말할 뿐만 아니라 동시에 미국에선 결정하는 것은 여전히 국민들이라고 말하고 있는 것 같았다.[311]

11월 5일 금요일 트루먼은 의기양양하게 워싱턴으로 돌아왔다. 환영은 수도의 역사에서 대통령을 위한 가장 크고 가장 열정적인 분출이었다. 하루 전에 워싱턴에서 흥분이 너무 커서 신문들은 아마도 50만 명의 군중이 모여들 것으로 예고했다. 그러나 적어도 그 도시 인구의 2/3인 75만여 명이 유니온 스테이션에서 백악관으로 가는 길에 줄을 섰다. 워싱턴 포스트(*Washington Post*)의 석조 건물 앞을 지나갈 때 트루먼은 "까마귀 고기를 먹는 자들로부터 귀환의 환영"(Welcome Home from Crow-Eaters)이라는 2층에 걸려있는 커다란 표지를 올려 다 보았다.

---

310) Alonzo L. Hamby, *Man of the People: A Life of Harry S. Truman,* New York; Oxford University Press, 1995, p. 463.
311) David McCullough, *TRUMAN,* New York: Simon & Schuster, 1992, p. 718.

선거 다음 날, 포스트 신문사의 직원이 그에게 "까마귀 연회"에 참석을 요청하는 전보를 보냈다. 이 연회장에서는 모든 신문사의 편집 작가들과 정치부 기자들, 여론 조사자들, 라디오 해설가들, 그리고 칼럼리스트들이 초대받을 것이다. 주된 요리는 늙은 까마귀 고기 (old crow en glace)였다. 트루먼에게만 칠면조 고기가 나올 것이다. 주빈의 복장은 하얀 넥타이일 것이며 다른 사람들에겐 상복이 될 것이다. 이에 대한 답장에서 트루먼이 자기는 "어느 누구에게도 뽐내고 싶은 욕망이 없으며 또한 누군가가 상징적이든 다른 이유에서든 까마귀 고기 먹는 것을 보고 싶지 않다. 우리는 이제 모두가 함께해야 한다. 그리고 모두가 원할 때는 언제나 칠면조 고기를 먹을 수 있는 나라를 만들 것"이라고 썼다.312) 백악관에서 트루먼은 북쪽 현관에 마련된 마이크 앞으로 다가가 감사를 표했다. 펜실베니아 에비뉴의 전체와 라파예트 광장의 전부, 그리고 그의 눈에 보이는 모든 곳에 사람들이 있었고 손을 흔들고 환호하며 그의 이름을 불렀다.

---

312) *Ibid.*, p. 719.

제9장
베를린 공수(Airlift)작전과 NATO의 창설

"우리는 평화를 위한 대가를 지불할 각오를 해야 한다.
그렇지 않으면 우리는 틀림없이 전쟁의 대가를 지불할 것이다."
-해리 S. 트루먼-

트루먼 독트린과 마샬 플랜이 발표된 뒤에 소련인들은 미국이 유럽에서 자기들의 영향력에 도전하는 침략작전을 시작하는 것으로 보았다. 그에 대한 응전으로 스탈린은 동유럽 정부들로부터 비공산주의자들을 숙청하고 만일 그들이 처형이나 투옥에서 탈주할 만큼 행운이 있다면 그들의 조국을 탈출하게 함으로써 폴란드, 헝가리, 그리고 불가리아에 대한 지배권을 강화했다. 체코슬로바키아와 독일은 모스크바의 최대 관심사였다. 1948년 2월과 3월에 대표적 선출된 정부가 있던 프라하(Prague)에서 소련인들은 비공산주의 장관들을 그들의 사무실에서 강제로 쫓아냈다. 건강이 좋지 않았던 친서방 대통령인 에드바드 베네스(Edvard Benes)가 사임했다. 외무상인 얀 마사리크(Jan Masaryk)와 다른 서방과 민주주의의 친구는 높은 건물에 있는 사무실에서 투신하여 자살했다고 주장되었다. 그러나 진실은 소련의 첩자들이 그를 살해했다는 것이다.

모스크바는 미국, 영국, 그리고 프랑스 점령지대에서 서독 국가를 수립하는 것에 관해 미국과 서유럽 관리들 사이에 2월 23일부터 3월 6일까지 개최하는 런던회의에 의해서 특별히 자극을 받았다. 중유럽에서 또 다시 경제적 및 군사적 강대국이 될 잠재력을 가진 부활된 독일보다 더 소련 지도자들을 공포스럽게 하는 것은 없었다. 모스크바의 관점에서 볼 때 똑같이 염려스러운 것은 3월 17일 영국, 프랑스, 벨기에, 네덜란드, 그리고 룩셈부르크 사이에 50년간 상호방위 협약에 대한 발표였다. 모스크바는 브뤼셀 조약(the Brussels Pact)으로 알려진 이 협약을 방위조약이 아니라 동부의 공산주의 국가들을 표적으로 하는 공세적 동맹으로 보았다.313)

3월 17일 브뤼셀 조약에 관한 소식이 확산되는 가운데 트루먼 대통령은 의회의 합동회의에서 공산주의자들의 체코 민주주의의 파괴를 비난하고 소련의 도전에 맞설 미국의 결의를 강조했다. 그는 의회에 마샬 플랜의 자금을 충분히 대고, 일반적 군사훈련법을 입법화하고, 그리고 징집을 복귀시킬 것을 요청했다. 비록 정치가 그 연설의 주된 동기는 분명히 아니었었지만 그의 수사학은 잠재적 유권자들에게 자신의 지위를 부상시키도록 계산되었다. 트루먼과 선거운동 보좌진들에게 단호한 반공노선이 다가올 선거전에서 상당한 자산일 것임은 분명했다. 트루먼은 트루먼 독트린의 언어를 사용하면서 오직 헌신적 미국만이 같은 마음을 가진 사람들을 도울 수 있는 범세계적 공산주의와 민주주의 간의 투쟁을 묘사했다. 그의 복음주의는 뉴욕

---

313) Robert Dallek, *Harry S. Truman,* New York: Times Books, 2008, p. 73.

에서 그 날 밤에 행한 연설에서 훨씬 더 분명해졌다. 여기서 그는 의회에 대한 자기의 요청을 재천명하고 미국이 무신론적 동방과 독실한 서방 사이의 투쟁, 즉 폭군과 자유 사이의 투쟁을 수행하고 있다고 묘사했다.314)

트루먼 대통령의 연설들은 동서긴장을 심화시켰다. 각자는 상대방이 유리한 위치를 획득하지 못하게 막으려는 방어적 조치들을 반대쪽에서는 침략행위로 간주했다. 미소의 지도자들은 다같이 소위 제로섬 심리상태에 빠져들고 있었던 것이다. 그런 상호불신은 장기적 갈등의 공식(formula)이었다. 1948년까지 미국과 소련 간의 긴장은 완전히 달아올랐다.

1948년 3월 트루먼은 휴가를 위해 플로리다주의 키 웨스트(Key West)로 갔다. 3월 3일 그는 그곳에서 상황이 어두워 보였다. 소련이 아무런 합의도 지키지 않았다. 그래서 "우리는 1938~1939년에 영국과 프랑스가 직면했던 바로 그 상황에 있다"라고 자기 딸에게 보낸 편지에서 말했다. 이틀 후인 3월 5일 베를린에 있는 루키우스 클레이(Lucius D. Clay) 장군의 1급 비밀 전문이 왔다. 그것은 베를린에서 소련 태도의 염려스러운 변화들, 즉 미국인들이 공식적인 관계를 갖는 모든 소련인들에게서 새로운 긴장감을 보고했다. 최근까지 클레이는 적어도 10년 동안 또 다른 전쟁이 있을 것 같지 않다고 느꼈다. 그러나 이제 그의 느낌은 전쟁이 언제든 극적인 기습으로 올 수 있다는 것이다.315)

---

314) *Ibid.*, p. 74.
315) David McCullough, *TRUMAN*, New York: Simon & Schuster, 1992, p. 603.

만일 클레이 장군의 전문의 목적이 의회에 인상을 주려는 것이라면 이것은 당시에 제대로 이해되지 않았다. 그리고 워싱턴에 미친 효과는 놀랍고 전적으로 실제적이었다. 브래들리(Bradley) 장군이 그것은 자기를 자리에서 벌떡 일어나게 했다고 후에 말했다. 당시 저명한 칼럼리스트인 조셉 알솝(Joseph Alsop)와 스튜어트 알솝(Stuart Alsop) 형제는 그들의 칼럼에서 "오늘날 워싱턴의 분위기는 더 이상 전후(postwar)가 아니라 그것은 전전(prewar)이다"라고 말했다.316)

3월 20일 독일에 대한 연합국 통제위원회가 베를린에서 모였을 때 그 모임은 독일의 미래에 대한 비방적 논쟁으로 전락했다. 소련의 군사적 대표는 미국, 영국, 그리고 프랑스를 소련의 이익을 무시하고 서독의 자치를 향해 나아가고 있다고 비난했다. 이에 대한 반응으로 소련인들은 독일 점령에 대한 동서합의를 지탱하는데 위원회의 논의가 무용한 것이기에 포기한다는 의도를 선언했다. 3월 31일 독일 점령지대 미군 사령관인 루키우스 클레이(Lucius D. Clay) 장군은 소련지대를 통과해 베를린으로 가는 미국의 군인이나 민간인은 개인적인 서류를 제출해야만 할 것이며 개인적 소장품은 소련의 검사를 받아야 할 것이라는 24시간 통보를 받았다. 마찬가지로 미군 점령군의 사용을 위해 군용차량으로 베를린에 들어오는 모든 화물도 소련 사령관의 허가가 필요했다.317)

4월 1일 소련인들은 미국 군사당국에게 그들은 군인이든 민간인이든 모든 미국인들이 베를린과 서방점령지대를 연결하는 110마일의

---

316) *Ibid.*
317) John Tusa and Ann Tusa, *The Berlin Airlift: The Cold War Mission to Save a City,* New York: Skyhorse Publishing, 1988, p. xv.

회랑을 통과할 때 신분 조사를 받게 될 것이라고 통보했다. 미국이 소련의 요구를 점령 권리의 위반이라고 저항하고 또 도로 여행을 베를린으로 제한된 공수작전으로 대치하자 위기는 곧 사라졌다. 그러나 베를린 주둔 미군 사령관인 루키우스 클레이 장군은 이것이 만일 그들이 별도의 서독 국가를 수립하는 조치를 취하면 연합국들이 기대할 수 있는 것의 맛보기라고 예측했다.318) 소련과의 긴장은 독일에 국한되지 않았다. 모스크바가 노르웨이에 상호원조협약에 서명하도록 압력을 가할 것이라고 예측하는 정보에 대한 대응으로 트루먼 행정부는 의회에 브뤼셀 조약의 확대판이 될 북대서양을 위한 지역적 군사동맹의 참여를 승인하는 결의안을 지지하도록 요청했다. 미 상원은 아무런 논쟁도 없이 그 제안을 승인했다. 서방국가들이 통화팽창에 시달리는 서독과 베를린의 점령지대에서 피폐한 서독 경제의 재건을 위해 새로운 단일 화폐를 발행했을 때 이것을 서독 국가 수립의 결정적 조치로 간주한 소련인들이 베를린의 서방지대에 봉쇄를 발표했다.

1948년 6월 24일 목요일 오전 6시, 제3차 대전의 촉발을 위협하는 위기가 발생했다. 소련인들이 갑자기 베를린을 드나드는 모든 철도, 도로, 그리고 수로의 봉쇄를 단행했다. 상황은 아주 위험했다. 분명히 스탈린은 서방 연합국들을 베를린 시로부터 강제로 철수시키려고 시도하고 있었다.319) 베를린에서 미국 점령정부의 허풍쟁이 수장인 프랭크 하울리(Frank Howley) 대령에게는 징기스칸(Genghis Kahn)이 점령한 도시들을 해골의 피라미드로 만든 이래 역사상 가장 야만스

---

318) Robert Dallek, *Harry S. Truman,* New York: Times Books, 2008, p. 75.
319) David McCullough, *TRUMAN,* New York: Simon & Schuster, 1992, p. 630.

러운 사악한 결정이었다.[320]

    그리하여 6월 28일 월요일 트루먼은 완전한 공수(airlift) 작전을 명령했다. 바로 그 날 그는 B-29의 2개 비행중대를 독일로 파견했다. 베를린 공수(the Berlin Airlift) 작전은 전후 시대에서 가장 눈부신 미국의 성취였으며 또한 서방의 비공산 유럽의 사기에 강력하게 영향을 미친 트루먼 대통령의 가장 자랑스러운 결정들 가운데 하나였다.[321] 트루먼의 재선을 위한 가동뿐만 아니라 냉전의 전과정이 이 시점에서는 결코 분명하지 않았다. 베를린에서 사태가 어떻게 될지는 아무도 알지 못했다. 트루먼도 예외가 아니었다. 참모총장으로 아이젠하워를 대체한 브래들리(Bradley) 장군은 그들이 대규모 소련 군사력에 코를 맞대고 있을 때 대통령은 너무 막연해하고 있다고 생각했다. 큰 도시가 아주 제한적인 시간 동안 전적으로 공수에 의해 조달되기를 기대하는 것은 절대 현실적으로 보이지 않았다.

    자신의 결정을 하는데 있어서 당시의 정치적 열기와 혼란에도 불구하고 트루먼은 백악관의 누구와도 혹은 그의 정치 보좌진의 누구와도 상의하지 않았다. 조지 엘시(George Elsey)가 회고하기에는 베를린 봉쇄 기간 내내 백악관의 참모는 어떤 결정이나 수송작전을 수행하는 어떤 집행에도 아무런 직접적인 역할을 하지 않았다고 한다.[322] 베를린 위기를 처리하는 대통령의 솜씨가 그를 어떻게 보일까 혹은 어떤 정치적 이득이 얻어지게 될 것인가에 대한 얘기가 전혀 없었다. 또한

---

320) Andrei Cherny, *The Candy Bombers: The Untold Story of the Berlin Airlift and America's Finest Hour,* New York: C. P. Putnam's Sons, 2008, p. 3.

321) David McCullough, *ibid.,* p. 631.

322) David McCullough, *TRUMAN,* New York: Simon & Schuster, 1992, p. 631.

트루먼은 공수작전이 성공하고 있다고 주장함으로써 자기 주변 사람들의 사기를 높이려고 노력하지도 않았다. 그는 단지 베를린에 남겠다는 자기의 의도를 강조하고 그가 말한 것을 정확하게 의미한다는 데 아무런 의심을 남기지 않았다.

워싱턴의 무더운 여름에 베를린에 대한 긴장은 거의 시간대로 고조되었다. 트루먼에게는 극단적으로 괴롭게도 국방장관 제임스 포레스틸(James Forrestal)은 비밀리에 원자탄의 관리를 군참모총장들에게 넘기려는 작전을 시작했다. 대통령의 집무실을 방문한 사람들은 그가 피로해 보이고 또 무엇인가에 사로잡혀 있는 것을 발견했다. 그는 베를린에 관해서 마음을 바꾸지 않았다. 미국의 병력은 남을 것이다. 7월 19일 그가 마샬과 포레스틸을 만나면서 그것이 자기의 결정이고 또 전쟁을 피하기 위해 모종의 타협에 도달하기 위한 모든 외교적 수단이 시도될 때까지 그것을 고수할 것이라고 말했다.[323] 그는 마샬처럼 베를린 시의 연합국 지대의 250만 주민들의 복지뿐만 아니라 서유럽의 미래가 베를린에 달려 있다고 확신했다. "우리가 그곳에 남기를 원한다면 힘의 과시를 해야만 할 것이다"라고 트루먼은 후에 기록했다. 그러나 "러시아의 대응이 전쟁으로 나아 갈 위험이 항상 존재한다." "우리는 러시아가 일부러 베를린을 전쟁의 구실로 삼으려고 선택할 가능성을 직면해야만 한다." 연합국은 베를린에 모두 6천 5백 명의 병력을 가지고 있지만 러시아인들은 독일의 동부 지대에 30만 명으로 추산되는 병력에 의해 뒷받침되는 1만 8천 명의 병력을 가지고 있었다.

---

323) *Ibid.*, p. 647.

공수작전이 4주째 접어들자 무겁게 실은 미국과 영국의 수송기들이 전천후로 하루에도 수백 번을 베를린으로 들어갔다. 가능하면 700톤의 식량이 아주 큰 작전인 항공기에 의해 포위된 도시로 수송될 수 있으리라는 것이 클레이 장군의 초기 추산이었다. 그러나 어떤 날에는 총 톤수가 이미 두 배가 되었고 이제는 거의 상상할 수 없게 되었다. 하늘에서 도착하는 석탄은 비행기 적재용량으로 도착하고 있었다. 조종사와 승무원들은 영웅적 노력을 하고 있었다. 때로는 항공기들이 매 4분마다 도착·착륙하고 있었다. 대부분의 항공기들은 프랑크푸르트에서 275마일 떨어진 베를린의 가토우(Gatow)나 템펠호프(Tempelhof) 활주로로 하루에 평균 3차례씩 비행했다. 지상의 승무원들은 24시간 일했다. "우리는 전쟁 중 우리의 공군을 자랑스러워했다. 오늘날 우리는 그것에 대해 더욱 자랑스럽다"고 뉴욕 타임즈는 말했다. 그럼에도 여전히 노력은 불충분했다. 7월 15일에 기록적인 그 날 1,450톤이 베를린으로 수송되었다. 그러나 그 도시를 지탱하기 위해서 식량만도 2,000톤이, 그리고 12,000톤의 연료와 공급품이 매일 필요했다. 겨울에는 연료의 요구가 훨씬 더 클 것이다.

베를린 시장은 공수로 필요한 식량과 석탄공급을 제공하는 것은 불가능할 것이라고 말했다. 베를린에서 연합국 관리들은 공중 회랑에서 러시아의 야크(Yak) 전투기들의 점증하는 활동에 관해 걱정했다. 로얄 육군장관은 대통령에게 보고하기 위해 클레이 장군에게 워싱턴으로 귀국하라고 명령했다. 트루먼은 그것이 실수라고 생각했다. 7월 22일 국가안보회의(National Security Council)의 회동에서 클레이 장군은 그것이 더 많은 고난을 의미한다고 할지라도 베를린의 주민들은 굳건히 견딜 것이라고 말했다. 어쩌면 소련인들이 이 단계에서 돌파할 육군 호위군에 의한 시도를 멈추려고 할 것이지만, 그러나 그들이 전쟁을 유발하려고 결심하지 않는 한 항공교통에 간섭할 것 같지는 않다고 클레이 장군은 말했다. 트루먼은 러시아가 전쟁을 원하느냐고 물었고 클레이는 그렇게 생각하지 않았다. 아무도 확신할 수 없었다. 트루먼은 호위군의 아이디어를 거절했다.324)

트루먼이 증가하는 공수작전으로 어떤 문제들이 파생될지에 관해 물었을 때 공군 참모총장인 호이트 반덴버그(Hoyt Vandenburg) 장군은 세계의 다른 곳에서 미국의 공군력이 위험스럽게 감소될 염려를 내비쳤다. 그러나 그것은 트루먼이 취할 모험이었다.325) 베를린에 머물겠다는 절대적 결심을 다시 표현하면서 트루먼은 공수작전이 굉장히 증가될 것이라고 결정했다. 거대한 C-54 수송기들이 더 많이 보내질 것이다. 클레이는 또 하나의 베를린 활주로의 건설을 명령했고 그에 대한 반응으로 3만 명의 베를린 시민들이 쓰레기들을 치우고 활주로를 닦기 위한 작업에 들어갔다.

추수감사절 직후 트루먼은 그의 대통령직의 가장 운명적 결정들 가운데 하나를 결정했다. 그것은 신장 수술을 받아야 하는 조지 마샬 국무장관이 은퇴하길 원한다고 해서 트루먼은 고심 끝에 딘 애치슨(Dean Acheson)을 후임자로 임명했다. 베를린 공수작전이 대단히 효과적으로 여전히 진행되고 있었지만 그 공수작전은 항상 그의 마음

---

324) David McCullough, *TRUMAN,* New York: Simon & Schuster, 1992, p. 648.
325) *Ibid.*

속에 있었다. 그런데 중국이 점점 걱정되었다. 마오쩌둥의 병력이 계속해서 승리를 거두고 있었기 때문이다. 도쿄로부터 맥아더 장군은 중국의 몰락은 국내적으로 공산주의 두려움이 악화되고 있는 상황에서 미국을 위험하게 할 것이라고 경고했다. 12월 15일 앨저 히스(Alger Hiss)가 위증으로 기소되었다. 언제나 새벽에 기상하는 그는 하루 종일 바빴다. 점심 식사 후 잠시 낮잠을 자고 난 후에 의원들과 각료들이 그의 집무실을 꾸준히 드나들었다. 그러는 와중에 트루먼은 당시에 어느 누구도 큰 중요성을 부여하지 않았던 대한민국으로부터 마지막 미군의 철수를 승인했다. 그리고 새해 첫날, 신생 대한민국을 승인하는 성명서를 발표했다.[326]

1949년 1월 5일 수요일 트루먼은 새해 제81차 의회에 연두교서 메시지를 전달하기 위해서 의회로 갔다. 트루먼은 작년에 옹호했던 동일한 진보적인 사회적 조치들을 요구했다. 단지 그는 그의 국내 개혁 프로그램에 "공정한 처우"(the Fair Deal)라는 새로운 이름을 붙였다. 그 이름은 그가 지은 것이며 거의 아무도 경청하지 않았던 전년도와는 달리 이제는 모두가 면밀히 경청했다. 1월 7일 기자회견에서 눈에 띄게 감동된 트루먼은 마샬의 은퇴와 애치슨의 임명을 발표했다. 다른 날 그는 웨스트 윙을 빠져나와 노스 캐롤라이나의 무어카운티에 있는 파인허스트(Pinehurst)로 비행하여 수술 후 회복 중인 마샬 장군을 방문했다.

의회에 제출할 총 410억 9천만 달러라는 평화 시에 가장 큰 새 예산안이 있었다. 이 예산의 반은 국방과 해외원조에 쓰일 것이다.

---

326) David McCullough, *TRUMAN,* New York: Simon & Schuster, 1992, p. 726.

취임사를 위한 작업과 보다 많은 기자회견의 준비를 위한 모임, 트루먼-바클리 클럽 만찬, 그리고 취임식 전날 밤 메이 플라워 호텔에서 대통령 선거인단들을 위한 만찬이 있었다. 트루먼은 기뻐할 것이 많은 사람이었다. 그리고 64세의 대통령직에 거의 4년을 보내고 또 대통령이 지금까지 수행한 가장 고난의 정치적 유세를 한 뒤였지만 트루먼은 매우 건강했다. 그의 개인적 인기도 3년 전 만큼 높은 69%로 치솟았다. 의회는 그의 봉급을 7만 5천 달러에서 10만 달러로 인상했고 비용을 위해 면세로 5만 달러를 추가했다.

1949년 1월 20일 목요일에 트루먼 대통령의 취임식이 열렸다. 트루먼이 왼손을 성경 위에 올려 놓고 천천히 그러나 분명하게 반복한 43개 단어의 대통령 선서를 진행한 것은 빈슨(Vinson) 대법원장이었다. 선서가 끝나자 트루먼은 재빠르게 성경에 키스를 했다. 그때가 오후 1시 29분이었다. 이제 승계가 아닌 자력으로 된 대통령으로서 그가 얼굴을 돌려 마이크와 기대에 찬 군중을 마주했다.

> "나는 미국 국민들이 나에게 부여한 명예를 겸허히 받아들입니다. 나는 이 나라의 보전과 세계평화를 위해 내가 할 수 있는 모든 것을 할 결의와 함께 그것을 받아들입니다. …
> 우리나라의 역사의 각 시대는 그 나름의 특별한 도전들을 갖고 있었습니다. 지금 우리가 직면하고 있는 것들은 과거의 어느 것과 마찬가지로 중대합니다. 오늘은 새 행정부의 시작일 뿐만 아니라 우리와 세계를 위해 사건이 많은, 어쩌면 결정적이 될 시작임을 표시하고 있습니다."327)

---

327) *Ibid.*, p. 729에서 재인용.

트루먼은 연설문을 읽을 때 경건하고 결의에 차 보였다. 그의 목소리는 놀랍게도 강렬했다. 머뭇거림이나 말을 더듬는 일도 없었다. 연단에서 가까이 있던 사람들은 그의 숨결이 서리를 만드는 걸 볼 수 있었다. 이 연설은 배타적으로 외교정책에 집중되었다. 비록 미국의 염원에 관한 성명이었지만 그것의 초점은 세계였다. 즉 그것들은 세계평화, 세계회복, 전 세계의 인민들이었다. 그는 공산주의를 속임수와 폭력에 의존하는 거짓된 교리라고 비난했다. 공산주의와 민주주의 사이의 구분선은 뚜렷했다.

> "공산주의는 인간이 너무 약하고 부적합해서 스스로 자치를 할 수 없고, 그러므로 강력한 주인들의 지배를 필요로 한다는 믿음에 기초하고 있습니다.
> 민주주의는 인간이 이성과 공정으로 자치하는 불가양도의 권리들뿐만 아니라 도덕적이고 지성적 능력을 가지고 있다는 신념에 기초합니다.
> 공산주의는 개인의 법적 명분 없는 체포, 재판 없는 처벌, 그리고 국가의 노예로서 노동에 복종시킵니다. 그것은 그가 받을 정보를, 그가 생산할 예술을, 지도자들이 추종할 것, 그리고 그가 무슨 생각을 할 것인가를 규정합니다.
> 민주주의는 정부가 개인의 이익을 위해 수립되고, 개인의 권리와 그런 능력을 구사할 자유를 보호할 책임이 있다고 주장합니다."328)

인류의 미래가 달려있다. 그리고 소련을 지명함이 없이 트루먼은 공산주의 철학에 기인하는 행동들은 세계의 회복과 지속적 평화를

---

328) *Ibid.,* p. 730에서 재인용.

가져올 자유국가들의 노력에 대한 위협이라고 강조했다. 민주주의는 세계에서 활력을 불어넣는 힘이다. 미국인들은 처음부터 국가를 고무한 신념에 굳건히 서있다. 미국인들은 모든 인간들이 법 아래 평등한 정의와 공동선에서 공유할 평등한 기회에 대한 권리를 갖고 있다는 신념으로 결속되어 있다.

트루먼은 정신에서 긍정적이었다. 그리고 특징적으로 그는 자기가 말한 대로 4개 항(four points)을 이루는 구체적 제안을 갖고 있었다. 첫째로, 미국은 유엔을 계속 지원할 것이다. 둘째로, 미국은 마샬 플랜 뒤의 온전한 무게를 유지할 것이다. 셋째로, 미국은 우리의 국가적 안전에 영향을 미치는 어떠한 공격도 압도적 군사력으로 대처할 것이라는 것을 충분히 명백하게 하기 위해서 북대서양의 자유애호 국가들 사이의 새로운 방위조약에 합류할 것이다. 그리고 넷째로, 미국의 과학과 산업발전의 이익이 저개발 국가들에게 가용될 수 있도록 하기 위한 대담한 새 프로그램을 요청했다. 이 네 번째 항목의 제안은 모두를 놀라게 했다. 그것은 소위 "4개 항 프로그램"(the Point Four Program)으로 알려질 것의 첫 언급이었다.[329]

해외 이익의 착취라는 구 제국주의는 그 계획에 들어설 자리가 없다고 트루먼은 말했다. 세계의 인구 절반이 궁핍에 가까운 조건에서 살고 있다. 그리고 역사상 처음으로 지식과 기술이 그런 고통을 완화하는 데 가용했다. 돈보다는 지식의 배분이 강조될 것이다.

"우리가 다른 인민들의 원조를 위해 사용할 수 있는 물질적 자

---

329) *Ibid.*, p. 730.

원은 유한합니다. 그러나 기술과 지식에서 우리의 무한한 자원들은 끊임 없이 성장하고 있고 무진장합니다. … 오직 민주주의 만이 인간의 압제자들에 대항해서 뿐만 아니라 그들의 오랜 적들인 기아, 궁핍, 그리고 절망에 대항하여 세계의 인민들의 의기로운 행동을 조성할 활력을 공급할 수 있습니다."330)

트루먼의 연설에 대해 박수 소리가 굉장했고 지속되었다. 그는 미국의 약속을 미국을 넘어서 확장하고 있었다. 그는 연두 교서에서 이미 빈곤은 낭비이고 불필요하며 질병처럼 예방될 수 있는 것이라고 말했었다. 지금 그는 그 아이디어를 확대했다. 트루먼이 '세계를 위한 공정한 처우 계획'(Fair Deal Plan for the World)을 제안했다고 워싱턴 포스트의 헤드라인은 말했다. 더 나아가 그는 과거와는 판이하게 웅변적이고 감동적이었다. 많은 사람들은 그것이 그의 가장 멋진 연설이었다고 생각했다. 프랭클린 루즈벨트, 우드로 윌슨, 시어도어 루즈벨트, 그리고 에이브러햄 링컨도 모두가 승인했을 것이며 또한 박수에 합류했을 것이라고 뉴욕 타임즈가 말했다.331)

취임식 이후 처음 6개월 동안은 트루먼에게 숨 돌릴 수 있는 시기였다. 1949년 여름까지 상황은 대체로 잘 굴러갔으며 전망도 희망적이었다. 재앙적 국내 문제도 발생하지 않았다. 대처할 갑작스러운 국제적 위기도 없었다. 그리스와 터키는 공산주의 장악에 넘어가지 않았고 또 넘어가지도 않을 것이다. 프랑스와 이탈리아도 공산주의에 넘어가지 않을 것이다. 가장 좋았던 것은 그의 취임식 며칠 후에 시

---

330) *Ibid.*, p. 731에서 재인용.
331) *Ibid.*, p. 731.

작된 베를린에 대한 결정적 긴장완화가 있었다는 것이다. 공수작전의 성공이 기정사실임과 그리고 사실상 봉쇄가 그들에게 역효과를 가져온다고 깨달은 소련인들은 태도에서 변화의 조짐을 보였다 스탈린이 물러서고 있었다. 포츠담 이래 처음으로 조류가 바뀌는 것으로 보였다. 비밀 협상이 뒤따랐다. 그리고 1949년 5월 12일 봉쇄는 끝났다. 베를린에 빛이 다시 찾아왔다. 공수작전은 1년 2개월 만에, 27만 7,804번의 비행과 232만 5,809톤의 식량과 보급품의 수송 후에 끝났다. 트루먼에게 그것은 중대한 성공이었다. 단호함과 인내가 무력에 의존하지 않고 승리한 것이다. 전쟁이 비켜갔다.

5월 12일 연합국들은 새 독일 연방공화국의 수립을 승인했다. 그리하여 서독인들은 본(Bonn)에 있는 자신들의 정부로 자치하게 되었다. 그 때까지는 애치슨 국무장관의 아주 어렵고 기술적인 협상 뒤에 이미 4월 4일 워싱턴에서 북대서양조약기구(NATO)가 서명되었다. 미국, 캐나다, 그리고 서유럽 국가들이 한 국가에 대한 공격은 모두에 대한 공격이 될 것이라는 방위조약에 합류했다. 미군이 이미 독일에 주둔하고 있었기 때문에 미국이 소련의 침략에 대항하여 자신을 군사적 조치에 조약으로 공약하는 것은 워싱턴에게는 불필요한 것으로 보였다. 더구나 1949년 미국 군부는 서유럽의 전면적 방위에 대한 공약을 지키기에는 자원이 부족했다. 그러나 트루먼 행정부는 독일이 서방동맹의 일부로 건설되려면 프랑스가 그것의 방위에 대한 미국의 미래 군사적 공약의 보장을 필요로 했다. 독일의 침략에 대한 프랑스의 두려움은 거의 모스크바에서 그랬던 것만큼이나 선언되었다.[332]

---

332) Robert Dallek, *Harry S. Truman*, New York: Times Books, 2008, p. 89.

평화 시 군사동맹은 미국에게 오랜 전통에서 과격하게 벗어나는 것이었다. 즉 그것은 헌법이 서명된 이래 평화 시 첫 군사동맹이었다. 그러나 그러한 합의는 1914년과 1939년에도 존재했다고 트루먼은 확신했다. 트루먼은 대통령직의 가장 자랑스러운 업적으로 마샬 플랜과 같이 NATO의 결성을 꼽았으며 또한 시간이 그가 옳았음을 입증할 것이라고 확신했다. 비록 애치슨과 영국외상 베빈이 대부분의 작업을 했지만 그가 마샬 플랜에서 행했던 것과 똑같이 그 공약을 유보없이 제공한 것은 트루먼이었다. 지난 11월 선거 이후 그의 첫 주요 조치는 국무성에게 새로운 동맹을 위해 협상을 개시하라고 지시한 것이었다. 그리고 그는 그것을 당연히 조약으로 간주했다.[333]

상원에서 특히 보수적 공화당원들이 사이에서 반대가 강렬했지만 그러나 트루먼은 그 조약이 승인될 것임을 의심하지 않았다. 결과적으로 상원과 언론에서 반대는 기대 밖으로 온건했으며 승인이 광범위했다. 7월 21일 상원은 82 대 13의 표결로 비준했다. NATO의 결성과 베를린 대 공수작전의 성공, 서방동맹의 일부로서 번영하고 자치하는 서독의 전망 등 이 모든 것이 트루먼에게는 크게 향상된 분위기를 조성해 주었다. 5월 8일 휴가지에서 돌아온 워싱턴에서 그의 65세 생일을 축하하는 파티가 열렸다. 트루먼은 미래에 대한 거리낌이 별로 없는 사람처럼 1945년 이래 훨씬 좋아 보였다. 그의 주치의인 월레스 그레이엄(Wallace Graham)은 대통령이 그의 나이를 고려하면 "철의 인간"(an iron man)에 가깝다고 말했다.

---

333) David McCullough, *TRUMAN,* New York: Simon & Schuster, 1992, p. 735.

제10장
미국의 수소탄(the Thermonuclear Weapon) 개발의 결정

"최근 몇 주 내에 소련에서 원자 폭발이 발생했다는 증거를 우리는 갖고 있다. 원자탄에 대한 4년간 미국의 독점은 끝났다. 이제 세계는 달라졌다."
-해리 S. 트루먼-

　1949년 여름에 접어들면서 전망이 극적으로 악화되었다. 실제로 트루먼은 심각한 시련의 시간에 돌입했다. 중국과 소련에서 통제할 수 없는 사건들이 전후 어느 것도 하지 못했던 것처럼 서방세계를 흔들었다. 중국으로부터 소식은 1년 내내 불길했다. 중국의 장제스 국민당 정부가 공산주의자들 앞에서 무너지고 있었다. 4월에 1백만 명의 공산군이 양자강을 건넜고 남쪽으로 장제스에 여전히 충성스러운 마지막 성들로 들어갔다. 그 결과, 즉, 마오쩌둥 군에게 중국의 완전한 몰락은 봄까지 이미 기왕의 결론이었다.

　맹렬한 경악 소리가 났다. 분노한 보복적 비난이 "차이나 로비"(China Lobby)로 알려진 것에 의해서 행정부에 쏟아졌다. 차이나 로비는 전국에 걸쳐 종교적이고 애국적인 집단들, 의회에서 저명한 공화당원들, 그리고 중국 선교사의 아들인 "타임"과 "라이프" 잡지의 출판자인 헨리 루스(Henry R. Luce)가 그들 집단에 속했다. 라이프 지는 맥아더 장군에 의한 "중국의 몰락은 미국을 위험하게 한다"는 제목의 기사를 실었다. 타임 지는 아시아에서 부상하는 공산주의가 세계인구의 절반을 집어삼키려고 한다고 경고했다. 그러나 기대하지 못한 결과로 이런 중대한 역사적 전환에 초점을 맞춘 것은 중국정책을 설명하려는 행정부 자체의 시도였다. 그것은 중국에서 그런 일이 발생하기 전에 무엇이 일어나려고 하고, 무엇이 발생하려고 하는지를 명확히 하여 나라를 냉정하게 하려는 노력이었다.

8월 4일 아침 기자회견에서 트루먼 대통령은 대규모 국무성 보고서인, "미국의 중국관계: 특히 1944－1949년 기간을 중심으로"(*United States Relations with China: With Special Reference to the Period 1944－1949*)라는 길이가 409쪽에 달하는 것과 추가로 645쪽의 첨부 서류들의 인쇄물을 내 놓았다. 그리고 트루먼은 솔직하고 실제적 기록으로 명백하고 계몽적이며, 또한 1840년대부터 미국의 대중국 정책에 관해 여러분이 알고 싶어 하는 모든 것이 들어가게 편집하도록 자기가 요구했다고 말했다. 딘 애치슨 국무장관은 보고서의 머리말에서 미국은 대일본 전에서 승리한 이후 장제스를 지원하는데 20억 달러 이상을 쏟아 부었지만 그것은 충분하지 않았다고 강조했다. 잘못은 국민당 정부의 내부적 쇠퇴, 만연한 부패, 리더십의 부재, 그리고 중국인들의 여망에 대한 무관심에 있다고 말했다. 중국에서 불길한 내전의 결과는 미국의 통제력을 넘어선 것이 피할 수 없는 사실이다. 그것은 중국의 내부 세력, 즉 미국이 영향을 미치려고 노력했

지만 그렇게 할 수 없었던 세력의 산물이라고 애치슨은 말했다.[334]

이 "중국 백서"(China White Paper)는 센세이션을 일으켰다. 중국에 대한 애정이 미국에서 광범위했다. 수 세대의 미국 어린이들은 중국에 있는 선교사들을 지원하기 위해 일요학교로 동전들을 가져갔었다. 중국의 소작농부들의 삶에 관한 펄 벅(Pearl Buck) 여사의 책들은 수백만 독자들의 마음을 쟁취했었다. 장제스 총통과 사진이 잘 받는 그의 미소 짓는 웨슬리(Wellesley) 대학 출신의 부인 쏭메이링(宋美齡)은 전쟁 기간 내내 미국의 충성스러운 동맹들이었다. 이제 국무성이 지구에서 가장 큰 국가인 중국이 공산주의에 잃어버렸다고 공식적으로 선언하고 있었다. 트루먼과 애치슨이 기대했던 대로 만병통치제로 작용하는 대신에 그 보고서는 논란에 불을 질렀다.[335]

뉴욕 타임즈는 그것을 좋은 의도의 실수들에 관한 슬픈 기록이라고 판단했다. 보다 분노한 비판자들은 그것을 눈속임, 의도적 왜곡, 그리고 더 심하게는 중국의 공산주의 승리를 도운 국무성의 친공산주의자들의 매끄러운 알리바이라고 불렀다. 상원에서 캘리포니아 출신 공화당의 윌리엄 노우랜드(William Knowland) 의원은 앨저 히스가 중국정책을 형성하는데 돕지는 않았는가 하고 아무런 증거도 없이 큰 소리로 떠들어 댔다. 차이나 로비는 마치 중국이 미국의 것이었던 것처럼 트루먼과 애치슨이 잃어버렸다고 절규했다.[336] 매사추세츠 출신의 하원의원인 존 케네디(John F. Kennedy)를 포함하여 소

334) David McCullough, *TRUMAN,* New York: Simon & Schuster, 1992, p. 743.
335) *Ibid.,* p. 744.
336) *Ibid.*

수의 민주당원들도 그 공격에 가담했다.

오직 몇 주 후에 원자력 위원회 위원장인 데이비드 릴리엔탈(David Lilienthal)이 문제 전체의 상자를 예고한다고 기록한 "모든 소식들 중 가장 경악케 한 소식"이 들어왔다. 일본에서 알래스카까지 1만 8천 피트의 상공을 비행하는 공군의 기상 정찰기가 캄차카 반도의 동쪽 북태평양 위에서 강력한 방사능의 징후를 탐색했다. 곧 태평양 상공 모든 곳의 비행기들이 정상의 20배가 넘는 방사능을 보고했다. 방사능 구름은 영국 섬들에 가까운 태평양으로부터 공군에 추적되고 그 곳에서 그것은 영국 공군에 의해 수집되었다. 과학자들이 데이터를 분석하는데 여러 날이 걸렸다. 9월 19일 월요일 오후에 그들은 결론에 도달했다. 다음 날 8시 20분까지 릴리엔탈과 맥코맥(McCormack) 장군이 공군 C-47기를 타고 워싱턴으로 가고 있었다. 릴리엔탈은 그 날 오후에 백악관에서 트루먼을 만날 예정이었다.

11시 30분까지 트루먼은 자기 집무실에서 급하게 소집된 핵과학자들의 자문 위원회에서 대화하고 있었다. 그 자문 위원회는 제 정신이 아닌 것처럼 보이는 제이 로버트 오펜하이머(J. Robert Oppenheimer)가 좌장을 하고 있었다. 오펜하이머는 러시아인들이 원자탄을 터트렸다. 거기에 의문이 없다고 말했다. 트루먼은 그것이 미국과 유럽의 대중들을 크게 동요시킬 것이 두려워 소련의 원자탄 성공의 소식을 발표하는데 주저했다. 트루먼은 미국의 정보가 소련의 원자탄 실험을 확실하게 과시했는지에 대한 확신이 서지 않았고 그래서 그의 그런 발표가 커다란 공포, 즉 말썽을 일으키지 않을까 두렵다고 말했다. 그러나 데이비드 릴리엔탈 원자력 위원회 위원장이 대중에게 즉시 알리도록 설득하려고 노력했다. 소련이 이제 원자탄을 생산할 능력을 갖고 있어서 이 소식이 새어 나가면 대통령의 리더십에 대한 대중의 믿음을 손상시킬 것이라는 릴리엔탈의 보장이 트루먼을 확신시켰다.[337]

그리하여 9월 23일 아침 백악관 출입 기자들이 그의 사무실에 몰려든 상황에서 찰리 로스(Charlie Ross)는 먼저 문을 닫게 하고 대통령의 메모 성명을 배포했다. 트루먼이 미국 국민은 원자력 분야에서 모든 발전에 관해 알 자격이 있다고 말하고 미국은 최근 몇 주 사이에 소련에서 원자 폭발이 발생했다는 증거를 가지고 있다고 말했다. 타국가들에 의한 이 새로운 힘의 종국적 개발은 되었지만 그럼에도 불구하고 이 소식은 대부분의 예측보다 3~5년 빨랐다. 4년간의 원자폭탄의 미국 독점은 끝났다고 그 성명서는 말했다.[338] 비록 미국에서 경악은 없었지만 냉전의 두려움과 긴장은 크게 확대 되었다. 이제 다른 세계가 도래한 것이다. 트루먼은 이제 중대한 결정에 직면했다.

미국의 국가적 자신감이 소련의 핵실험으로 흔들렸다. 트루먼을 포함하여 대부분의 미국 관리들은 미국의 원자폭탄에 대한 독점이 국방의 첫 전선이고 그래서 소련 기습공격의 개연성을 실질적으로 감소시켰다고 자신하고 있는 판에 소련의 핵무기 획득은 그들의 마음을 바꾸었다. 그들은 유럽과 아시아의 변방에서 훨씬 대규모 지상군을 보유하고 있는 소련인들이 이제는 보다 모험적이 될 수 있고 또 심지어 미국과 서유럽을 절름발이로 만들기 위하여 선제 핵공격을 사용할

---

337) Robert Dallek, *Harry S. Truman,* New York; Times Books, 2008, p. 90.
338) David McCullough, *Truman,* New York: Simon & Schuster, 1992, p. 749.

수 있음을 두려워했다. 그들은 또한 만일 그것이 소련과의 전쟁을 의미하고 미국의 도시들을 파괴할 수 있는 핵무기 교환을 의미한다면 유럽의 파트너들이 미국을 믿지 않을 것이라고 걱정했다.339)

일주일 후인 1949년 10월 1일 베이징에서 인류의 1/5인 5억 명 이상의 인구를 가진 가장 인구가 많은 공산주의 국가인 중화인민공화국(the People's Republic of China)이 공식으로 선포되었다. 그 후 곧 1949년 10월에 원자력 에너지 위원회의 사무실에서 일종의 고위급 비밀회의에서 수소탄 무기(thermonuclear weapon)의 주제가 논의되기 시작했다. 그것은 히로시마와 나가사키에 투하된 폭탄들의 10배 이상 그리고 궁극적으로는 100배 이상의 파괴력을 갖게 될 초강력 폭탄(a superbomb)이었다. 그 어느 때보다도 지금 책임은 대통령에게 있었다. 소련의 원자폭탄이 상황을 급진적으로 변경했다고 느껴졌다. 만일 소련이 원자폭탄을 생산할 능력을 갖고 있다면 소련도 역시 보다 더 파괴적인 무기로 밀고 나갈 지위에 있었다. 초강력 폭탄을 위한 처음 제안은 물리학자인 에드워드 텔러(Edward Teller)의 강력한 지지로 원자력 에너지 위원회의 루이스 스트라우스(Lewis Strauss)에게서 나왔다.

트루먼은 곧 결정해야 할 아주 심각한 문제를 갖고 있었다. 11월 7일 트루먼은 릴리엔탈에게 그 때까지 애치슨이 자기에게 초강력 폭탄에 관해서 얘기했다고 말했다. 그는 원자력 위원회로부터 완전한 보고서를 갖길 바랐다고 릴리엔탈이 말했다. 물론 트루먼은 사실들을 원했다. 자문위원회에 의해서 초강력 폭탄이 개발되지 않아야 한

---

339) Robert Dallek, *Harry S. Truman*, New York: Times Books, 2008, p. 90.

다는 만장일치의 결론을 내린 그 보고서는 원자력 위원회의 권고와 함께 이틀 후인 11월 9일에 전달되었다. 원자력 위원회는 릴리엔설의 결정적 투표로 3대 2로 그 폭탄에 반대를 결정했다. 다음 날 트루먼은 애치슨, 존슨 그리고 릴리엔탈을 국가안보 특별위원회(그것은 Z 위원회로 불림)로 행동하도록 명명했다. 그래서 그 특별위원회가 초강력 폭탄을 추진해야 할지 그리고 '공공연하게' 추진해야 하는 지의 여부를 그에게 권고하게 했다. 일주일 후 워싱턴 사람들은 모두가 초강력 폭탄이 고려되고 있다는 것을 알고 있었다.

워싱턴 포스트의 기자인 알프레드 프렌들리(Alfred Friendly)가 콜로라도 출신 상원의원 에드윈 존슨(Edwin Johnson)에 의해 뉴욕에 있는 한 지방 텔레비전 방송에서 행한 언급으로부터 그 얘기의 힌트를 얻었다. 그리하여 갑자기 "수소폭탄"(H-bomb)이라는 새 단어가 대중적 문제가 되었다. 물리학자들인 에드워드 텔러와 어니스트 로렌스(Ernest Lawrence)는 개발을 추진하기 위해서 열심히 로비를 벌이고 있었다. 1945년에 임시위원회에서 일했고 MIT 총장으로 방금 은퇴한 칼 콤턴(Karl T. Compton)은 트루먼에게 원자력 통제에 대한 국제적 합의가 부재한 상황에서 미국은 초강력 폭탄의 개발을 추진하는 것 외에 다른 선택이 없다는 편지를 썼다.

국무성에서는 도덕적 분노에 자극된 조지 케넌이 그 문제의 면밀한 분석에 집중했고 애치슨에게 보내는 장문의 정책 메모랜덤에서 그 프로젝트에 반대할 뿐만 아니라 미국이 모범을 세워야 한다고 촉구했다.[340] 인류의 마지막 희망은 무차별 대량파괴의 모든 무기의

---

340) David McCullough, *TRUMAN,* New York: Simon and Schuster, 1992, p. 757.

국제적 통제였다. 훨씬 더 무서운 다음 단계로 나아가는 것은 미국과 세계를 파괴성과 비용의 무제한 확장에 몰아넣는 것이 될 것이다. 초강력 폭탄에 반대하는 목소리는 본질적으로 세 사람이었다. 릴리엔탈, 케난, 그리고 오펜하이머가 그들이었다. 오펜하이머는 자신의 도덕적 반대와는 별도로 그런 폭탄이 기술적으로 개연성이 없다고 생각했다. 릴리엔탈은 케넌처럼 막 은퇴하고 국무성의 새 정책기획실장인 폴 니츠(Paul Nitze)는 합동참모총장들과 동의했다. 니츠에게 소련의 원자탄 소유는 미국이 수소탄을 추진해야 할 뿐만 아니라 미국의 재래식 무기도 역시 증강해야 하는 것을 의미했다. 히로시마 이후 소련과 원자 파트너십을 선호했던 애치슨 국무장관은 이제 한 바퀴 돌아온 셈이었다.

무엇을 해야 하는가에 대한 날카롭고 심지어 치열한 이견이 있었다. 여러 군사 및 국가안보 수장들은 그런 강력한 무기를 개발하려고 하는 소련에 앞서 나가기 위해 분쇄 프로그램을 찬성했다. 조지 케넌(George Kennan)을 포함하여 다른 사람들은 문명의 종말을 의미할 수 있는 무기를 비도덕적이며 말살이라고 그 아이디어에 반대했다. 케넌은 원자탄과 수소탄이란 정신이 멀쩡한 지도자의 손에서는 간단히 사용될 수 없는 무기라고 믿었다. 이 사실을 소련과 미국 양국의 지도자들에게 강조할 외교가 필요했다. 그러면 그들은 군비경쟁과 인류종말의 전쟁 가능성보다는 어떤 조정을 발견할 것이라고 케넌은 주장했다. 그러나 모스크바가 무기 개발을 계속하여 미국에 대해 군사적 우월성을 갖게 되고 모든 곳에서 사람들과 국가들을 겁주는 힘을 소련에게 제공할 수소탄을 개발할 가능성을 보고도 미국은 주저하는 모험을 할 수 있겠는가? 설사 소련인들이 그 무기를 사용하려 하지 않는다고 할지라도 그것의 소유는 서방에 엄청난 심리적 타격이 될 것이다. 애치슨은 어떻게 본보기로 편집병에 걸린 적을 설득하여 무장해제를 시킬 수 있겠느냐고 물었다. 그는 케넌을 퀘이커(Quaker) 교도같은 견해라고 꾸짖고 그에게 정부를 떠나라고 촉구했다.[341] 그는 케넌에게 만일 그가 제기된 의문들을 책임감을 가지고 미국 국민의 이익이 되게 결정되는 문제로 마주할 의향이 아니라면 국무성에 남아있을 권리가 없다고 말했다.[342] 이리하여 결국 전후 대소 봉쇄 정책의 이론가였던 조지 케넌은 수소탄 개발에 대한 정부, 특히 애치슨 국무장관과의 입장 차이로 인해 정부를 영구히 떠나게 되었다.

1950년 1월 4일 트루먼 대통령은 연두교서를 전달했다. 만일 미국의 생산력이 과거 반세기에 그랬던 것과 동일한 비율로 계속 증가한다면 앞으로 50년 국가 생산력은 4배가 될 것이다. 가구당 소득은 1950년 소득의 3배가 되어 연 12,450달러가 될 것이다. 이것은 많은 사람들에게 상상할 수 없는 것이었다. 오늘날 신의 가호로 미국인들은 세계의 역사에서 과거 어느 때 보다도 미래의 보다 큰 가능성을 가지고 자유롭고 번영하는 국가에서 살고 있는 것이다. 1월 7일 기자 회견에서 그는 예산안을 제출했다. 그 숫자가 424억 달러로서 그것은 국내적 프로그램을 위한 10억 달러의 인상을 포함했다. 그러나 대부분 약 300억 달러는 과거 전쟁의 비용이고 현재의 국방비로는 135억 달러를 요청했다. 그것은 균형 잡힌 예산이 아니었다. 추산되

---

341) Robert Dallek, *Harry S. Truman,* New York; Times Books, 2008, p. 92.
342) *Ibid.*

는 적자는 50억 달러로 그것은 1952년까지 2,683억 달러의 국가의 빚을 의미할 것이다. 의회에 보낸 메시지에서 트루먼은 추가적 10억 달러를 올리기 위해 온건한 세금인상을 요구했다.

트루먼은 또한 클라크 클리포드와 데이비드 릴리엔탈이 2월에 떠나 사적인 삶으로 돌아갈 것이라고 말했다. 트루먼에게 클리포드의 상실은 진정한 타격이 될 것이다. 그러나 클리포드는 지쳐버렸고 큰 빚을 지고 있었다. 지난 4년간 생활비가 그의 백악관 봉급을 훨씬 초과했다. 그는 워싱턴에 남아 변호사 생활을 할 것이다. 릴리엔탈도 지쳐서 나갈 때가 왔음을 알았다. 트루먼은 바닥이 떨어져 나가는 것처럼 느낀다고 말했다. 그러나 보다 더 심각하고 걱정되는 것은 딘 애치슨에 대한 공격이었다. 중국의 상실과 가정된 모든 곳에 공산주의자들의 침투에 대한 분노한 의회의 양원에서 공화당원들은 애치슨을 파면하라고 요구했다. 1월 21일 뉴욕에서 긴 두 번째 재판 끝에 앨저 히스가 거짓 증언에 대해 유죄판결을 받았다. 그는 비밀 서류를 넘긴 것에 관해서 거짓말을 했다. 그리고 그 날 밤 공화당 하원의원인 리처드 닉슨(Richard Nixon)이 히스에 대한 사건에서 주도적 역할을 했고 또 라디오 방송을 통해 행정부를 히스의 음모를 숨기려는 고의적 노력에 대해 비난하기까지 했다.

1월 25일 수요일 히스가 5년 징역형을 언도 받은 날 애치슨은 기자회견에서 그가 할 어떤 코멘트가 있는 지의 질문을 받았다. 질문이 예상 밖은 아니었다. 1년 전에 자기의 인준 청문회에서 애치슨은 히스가 친구이고 계속 친구로 남을 것이라고 인정했었다. 그것은 충동적인 반응이 아니었다. 애치슨은 무엇을 말할지에 대해 오랫동안 생각했다. 그것은 트루먼 행정부의 역사에서 결정적 순간이었다. 애치슨은 대답했다. 앨저 히스를 알거나 그와 함께 언제든 일했던 사람은 자신의 양심에 입각하여 그의 태도가 무엇이며 그의 행위가 무엇이 되어야 하는 지를 결정할 아주 심각한 과제를 갖고 있다. 그것은 각자에 의해 자기 자신의 기준과 원칙들의 관점에서 행해져야 한다. 그에게는 그런 기준과 원칙들에 대한 의심이 별로 없다. 그는 그것들이 오랫동안 그들에게 "올리브 산"(the Mount of Olives)이라고 말해졌다. 만일 그것들을 보고싶다면 당신은 그것들을 세인트 매튜(St. Matthew)를 따라 복음서 제25장에서 발견할 것이다. 그것은 34절에서 시작한다고 애치슨은 말했다.

애치슨의 기자의 질문에 대한 답변 소식은 거의 즉시 의회에 도달했다. 조셉 맥카시(Joseph McCarthy) 상원의원은 상원에서 업무의 흐름을 중단시키고 국무장관이 방금 행한 "가장 환상적 성명"을 보고했다. 이것은 국무장관이 국무성에서 어떤 다른 공산주의자들에 대해서도 그의 등을 돌리지 않는다는 것이냐고 맥카시는 물었다. 애치슨은 기자회견을 마치고 곧바로 트루먼 대통령을 보러 갔다. 그는 대통령에게 사임서를 제출했다. 그 사임서엔 "우리의 처지가 그렇다. 그리고 페르시아 왕이 자기의 반지에 새겼듯이 '이 또한 지나 가리라'라고 덧붙였다."[343] 그러나 그것은 지나가지 않았다. 그 자신과 대통령에 대한 상처는 그들이 알았던 것보다 더 나빴다. 리처드 닉슨은 애치슨의 성명을 "구역질 난다"고 말했다. 네브라스카주 출신의 공화당 상원의원인 휴 버틀러(Hugh Butler)는 "나가라! 나가라! 당신

---

343) David McCullough, *Truman,* New York: Simon & Schuster, 1992, p. 760.

은 미국에서 수년간 나쁜 모든 것을 상징했다!"고 소리쳤다.

워싱턴에서 분위기는, 즉 수소탄에 대한 결정이 검토되고 있는 분위기는 증오와 공포에 휩싸였다. 다음 날 1월 27일 금요일 기자회견에서 트루먼은 앨저 히스에게 등 돌리는 것을 그도 거부할 것인지의 여부를 첫 질문으로 받았다. 거기에 대해 트루먼은 "노 코멘트"로 답하고 수소탄에 대한 자신의 견해에 대해서도 답하지 않았다. 그는 자기가 결정을 할 때까지 할 말이 없다고 대답했다. 그리하여 수소탄 문제가 존재한다는 것을 처음으로 인정했다. 수소탄에 대한 코멘트와 추측은 계속되었다. 헤드라인들은 그것을 "최종 폭탄," "지옥 폭탄"이라고 불렀다. 라이프 지는 시카고의 항공사진을 싣고 그런 한 개의 무기로 그 도시가 얼마나 많이(50평방 마일) 말소될 것인지를 보여주었다. 엘리너 루즈벨트와 버나드 바루크는 폭탄의 제조를 위해 그들의 지지를 발표했다. 1943년 중수소의 발견에 대해 노벨상을 받은 원자연구의 지도자인 시카고 대학의 해롤드 유레이(Harold Urey)는 뉴욕에서 행한 연설에서 자유의 상실을 모험하지 않고 미국이 군비경쟁에서 의도적으로 질 수는 없다고 선언했다.[344]

수소탄에 대한 찬반의 얘기로 행정부 내에서 심각한 적대감에 대한 소문이 워싱턴의 강박관념이 되었다. 의사당에서 코네티컷주 출신의 민주당 상원의원인 브라이언 맥마흔(Brien McMahon)은 합동 원자력 위원회의 의장으로서 폭탄의 개발이 진행되지 않을 전망에 대해 거의 울상이 되었다고 보도되었다. 소련과의 전쟁은 필연적이라고 강력한 이 상원의원은 릴리엔탈에게 보증했다. 해야 할 일은

"그들이 미국에게 똑같은 짓을 하기 전에 지구상에서 그들을 신속하게 날려버리는 일이다. 우리에겐 시간이 많지 않다." 그는 트루먼에게 보낸 편지에서, "만일 우리가 소련으로 하여금 그것을 먼저 얻게 한다면 재앙이 거의 확실하고 반면에 우리가 먼저 그것을 확보하면 우리들을 구원할 기회가 있다"고 말했다.345)

합참은 충격적 계획을 원했다. 브래들리(Bradley) 장군은 하나의 무기가 다른 무기보다 더 비도덕적이라고 주장하는 것은 어리석은 일이다. 왜냐하면 보다 넓은 의미에서 비도덕적인 것은 전쟁 그 자체이고 그런 도덕성의 오명은 적대행위를 시작하는 국가에게 있다고 말했다. 폭탄에 대한 심의가 Z 위원회 내에서 유지될 것이라는 이해에도 불구하고 루이스 존슨은 브래들리의 메모랜덤을 재빨리 트루먼에게 보냈다.

> "전문가들이 자신의 환자에 관해 논의하는 동안 의사의 대기실에 앉아서 기다리는 환자처럼 대통령, 그의 군사적, 과학적, 그리고 외교적 자문진들이 세계가 지금까지 꿈도 꾸지 않았던 가장 강력한 폭발 무기의 제조 여부에 대해 논쟁하는 동안 미국의 대중은 밖에 앉아 있다. … 그러나 수소 폭탄의 원리들이 러시아 인들에게도 알려진 이상 관망하는 것은 위험하고 치명적일 수 있다. 불쾌한 생각일지는 몰라도 간단한 사실은 만일 러시아 인들이 제조할 것 같으면 미국도 그것을 제조해야만 할 것이다."346)

---

345) *Ibid.*
346) David McCullough, *TRUMAN,* New York: Simon & Schuster, 1992, p. 762에서 재인용.

1950년 1월 31일 목요일 애치슨, 존슨, 그리고 릴리엔탈은 여러 부하 직원들과 함께 구 국무성 건물의 216호 실에서 Z 위원회의 마지막 회의를 열었다. 애치슨이 좌장이었다. 그는 수소탄을 위한 작업이 계속되어야 한다고 결론을 짓고 대통령이 행할 성명서의 초안을 제시했다. 존슨은 동의했지만 릴리엔탈은 흥분된 분위기 속에서 서두르는 것을 좋아하지 않았다. 수소탄을 진행하는 결정은 이제 원자탄 군비경쟁에 대한 새로운 접근을 아마도 불가능하게 만들 것이다. 그는 이런 종류의 무기에 나라의 거의 단일한 의존은 아주 현명하지 못하고 그것을 진행하는 것은 미국 국민들에게 잘못되고 위험한 안심을 주는 것이라 생각했다. 그는 그 프로젝트가 국방예산과 외교정책에 무엇을 할 것인지를 물었다.

　　릴리엔탈은 크게 칭송하고 후에 릴리엔설의 반대가 웅변적이고 강력하게 표현되었다고 서술한 애치슨은 두 개의 엄연한 사실을 극복할 수 없다고 말했다. 하나는 폭탄에 대한 작업을 늦추는 것이 러시아의 폭탄에 대한 작업을 지연시키지 않을 것이다. 또 하나는 미국의 국민들은 지연정책을 간단히 용서하지 않을 것이라는 점이었다. 존슨이 "우리는 대통령을 보호해야 한다"고 말했다. 그리고 릴리엔탈은 여전히 엄중한 유보를 하고 있지만 성명서에 서명하기로 동의했다. 국가 안보회의 행정 비서인 시드니 수어스(Sydney W. Souers) 제독을 동반하고 세 사람은 백악관으로 걸어갔다. 그들의 모임은 2시간 30분간 계속되었다. 대통령과의 만남은 7분이 걸렸다.

　　트루먼 대통령은 어쩌면 10일 전에 이미 결심을 했거나 아니면 트루먼은 구체적으로 아무 말도 하지 않았지만 적어도 그것이 그의 가까운 직원의 인상이었다.347) 애치슨은 이것을 알고 있었다. 분명히 모두가 그랬다. 대통령은 "우리가 문안으로 발을 들여 놓기 전에 그가 하려는 것을 선명하게 정했다고 릴리엔탈은 기록했다. 트루먼이 성명서를 훑어보는 동안 애치슨은 릴리엔탈이 표현할 추가적 견해를 좀 갖고 있다고 말했다. 릴리엔탈을 돌아보면서 트루먼은 그는 항상 미국이 이런 무기들을 결코 사용하지 않을 것이라 믿고 있으며 평화가 우리의 전체 목적이라고 말했다. 릴리엔탈은 자기 판단의 가치를 과대평가하지는 않지만 그러나 그는 제안된 길에 대한 엄중한 유보를 표현해야만 한다고 느꼈다고 말했다. 아무리 애를 써도 그는 그것이 가장 현명한 조치로 볼 수 없었다. 아무리 조심스럽게 단어들을 사용하고, 또 어떻게 발표되든 그 성명서는 나라의 주된 방위로서 원자 무기에 소생하는 본질적으로 잘못된 정책을 확대하는 것일 뿐이라고 릴리엔탈은 강조했다.

트루먼이 의회와 모든 곳에서 말이 너무 많고 또 사람들이 너무 흥분하고 있다고 말하면서 끼어들었다. 그는 자기가 대안을 갖고 있다고 생각하지 않았다. "러시아인들이 그것을 만들 수 있을까?" 하고 트루먼은 참석자들에게 물었다. 그 질문에는 모두가 고개를 끄덕였다. 수어스 제독이 "우리에겐 시간이 많지 않다"고 참견을 했다. "그렇다면 우리에겐 선택이 없다. 우리는 진행할 것이다"고 말했다.348) 마침내, 트루먼 대통령은 미국의 수소탄 개발을 결정한 것이다. 트루먼은 성명서에 서명하면서 그리스에 관련된 국가안보회의

---

347) *Ibid.*, pp. 762−763.
348) *Ibid.*, p. 763.

다른 모임이 생각난다고 말했다. 그 때 우리가 나아가면 모두가 세계의 종말을 예측했다. 그러나 우리는 나아갔지만 세계는 끝나지 않았다. 이 경우도 마찬가지일 것이라고 그는 말했다.

트루먼 대통령이 오찬을 위해 블레어 하우스(Blair House) 집으로 간 사이에 찰리 로스가 다시 인쇄된 한 장의 종이를 나누어 주었다.

> "우리나라가 어떤 가능한 침략자에 대해서도 자신을 방어할 수 있도록 감독하는 것이 군의 총사령관으로서 나의 책임이다. 따라서 나는 원자력 위원회에게 소위 수소탄이나 초강력 폭탄을 포함하여 모든 형태의 원자탄에 대해 작업을 계속하라고 지시했다."[349]

릴리엔탈은 후에 원자력 위원회의 분위기를 장례식의 분위기로 묘사했다. 그에게 그것은 두통의 밤이었다. 아주 드물게 텔레비전에 출연하여 앨버트 아인슈타인(Albert Einstein)은 대기 중의 방사능 오염에 관해서 말하고 또 "전체적 괴멸을 부른다"고 경고했다. 트루먼이 그 결정에 분투했거나 아니면 그 후에 그것에 관해서 숙고한 정도는 알려지지 않았다. 그는 기록으로도 남기지 않았다. 그리고 비록 그것은 상당했겠지만 트루먼에 대한 애치슨의 영향도 가늠할 수 없다. 트루먼이 말한대로 애치슨은 그가 아는 가장 설득력 있는 사람 중의 하나였다. 그 결정이 보다 더 면밀하게 조사되었다 할지라도 트루먼은 다르게 결정하지 않았을 것이다. 미국은 보다 더 잘 준비될 수 없었다.

---

349) David McCullough, *TRUMAN,* New York: Simon & Schuster, 1992, p. 763에서 재인용.

어쨌든 예상대로 그 결정에 대한 대중적 그리고 언론의 승인은 압도적이었다. 대통령은 올바르고 필연적인 결정을 내렸다는 것이다. 그러고 나서 며칠 사이에 로스 알라모스(Los Alamos)에서 전 원자 과학자였던 클라우스 푹스(Klaus Fuchs)가 러시아 첩자임을 고백했다는 런던으로부터의 소식에 의해서 그리고 조셉 맥카시 상원의원이 국무성에서 공산주의자로 알려진 2백 명 이상의 명단을 자기가 갖고 있다는 갑작스러운 주장으로 인해서 염려의 수위는 훨씬 높게 부상했다. 공산주의의 위험에 대한 걱정이 이제는 미국 내에서 보편화되었다.

제11장
대한민국의 대부(Godfather)

> "공산주의자들이 한국에서 시작한 일이 그들의 승리로 끝나지
> 않아야 하는 것이 평화의 희망과 민주국가들의 단결에
> 치명적으로 중요한다.
> -윈스턴 S. 처칠-

　잃어버린 중국, 러시아 원자탄 획득, 앨저 히스의 사건, 클라우스 펙스의 반역 행위 등 그렇게 많은 센세이션하고 설명하기 어려운 나쁜 소식들로 6개월 내 강습을 당한 미국은 무서운 불확실성의 상태에 있었다. 1950년 1월 4일 트루먼 대통령의 새해 연두교서 연설이 있은 뒤 8일 만인 1월 12일 애치슨 국무장관이 프레스 클럽(Press Club)에서 연설을 하게 되었다.

　이 연설에서 애치슨 국무장관의 주된 목적은 아시아에서 민족주의적 여망을 인정하고 중국공산화 이후 정책의 윤곽을 제시하고 또 그 지역에서 미국의 자제를 위한 조지 케넌 식의 합리화를 내놓는 것이었다. 연설할 날이 다가오자 애치슨은 조지 케넌, 딘 러스크 그리고 다른 사람들의 연설문 초안을 받았지만 그것들이 마음에 들지 않았다. 그래서 그는 연설 당일 날 아침에 틀어박혀 자기가 하고 싶

은 말을 몇 개의 노트로 압축했다. 즉흥적으로 말하는 것이 그에게 말썽을 가져올 수도 있다는 것을 알았지만, 그러나 그는 자신의 언급에 약간의 생명력을 불어넣어 마치 그가 다시 법정에 서있는 것처럼 주장하고 싶었다.[350]

애치슨은 이 연설에서 한국(Korea)을 질문과 답변에서 정확하게 5번 언급했지만 군사적 방어는 거의 언급하지 않았다. 미국의 관리들이 '전쟁'을 제3차 세계대전과 여전히 동일시했던 시기에 그는 태평양에서 미국의 군사적 공약을 서술했다. 그는 알류샨 열도에서 일본으로 그리고 류큐 섬들을 지나 필리핀까지 이어지는 방어선(defensive perimeter) 뒤에 있는 모든 긴요한 부분들을 방어할 것이라고 말했다. 미국 의무의 제한을 강조하면서 그는 아시아 본토에 있는 어떤 것도 행정부가 방어할 의도가 없다는 것을 발표하고 있었다.

역외에서 미국은 알류산, 필리핀, 류큐, 그리고 일본을 방어할 것이다. 이 방어선의 밖에 있는 국가들에게는 자립과 유엔에 대한 믿음을 조언했다. 만일 대륙 국가가 공격을 받는다면 그 국가의 국민들은 먼저 스스로 방어해야만 한다. 비록 애치슨은 개인적으로 유엔에 대한 최소한의 존중심만 갖고 있었지만 그는 지금 잠재적 침략자들에게 그들의 희생자들은 유엔헌장 하에서 전 문명세계의 공약에 의존할 수 있다고 경고했다.[351] 지금까지 유엔은 외부 침략에 대항하여 독립의 방어에 의지할 연약한 갈대임을 아직은 입증하지 않았다.

미국의 의무감을 서술하면서 미국인들이 직접적인 책임을 갖는

350) Robert L. Beisner, *Dean Acheson: A Life in the Cold War,* Oxford: Oxford University Press, 2009, p. 327.
351) *Ibid.*

일본과 보다 낮은 정도로 책임감을 갖는 한국을 비교했다. 비록 과거형으로 말했지만 애치슨은 한국에 관해 방어선 밖의 어떤 다른 지역보다도 더욱 단호하게 말했다. 1949년 6월 7일 미군들이 한반도에서 철수했지만 대한민국의 원조를 위한 트루먼 행정부의 분투는 1억 5천만 달러의 대통령 요청으로 시작되었다. 트루먼은 미국의 원조를 국내의 안정을 확보할 수 있고 북으로부터 잠재적 외침에 대비하는 방어를 제공할 수 있는 국가의 경찰력을 건설하라고 한국의 이승만 대통령에게 권고했다. 그는 의회에 한국을 민주주의와 공산주의 '시험장'(testing ground)으로 묘사하면서 한국의 성공을 공산주의에 저항하는 북아시아인들의 횃불이라고 간주했다. 비록 미국의 군사적 수장들은 등장하는 공산주의와의 아시아 투쟁에서 한국에 전략적 가치를 별로 두지는 않았지만 한국은 소련의 범세계적 영향력 확대에 대한 중요한 상징적 저항이었다.[352] 애치슨은 한국에 대한 원조가 하원에서 계속 연기되고 있는 사실을 언급하면서 미국이 한국에서 그동안 이미 했던 일을 중단하는 것은 가장 완전한 패배주의이고 또 완전히 미친 짓이라고 선언했다.[353]

라이프(*Life*) 잡지는 소련의 군사력이 미국의 군사력을 얼마나 엄청나게 초과하는가를 보여주기 위해서 한 판의 대부분을 할애했다. 소련의 260만 병력과 미국의 64만 병력을, 그리고 소련의 30개 사단의 기갑부대와 미국의 1개 사단을 비교했다. 미국이 연간 1,200대의 항공기를 생산하고 소련은 7,000대를 생산했다. 오직 미 해군만이

---

352) Robert Dallek, *Harry S. Truman*, New York: Times Books, 2008, p. 93.
353) Robert L. Beisner, *Dean Acheson: A Life in the Cold War*, Oxford: Oxford University Press, 2009, p. 328.

앞섰다. 그러나 소련은 과거 독일이 전쟁 개시 때 보유했던 것보다도 더 강력한 해군을 이미 갖고 있었다. 잠수함 보유 척수는 소련이 미국의 3배였다. 미국은 국가 소득의 6%를 군사력에 소비했지만 소련은 25%를 투입했다는 등등. 라이프의 헤드라인은 전쟁이 오면 미국인들이 준비가 되었을까 하고 물었다. 물론 그것은 행정부 내에서 최고로 중요한 문제였다. 무대 뒤에서 수개월 동안 애치슨은 트루먼의 국방비에 대한 130억의 제한은 더 이상 현실적이 아니라고 주장해왔다. 이제 수소탄의 개발을 진행한다는 결정으로 트루먼은 군사정책의 총체적 재검토를 승인했다.[354]

공포가 워싱턴과 미국을 사로잡았다. 공기가 너무나 두려움으로 차서 그것을 점화하는 데는 오직 작은 불꽃만이 필요했다. 그리고 그 불꽃은 위스콘신주 출신의 41세 상원의원인 조셉 맥카시(Joseph R. McCarthy)였다. 그 해 1월까지 맥카시 의원은 자기를 무명에서 띄워줄 쟁점을 찾고 있었다. 상원에서 친구 하나 없고 최근 워싱턴 기자단의 여론조사에서 상원에서 최악의 의원이라는 투표를 받았다. 어느 날 저녁에 콜로니 식당(Colony Restaurant)에서 식사 중에 한 가톨릭 신부인 조지타운 대학교의 에드먼드 월시(Edmund A. Walsh) 신부가 정부의 공산주의 침투에 대해서 경종을 울리는 제안을 했다. 그리고 맥카시는 그가 필요로 하는 것을 발견했다는 사실을 즉각 깨달았다. 한 달 후에 웨스트 버지니아에서 링컨 탄신 기념 연설에서 그는 국무성에서 205명의 알려진 공산주의자들의 명단이 자기 손 안에 있다면서 종이 한 장을 흔들었다. 그 연설은 주목을 받지 못했다.

---

354) David McCullough, *Truman,* New York: Simon & Schuster, 1992, p. 765.

그러나 그 후 곧 솔트 레이크 시티(Salt Lake City)와 레노(Reno)에서 맥카시는 명단의 수가 57명으로 줄어든 것을 제외하면 동일한 주장을 폈다. 그리고 그들은 이제 증명서를 가진 공산주의자들이라고 언급되었다. 그는 전국적으로 헤드라인을 차지했다. 상원에 돌아와서 그는 5시간 동안의 연설을 통해 트루먼의 비밀의 철의 장막을 뚫었다고 주장하면서 81명의 명단을 들고 나왔다. 비난은 거칠고 뒷받침되지 않았다. 맥카시는 구체적 이름들을 제시하지 않았다. 그는 아무런 새로운 증거를 제시하지도 않았다. 그는 무모한 선동가였다. 언론은 그를 필사적이고 요란한 인격 암살범이라고 불렀다. 맥카시는 트루먼 대통령을 그가 듣고 싶어 하는 것만을 말하는 일단의 뒤틀린 지식인들의 포로라고 비난했다. 애치슨을 공격하면서 그는 이 영국식 발음으로 지나치게 예절에 신경을 쓰는 거만한 외교관이 미국인들에게 산상의 예수가 공산주의, 반역, 그리고 신성한 믿음의 배신을 인정했다고 선포했을 때 신성모독이 너무나 커서 미국인들의 잠들었던 분노를 일깨웠다고 말했다. 맥카시는 공격을 계속했다. 애치슨은 너무나 많은 위협적 우편물을 받아서 그의 집 주변에 24시간 보초를 세워야만 했다.

그의 여러 동료 공화당원들은 맥카시의 방법을 조용히 개탄했던 반면에 다른 사람들은 지지를 보내기 시작했다. 태프트 상원의원도 격려를 보냈는데 그는 1946년 선거에서 "공산주의에 부드러움"을 소개한 첫 번째 인물이었다. 그는 맥카시가 계속 떠들도록 부추겼다. 태프트처럼 1948년 선거에서 트루먼의 놀라운 뒤집기에 대해 공화당 의원들이 느끼는 모든 울분과 분노가 탈출구를 발견했다. 그 사이에 상원 민주당 의원들은 맥카시의 비난에 대해 완전한 조사를 요구했다. 외교위원회의 특별분과가 상원에서 가장 존경받고 영향력 있는 민주당원들 중 한 사람인 메릴랜드주 출신의 밀라드 타이딩스(Millard Tydings)의 좌장 하에 청문회를 시작했다.

대중적 노출의 밝은 빛 속에서 맥카시와 그의 전술은 오래 살아남지 못할 것으로 가정되었다. 그러나 관심은 오히려 그를 확대시켰을 뿐이었다. 상원의 코커스 실(Caucus Room)에서 열린 청문회는 그에게 중심적 무대와 매일 언론의 완전한 관심을 부여했다. 이 위원회는 나쁜 안보 위험인물들의 이름들을 추구하는 것이 아니라 나의 정보제공자들의 이름을 알아내서 그들이 내일 국무성에서 쫓겨날 수 있게 하려는 것이라고 맥카시는 반발했다. 그가 최초로 폭로한지 6개월이 지난 3월 말까지 그는 단 한 사람의 공산주의자도 호명하지 않았다. 맥카시는 그가 미국에서 최고위 소련 첩자들의 명단을 갖고 있다고 발표했다. 그 사람은 과거 국무성에 근무한 적이 있으며 당시 존스 홉킨스 국제관계학교의 국장인 오웬 래티모어(Owen J. Lattimore)라고 맥카시는 말했다. 그러나 시간이 보여주었듯이 래티모어는 공산주의자가 아니었으며 국무성에서 영향력 있는 인사도 아니었다. 그는 1946년 국무성에서 4개월간 일본에서 배상금에 관한 보좌관으로 일했을 뿐이었다. 그 비난은 허위였다.

1950년 2월 중순, 맥카시의 무모한 비난이 처음 헤드라인이 될 때쯤 트루먼은 뉴욕 타임즈의 아서 크록(Arthur Krock)과의 독점 인터뷰에 동의했다. 그리고 인터뷰 과정에서 크록은 트루먼이 내면의 침착함과 힘에 의해서 깊은 인상을 받았다. 원자력 시대에 그리고 몇 배의 파괴력을 가진 수소탄의 그림자 속에서 미국의 고요한 대통령이 인류의 좋은 본성의 승리와 영속적인 평화를 달성하려는 그 자신의 노력에 줄지 않는 자신감을 가지고 백악관에 앉아 있다고 크룩은 말했다. 그는 트루먼이 많은 사람들에게 논란의 대상으로 보이지만 그러나 그와 가까이 얘기할 기회를 가진 사람들에게는 그의 미래에 대한 신념이 지적으로 탁월한 특징을 갖고 있다고 크룩은 말했다. 2월 14일 대통령에게 고별인사를 위해 대통령의 집무실에 들린 데이비드 릴리엔탈은 그가 그때까지 가진 대담 중 가장 행복한 것 중의 하나였다고 그것을 후에 기술했다. 과학자들에 관해서 트루먼은 "위대한 지식을 가진 사람들과 그들의 아이디어가 우리에게 필요하지만 그러나 우리는 그들도 역시 다른 종류의 사람들과 균형을 이룰 필요가 있다"고[355] 말했다고 한다. 아마도 릴리엔탈은 트루먼이 지고 있는 짐의 무게를 알고 있었다.

트루먼은 맥카시가 일시적인 일탈이라고 느꼈다. 그렇다고 해도 맥카시는 너무했다. 플로리다 키 웨스트 별장에 머무는 동안에 트루먼은 솔직히 말하기로 결정했다. 그 때까지 여론조사에 따르면 미국인들은 맥카시 상원의원에 호의적이었고 그가 나라를 돕고 있다고 생각했다. 대조적으로 트루먼의 지지율은 1948년 봄에 그랬던 것과 거의 같이 아주 낮은 37%로 곤두박질쳤다. 그는 그 날엔 백악관 옆 잔디밭에서 드문 기자회견을 가졌다. 트루먼은 굳은 표정으로 "나는 크레믈린이 가진 최대의 자산이 맥카시 상원의원이라고 생각한다"고 말했다. 우리 친구 맥카시는 결국 그에게 닥치는 모든 것에 당하게

---

355) David McCullough, *TRUMAN,* New York: Simon & Schuster, 1992, p. 767.

될 것이며 그는 품위나 명예의 감각을 갖지 못했다고 생각한다고 말했다 그러나 트루먼이나 그 밖의 다른 사람이 말하는 어떤 것도 맥카시나 그가 정부와 나라에서 확산시키는 공포를 축소시키지 못한 것으로 보였다. 처음에 타이딩스 위원회에 안전 파일들을 넘겨주는 것을 원칙의 문제로 거절했던 트루먼이 타이딩스와 위원회가 백악관에 와서 맥카시가 비난한 81명의 파일을 들여다보게 하는 결정을 내렸다. 그것은 잘못된 결정이었다. 이제 대통령마저 조 맥카시에게 굴복하는 것으로 보였다.

타이딩스 특별위원회 의장은 거의 경악의 상태에서 하루에 3~4차례나 백악관과 통화했다. 트루먼의 참모들은 심히 걱정하게 되었다. 그러나 트루먼은 그들에게 친절하라고 말했다. 그 사람은 거짓말쟁이다. 그는 실체가 드러나고 상원에서 추방될 것이다. 일이란 그렇게 돌아가는 것이다 그리고 그것이 처리되는 방법이라고 트루먼은 말했다. 트루먼은 그런 일을 할 만큼 충분한 배경을 가진 누군가가 상원에 있기는 한지 의아해했다. 1950년 4월 9일은 특별히 영광된 날이었다. 트루먼은 지금부터 2년 후에 공개할 계획이라는 성명서를 직접 자기 손으로 작성했다. 4월 11일은 그의 대통령직 5년째의 끝날이었다. 그리고 바로 그 날 트루먼은 다음 대통령 선거에 출마하지 않기로 결정했다.[356] 1947년 프랭클린 루즈벨트와 그의 4선에 대한 질책으로 제80차 의회의 공화당원들은 트루먼이 반대한 헌법에 수정법안 제22조를 통과시켜 대통령의 임기를 2번으로 제한했다. 각 주들의 비준으로 그것은 1951년에 법률이 될 것이다. 그러나 그 법안

---

356) *Ibid.*, p. 770.

이 현직 대통령인 트루먼을 포함하지 않았기 때문에 대부분은 아니지만 많은 사람들이 그가 그렇게 할 것으로 가정했던 것처럼 그는 1952년에 다시 자유롭게 출마할 수 있었다.[357]

트루먼은 권력의 현혹에 관해서, 그리고 권력에서 돌아섰던 로마의 장군인 그의 영웅 킨키나투스(Cincinnatus)가 세운 본보기를 생각해 왔었다. 그는 사건들의 과정에 낙담하거나 분개하지 않았다. 그는 여러 가지로 철의 사나이였고 또 행복했으며 끝을 모르는 자기 확신에 차 있었다. 그러나 조용히 자기의 부인이 아닌 어느 누구와도 상의하지 않고 오직 스스로 그가 68세가 되는 1952년 봄에 은퇴를 선언하기로 결정했던 것이다.

"나는 민주당 대회에 의해 지명될 후보자가 아니다. 나의 최초 공직의 선출은 1922년 11월에 발생했다. 나는 제1차 세계대전에서 무장 군인으로 2년간, 상원에서 10년간, 부통령과 상원의 의장으로서 2개월 20일 봉사했다. 나는 공직에 30년 이상 있었으며 거의 두 번의 임기 동안 미국의 대통령이었다.

워싱턴, 제퍼슨, 먼로, 메디슨 앤드류 잭슨과 우드로 윌슨, 그리고 칼빈 쿨리지가 두 번 임기의 전례를 따랐다. 오직 그랜트, 시어도어 루즈벨트, 그리고 프랭클린 루즈벨트만이 그 전례를 깨려고 시도했고 프랭클린 루즈벨트는 성공했다. 내 생각에 대통령으로서 8년은 충분하고 때로는 이 권능으로 봉사하는 누구에게도 너무 많다. 권력에는 현혹이 있다. 그것은 바로 도박과 금욕이 하는 것으로 알려진 그대로 인간의 핏속에 들어갈 수 있다.

이것은 공화정이다. 역사상 가장 위대한 것이다. 나는 조국이

---

357) *Ibid.*

공화정으로 계속되길 원한다. 킨키나투스와 워싱턴이 그 길을 가리킨다. 로마가 킨키나투스를 잊었을 때 그것의 몰락이 시작했다. 모두가 대통령직에 계속해 있을 수도 있었을 워싱턴, 제퍼슨, 그리고 앤드류 잭슨 같은 사람들의 본보기를 우리가 잊는 때, 그 때 우리는 독재와 파멸의 길로 접어들 것이다. 내가 계속 선출될 수 있고 프랭클린 루즈벨트에 의해서 깨졌던 것처럼 낡은 전례를 계속 깨트릴 수 있을 것이다. 그렇게 되어서는 안 된다. 그 전례는 헌법의 수정에 의해서가 아니라 대통령직에 있는 사람의 명예에 근거한 관습에 의해서 계속되어야 한다.

그러므로 그 관습을 수립하기 위해서 비록 핑계로 나는 한 번의 임기만 가졌다고 말할 수 있지만 나는 후보자가 아니다. 그래서 또 하나의 임기를 위한 지명을 수락하지 않을 것이다."358)

트루먼의 어조는 확실히 조금 자축하는 느낌이었다. 그리고 재선에 대한 그의 자신감이 아주 진지했는지 혹은 기록을 위한 추가적 발언이었는지의 여부는 단정하기 어렵다.

NSC-68(국가안보회의 보고서 68번)으로 알려진 미국의 군사력에 대한 폭발적 비밀 보고서가 4월 첫 주말까지 마련되었다. 딘 애치슨의 지시와 국방성의 참여하에 주로 폴 니츠(Paul Nitze)에 의해 생산된 그것은 4월 7일 트루먼 대통령에게 전달되었으며 4월 25일 화요일 국가안보회의 백악관 회의에서 처음으로 그와 논의되었다. 과거 클리포드-엘시(the Clifford-Elsey) 메모랜덤처럼 그것은 쇼크를 위한 것이었다. 대통령의 특별상담자로 클라크 클리포드를 대체한 찰리

---

358) David McCullough, *TRUMAN,* New York: Simon & Schuster, 1992, p. 771에서 재인용.

머피(Charlie Murphy)는 그가 하루 종일 반복해서 읽은 초안에서 본 것에 의해 너무나 놀랐던 것으로 기억할 것이다. 계시록 같은 주제가 처음부터 제시되었다. "이 공화국과 그의 시민들은 그들의 힘의 부상에서 깊은 위험에 처해있다"고 그 보고서는 시작했다.

그 보고서에서 미국이라는 거인은 슬프게도 진정한 군사력이 부족하다. 조지 케넌에 의해 제기된 봉쇄정책은 그것을 뒷받침할 재래식 무력인 우월한 군사력이 없이 허장성세의 정책보다 나을 것이 없다. 핵무기는 불충분하다 그리고 어떤 경우에도 소련인들은 아마도 1954년까지 핵의 평등을 달성할 것이다. 따라서 대규모 군사적 증강이 요구된다. 그것은 우리의 용기와 지성에 무거운 요구가 될 것이다. 재정적 부담이 극에 달할 것이다. 비록 비용의 추산이 포함되어 있지는 않지만 트루먼과 논의한 숫자는 적어도 현재 군사예산의 3배인 연간 40~50억 달러에 이를 것이다. 총체적 성공은 궁극적으로 이 정부와 미국인들이 세계의 생존이 달려있는 냉전이 사실상 실제 전쟁이라는 인정에 달려있다고 주장하는 결론 부분을 트루먼은 읽었다.

그리하여 앨버트 아인슈타인은 전멸을 부른다고 경고하고 있었고 국방성뿐만 아니라 국무장관과 그의 동료들도 핵무기를 포함하여 대규모 군사력 건설이 아니면 생존이 위험에 처한다고 말하고 있었다. 그런 보고서를 작성하는 데 있어서 보고서는 국가정책을 형성하길 의도한다. 그런 과제를 박사학위 논문을 쓰듯이 접근할 수 없다. 핵심을 철저히 인식시키기 위해서 수식어들은 성명의 간결성에, 그리고 정밀성과 뉘앙스는 거의 무도함에 양보해야 한다고 애치슨은 나중에 설명했다. NSC-68의 특수한 경우에 그 목적은 정부 고위층 대부분의 마음을 협박하는 것이었다는 사실을 애치슨은 인정했다.

그러나 트루먼은 협박되지 않았다. 그의 반응은 클리포드-엘시 보고서 때와 똑같았다. 그는 한쪽에 치워 놓고 자물쇠를 채웠다.[359] NSC-68과 라이프 잡지는 모두가 미국 군사력의 위험스런 상태를 극적으로 지적했지만, 트루먼은 비록 그가 그들의 주장을 문제삼지 않는다고 할지라도 성급하게 결정하기를 거부했다. 그의 접근법은 본질적으로 베를린 위기 시에 그리고 본질적으로 맥카시를 직면했을 때와 같이 그가 보다 많은 것을 알게 될 때까지 어떤 과감한 조치도 취하지 않을 것이다.[360] 미국 국민들과의 접촉에 대한 필요성을 다시 느낀 트루먼은 5월에 겉으로는 워싱턴주에 있는 그랜드 쿨리 댐(Grand Coulee Dam)을 헌정하기 위해 또 하나의 비정치적 전국 투어를 하기 위해 기차로 출발했다. 2주 간의 여행에서 15개 주에서 50번 이상의 연설에서 그는 단 한 번도 조 맥카시를 언급하거나 무기에 대한 요청을 한 적이 없었다. 그 대신에 그는 인내력과 낙관주의로 빛나는 것처럼 보였다. 냉전은 오랫동안 우리와 함께 있을 것이다. 그것을 종식시키는 빠른 길이나 쉬운 길은 없다. 그렇다고 할지라도 장기적으로 해결될 수 없는 문제는 없다고 트루먼은 강의했다. 6월 1일 그의 기자회견에서 그는 세계가 지난 5년의 어느 때보다도 더 진정한 평화에 가깝다고 생각한다고 말했다.

트루먼의 은빛 비행기가 중부 표준 시간으로 6월 24일 일요일 오후 1시 45분경에 미주리의 농토 위로 길고 부드러운 하강을 시작했

---

359) David McCullough, *TRUMAN,* New York: Simon & Schuster, 1992, p. 772.
360) *Ibid.*

다. 그는 스케줄 없이 집에서 가족과 함께 주말을 계획했다. 그는 블레어 하우스에서 습관적으로 여러 신문들을 훑어보았다. 신문들은 퍼져 나가는 공산주의의 두려움으로 그 날 아침을 채웠다. 캘리포니아 대학교는 반공 선서에 서명을 거부하는 직원들 157명을 파면했다. 보스턴에서는 연례 대회에서 "유색인민의 향상을 위한 국가협회"(National Association for Advancement of Colored People, NAACP)가 모든 알려진 공산주의자들을 회원 자격에서 축출하기로 결의를 했다. 워싱턴에선 한 연방 판사가 하원 비미국인 활동 위원회에게 그들이 공산주의자들인지 여부를 말하지 않는 소위 "할리우드 10"(Hollywood 10)의 일부인 3명의 시나리오 작가들에게 무죄 방면을 부인했다. 타임즈의 제1면의 사진에는 데이비드 그린글라스(David Greenglass)라는 이름의 둥근 얼굴의 전 육군 하사관이 로스 알라모스에서 클라우스 푹스 첩보단의 일부라는 죄목으로 수갑을 차고 뉴욕 법원으로부터 이송되고 있었다. 타임즈의 제4면에는 유엔 사무총장인 트리그브 리(Trygve Lie)가 공산주의자이거나 아니면 그런 적이 있었는가라는 어떤 기자의 질문에 격분하여 반응했다고 보도되었다.

트루먼에게 한 가지 격려가 되는 노트는 타이딩스 위원회의 위원인 공화당 상원의원 헨리 캐봇 로지(Henry Cabot Lodge, Jr.)가 맥카시에 의해 비난된 81명의 파일을 조사하며 백악관에서 몇 주를 보낸 후에 아무런 중요한 증거를 찾지 못했다고 발표한 것이었다. 인디펜던스(*Independence*)라는 이름의 그의 비행기가 오전 중간에 국립공항에서 이륙했다. 그리고 서쪽으로 계속 비행하기 전에 볼티모어에서 잠시 멈추었다. 그곳에서 트루먼은 평화와 건설적 신임을 강조하는 8분짜리 연설로 그 시의 새 우정공항(Friendly Airport)을 헌정했다. 그 후 대부분의 비행 동안에 먼 곳에서 거대한 뇌적운이 다가왔지만 트루먼의 여행은 무난했고 무사했다. 캔자스 시티에 2시에 도착하여 그는 미주리의 열기 속에서 편안하고 심지어 명랑해 보이면서 비행기의 계단을 내려왔다. 인디펜던스의 집에는 7백여 명의 군중들이 그를 기다리고 있었다. 그가 자동차에서 내리자 그가 전날 밤 독수리들(Eagles)의 모임에 있어야 했다고 소리치자 트루먼은 가고 싶지만 못 가는 곳이 많다고 손을 흔들며 기분 좋게 답하고 걸음을 재개했다.

토요일 밤 9시에 트루먼은 잠자리에 들 준비가 되었다. 그 날은 긴 하루였다. 인디펜던스와 워싱턴 간의 시간 차이는 2시간이었다. 9시 20분에 홀에서 전화벨이 울렸다. 딘 애치슨 국무장관이 메릴랜드에 있는 자기 시골집에서 전화를 걸고 있었다. 그는 "대통령님, 저는 심각한 소식을 갖고 있습니다. 북한인들이 남한을 침공했습니다"라고 애치슨은 말했다.361) 애치슨은 다음 날 일요일 다시 전화를 걸어 그 공격이 전면적 침입이라고 트루먼 대통령에게 알렸다. 트루먼은 즉시 말했다. "딘, 우리는 무슨 일이 있어도 그 개자식들(the son of bitches)을 막아야만 한다."362) 결정은 약 10초 만에 이루어졌다. 트루먼의 반응의 묘사에는 적어도 시적인 진실을 담은 멋진 스토리로서 이 회고는 현실에서 조심스럽고 엄숙한 심의 과정을 감소시켰다.363)

---

361) David McCullough, *TRUMAN,* New York: Simon & Schuster, 1992, p. 775.
362) Alonzo L. Hamby, *Man of the People: A Life of Harry S. Truman,* New York: Oxford University Press, 1995, p. 534.
363) *Ibid.*

애치슨은 서울에 있는 존 무초(John Muccio) 미국 대사로부터 보고가 있었다고 설명했다. 북한인들에 대해 경험 있는 관리인 무초 대사가 단지 정찰 중 벌어진 침입이 아니라 대규모 공격이라고 묘사한 방식으로 북한인들은 38선을 넘었다. 애치슨은 독자적으로 이미 유엔의 사무총장에게 안전보장이사회의 소집을 통보했다.364)

트루먼은 애치슨의 첫 전화를 받고 즉시 워싱턴으로 떠나려 했다. 그러나 애치슨은 그에게 기다리라고 권유했다. 밤 비행의 모험을 할 필요가 없으며 그러면 미국을 놀라게 할 것이라고 애치슨이 말했다. 할 수 있는 모든 일은 행해지고 있다면서 만일 트루먼이 잠을 잘 수 있으면 편히 쉬라면서 그가 더 많은 것을 알게 되면 다음 날 전화하겠다고 애치슨이 덧붙였던 것이다. 7시 전에 트루먼은 비밀 경호원의 차를 타고 그랜드뷰(Grandview)까지 갔다. 그는 떠나기 전에 모두가 가능한 한 정상적으로 무관하게 평소처럼 행동하라고 지시했다. 그는 아침 대부분을 그랜드뷰에 머물렀다. 침공의 소식이 조간과 라디오 방송의 헤드라인이었음에도 그는 누구에게도 한국에 관해 아무 말도 하지 않았다. 그는 정오 직전에 노스 델라웨어(North Delaware) 219번지에 도착해서 이븐 아이어스(Eben Ayers)가 무초 대사의 전문 사본을 들고 기다리고 있는 것을 발견했다: "공격의 성격과 그것이 자행된 방식으로 보아 그것은 대한민국에 대한 전면적 공세를 이룬 것으로 보일 것이다."365)

6월 25일 일요일 저녁 7시 15분에 트루먼의 인디펜던스가 국립공

---

364) David McCullough, *TRUMAN,* New York: Simon & Schuster, 1992, p. 775.
365) *Ibid.,* p. 776.

항(national Airport)에 착륙했다. 딘 애치슨, 루이스 존슨 그리고 예산국장 제임스 웹(James Webb)이 기다리고 있었다. 사진기자들이 모여들자 트루먼은 "우리는 할 일이 있다"고만 간단히 말했다. 웹 국장은 후에 자동차 속에서, "오, 신이시여, 나는 그들에게 본때를 보여줄 꺼야"라는 트루먼의 말을 상기했다. 트루먼의 앞자리에 뛰어오르면서 루이스 존슨은 그의 고개를 가로저었다. 미주리에서 비행하면서 트루먼은 라디오를 통해 7시 30분에 조찬으로 시작해서 블레어 하우스에서 비상회의를 소집하라고 애치슨에게 알렸다. 비행기 안에서 가진 그의 사적 시간들이 많은 심각한 생각을 위한 기회를 제공했다. 자기 세대에서 강자가 약자를 공격한 것이 처음이 아니었다. 그는 만주와 이디오피아를 생각했다고 트루먼은 후에 기록했다.

> "나는 민주주의자들이 행동하는데 실패했을 때 그것이 어떻게 침략자들을 진격하도록 고무했는지를 기억한다. … 만일 공산주의자들이 자유세계로부터 반대 없이 대한민국을 침략하도록 허용한다면 어떤 작은 국가도 보다 강한 공산주의 이웃 국가들에 의한 위협과 침략에 저항할 용기를 갖지 못할 것이다. 만일 이것이 도전 받지 않고 그대로 허용된다면 비슷한 사건들이 제2차 세계대전을 초래했던 것과 꼭 마찬가지로 그것은 제3차 대전을 의미할 것이다."[366]

북한에 의한 침략은 완전한 놀라움으로 다가왔다. 38선을 따라 사건들이 있었고 그래서 한국은 잠재적 말썽 지점이었지만 그러나 그

---

366) Harry S. Truman, *Memoirs,* Vol. 2, *Years of Trial and Hope,* Garden City, New York: Doubleday, 1956, pp. 332-333.

것은 세계의 수많은 말썽 지점들 중의 하나였고 결코 어느 누구의 리스트에서도 높은 위치에 있지 않았다. 최근에 마지막 미군이 남한에서 철수했다. 1월 달 "내셔널 프레스 클럽"에서 행한 즉흥연설에서 태평양에 있는 미국의 이익선을 기술하면서 애치슨은 한국을 포함시키지조차 하지 않았다. 바로 그 6월에 의회에서 증언하면서 극동문제 담당 차관보인 딘 러스크(Dean Rusk)는 한국에서 전쟁의 개연성을 보지 않는다고 말했었다. 실제로 그 당시에 많은 불확실성 가운데 남한의 침략은 어쩌면 유고슬라비아나 혹은 대만이나 이란 등 보다 큰 다른 곳에 대한 공격의 예비, 즉 양동(feint) 작전이 아닐까 하고 생각되었다.[367]

트루먼은 워싱턴으로 돌아가는 중에 보고받은 것처럼, 유엔 안보리는 그 날 오후에 열렸고 소련 대표단의 거부권의 부재로 비상한 속도로 행동하면서 북한의 침입을 규탄하고 적대행위의 즉시 중단과 38선으로 북한군의 철수를 요구하는 미국의 결의안을 채택했다. 이미 문제는 한국이 국가이익에서 유엔을 지원할지 그리고 어떻게 지원할지의 문제로 확대되었다.[368] 안보리 국가 투표는 9대 0 이었다. 소련의 투표, 다시 말해 소련의 거부권 행사가 없었다. 왜냐하면 소련 대표 야곱 말리크(Jacob Malik)는 연초에 안보리가 국민당 중국의 자리를 박탈하려는 것을 거부했을 때 퇴장한 뒤 돌아오지 않았기 때문이다. 블레어 하우스에서 만찬 후에 가진 10여 명의 고위급 회의

---

367) David McCullough, *TRUMAN,* New York: Simon & Schuster, 1992, p. 777.
368) Alonzo L. Hamby, *Man of the People: A Life of Harry S. Truman,* New York: Oxford University Press, 1995, p. 535; Margaret Truman, *Harry S. Truman,* New York: Morrow, 1972, pp. 455－458.

에서 러스크는 미국이 남한을 5년 동안 점령했고 그리하여 남한에 대한 특수한 책임을 갖고 있다고 했다. 만일 남한이 공산주의자들에 의해 흡수된다면 그것은 일본의 심장을 겨누는 비수가 될 것이라고 말했다.369)

루이스 존슨 장관과 함께 방금 일본에서 돌아온 브래들리 장군은 어딘가에 선을 그어야만 하며 한국은 어느 곳 만큼이나 좋은 곳이라고 말하면서 러시아인들은 전쟁 준비가 안 되어 있으며 미국을 시험하고 있을 뿐이라고 말했다. 이견이 없었다. 그 회의에 참석한 누구도 한국에서 일어나고 있는 일이 모스크바로부터 지시되고 있다는 사실을 조금도 의심하지 않았다. 그리고 이것이 미국과 언론에서 지배적인 견해이기도 했다. 침략을 감행한 것은 러시아의 후원을 받은 북한군이었다.370) 브래들리 장군은 이런 논의의 저변에는 1948년 체코슬로바키아의 쿠데타에 대해 그들이 느꼈던 것보다도 훨씬 더 많이 강렬한 도덕적 분노가 있었다고 기록했다. 회의의 참석자들 모두가 근본적으로 합의한다는 것이 빠르게 분명해졌고 트루먼 자신의 분명한 결의가 그들을 모두 굳어지게 했다. 트루먼은 그의 리더십을 보여줌으로써 모든 참석자들을 함께 모았다. 브래들리의 용어를 되풀이하면서 트루먼은 선이 그어져야 한다고 가장 강조해서 동의했다. 북한은 저지되어야만 한다. 러시아인들은 미국이 또 다른 세계전쟁을 시작하는 것을 너무나 두려워해서 저항하지 않을 것이라는 도박을 하려고 한다고 그는 말했다.371)

---

369) David McCullough, *TRUMAN,* New York: Simon & Schuster, 1992, p. 778.
370) *Ibid.*

셔먼(Sherman) 제독과 반덴버그(Vandenberg) 장군은 해군과 공군의 합동작전으로 충분할 것으로 생각했다. 브래들리와 콜린스(Collins) 장군들이 동의하지 않았지만 그들은 적어도 당분간 한국에 미국의 지상군 파견의 어떤 공약도 반대했다. 소련의 적극적 개입 가능성이 트루먼을 크게 걱정시켰다. 러시아가 세계대전을 위한 준비가 되었다고 생각하는 사람은 아무도 없어 보였지만 그러나 그것은 아무도 모르는 일이었다. 트루먼은 극동에서 러시아 함대의 세력, 러시아의 항공력에 관해서 묻고 세계의 어디에서나 소련인들에 의한 가능한 다음 이동들에 관한 즉각적 정찰보고를 요구했다. 위기의 시작부터 트루먼의 관심은 지구적 성격에 관한 것이었다.372) 유엔이나 미국이 그것으로부터 후퇴해야 한다고 제안하는 사람은 아무도 없었다. 미국인들은 소련의 무기를 사용하는 괴뢰국가에 의한 침략이 스탈린의 동의 없이 발생할 수 있다고 믿지 않았다.373) 또한 그들은 소련 공산주의의 일종의 프랜차이즈 지점장 격인 북한의 김일성에 의한 한국의 통일이 문제의 끝이 될 것이라고 믿지도 않았다. 트루먼 행정부는 이 전쟁을 하나의 탐색으로 보았고 김일성을 위장으로 간주했다. 즉 소련은 그들이 얼마나 나아갈 수 있는지를 보려고 시도하고 있었고 한국 후에는 이란을 공격할 것이며, 만일 소련이 충분히 대담해지면 서독을 공격할 것이며 전 유럽의 공산화가 뒤따를 지도

---

371) Ibid.
372) Melvyn P. Leffler, A Preponderant Power, Stanford, California: Stanford University Press, 1992, p. 366.
373) Robert H. Ferrell, Harry S. TRUMAN: A Life. Newtown, CT: American Political Biography Press, 1994, p. 313.

모르는 일이었다. 따라서 미국의 충분한 힘으로 개입하여 이 노골적인 침략을 막는 것이 필요했다.[374]

트루먼이 결심함에 따라 그 회의를 주도한 것은 애치슨이었다. 트루먼이 내린 결정들은 애치슨이 제안한 것들이었다. 맥아더 장군은 가능한 신속하게 남한에 군대와 물자들을 보내고 한국에 있는 미국인들은 미국의 항공력의 보호 하에 철수하기로 했다. 제7함대는 대만해협을 수호하고, 중공으로부터 대만에 대한 공격을 방지하거나 그 반대의 경우도 막기 위해 필리핀으로부터 이동할 것이다. 회의가 끝나자 존슨 장관은 시간이 가면서 놀라운 관찰로 기억되는 말을 했다. 방금 일본에서 맥아더와 함께 있었던 존슨은 맥아더 장군에 대한 어떤 지시도 그에게 너무 많은 재량권을 부여하지 않기 위해서 상세해야 한다는 것이 중요하다고 생각했다. 유엔담당 차관보인 존 히커슨(John Hickerson)과의 의견교환에서 그가 방금 내린 결정들은 유엔을 위한 것이었다고 말했다.[375] 한국전에 개입을 결정한 뒤에 트루먼은 존 히커슨과 술 한 잔을 했다. 트루먼은 그에게 이렇게 말했다.

> "나는 오늘 내가 방금 내린 것과 같은 결정을 해야만 하는 일이 결코 없도록 희망하고 또 기도했다. 이제 한 잔 마시고 나니 그것은 내 마음에서 사라졌다. 당신이 알았으면 하는 것이 있다. 최종적 분석에서 나는 유엔을 위해서 이 결정을 했다. 나는 국제연맹을 믿었지만 그것은 실패했다. 많은 사람들은 우리가 그것을 그 안에서 뒷받침하지 않았기 때문에 실패했다고 생각했다. 좋다.

---

374) *Ibid.,* p. 314.
375) David McCullough, *TRUMAN*, New York: Simon & Schuster, 1992, p. 779.

이제 우리는 유엔을 시작했다. 그것은 우리들의 아이디어였다. 그래서 그것의 이 첫 번째 시험에서 우리는 그것들이 실패하게 내버려 둘 수가 없었다. 만일 유엔 하에 집단제도가 작동할 수 있다면 그것은 그렇게 하도록 만들어야 한다. 그리고 바로 지금이 도전할 때이다."376)

트루먼의 이 참전 결정에 대한 설명의 관점에서 보면 트루먼은 순전히 군사 전략적인 관점에서가 아니라 오히려 철저히 국제법과 도덕적인 관점에서 참전을 결정한 것으로 보였다. 당시 한국은 군사 전략적으로는 미국의 태평양 방어선 밖에 있었으며 어느 누구도 한국의 군사전략적 가치를 언급한 인사가 없었다. 트루먼은 결코 마키아벨리 같은 냉혹한 현실주의자가 아니라 그의 정책결정에서 법과 도덕을 중요하게 간주한 진정한 이상주의자였던 것이다. 트루먼은 마키아벨리를 읽은 흔적도 전혀 존재하지 않았다. 회의 참석자들이 모두 기자들을 피하기 위해서 뒷문을 이용하여 11시 직전에 떠나자 트루먼은 그가 직접 할 때까지 어느 누구도 어떤 성명을 내지 말라고 지시했다.

월요일에 한국에서 오는 소식이 악화되고 있을 때 트루먼은 아주 일반적인 성명을 발표했다. 광범위한 인상은 미국이 별로 아니 아무런 조치도 취하지 않는 것이었다. 맥아더와 가장 최신의 통신에 따르면 남한인들은 북한의 진격을 저지할 능력이 없어 보였다. 맥아더는

---

376) Robert H. Ferrell, *Harry S. TRUMAN: A Life.* Newtown, CT: American Political Biography Press, 1994, p. 323; Robert J. Donovan, *Tumultuous Years: The Presidency of Harry S. Truman, 1949–1953,* New York: W. W. Norton, 1982, p. 197.

"우리의 추정은 완전한 몰락이 임박하다"고 말했다. 혼자 저녁 식사를 한 후 그 날 밤 트루먼은 블레어 하우스에서 또 하나의 비상회의, 즉 "전시 내각회의"를 열고 남한의 병력에 미국의 공군과 해군의 지원을 제공하고 즉각적인 유엔의 지원을 압박하기로 결정했다. 그리고 트루먼은 적어도 아직은 38선 북쪽에서는 어떤 조치도 취해서는 안 된다고 말했다. 뿐만 아니라, 트루먼은 필리핀에 미군의 증강과 인도차이나에 대한 군사원조의 가속화를 명령했다.

지상군은 아직 한국에 투입되지 않았다 그리고 그 회의에서 누구도 그것을 추천하지 않았다. 브래들리 장군은 어떤 병력이 파견되든 맥아더는 틀림없이 더 많은 병력을 요구할 것이라고 생각했다. 게다가 "우리에게 한국을 위한 전쟁계획은 없다. 며칠 더 기다리자"고 제안했고 애치슨이 동의했다. "나는 전쟁으로 나가고 싶지 않다"고 트루먼은 힘주어 말했다. "지난 5년간 내가 해온 모든 일은 오늘 밤 내가 내려야만 하는 결정을 피하려고 노력하는 것이었다"고 트루먼은 회의가 끝나자 슬프게 언급했다.[377]

6월 27일 화요일, 신문과 라디오 방송의 헤드라인들은 북한의 탱크들이 남한의 수도인 서울로 휩쓸고 들어가고 있다고 보도했다. 남한의 정부는 피신했고 이승만 대통령은 미국의 도움을 "너무 적고 너무 늦다"고 신랄하게 묘사했다.[378] 북한의 수도 평양의 방송에서 공산주의자 김일성 수상은 남한을 가능한 신속하게 뭉개 버리겠다고 다짐했다. 의회의 지도자들, 국무장관, 국방장관, 그리고 합참들이

---

377) David McCullough, *TRUMAN,* New York: Simon & Schuster, 1992, p. 780.
378) *Ibid.*

웨스트 윙에 공식 자동차를 타고 하나 둘 모여들 때 백악관에서 사건들이 신속하게 움직였다. 모두 40명 이상의 사람들이 모였다. 11시 30분에 각료회의실 문들이 닫혔다. 30분 후에 회의는 끝났다. 의회 지도자들은 대통령에게 그들의 일치된 지지를 보냈다. 그의 결정에 반대하는 사람은 아무도 없었다. 더 나아가 트루먼은 대통령 권한에만 근거해서 진행하고 의회에 결의안을 요청할 필요가 없다고 권고 받았다. 100명의 기자들이 로비에서 기다리는 가운데 수분 후에 찰리 로스는 대통령이 위험한 시간에 남한을 지원하도록 미국의 공군과 해군에게 명령했다는 선풍을 일으키는 첫 마디 말을 그들에게 전달했다.

> "한국에 대한 공격은 공산주의가 독립국가들을 정복하기 위해
> 전복의 수단을 넘어서 이제 무장 침공과 전쟁을 사용할 것이라는
> 것을 모든 의심을 넘어 명백하게 했다."[379]

그 성명서가 하원과 상원에서 큰 소리로 읽혀 질 때 박수소리가 터져 나왔다. 하원은 315 대 4의 표결로 징집법의 1년 연장을 즉각 가결했다. 상원에서 공화당 윌리엄 노우랜드(William Knowland) 의원은 대통령을 위한 압도적인 지지를 정당과 관계없이 모든 미국인들에게 요청했다. 유엔에서는 미국의 결정을 뒷받침하는 결의안에 대한 논쟁이 시작했다. 그 결의안은 그날 밤 소련이 여전히 부재 중인 상태에서 10시 45분에 채택되었다. 역사상 처음으로 세계기구가

---

379) *Ibid.*

무장한 세력을 중지시키기 위해서 무장 세력을 사용하기로 의결했다. 유엔 헌장 제 7장에 따른 집단안전보장제도가 역사상 최초로 발동되었던 것이다. 백악관과 의회에 보내온 우편, 전보, 전화에 의한 미국 국민의 반응과 언론의 반응, 그리고 그들의 의견이 워싱턴과 나라에 무게를 갖는 거의 모든 사람들의 반응은 즉각적이고 칭찬하는 승인이었다. 이 점이 곧 잊힐 것이다. 신문 사설들은 그의 담대한 길, 그의 중대하고 용기 있는 행위에 대해 칭찬을 아끼지 않았다.380) 수요일 오전 메이플라워 호텔(the Mayflower Hotel)에서 1천 명의 청중인 예비역 장교협회의 집회에 등장한 트루먼 대통령은 기립박수를 받았다.

6월 29일 목요일 위기가 시작한 이래 그의 첫 기자회견에서 "우리는 전쟁 중이 아니다"라고 힘주어 말했다. 기자가 인용될 수 있느냐고 묻자 대통령을 "그렇다. 우리는 전쟁 중이 아니다"라고 말했다. 어떤 기자가 유엔 하의 "경찰 행동"(a police action)이라고 부르는 것이 옳은가 하고 묻자 트루먼은 "그것이 정확하게 해당되는 것이다"라고 말했다.381) 유엔 하에 경찰행동은 트루먼이 정확하게 그렇게 보이길 바랐던 것이다.

6월 30일 워싱턴 시간으로 새벽 3시인 한밤중에 펜타곤은 맥아더 장군으로부터 여전히 또 하나의 보고서를 받았다. 이것은 한국의 상황을 그가 처음으로 직접 시찰한 것에 근거했다.

---

380) *Ibid.,* p. 781.
381) David McCullough, *TRUMAN,* New York: Simon & Schuster, 1992, p. 782.

"현 전선을 유지하는 유일한 보장과 후에 잃어버린 땅을 회복할 능력은 미국의 전투병력을 한국의 전투지역에 투입을 통해서이다. 공군과 해군력만으로 북한군의 진격을 억제하려는 어떤 시도도 시간낭비일 것이다. 이 단계에서 사태는 너무나 암울해서 육군, 해군, 그리고 공군을 포함하는 미국의 전면적 노력조차도 실패할 수밖에 없을 것이다. 시간이 본질이다. 지연 없는 선명한 결정이 지상명령이다."[382]

프랭크 페이스(Frank Pace)가 블레어 하우스에 전화를 걸었을 때 밖은 여전히 어두웠다. 트루먼은 이미 일어나서 면도까지 했다. 그는 4시 47분에 침대 옆에서 전화를 받았다. 페이스가 우울한 보고를 전달했다. 맥아더가 2개 사단의 지상군을 원했다. 트루먼은 결코 망설이지 않았다. 그것은 그가 수일 동안 스스로 준비해온 순간이었다. 그는 즉시 결정을 내렸다. 후에 트루먼은 한국에서 전투에 미군을 파병하는 것이 그의 대통령직의 가장 어려운 결정이었으며 원자탄의 사용을 결정하는 것보다도 더욱 그랬다고 말할 것이다.[383]

트루먼은 또 다른 세계전쟁을 시작하고 싶지 않았다고 사적으로 말하는 것이 그 주일 동안 자주 들렸다. 그는 6월 30일 같은 날 늦게 일기장에 기록했다. "마오쩌둥은 뭘 할까? 다음 러시아의 움직임은 어디에서 나올까?"[384] 수년 후에 애치슨은 자기 부하들을 변함없는 헌신으로 그에게 묶는 트루먼의 자질을 설명해주는 대통령으로부터 받은 노트를 공개할 것이다. 트루먼은 24일과 25일에 관련하여 일요

---

382) *Ibid.*
383) *Ibid.* pp. 782−783.
384) *Ibid.,* p. 783.

일 밤에 유엔의 안보리를 즉각 소집하고 그에게 알리는 애치슨의 선수가 그 후 일의 핵심이었다고 말하면서, 만일 애치슨이 그런 방향으로 재빨리 행동하지 않았다면 미국은 한국에 홀로 가야만 했을 것이라고 지적했다. 일요일 밤 블레어 하우스에서 가진 회의는 일요일 저녁 그들의 행동 결과이고 그 결과는 후에 애치슨이 위대한 국무장관이고 외교관이라는 것을 보여주었다고 칭송하고 애치슨의 상황 처리가 그 이후 최고였다면서 트루먼은 애치슨의 기록을 위해 그 노트를 보낸다고 말했다.385)

"이것은 극동의 그리스이다. 만일 우리가 지금 충분히 강인하면 다음번은 없을 것이다"라고 트루먼은 말하곤 했다.386) 대한민국은 미국의 인디애나주보다 약간 컸다. 인구가 2천만 명으로 북한의 배였다. 경제는 주로 농업인 반면에 한국의 산업은 북쪽에 있었다. 38선의 분계선은 한국의 역사, 지리 그리고 그 밖의 어느 면에서도 근거가 없다. 그것은 일본군의 항복을 촉진하기 위한 일시적 조치로 제2차 세계대전의 마지막 주에 성급히 정해졌다. 분계선의 북쪽은 소련인들에게 그리고 남쪽은 미군에게 항복했다. 그 결정은 펜타곤에서 어느 늦은 밤에 당시 딘 러스크 대령과 찰스 본스틸(Charles Bonesteel)이라는 다른 젊은 육군장교에 의해서 이루어졌다. 그들은 북위 38도선이 한국의 대부분의 지도에서 이미 유리함을 가졌기 때문에 북위 38도선을 골랐다.

남한의 점령된 수도인 서울에서 한반도의 남동쪽 끝에 있는 한국

---

385) *Ibid.*
386) David McCullough, *TRUMAN,* New York: Simon & Schuster, 1992, p. 785.

의 가장 큰 항구인 부산까지는 주도로와 철도로 275마일이었다. 북한 "인민군"의 진격 소식으로 이제는 아주 극히 중요한 거리였다. 북한 인민군도 점차 악화되었다. 1950년 7월은 한국과 워싱턴에서 참혹한 시간이었다. 미국의 지상군과 대한민국의 남아 있는 육군은 급속히 분쇄되고 있었다. 미 제24보병 사단의 2개 반 부대의 병력인 총 256명의 첫 병사들은 서울의 남쪽에서 작전에 들어갔고 7월 5일 오산에서 용감하게 버티었다. 그리고 그들은 후퇴가 참패가 되는 걸 막기 위해 필사적으로 싸운 뒤에 후퇴하고 있었다. 일본으로부터 공수된 그들은 적합한 준비 없이 급하게 전선에 투입되었다. 많은 병사들은 전투경험이 없는 징병된 젊은 신병들이었으며 거의 모두가 일본에서 경비 임무로 느슨해진 상태였다. 그들의 한국 동맹군들처럼 그들은 러시아의 중전차 T-34로 무장하고 대규모 병력으로 진격해 오는 고도로 훈련된 적 앞에서 불쌍하게 장비를 제대로 갖추지 못했다. 신문들이 보도했듯이 그 모든 것은 1940년 프랑스에서 나치의 "전격전"(BlitzKrieg)을 비극적으로 상기시켰다.[387] 공격의 규모와 속도는 그것이 오랫동안 구성되었다는 것을 완전히 선명하게 해준다고 트루먼은 미국 국민들에게 말할 것이다.

7월 6일 국가안보회의 회의에서 바클리(Barkley) 부통령이 얼마나 많은 북한인들이 작전을 하고 있느냐고 묻자 브래들리 장군은 9만 명이라고 말했다. 미군은 1만 명, 그리고 남한은 2만 5천 명이 작전 중이었다. 전투에서 미군과 한국군은 종종 3대 1, 혹은 10대 1, 그리고 어떤 곳에서는 20대 1로 압도당했다. 그들에겐 전차, 포 혹은 러

---

387) *Ibid.,* pp. 786 – 787.

시아 전차를 지연시킬 수 있는 어떤 무기도 없었다. 제2차 대전에서 사용하던 바주카포는 러시아 전차에서 돌멩이처럼 튕겨 나왔다. 매튜 리지웨이(Matthew Ridgeway) 장군이 후에 말한 바에 따르면, 그 것은 마치 적은 수의 보이 스카우트들이 손에 들 수 있는 무기를 갖고 독일 기갑부대를 저지하려고 노력하는 것 같았다.[388]

후퇴는 흠뻑 쏟아지는 비와 징벌적 열기, 온도가 보통 섭씨 37도를 넘는 속에서 싸웠다. 한국에서 장마철에 접어들자 무기들은 녹쇠는 썩어 들어갔다. 통신은 두절되고 진창길은 수 만 명의 피난민들에 의해서 막혔고 혼돈이 압도적이었다. 미군 장병들은 지형에 전적으로 낯설었다. 그들은 한국인들이나 한국어에 관해서 아는 것이 아무 것도 없었다. 그들은 잠도 못 자고 식량도 별로 없이 인간 배설물로 거름을 준 논의 옆 배수구멍으로부터 물을 마시고 무시무시한 열기 속에서 싸우고 후퇴하고 또 싸우고 후퇴하길 반복했다. 그 결과 혹독한 이질 병이 병사들을 공격했다. 사상자 비율이 무려 30%나 되었다. 어떤 미군들은 전투를 중지하고 도망쳐 "탈출 열병"의 희생자가 되었다.

7월 중순 어느 날 아침 대통령의 책상 앞에 펼쳐진 지도를 가지고 브래들리 합참의장은 여러 가지 부대들을 가정하고 한반도 전체에 걸쳐 미국과 한국의 전선의 길이와 점진적 철수의 필요성을 알리면서 상황 설명을 했다. 지연작전을 계속하는 것이 유일한 희망이었다. 이것은 군사 기동에서 가장 어려운 작전으로 남동쪽 구석에서 방어적이고 짧아진 전선이 도달하여 구축될 때까지 후퇴하는 것이었다.

---

388) David McCullough, *TRUMAN*, New York: Simon & Schuster, 1992, p. 787.

미군과 한국군은 오산에서 금강으로 후퇴했고 그리고 임시 수도인 대전으로 갔다. 그곳에서는 7월 19일(워싱턴 시간으로 7월 18일) 치열한 가가호호 시가지 전투가 벌어졌다. 도시가 불타고 미 제24사단장인 윌리엄 딘(William F. Dean) 소장이 실종되었다. 그를 마지막으로 본 것은 그가 2.75인치 로켓포로 적의 탱크를 중지시키려고 애쓰는 모습이었다고 보고되었다. 어느 날 블레어 하우스에서 아침식사 전에 트루먼은 뉴욕 타임즈의 전면에서 길가에서 발견된 북한군의 포로가 된 7명의 미군 병사들이 손이 뒤로 묶인 채 얼굴에 총을 맞고 피살된 것에 관해서 읽었다. 그 때까지 전쟁을 취재하는 유일한 종군 여기자인 뉴욕의 헤럴드 트리뷴(*Herald-Tribune*) 지의 마거리트 히긴스(Marguerite Higgins)는 "이것은 정통적 전쟁이 아니다"라고 썼다.

후퇴는 소백산맥의 깊은 계곡을 통해 낙동강 뒤 고지대에 여전히 또 다른 방어선으로 계속했다. 야만적 전투가 벌어진 17일 만에 미군과 한국군은 70마일을 후퇴했다. 여러 가지 면에서 그것은 미국의 군사에서 가장 어두운 장면들의 하나였다. 그러나 이제 유엔군의 총사령관인 맥아더 장군은 부산 항구에 병력과 보급품을 쏟아 부을 시간을 벌기 위해 공간을 내주고 있었다. 그들의 고통과 굴욕, 그들에게 잔혹한 불리함에도 불구하고 미군과 한국군 부대들은 거의 기적적으로 그들이 해야 할 일을 해냈다. 그들은 사태를 지탱해 냈다. 트루먼은 이것을 기록상 가장 영웅적 지연전 조치들 가운데 하나라고 정당하게 불렀다. 7월 29일 전장에서 유엔군 사령관인 월튼 워커(Walton Walker) 장군은 "현 진지 사수"(stand-or-die)라는 명령을 발동했다. 더 이상의 후퇴는 없다고 워커 장군은 말했다. 부산은 떨어지지 않을 것이다. 더 이상의 덩케르크(Dunkirk)는 없을 것이다. 바탄(Bataan)도 없을 것이다. 모두가 지원군이 도착할 때까지 필요하다면 죽을 때까지 싸워야 한다고 워커 장군은 말했다. 의심할 여지없이 국내용으로 마련된 이 연설은 기대 이상으로 병사들에게 감동을 주었다. 제2의 덩케르크나 바탄의 전망은 그들에게 발생하지 않았다.

6월의 운명적 마지막 주에 트루먼의 중요하지만 별로 관심을 끌지 못한 조치들 가운데 하나는 유럽에서 일종의 순회대사를 하고 있던 애버럴 해리먼(Averell Harriman) 대사를 소환해서 그를 전쟁 긴급문제들을 돕는 특별 보좌진으로 임명한 것이었다. 그의 새 역할에서 해리먼의 첫 조치들 중 하나는 트루먼이 한국에서 하고 있는 일을 위해 의회 지지의 필요성을 대통령에게 압박하는 것이었다. 그는 미국이 아직 그를 지지할 때 가능한 한 빨리 의회로부터 전쟁 결의안을 요청하라고 트루먼에게 촉구했다. 그러나 딘 애치슨이 그런 결의안은 불필요하고 현명하지 못하다고 주장하면서 반대했다. 대통령은 최고 사령관으로서 헌법적 권위에 의존해야 한다고 애치슨은 주장했다. 의회의 승인이 해롭지는 않지만 그것을 획득하는 과정이 크게 해롭다고 그는 생각했다. 한국에서 돌아가는 사태에 대한 점증하는 불안 속에서 타이밍이 옳지 않았다. 트루먼은 지금 의회에 호소하는 것은 미래의 대통령들이 위급성을 다루는 것을 더 어렵게 할 것이라고 해리먼에게 말하면서 애치슨 국무장관의 편에 섰다.

7월의 첫 주에 맥아더 장군은 그의 미 제8군의 4개 사단들에게 온전한 전투력으로 만들기 위해 3만 명의 미국 지상군을 요청했다. 단지 며칠 후인 7월 9일에 상황이 너무나 심각해서 맥아더는 자기

병력의 배가를 요청했다. 그는 워싱턴을 뒤흔든 전문에서 4개의 추가 사단이 긴급히 필요하다고 말했다. 다른 지역의 위험을 고려한다면 미국이 얼마나 더 한국에 투입할 수 있겠는가? 브래들이 장군과 합동 참모들은 한국에서 일어나고 있는 것을 보다 큰 크레믈린 전략에서 가능한 견제(feint) 행동으로 여전히 보고 있었다. 국가안보회의에서 트루먼은 그 밖의 다른 곳에서 군사적 상황이 충족되어야 할 경우에만 그가 한국에서 손을 뗄 것이라고 말했다.[389]

당시 미 육군은 오직 10개 사단밖에 없다는 것이 엄중한 현실이었다. 서유럽에는 오직 1개 사단뿐이었다. 런던에서 윈스턴 처칠이 연설에서 지적했던 것처럼, 서유럽에서 동맹국들의 총 12개 사단이 소련의 80개 사단의 위협에 직면하고 있었다. NATO의 동맹국들은 미국이 머나먼 한국에서 너무 깊이 개입하지 않을까 하고 지나칠 정도로 염려했다. 국가예산의 균형을 잡는 수단으로 수년간 방위비를 깎아내린 것이 큰 손해였다. 장담하는 핵의 우월성에도 불구하고 미국은 전쟁을 할 준비가 전혀 되어 있지 않았다. 이제 학살과 비탄의 수 주일 후에 모든 것이 극적으로 바뀌고 또 그것도 엄청나고 광범위한 결과를 가져올 것이다. 트루먼 자신도 바뀌었다. 백악관의 참모들은 공산주의자들의 남한 침공이 그의 평화의 꿈을 부셔버린 이래 대통령의 실망에 따른 아픈 소통에 관해서 말했다. 이 때 트루먼은 7월 8일에 시작해서 3주 동안 광범위한 치과 치료를 받고 있었다.

많은 미국인들은, 아마도 대부분의 미국인들은 한국의 분쟁을 진실로 경찰행동으로 처음에 생각했다. 그러나 이제는 불만의 편지와

---

389) David McCullough, *TRUMAN*, New York: Simon & Schuster, 1992, p. 789.

전문들이 백악관과 의회에 쏟아졌다. 상원에서 태프트 의원은 딘 애치슨 장관의 사임을 요구했다. 오웬 브레스터(Owen Brewster) 의원은 맥아더 장군이 그의 재량으로 원자탄을 사용하게 하길 원했다. 신문들은 밝고 자신감에 찼던 봄의 대통령과 암울하고 주름진 여름의 대통령을 대조하는 사진들을 실었다. 거대한 역사적 전환은 7월 14일 내각회의에서 시작했다. 또 다시 블레어 하우스의 운명적 회의에서 모든 군역의 즉각적 확장과 군사비 지출의 막대한 증가를 촉구하면서 선수를 친 것은 애치슨이었다. 트루먼 대통령은 동의했다. 이전진 시점에서부터 트루먼의 생애와 회의용 테이블 주변에 있었던 모든 사람들의 생애에서 돌아서는 일은 없을 것이다.

7월 19일 수요일 의회에 보내는 특별 메시지와 그리고 나서 국민을 향한 연설에서 한국에 대한 공격은 미국이 더 많은 병사들, 장비 그리고 보급품을 보낼 것을 요구하고 있다고 트루먼은 말했다. 그것을 넘어서, 세계상황의 현실은 훨씬 더 큰 미국의 군사력을 요구했다. 그는 100억 달러의 긴급예산을 요청했다. 그리고 그는 징집을 늘리고 일정한 국가방위군 부대들의 소집도 요구했다. 한국은 수천 마일 떨어진 작은 국가이지만 그러나 그곳에서 일어나고 있는 일은 각 미국인에게도 중요하다고 그는 텔레비전 빛의 열기 속에서 돌덩이처럼 굳은 얼굴로 미국민에게 말했다. 그들의 야비한 침략으로 북한은 유엔헌장을 위반했다. 비록 미국이 대한민국을 구하기 위해 주된 노력을 하고 있지만 그들은 유엔 사령부와 유엔의 깃발 하에서 싸우고 있다. 이 전쟁은 국가들 사이에서 법의 지배를 위한 인류의 긴 모색에서 이정표라고 트루먼은 강조했다.[390]

7월 19일 마지막 주 기자회견에서 트루먼은 한국에서 원자탄의 사용을 고려하고 있느냐의 질문에 대해 부정했고 또 언젠가 곧 한국에서 벗어날 계획이냐는 질문에도 부정했다. 그는 자기의 일에 머물 것이다. 트루먼이 국방장관 루이스 존슨에게 아주 화가 나 있고 극동군 사령관 맥아더 장군도 덜 좋아한다는 것은 그의 참모들에게 잘 알려져서 펜타곤의 점증하는 걱정이 되었다. 존슨 장관은 전 행정부를 운영하려는 어이없는 이기적 욕망을 보여주기 시작했다고 트루먼은 기록했다. 그러나 존슨을 파면하는 것은 펜타곤에서 트루먼 자신의 정책을 가장 과시적으로 수행하고 있는 사람을 부끄럽게 하는 것으로 트루먼의 스타일이 아니었다. 그래서 루이스 존슨은 남았다. 맥아더에 대해서 트루먼의 사적 견해는 맥아더의 명성이 최고였던 1945년 당시와 별로 달라 보이지 않았다. 자신의 일기장에 트루먼이 맥아더를 "미스터 프리 마돈나, 고급장교, 연극배우, 그리고 야바위꾼"으로 묘사했다. 대통령은 맥아더에 대해 별로 존경심을 갖지 않았으며 그는 자신을 일종의 신으로 생각하는 최고 이기주의자로 표현했다고 이븐 아이어스(Eben Ayers)가 지적했다. 그러나 자기가 반드시 좋아하지 않거나 찬양하지 않는 사람들과 일하는 것이 삶의 일부였다. 그리고 만일 루이스 존슨을 해고하는 것은 당시 상황에서 어려웠을 것이고 5성 장군 극동군 사령관을 제거하는 것은 거의 생각할 수 없는 일이었다.

존 포스터 덜레스(John Foster Dulles)는 트루먼에게 비밀스럽게 맥아더가 가능한 빨리 처리되어야 한다고 말했다. 외교정책에 대해

---

390) David McCullough, *TRUMAN*, New York: Simon and Schuster, 1992, p. 792.

가장 저명한 공화당 대변인이고 또 국무성에 특별 보좌진인 덜레스는 도쿄에서 맥아더와 일련의 회의를 마치고 돌아왔다. 그는 70세의 맥아더 장군은 그의 전성기를 지났으며 잠재적 부담이 될 것이라고 확신했다. 백악관 집무실에서 가진 사적 회담에서 덜레스는 트루먼에게 맥아더가 곤란한 일을 야기하기 전에 그를 본국으로 불러들이고 그를 은퇴시키라고 권고했다. 그러나 트루먼은 그의 안경 뒤에 그의 큰 푸른 갈색의 눈으로 말하기는 쉽지만 실행하기는 어렵다고 대답했다. 그는 덜레스에게 맥아더의 "영웅적 지위"가 너무 커서 나라에서 있을 반작용을 상기시켰다.[391]

　트루먼은 장군들에 대한 존경심이 없었고 심지어 그들의 전망과 능력에서 제한되어 있다고 경멸까지 했다고 한다. 그리고 그는 그것이 웨스트 포인트 교육 때문이라고 생각했다. 그러나 그의 편견이 모든 장군들에 향한 것은 아니었다. 그들이 모든 사람 위에 있다고 느끼는 것 같은 맥아더와 같은 인물들을 향해 있었다. 트루먼은 어떤 종류의 계급제도를 증오했으며 다양한 종류의 잘난 체하는 자들을 싫어했다. 1918년 프랑스에서 그의 경험이 군사계급제도에 대한, 그리고 특히 웨스트 포인트 출신의 잘난 체하는 자들에 대한 영속적인 혐오감을 그에게 남겼다. 그러나 브래들리와 리지웨이 같은 장군들에 대한 트루먼의 존중은 아주 컸다. 그는 오랫동안 브래들리 장군을 모델 장교로 간주해서 자기 행정부에서 애치슨을 제외한 그 누구보다도 브래들리를 보좌관으로 의존하게 되었다. 리지웨이 장군도 역시 트루먼에게 깊은 인상을 주어 시간이 가면서 그에 대한 신임을

---

391) *Ibid.*, p. 793.

정당화했다. 그리고 아이젠하워와 마샬 장군들이 있었다. 아이젠하워는 그를 대통령으로 만들기 위해 트루먼이 비켜설 용의가 있었고 트루먼이 누구보다도 존경하는 위대한 장군은 조지 마샬이었다.

8월의 첫 주까지 낙동강 뒤에서 참호를 팠던 미국과 한국의 병력은 부산 방어선이라고 알려진 최종 방어선을 구축했다. 그것은 부산 항구 주변에 130마일의 활모양을 이루는 전선이었다. 지도에서 그것은 한반도에서 발판같이 보였다. 지상에서는 전투가 이전처럼 야만적으로 계속되었다. 장마가 끝났다. 그러자 이제 군인들은 열기를 저주했고 보급 차량이 대낮에도 헤드라이트를 계속 켜야 할 만큼 먼지가 짙었다. 그러나 후퇴는 끝났다. 뿐만 아니라, 북한군의 성급한 진격으로 그들도 막중한 희생을 치렀다. 그들의 사상자들은 미국인들이 상상했던 것보다도 더 나빴다. 그들의 보급선은 이제 크게 과잉 신장되었고 유엔군이 바다와 하늘을 통제했다. 부산에서 미국의 전차와 화포가 증강되고 새로운 병력이 신속하게 이동 중이었다. 8월 12일 일요일 대통령을 위한 브리핑에서 브래들리 장군은 처음으로 상황을 유동적이지만 향상되고 있다고 기술했다.[392]

맥아더가 필요한 모든 것을 갖고 있는 지를 확실히 하려는 트루먼의 결심을 전할 뿐만 아니라 제3차 세계전쟁을 촉발할지도 모르는 어떤 조치도 피하라는 트루먼 대통령의 긴급한 뜻을 맥아더에게 각인하기 위해 해리먼이 파견되었다. 이것은 트루먼의 최대 걱정이었고 그리고 어떤 오해가 있어서도 안 되었다. 특별히 맥아더는 장제스와 떨어져야 했다. 이것은 맥아더가 7월 31일 장제스와 대만에서 회

---

392) *Ibid.*, p. 794.

담하기 위해 널리 알려진 비행을 했기 때문에 언짢은 점이었다. 트루먼은 맥아더에게 장제스가 중국 공산주의자들과의 전쟁을 위한 촉매가 되어서는 안 된다고 말하라고 해리먼에게 지시했다. 8월 4일 리지웨이 장군과 공군의 로리스 노스태드(Lauris Norstad) 장군을 대동하고 해리먼은 도쿄를 향해 떠났고 8월 9일 아침에 워싱턴으로 돌아왔다. 그는 공항에서 곧바로 블레어 하우스로 갔다. 아침 7시 30분이 대통령과 독대할 최선의 시간이었기 때문이다.

맥아더는 전쟁을 수행하는 결정에 관해서 아무런 유보가 없었다. 절대로 간섭 불가였다. 그는 중국 공산주의자들이나 러시아인들이 한국에 개입하지 않은 것을 확신했다고 해리먼은 보고했다. 장제스에 관해서 맥아더는 군인으로서 해리먼에게 대통령이 명령한대로 하겠다고 확약했다. 전쟁을 한 방의 대담한 공격으로 이길 계획에 관해서 보고해야 하는 것이 더 긴급하고 중요했다. 수주 동안 상륙작전으로 적을 협공하는 것, 즉 뒤에서 치는 맥아더의 전략에 관해서 펜타곤에서는 얘기가 있었다. 세부사항은 막연했고 합동 참모총장들은 아주 회의적이었다. 그러나 도쿄에서 해리먼, 리지웨이 그리고 노스태드는 맥아더에 의한 거대하고, 베일을 벗기는, 눈부신 2시간 30분 동안 그의 모든 극적인 웅변을 다한 발표를 들었다. 세 사람은 완전히 넘어갔다. 스릴을 느꼈다며 그래서 귀국하여 그 계획을 주장할 준비가 되었다고 해리먼은 말했다. 그것은 우리의 구원을 의미한다고 그는 트루먼에게 말했다.

아이디어는 부산의 북서쪽으로 200마일 떨어진, 한국의 서해안에 있는 인천 항구에서 기습 상륙작전을 벌이는 것이었다. 문제는 인천

이 엄청난 조수 간만의 차이를 갖고 있다는 것이었다. 조수간만의 차이가 30피트 이상에 달했으며 해안의 벽들뿐 상륙할 해안선이 없었다. 따라서 공격은 도시 자체를 치고 들어가야만 할 것이며 단 한 번의 조수가 상륙함들을 해안 벽에까지 이송해야 할 것이다. 높은 조수후 2시간 후면 착륙함들은 진흙에 처박힐 것이다. 브래들리 장군에게 그것은 그가 그 때까지 들었던 가장 모험적인 군사적 제안이었다. 그러나 맥아더는 1904년에 일본인들이 인천에 성공적으로 상륙했으며 그리고 바로 그 불가능성이 기습의 가장 중요한 요인을 확실하게 도울 것이라고 강조했다. 그는 인천의 불가능한 항구에 상륙하여 북한인들을 경악케 하고 패주시킬 것이라고 말했다. 그러나 시간이 별로 없었다.

그 기습공격은 한국의 겨울의 시작이 전장에서 보다 많은 사상자를 내기 전에 수행되어야만 했다. 인천의 간만은 9월 15일이 될 것이다. 착륙에 다음의 높은 조류 때까지 어떤 병력의 재증강도 불가능하게 만들 아주 큰 간만의 차를 포함하여 그 상륙작전 계획의 어려움들을 대통령에게 분명히 했다고 해리먼은 후에 말했다. 트루먼은 그에게 존슨과 브래들리를 만나라고 했다. 비록 트루먼은 어느 쪽이든 아무런 공약을 하지 않았지만 해리먼은 트루먼이 그 계획을 승인했다고 확신하고 블레어 하우스를 떠났다.

부산 방어선에서 필사적 싸움이 계속되는 가운데 미국의 사상자들은 증가하고 있었다. 8월 25일까지 6,886명에서 9월 중순까지 배가 되었다. 유럽에서 싸웠던 병사들은 한국전쟁을 그들이 알고 있는 어떤 전쟁보다 더 거친 전쟁이라고 부르고 있었다. 타임과 라이프에게재한 긴 글에서 존 오스본(John Osborne) 특파원은 그것을 "추악한 전쟁," "서러운," "구역질 나는," "특별히 무서운 전쟁"이라고 묘사했다. 그것을 직접 본 사람은 누구도 그것을 "경찰 행동"이라고 말하지 않을 것이다. 북한군의 야만성은 끔찍했다. 그러나 약간의 남한 경찰의 야만성도 그에 못지않았다. 미군들은 적의 병사들이 바로 눈앞에서 북한군의 녹색 군복으로부터 한국 농부들의 흰 바지와 저고리로 갈아입는 것을 묘사했다. 누가 동지이고 누가 적인지에 대한 참혹한 불확실성은 미군병사들에게 이미 그들 자신의 끔찍한 행동과 태도를 강요했다.[393]

부산에 쏟아 부어지는 병사들과 무기들의 증강은 환상적이었다. 그러나 오스본 기자는 여전히 "우리가 한국에서 밀려날지 모른다"고 경고했다. 8월 초까지 브래들리 장군은 부산에서 미국의 병력이 5만 명, 한국군 4만 5천 명과 유엔 동맹국들의 소규모 부대들이 유엔 지상군을 총 10만 명까지 증가했다고 대통령에게 보고할 수 있었다. 그럼에도 불구하고 맥아더의 인천상륙계획을 위해 추가적 미군을 전환하는 전망은 합동 참모총장들을 전혀 즐겁게 하지 않았다. 브래들리는 여전히 그것을 "가장 황당한 계획"이라고 계속 간주했다. 그러나 8월 10일 일련의 면밀한 백악관 회의 후에 합동 참모총장들과 국가안보회의가 그 전략을 원칙적으로 승인했다. 도쿄와 워싱턴에서 회의들이 뒤따랐다. 브래들리와 셔먼 제독, 그리고 콜린스 장군은 엄중한 의혹을 표했다고 8월 26일 토요일 트루먼을 위한 브리핑에서 브래들리가 보고했다.

---

393) David McCullough, *TRUMAN*, New York: Simon and Schuster, 1992, p. 796.

8월 26일 바로 그 날, AP통신은 맥아더로부터 해외전쟁 예비역들에게 보내는 성명서가 퍼져 나왔다. 이 성명서에서 맥아더는 장제스와 그의 대만 통제의 중요성을 강력하게 옹호했다. 태평양에서 유화와 패배주의를 주창하는 사람들에 의해서 만일 우리가 대만을 방어한다면 우리가 아시아를 소외시킬 것이라는 진부한 주장보다도 더 환상적인 것은 아무 것도 없을 것이라고 맥아더는 말했다. 그것은 정확하게 맥아더가 모범 군인으로서 자제할 것이라고 해리먼에게 확약했던 바로 그런 종류의 정책에 개입하는 것이었다. 트루먼은 격노했다. 그의 입술이 하얗게 되고 수축되었다. 애치슨, 해리먼, 존슨, 그리고 합동 참모총장들과의 아침 회의에서 평소 하는 인사도 차치하고 트루먼은 맥아더의 성명서를 크게 읽었다. 분개한 애치슨은 그것을 하극상이라고 불렀다. 브래들리에게 그 메시지는 고도의 오만이었다. 해리먼이 가장 분개했다. 후에 트루먼은 그 때 맥아더를 야전군 사령관직에서 해임하고 그를 브래들리 장군으로 대체할 것을 고려했지만 거부했다고 말했다. 그렇게 했다면 그것은 강등의 모양을 피하기 어려웠을 것이다. 트루먼은 맥아더 장군에게 개인적으로 상처를 줄 의도가 없다고 말했다.[394] 트루먼은 루이스 존슨 국방장관에게 맥아더가 그 성명서를 철회하게 하라고 요구했다. 존슨이 머뭇거리자 트루먼은 자신이 직접 메시지를 작성하여 그에 따라 즉시 행동하라고 존슨에게 말했다.

맥아더에 대한 그의 분노가 무엇이었든 트루먼은 인천상륙계획의 논의를 진행했고 브래들리와 다른 사람들에 의한 반대의견에도 불구

---

394) *Ibid.*, p. 797.

하고 그는 맥아더에게 자기의 지원을 보내주기로 결정했다.[395] 합동 참모총장들은 부산이 확실히 지탱되는 그런 때까지 인천작전을 연기하는 쪽으로 기울었지만, 그러나 트루먼이 이제는 공약했다고 브래들리 장군은 기억했다. 8월 28일 합동 참모총장들은 맥아더에게 그들의 잠정적 승인을 보냈다. 그것이 엄청난 도박이라는 것을 그들 모두가 알고 있었다. 맥아더의 여러 참모들도 그 계획이 현명하지 않다고 생각했다. 맥아더 자신도 그것을 5,000대 1 확률의 도박이라고 불렀다. 실패는 군사적으로 뿐만 아니라 심리적으로도 국가적 아니 심지어 국제적 재앙이 될 수 있을 것이라고 브래들리는 기록했다. 트루먼은 해리먼과 리지웨이 장군의 지지 보고서에 의해 강력하게 영향을 받았다. 그러나 최종적 분석에서 그는 자신의 본능에 의존했다. 그것은 대담한 전략적 개념이었고 그는 그것이 성공할 것이라는 데 가장 큰 자신감을 가졌다.[396] 최고 사령관으로서 트루먼은 인천 작전에 혼자서 그리고 최종적 결정을 한 사람이었다. 그는 거부할 수도 있었다. 분명히 군사 자문단들 사이에 지배적 의견의 무게는 그의 편이었을 것이다. 그는 기회를 잡았고 그가 마땅히 받아야 할 명성 같은 어떤 것을 요구하지도 않았고 받지도 않을 결정을 내린 것이다.[397]

9월 6일 수요일, 마샬 장군이 홀로 백악관을 방문했다. 트루먼은 과거 그를 필요로 했을 때 두 번이나 그랬던 것처럼 그에게 이번에는 국방장관으로서 공직에 돌아오라고 요청했다. 마샬은 트루먼에게

---

395) *Ibid.*
396) *Ibid.*
397) *Ibid.*

조심스럽게 고려하라고 부탁했다. 그렇게 하겠지만 그러나 그의 임명이 트루먼과 그의 행정부에 반영할지도 모른다는 사실에 관해서 생각하길 원한다는 것이었다. 왜냐하면 그들은 중국에서 장개석 정부의 몰락에 대해 여전히 그를 비난하고 있었기 때문이었다. 그는 대통령을 돕고 싶지 해가 되고 싶지는 않다고 했다. 크게 감동한 트루먼은 어느 누가 그런 말을 할 수 있겠느냐고 영부인 베스에게 보내는 편지에 썼다. 9월 9일 토요일, 인천에 관한 마지막 집무실 회의 후에 합동참모회의 장군들은 맥아더에게 최종적 승인을 보냈다. 상륙작전은 일주일도 남지 않은 9월 15일에 시행될 것이다. 9월 11일 트루먼은 루이스 존슨을 불러 그가 해임되었음을 알렸다. 나아가 그의 사임을 발표하는데 있어서 존슨이 자기의 후임으로 마샬 장군을 추천한 것으로 되었다. 존슨의 사임과 마샬의 지명은 즉시 발표되었다.

9월 15일 이른 시간에(워싱턴 시간으로는 9월 14일 오후) 인천에서 상륙작전이 시작되었다. 맥아더가 약속한 대로 그 공격은 완전한 기습으로 적을 사로잡았다. 그리고 맥아더가 역시 약속한 대로 그 작전은 적에게 입장을 완전히 뒤집은 압도적인 성공이었다. 상륙군은 262척의 선박과 10개 사단의 7만 명의 병력이었으며 제1해병사단이 앞장을 섰다. 인천은 하루만에 함락되었다. 11일 만에 서울이 재탈환되었다. 그 사이에 워커(Walker) 장군의 제8군이 부산 방어선을 돌파하여 북쪽으로 진격을 시작했다. 군사에서 그런 극적인 행운의 전환은 별로 없었다. 9월 27일까지 북한군의 절반 이상이 거대한 협공에 걸려들었다. 10월 1일 유엔군은 38선에 도달했고 남한은 유엔의 통제 하에 있었다. 2주 만에 그것은 완전히 다른 전쟁이 되었다. 워싱턴에서 그 소식은 거의 믿을 수 없는 것이었다. 그것은 누가 감히 희망했던 것보다 훨씬 그 이상이었다. 미국은 승리에 도취했다. "그것은 군사적 기적이었다. 나는 당신들 모두에게 경의를 표한다. 그리고 본국의 모든 사람들로부터 당신들 모두에게 말한다. 아주 잘 고결하게 이루었다"고 환희에 넘친 대통령은 맥아더에게 전문을 보냈다.

전쟁이 시작한 이래 거의 3개월 동안 문제는 유엔군이 한국에서 버티고 생존할 수 있을까였다. 이제는 갑자기 문제가 전쟁 수행을 38선을 통과시켜 공산주의 군대와 북쪽의 공산주의 정권을 분쇄하여 한국을 통일할 것인가였다. 맥아더는 38선을 넘어 적의 추격을 원했다. 합동 참모총장들, 언론, 양당의 정치인들 그리고 미국민의 절대 다수가 그것을 원했다. 그리고 이해할 수 있는 흥분된 시간이었다. 승리의 흥분이 전체적인 분위기였다. 국무성에서 소수의 몇 사람들, 즉 찰스 볼렌, 폴 니츠, 그리고 일시적으로 봉사를 위해 돌아온 조지 케넌을 제외하고는 사실상 누구도 38선에서 멈출 것을 촉구하지 않았다. 군대는 측량기사처럼 전선까지 행군하고 멈추길 기대할 수 없다. 경계선으로서 그것은 정치적 가치가 없다고 딘 애치슨은 말했다.[398]

트루먼 대통령도 누구나처럼 순간의 정신에 사로 잡혔다. 적군을 추격해서 파괴하는 것이 기본적 군사 교리였다. 만일 그가 대통령직의 가장 운명적인 것의 하나인 결정에 대해 머뭇거리고 괴로워했고 해도 그것에 관한 기록이 없다. 그 결정은 9월 27일 수요일에 이루어졌다. 이제 맥아더의 군사적 목표는 북한군의 파괴였다. 이것은 이전의 목표와는 아주 달랐다. 북한에 소련이나 중국군에 의한 중대

---

398) David McCullough, *TRUMAN,* New York: Simon and Schuster, 1992, p. 799.

한 개입의 징표가 없는 한 38선을 통과하도록 권한을 받았다. 또한 그는 북한의 중국 접경선이나 소련의 국경선을 넘어서 전쟁을 수행하지 않도록 되었다. 전반적으로 맥아더는 전쟁을 가능한 한 신속하게 마무리하기 위해 행해져야 할 일을 자유롭게 할 수 있었다. 이제 국방장관인 조지 마샬은 그에게 전술적으로 그리고 전략적으로 구속되지 말라고 말했다. 그리고 맥아더가 "나는 모든 한국이 군사작전을 위해 열린 것으로 간주한다"고 전문을 쳤을 때 아무도 반대하지 않았다.[399]

전쟁을 북쪽으로 이끌어가는 것은 두 가지 엄청난 모험이 관련되었다. 하나는 중국인들에 의한 개입이고, 또 하나는 겨울이었다. 그러나 맥아더는 진격할 준비가 되어 있었고 인천상륙작전 후에 맥아더는 거의 미신적 경외감으로 간주되었다. 외교적 채널을 통해 중국의 외교부장인 저우언라이(周恩來)로부터 만일 유엔군이 38선을 넘는다면 중국이 북한을 지원하여 병력을 보낼 것이라는 경고가 왔다. 인도의 대사인 파니카(K. M. Panikkar)를 통해 저우언라이는 중국의 평화적 의도를 강조했지만 인천상륙작전 후엔 북경의 다른 지도자들은 다른 길을 택했다. 10월 3일 저우언라이는 파니카 대사를 외교부로 불러 그에게 만일 미군이 38선을 통과한다면 중국이 개입할 것이라고 경고했던 것이다.[400] 워싱턴에서 그런 경고는 주로 공갈로 판단되었다. 10월의 첫 주 말에 뉴욕 주의 레이크 석세스(Lake Success)에서 유엔은 한국 전역에 안정의 조건을 확보하기 위한 모든 적절한

---

399) *Ibid.*
400) Dean Acheson, *Present at Creation: My Years in the State Department,* New York: W. W. Norton, 1969. P. 452.

조치들이 취해질 것을 권고했다. 그것은 전쟁을 진행하라는 유엔의 승인을 의미했다. 단지 며칠 후인 10월 9일 맥아더는 개성 근처에서 제8군이 38선을 넘게 했다. 중국인들이 언론과 외국 대사관을 통해 북한의 침공은 그들의 개입을 초래할 것이라는 거듭된 경고를 반복하자 트루먼은 맥아더를 만나기로 결정했다.[401] 그래서 다음 날 트루먼은 놀라운 발표를 했다. 그것은 트루먼 대통령이 한국에서 최종 단계에 관해 맥아더 장군과 협의하기 위해 태평양의 어느 밝히지 않은 지점으로 비행할 것이라는 내용이었다.[402]

트루먼과 맥아더의 상봉 아이디어는 좋은 선거의 해 일로 백악관의 참모들에게서 시작되었다. 처음에 트루먼은 그것을 바로 그런 이유, 즉 너무 정치적이고, 또 너무 쇼맨십이라고 거절했다. 트루먼이 마음을 바꾼 것은 프랭클린 루즈벨트가 1944년 하와이에서 맥아더를 만나러 그런 여행을 했다는 사실이 상기된 이후였다. 트루먼은 맥아더에게 상봉 장소를 정하도록 했고 맥아더가 정한 웨이크 섬(Wake Island)까지는 7개의 타임 존을 통과하는 비행이었고 왕복 14,425마일이었다. 반면에 맥아더는 도쿄에서 4,000마일만 비행하고 돌아가는 곳이었다. 전쟁 상황이 긴박하게 돌아가고 있어 맥아더가 그의 근무지에서 너무 오래 벗어나길 원하지 않았다고 트루먼은 설명했다. 많은 사람들에게 그 모든 것은 전쟁의 갑작스럽고, 기대하지 않았던 성공을 이용하고 11월 중간선거 직전에 인천의 영광을 공유하려는 정치적 관중을 의식한 연기처럼 보였다. 대통령은 한 동안 헤

---

401) Robert Dallek, *Harry S. Truman*, New York: Times Books, 2008, p. 108
402) David McCullough, *TRUMAN*, New York: Simon and Schuster, 1992, p. 800.

드라인에 오르지 못했다. 이제 그가 돌아왔다. 재선에 임하는 의회의 민주당원들에게 그것은 기도와 단식에 대한 완벽한 신의 응답 같은 것이었다.

대통령과 유엔군 사령관의 극적인 상봉이 그 순간에 큰 정치적 가치를 가질 수 있다는 것은 물론 부인할 수 없었다. 그러나 그 상봉에 참여한 많은 사람들에게 그것이 오직 정치적 계획이었다는 비난은 아주 기이하고 순전히 넌센스일 것이라고 브래들리 장군은 말했다. 그 행사의 중요성은 그 드라마처럼 개성의 중대한 요소라는 인간적 방정식에 집중되었다. 처음으로 그들이 서로 그렇게 의존하고 있고 또 그렇게 아주 성격상 다른 두 사람이 서로를 직접 탐색할 수 있을 것이다. 트루먼의 비행기가 10월 15일 일요일 아침 6시 30분에 웨이크 섬의 한 개 뿐인 활주로에 착륙했다. 맥아더가 기다리고 있었다. 트루먼의 비행기가 다가오자 거기에 눈을 맞춘 맥아더는 해리먼을 팔을 잡고 활주로 쪽으로 걷기 시작했다. 트루먼이 비행기에서 나와 트랩을 내려가자 맥아더는 밑에 서서 다정함과 우정의 모습으로 기다리고 있었다. 주변 사람들은 장군이 대통령에게 경례를 하지 않았다는 사실을 역시 지적했다. 그리고 트루먼은 맥아더의 복장에 다소 당황했지만 두 사람의 상봉은 대단히 정중했다.

맥아더는 손을 뻗어 "대통령님"을 부르면서 트루먼의 오른팔을 잡고 힘찬 악수를 했다. "장군, 나는 당신을 만나러 오랫동안 기다렸소"라고 활짝 웃으며 말했다. "대통령님, 다음 번엔 오래 걸리지 않길 바랍니다"라고 맥아더가 다정하게 답했다. 소규모 군중이 환호하는 가운데 사진기자들을 위해서 그들은 여러 번 악수를 했다. 그리고 두 사람은 그 섬에서 가용한 최고의 자동차인 아주 낡은 쉐보레 (Chevrolet)의 뒷좌석에 올라탔다. 그리고 단거리를 가서 대양 옆에 있는 퀀셋(Quonset) 막사에 도착했다. 그 안에서 그들만이 30분간 얘기했다. 트루먼은 한국에서 가능한 중국의 개입에 대한 염려에 대해 거의 즉각적으로 얘기하기 시작했다. 맥아더는 한국에서 승리했고 중국 공산주의자들은 공격하지 않을 것이라고 트루먼에게 확약했다. 맥아더가 해외전쟁 예비역 협회에서 했던 성명서에 대해 사과했을 때 트루먼은 그것에 관해서는 더 이상 생각하지 말라며 자기는 가까운 문제를 생각하고 있다고 말했다. 이 제스처에 깊은 인상을 받은 맥아더는 후에 해리먼에게 말하면서 그 점을 강조했다.

맥아더를 처음 만난 많은 다른 사람들처럼 트루먼도 상냥한 태도와 현저한 신체적 거동, 저명한 존재감에 의해서 깊은 인상을 받았다. 트루먼은 그가 아주 자극적이고 흥미로운 인물임을 발견했다. 맥아더는 후에 해리먼에게 신문 설명이나 잡지의 기사들이 대통령에게 정의를 행하지 않았다고 말했다. 그에게 트루먼은 상냥하고, 빠르고 재치 있는 인물이었다. 7시 30분에 그들은 빛나는 아침 햇빛을 받으며 다시 등장했다. 그들은 다시 쉐보레를 타고 이번에는 단층짜리 민간인 비행사 행정건물로 갔다. 약 17명의 보좌관들과 비서들은 크고 소박한 바에서 기다렸다. 비공식적 분위기를 세우면서 트루먼은 모두가 편하게 하라고 말했다. 그는 긴 소나무 테이블의 상석에 앉았다. 맥아더가 오른 쪽에 그리고 해리먼이 왼쪽에 앉고 나머지 사람들은 테이블 밑에서 자리를 잡거나 벽을 뒤로하고 자리했다. 맥아더가 브라이어(briar) 파이프를 꺼내면서 그가 담배를 피워도 좋으냐고 대통령에게 물었다. 모두가 웃었다. 트루먼은 좋다고 답했다.

회의는 2시간 정도 계속되었다. 그동안에 해리먼, 브래들리, 딘 러스크, 그리고 필립 제섭(Philip Jessup)이 아주 공개적으로 각자 노트를 했다. 국무성의 속기사인 버니스 앤더슨(Vernice Anderson)도 속기를 했다. 그 회의는 공식 의제 없이 진행되었다. 맥아더에 의하면 어떤 새로운 정책이나 전쟁 전략도 제안되거나 논의되지 않았다. 그러나 논의는 광범위했다. 맥아더가 주로 얘기하고 트루먼은 질문을 했다. 맥아더의 수행은 대단했다. 그는 모든 세부사항을 완전히 통제하고 있고 절대적으로 자신 있어 보였다. 시간은 빨리 흘러갔다. 맥아더는 보고할 좋은 소식만 갖고 있었다. 한국에서 상황은 통제 하에 있었다. 전쟁은 추수감사절까지 끝날 것이다. 북한의 수도인 평양은 일주일 안에 떨어질 것이다. 크리스마스까지 제8군은 일본에 있을 것이다. 내년 초까지 유엔은 선거를 실시할 것으로 그는 기대했으며 미군은 그 후 완전히 철수할 것이다. "점령으로 얻는 것은 없다. 모든 점령은 실패다"고 맥아더는 선언했으며 이에 대해 트루먼 대통령은 동의의 의미로 고개를 끄덕였다.[403]

트루먼의 제일 걱정은 그것을 제한전쟁으로 유지하는 것이었다. 중국이나 소련의 개입가능성이 무엇이냐는 트루먼의 질문에 맥아더는 거의 없다고 대답했다. 아울러 중국은 만주에 30만 병력이 있다. 이들 가운데 10~15만 명이 압록강을 따라 배분되었다. 그들은 공군이 없다. 이제 미국이 한국에서 공군기지를 갖고 있는 이상 만일 중국이 평양으로 내려오려고 한다면 가장 큰 학살이 있게 될 것이라고

---

403) David McCullough, *TRUMAN*, New York: Simon and Schuster, 1992, p. 804.

맥아더는 설명했다. 그러나 러시아인들은 아주 다른 문제라고 맥아더는 계속했다. 러시아인들은 시베리아에 항공력을 갖고 있고 또 1천대의 항공기를 투입할 수 있을 것이다. 중국의 지상군과 러시아의 항공력의 결합은 문제를 제기할 수 있을 것이지만 그러나 지상에서 작전과 항공력의 결합은 대단히 어렵다. 그래서 그들이 그것을 수행할 수 있다는 것을 의심한다고 맥아더는 강조했다.

워싱턴으로부터 자기가 받은 지원은 둘도 없는 것이었다. 전쟁사에서 어느 사령관도 자기보다 더 워싱턴에 있는 모든 기관들로부터 보다 완전하고 적절한 지원을 받은 적이 없었다고 맥아더는 테이블을 돌아보면서 강조했다. 브래들리 장군이 얼마나 빨리 유럽의 배치를 위해 1개 사단을 풀어줄 수 있는가를 알고 싶어 했다. 맥아더는 1월까지라고 그에게 확약했다. 논의가 너무 빨리 진행되고 있는 것을 걱정한 딘 러스크가 속도를 줄여야 한다는 쪽지를 트루먼에게 전했다. 회의를 위한 너무 간단한 브리핑은 이 회의에 대해 이미 모호한 태도를 취하는 언론의 비판을 부채질할 뿐이라고 러스크는 느꼈다. 트루먼은 "아니야, 나는 우리가 곤란에 처하기 전에 여기서 나가는 것"이라는 답변을 적어 보냈다.

승리가 목전에 있기에 시간의 대부분은 한국의 부흥에 관련된 질문들에 소비되었다. 비용에 대한 질문, 범죄자들을 어떻게 할 것인지에 대한 걱정, 그리고 6만 명에 달하는 북한군 포로들을 어찌해야 하는 지에 대한 브래들리 장군의 질문 등이 있었다. 맥아더는 북한군 포로들이 처음으로 잘 먹고 깨끗해서 한국에서 가장 행복한 한국인들이라고 말했다. 그리고 간단히 논의가 인도차이나에서 호치민 하의 공산주의자들에 대항하는 프랑스의 노력으로 옮겨갔다. 맥아더가 프랑스인들이 수개월에 그것을 말끔히 처리하지 못하는 것을 이해할 수 없다고 말했다. 트루먼도 역시 그것을 이해할 수 없었다고 말했다. 나중에 딘 러스크와 얘기하면서 맥아더는 프랑스인들이 필요한 모든 것은 저돌적 장군이라고 말했다.

트루먼이 대만에 관해서는 맥아더와 이미 충분히 얘기했고 완전히 합의하고 있기 때문에 그것에 관해서는 논의할 필요가 없다고 말했다. 맥아더는 그가 칠하고 있는 장미 빛 그림으로부터 벗어나거나 그 순간의 조화를 해칠 이견을 지금 제시할 생각이 없었다. 유엔의 추가병력의 필요성에 관해서 맥아더는 그 결정을 워싱턴에 일임할 것이다. 그리고 그 때 9시 5분에 트루먼이 정지를 요구했다. 여기에 있지 않은 사람은 누구도 우리가 그렇게도 많은 문제들을 다루었다는 것을 믿지 않을 것이라고 트루먼은 말했다. 그는 성명서가 준비되는 동안에 점심을 위한 휴식을 제안했다. 맥아더가 도쿄에 빨리 돌아가야 한다고 말하면서 사양하고 또 가능한 한 빨리 떠나려 하자 의도적이든 아니든 대통령과의 점심을 사양하는 것은 모욕적이라고 브래들리 장군은 기록했다. 트루먼은 발끈했지만 그러나 내색하지 않았다. 성명서가 준비되는 대로 제출되어야 한다. 그래야 맥아더 장군이 즉시 돌아갈 수 있을 것이라고 트루먼이 말했다. 그 회의는 1시간 30분 동안 계속되었다.

성명서가 작성되는 동안 트루먼과 맥아더는 정치에 관해서도 얘기를 나누었다. 맥아더가 일본 천황이 알고 싶어 한다면서 트루먼의 재출마 여부를 묻자 트루먼은 맥아더에게 그의 정치적 야심이 무엇인지를 되물었다. 맥아더는 전혀 없다면서 대통령에 대항해서 출마하는 장군이 있다면 그의 이름은 맥아더가 아니라 아이젠하워일 것이라고 말했다. 트루먼은 웃었다. 그러면서 아이젠하워의 정치에 관해 아무것도 모른다고 말했다. 맥아더가 읽고 서명한 성명서는 회의에서 그렇게 신속한 진전을 가능하게 했던 아주 완전한 견해의 만장일치를 강조했고 또 맥아더를 미국의 위대한 군인-정치가들 중 한 사람이라고 불렀다. 후에 워싱턴으로 돌아오는 중에 샌프란시스코에서 행한 트루먼의 연설은 미국의 소리(VOA) 방송에 의해서 26개국 언어로 전세계에 방송되었다. 트루먼이 직접 경험을 통해 문제들을 알고 있는 야전 사령관과의 개인적 대화에 대안은 없다고 말하면서 그는 미국 외교정책의 목표와 행위에 완전한 통일이 있다는 사실을 분명히 해야 할 필요성의 압박을 느꼈다고 말했다.404) 맥아더도 아주 기쁜 상태로 웨이크 섬을 떠났다. 도쿄로 비행했다. 맥아더는 트루먼의 샌프란시스코 연설을 들은 뒤에 대통령에게 그의 따뜻한 승인을 전문으로 보냈다. 만일 트루먼과 맥아더가 만나기 전에 서로 좋아하지 않았거나 불신했다면 그들은 분명히 더 이상 그렇지 않았다. 웨이크 섬에서 만남은 그들의 처음이고 마지막 상봉이었다. 그들은 다시는 서로 보지 않았다.

1950년 11월 1일 수요일 한낮에 트루먼은 웨이크 섬 회의 2주 후에 블레어 하우스로 돌아왔다. 2명의 푸에르토리코 출신(Puerto Rican) 민족주의자들이 대통령을 암살할 의도를 가지고 뉴욕에서 워싱턴으

---

404) David McCullough, *TRUMAN,* New York: Simon & Schuster, 1992, pp. 806 – 807.

로 이동을 했다. 그들은 1898년 스페인-미국 간의 전쟁 이래 존재하는 미국의 통제로부터 푸에르토리코의 독립의 요구에 세계적 이목을 집중시키길 원했다. 독립을 다시 얻은 쿠바와는 달리 푸에르토리코는 미국의 준자치 지역으로 남았다. 아이러니하게도 트루먼은 공개적으로 그들의 시민들의 다수결 투표로 미국과의 관계를 결정할 푸에르토리코의 권리를 지지했다. 암살자들은 즉각적 독립을 원하는 그 섬의 작은 요소를 대표했다. 11월 1일 두 사람은 백악관의 거실 공간을 수리를 하는 동안 대통령 가족이 살고 있는 블레어 하우스에서 대통령을 경호하는 경찰관들을 공격했다. 그들은 한 명의 경호원을 죽이고 두 명의 다른 경호원들을 부상하게 했다. 그러나 두 명의 암살자 중 한 명이 죽임을 당하고 다른 한 명은 블레어 하우스에 침투하여 2층 침실에서 오후 낮잠을 자고 있는 트루먼을 저격하기 전에 붙잡혔다. 비록 붙잡힌 암살자가 살인죄로 기소되어 1952년 처형이 선고되었지만 트루먼은 그의 선고를 무기징역으로 감형하였다. 트루먼은 이 무서운 사건 후에 "대통령이 되는 것은 지옥이야"라고 일기장에 기록했다.[405]

　　1950년 11월 7일 중간 선거의 결과는 민주당에게는 후퇴였다. 현지 문제들이 많은 의회의 대결에서 결정적이었다. 그러나 한국 전쟁과 타임 지가 국무성이 공산주의자들과 몰래 거래했다는 의심이라고 말한 것도 걱정이었다. "한국의 죽음의 함정"을 애치슨과 대통령을 포함하여 무장을 방해하는 사람들의 문 앞에 놓을 수 있다고 조 맥

---

405) Robert Dallek, *Harry S. Truman,* New York: Times Books, 2008, pp. 110-111.

카시가 비난했다. 워리(Wherry) 상원의원은 미국 장병들의 피가 애치슨의 어깨 위에 있다고 말했다. 트루먼은 무엇보다도 가장 슬픈 일 가운데 하나는 맥카시즘이 효과를 갖는 방식이라고 친구에게 말했다. 투표의 52%가 공화당으로 가고 42%가 민주당으로 갔다. 민주당이 여전히 의회의 양원을 통제했지만 상원에서 민주당의 다수는 12석에서 2석으로 줄었고, 하원에서는 19석의 차이가 12석으로 줄었다. 비록 트루먼이 투표하러 가는 길에 세인트 루이스에서 행한 연설을 제외하곤 선거운동 연설을 할 시간은 없었지만 선거결과는 개인적 패배로 보였다. 상원에서 실질적 목적을 위해 그는 더 이상 통제력이 없었다. 더구나, 트루먼이 초당파적 지지를 위해 그렇게 오랫동안 의지했던 아서 반덴버그 의원이 심각하게 아파서 돌아올 것 같지 않았다. 그의 다음 기자회견에서 어떤 기자가 상당수 공화당 의원들은 선거결과가 애치슨의 사임을 요구해야 한다는 것을 의미한다고 해석하고 있다고 말하자 트루먼은 "애치슨 씨는 머물 것이다. 마침표"라고 대답했다. 실제로 선거 결과는 한국에서 발생하고 있는 것에 비교하면 작은 걱정거리였다.

얼마나 많은 지는 아직 알 수 없었지만, 중국인들이 전쟁에 참여하고 있다는 것은 이 때까지는 기정사실이었다. 맥아더는 3만 명으로 추정했다. 그리고 그는 그 숫자가 무엇이든 그것의 중요성을 과소평가했다. 그러나 워싱턴의 염려는 증가했다. 압록강을 넘어오는 중국군의 흐름을 견제하기 위해서 맥아더는 강에 있는 모든 교량의 한국 쪽 끝을 폭격할 권한을 요청했다. 맥아더에게 전쟁을 확대하는데, 특히 압록강 북쪽에 공습을 금지하는 경고를 한 뒤에 트루먼은 승인했다. 또 하나의 걱정거리의 원인은 북쪽으로 진격할 때 그의 병력의 분할 결정이었다. 그는 제10군단을 한반도의 동쪽으로 올려 보내고 미 제8군은 서쪽으로 진격을 시켰다. 이것은 합동참모장들이 의문을 제기하는 굉장히 모험적인 기동 작전이었다. 그러나 맥아더는 단호했고 인천에서 기적을 일으킨 것도 결국은 바로 그런 단호함 덕택이었다. 한 번의 전쟁을 끝내는 공세, 한 번의 대규모, 포괄적인 협공으로 전쟁을 신속하게 이길 수 있다고 맥아더는 고집했다. 언제나처럼 그는 자신의 무오류성에 절대적 신념을 갖고 있었다. 그런 신념이 펜타곤이나 백악관에서는 발견되지 않았지만 트루먼을 포함하여 아무도 그를 중지시킬 조치를 취하지 않았다.[406]

맥아더가 공격개시를 보기 위해서 청천강변에 있는 미 제8군 사령부로 비행했을 때 시베리아로부터 무서운 찬바람이 북한을 뒤덮었다. 만일 이 작전이 성공적이라면 크리스마스를 위해 장병들을 귀국시킬 수 있기를 희망한다고 맥아더가 말하는 것을 특파원들이 들었다. 공격은 11월 24일 추수감사절 다음날인 금요일에 시작되었다. 4일 후인 11월 28일 화요일 워싱턴에서 아침 6시 15분에 브래들리 장군이 블레어 하우스에 있는 트루먼에게 맥아더로부터 무서운 메시지를 받았다고 말하기 위해 전화를 걸었다. 우리 쪽에서 무서운 상황에 우리가 처해있다고 트루먼은 몇 시간 후에 백악관에서 아침 회의 내내 참을성 있게 기다리라면서 말했다.

곧 열린 회의에서 중국인들이 26만의 병력으로 맹렬한 반격을 시작했다고 트루먼은 말했다. 맥아더는 수비로 돌아서고 있었다. 중국

---

406) David McCullough, *TRUMAN*, New York: Simon & Schuster, 1992, p. 815.

인들은 두 발로 걸어서 왔다. 트루먼은 잠시 숨을 골랐다. 회의실은 정적이 감돌았다. 그가 말한 것에 관한 쇼크는 모든 회의 참석자들을 똑바로 앉아 침묵하게 만들었다. 한국에서 잘 되어가는 것으로 보였던 모든 것이, 인천 이후 모든 흥분시키는 전망들 그리고 웨이크 섬의 치솟던 희망들이 일순간에 모두 사라져 버렸다. 뉴욕커(*The New Yorker*) 지의 사장인 작가 존 허시(John Hersey)가 썼듯이 그 자리에 있던 모든 사람들은 지금 한국에서 무슨 일이 일어나든 혼자서 어쩔 수 없이 대답해야 할 트루먼에게 그 소식이 무엇을 의미하는 지를 즉시 알고 있었다. 인천 상륙작전을 모험하는 것이 그의 결정이었듯이 38선을 넘어가는 결정도 그의 것이었다. 이번에는 오직 결과가 달랐을 뿐이었다.[407]

트루먼은 내각과 의회에 알리기 위해 취할 즉각적인 조치들을 말하기 시작했다. 지금까지 그는 어떤 감정도 보이지 않았다. 그러나 이제 그는 잠시 멈추었고 그리고 갑자기 그의 모든 내려앉는 감정이 그의 얼굴에 쏟아지는 것처럼 보였다. 그는 입을 꼭 다물었고 그의 뺨은 붉어졌다. 잠시 그는 흐느끼는 것처럼 보였다. 그의 얼굴에서 읽을 수 있는 것을 고려할 때, 그 때 믿을 수 없는 침착하고 조용한 음성으로 "이것은 지금까지 우리가 직면한 최악의 상황이다. 우리는 우리가 모든 것들에 대처했던 것처럼 대처해야만 할 것이다"라고 그는 말했다.[408]

맥아더는 완전히 새로운 전쟁에 직면했다고 선언하고 대만으로부

---

407) David McCullough, *TRUMAN,* New York: Simon & Schuster, 1992, pp. 815–816.
408) *Ibid.,* p. 816.

터 중국 국민당 병력을 포함하여 최대한 규모의 증원군을 요청했다. 그의 군인들은 정신적으로 지쳤고 신체적으로 얻어맞았다. 그는 중국에 대한 해군의 봉쇄를 원했다. 그는 중국의 본토에 폭격을 요청했다. 그는 갈등을 확대할 권한을 가져야만 하며, 그렇지 않으면 행정부가 재앙을 마주할 것이라고 주장했다. 같은 날, 즉 11월 28일 각료실에서 중대한 국가안보회의가 있었다. 이것은 트루먼 시대에 가장 중요한 회의들 중 하나였다. 왜냐하면 바로 그 때 거기에서 제아무리 무서운 일이라 할지라도 한국에서 위기가 세계전쟁으로 확 타오르게 해서는 안 된다는 결정이 이루어졌다. 그것은 처음에 한국으로 가는 것만큼이나 숙명적 결정이었다. 그리고 그것은 사태가 어떻게 달리 갈 수 있었을 거라는 사실을 고려할 때 트루먼 행정부의 승리 가운데 속할 것이다.[409]

브래들리 장군이 전장에서 황량한 상황의 요약으로 회의를 시작했다. 바클리 부통령이 어찌하여 맥아더가 장병들을 크리스마스를 위해 귀국시킬 것이라는 약속을 했는지를 비통하게 물었다. 페이스(Pace) 육군 장관이 맥아더가 이제는 그런 말을 한 것을 부인하고 있다고 말했다. 그러자 트루먼은, 어찌 되었든, 그들은 전장에서 사령관이 적 앞에서 체면을 잃게 할 어떤 일도 해서는 안 된다고 경고했다.[410] 마샬 국방장관이 말할 때 그는 아주 엄중해 보였다. 미국의 한국에 개입은 유엔 노력의 일부로서 계속되어야 한다고 마샬은 말했다. 미국이 한국에서 막혀서는 안 되고 명예롭게 나가는 방법을 찾

---

409) *Ibid.*, p. 817.
410) *Ibid.*

아야 한다. 중국과 전쟁은 없어야 한다. 그것은 분명하다. 이걸 하기 위해서는 러시아가 주의 깊게 쳐 놓은 함정에 빠져서는 안 된다. 미국은 전쟁을 제한하기 위해서 가용한 정치적, 경제적 그리고 심리적 조치를 사용해야 한다고 마샬은 강조했다. 전쟁을 제한하라. 함정에 빠지지 마라. 이런 동일한 요점은 앞으로 거듭 되풀이될 것이다.

"우리가 한국에서 행동이 전면전쟁으로 확장되게 허용해서는 안 될 것이라는 데에 의심이 없었다"고 트루먼은 기록했다. 중국에 대한 전면전은 그것이 다름 아닌 거대한 덫이라는 이유에서 피해야만 했다. 애치슨도 미국이 한국에서 중국인들을 패배시킬 수 없다고 말했다. 그들은 우리가 할 수 있는 것보다도 더 많이 투입할 것이다. 맥아더가 작전을 확장할지도 모른다고 염려한 애치슨은 만주에 대한 공습에 관해 신중에 신중을 촉구했다. 만일 그것이 미국군을 구하는 데 긴요하다면 그렇게 해야만 할 것이다. 그러나 미국의 공격이 만주에서 성공하면 러시아인들이 아마도 그들의 동맹국 중국을 도우러 올 것이다. 해야 할 일은, 즉 지상명령 조치는 우리가 지킬 수 있는 전선을 발견하는 것이라고 애치슨은 말했다. 그들이 직면한 모든 것 뒤에는 소련이 있었다. 더 큰 전쟁의 위협이 그 어느 때보다도 근접했다. 그리고 우리 모두의 마음속에 있었던 것은 어느 때 폭발할지 모르는 소련과 지구적 갈등의 무서운 전망이었다고 브래들리 장군은 기록했다.

소식들은 너무 무섭고 또 갑작스러워 그것을 믿기가 거의 불가능했다. 그 시점에서 누구도 한국에서 패배를 기대하지 않았다. 11월 28일 석간 신문들은 "중국의 붉은 떼"가 미 제8군의 오른쪽 측면에

넓어지는 간격을 통해 밀려들고 있다고 묘사했다. 미 제8군 전부가 후퇴하고 있었다. "20만 명의 적이 한국에서 23마일까지 진격"이 다음날 뉴욕 타임즈의 헤드라인이었다. 군사 기획자들이 가장 두려워했던 2개의 재앙, 즉 무서운 북한의 겨울과 중국인들에 의한 대규모 개입이 동맹국들에게 동시에 떨어졌다.[411] 그 시작은 전쟁 중 최악의 전투인, 하나의 비극, 몰아치는 바람과 눈 그리고 섭씨 영하 25도라는 기온 속에서 감행하는 영웅적 후퇴였다. 중국군들은 떼를 지어 몰려왔을 뿐만 아니라 양 측면에서 공격하여 맥아더의 분할된 병력을 유리하게 이용했다. 월턴 워커(Walton Walker) 장군 휘하의 제8군은 청천강으로부터 후퇴하여 평양을 향하고 있었다. 방책은 후퇴인가 아니면 괴멸인가였다. 북동쪽에서 제10군단의 시련은 더욱 나빴다. 장진호로부터 흥남 항구까지 40마일을 후퇴하여 철수한 제1해병사단의 후퇴였다. 그것은 역사적으로 만 명의 병사를 이끈 크세노폰(Xenophon)의 불후의 후퇴나 나폴레옹의 모스크바로부터 비참한 철수에 비교될 것이다.

1950년 11월 30일 오전에 트루먼은 과거와는 아주 달리 기자회견에서 실수하여 센세이션을 일으키고 그것의 충격파를 전 세계로 보내는 언급을 했다. 처음에는 잘 나갔다. 그는 준비된 텍스트를 읽기 시작했다. 미국과 유엔은 중국에 대해 어떤 침략적 의도를 갖고 있지 않다. 그러나 한국에서 일어나고 있는 일은 세계적인 소련 공산주의 침략의 일부이고 따라서 세계가 지금 심각한 위기로 위협받고 있다. 그가 과거에 베를린에서 입장을 결정했듯이 이제 트루먼은 한국에

411) *Ibid.,* p. 818.

머물 결심이라고 말했다. 미국은 한국에서 침략을 중지하기 위해 유엔과 협조적 행동으로 계속 함께 할 것이다. 미국은 그 밖의 다른 곳에서 침략의 위협에 대처하기 위해 자신들의 방위를 강화하는 다른 자유 국가들을 돕는 노력을 심화할 것이다. 미국은 군사력을 신속하게 증가시킬 것이다. 이 성명은 10여 명의 백악관 참모들과 국무성에 의해서 아주 주의 깊게 작업한 것이었다. 그것은 원자탄에 관해서 아무 말도 하지 않았다. 원자탄의 주제는 그 성명서를 준비하는 동안 논의조차 없었다. 그러나 유럽의 언론에서 맥아더에 관한 비판에 어떤 코멘트가 있느냐고 물으면서 질문들이 시작되었다.

그들은 그가 이길 때는 언제나 그 사람 편이지만, 그가 좀 어려워지면 행해져야 할 것으로 그들 모두가 그에게 달려든다, 맥아더 장군은 잘하고 있다고 트루먼이 대답했다. 다른 기자들이 트루먼에게 압박을 가했다. 유엔이 맥아더에게 압록강을 넘어 만주로 공격해 들어가면 어떻게 되는가를 물었다. 트루먼은 "우리가 언제나 그랬던 것처럼 군사적 상황에 대처할 필요한 조치들을 취할 것"이라고 트루먼이 답했다. 그러자 그것이 원자탄을 포함하느냐고 물었다. 트루먼은 주저하지 않고 그것은 미국이 가진 모든 무기를 포함한다고 말했다. 이것은 폭탄 사용의 적극적 고려가 있다는 것을 의미하느냐고 물었다. 방은 정적이 감돌았다. 기자회견을 위해 결코 적합하다고 간주된 적이 없는 화제가 불쑥 핵심적 사항이 되었다. 트루먼은 이전에 폭탄의 논의를 잘랐어야만 했다. 그러나 그는 질문들이 그를 어디로 끌고 가는지를 이해하지 못한 것처럼 보였다. 트루먼은 그것의 사용에 관해 항상 적극적 고려가 있었지만, 머리를 슬프게 저으면서, 그는 그것이 사용되는 것을 보고싶지 않다고 덧붙였다. 중공에 대한 조치는 유엔의 조치에 달려있다. 전장의 군 사령관이 그 무기 사용을 책임질 것이라고 트루먼은 말했다. 그는 자기가 의도했던 것보다 훨씬 더 많이 말했으며 정확하지도 않았다.

그러나 기자들은 그들의 스토리를 갖게 되었다. 기자 회견은 오전 10시 30분에 끝났다. 10시 47분 AP 통신 뉴스속보는 "오늘 트루먼 대통령은 미국이 한국전쟁과 관련하여 원자탄 사용을 고려하고 있다"는 소식을 타전했다. 폭탄의 사용 여부는 전장의 군사령관에 달려있다고 덧붙이면서 이것은 사용 결정이 맥아더에게 남겨져 있다는 것을 분명히 의미한다고 주장되었다. 거대한 헤드라인들이 오후 신문들의 초판을 장식했다. 트루먼의 기자회견 답변은 엄청나게 어리석었고 기자회견은 재앙이었다. 백악관은 전화들로 몸살을 앓았다. 유럽에서 반응은 극단적 경종이었다. 특히 그 소식이 하원의 오래된 의원들이 결코 본적이 없는 그런 경악의 상태로 몰아넣은 영국에서 그랬다.412) 애치슨은 명확히 할 성명서 초안을 가지고 백악관으로 서둘러갔다. 언론담당 비서가 된 이후 그 어느 때보다도 큰 압박을 느끼는 찰스 로스는 손상 통제를 돕기 위해 백악관으로 불려갔다. 오후 중반까지 준비되어 읽은 성명서는 "무기의 사용은 언제나 바로 그 무기의 소유에 암시되어 있지만 법률에 의해 오직 대통령만이 원자탄의 사용을 허가할 수 있을 것이며 그런 허가는 주어지지 않았다"고 말했다. 그러나 손상은 이미 입은 것이다.

늦은 오후에 클레먼트 애틀리 영국 수상이 대통령과 회담하기 위

---

412) David McCullough, *TRUMAN*, New York: Simon & Schuster, 1992, p. 822.

해 가고 있다는 말이 런던으로부터 전해졌다. 다음 날 아침에 뉴욕 타임즈의 전면은 "대통령이 우리는 한국에서 원자탄을 사용할 것이다"라고 경고한다고 말했다. 타임즈 오브 인디아(*Times of India*)는 "아니다, 아니다, 아니다"라는 헤드라인을 실었다. 위기의 분위기는 급속히 복잡해 졌다. 다음 날 12월 1일 금요일 아침에 트루먼은 각 료실에서 의회의 지도자들과 만났다. 중앙정보국의 수장인 월터 베델 스미스(Walter Bedell Smith)가 소련과 위성국들의 거대한 지도 앞에서 한국의 사건들이 어떻게 유럽의 사건들과 관련되는 지를 설명했다. 러시아인들은 방금 50만 명 이상이 참가하는 기동을 끝냈으며 시베리아 병력들을 단일한 지휘하에 강화했다. 이것은 관찰을 요하는 비상한 조치라고 스미스는 보고했다. 그 날 늦게 펜타곤의 작전기밀실(the War Room)에서 국무성과 국방성의 합동비상회의가 있었으며 12월 3일 일요일에도 다시 6시간 정도의 회의가 있었다.

민간인이든 군인이든 모든 대통령의 보좌진들은 중국군들의 학살 외에 한국에서 뭔가 크게 잘못되었다는 것을 알았다. 맥아더의 사기에 관한 의문들과 맥아더의 전략에 대한 심각한 염려, 그리고 실제 전장에서 워커 장군을 대체할 새로운 손이 필요한 지에 관한 의문들이 있었다. 극동군 사령관인 맥아더 장군은 만주 국경선 근처에서 한국군이 아닌 병력을 사용하지 말라는 합동참모본부의 구체적인 명령을 의도적으로 준수하지 않았다. 그러나 전략에서 어떤 변화도 명령되지 않았다. 워커 장군을 대체하는 새로운 사람도 없었다. 맥아더에 반대하는 어떤 목소리도 없었다. 브래들리 장군은 후회스럽게도 대통령은 잘못 보좌되었다고 후에 언급했다. 그나 마샬이나 합동참모들도 대통령을 잘못 모셨다. 여기서 중대한 며칠이 지나서 애치슨은 한국에서 재앙으로 행군을 정지할 그들의 기회를 놓쳤다고 말했다. 애치슨은 이 때 그들의 업무수행을 남은 여생 동안 개탄하였다. 트루먼은 결코 그 어느 누구에게 어떤 책망도 하지 않을 것이지만 애치슨은 트루먼이 훨씬 나은 대접을 받을 자격이 있다고 말하였다. 상당한 시간동안 국무장관과 국방장관이 회의에 참석했지만, 아무도 UN군 사령관에게 재앙으로 치닫는 사태를 교정하라고 명령을 발할 용의가 분명히 없었다.

더 이상 참고만 있을 수 없었던 리지웨이 장군이 즉각적인 조치가 취해져야 한다고 목소리를 높였다. 그러나 애치슨을 포함하여 테이블에 앉아 있던 20명 그리고 뒤 벽에 서있던 또 다른 20명 중 어느 누구도 말하지 않았다. 회의는 결정 없이 끝났다. 리지웨이가 후에 반덴버그 장군에게 왜 합동참모들이 명령을 보내 맥아더에게 뭘 해야 할지를 말하지 않느냐고 물었을 때 반덴버그는 맥아더가 그런 명령에 복종하지 않을 것이기 때문이라고 대답했다. 리지웨이는 폭발했다. 그래서 "당신은 명령에 따르지 않는 어떤 사령관도 해임할 수 있지 않느냐"고 리지웨이가 말했다.[413] 그러나 반덴버그는 놀라운 표정으로 그냥 걸어나가 버렸다. 다음 날 이번에는 국무성에서 열린 또 하나의 비공개 회의에서 딘 러스크가 맥아더는 사령관직에서 해임되어야 한다고 제안했다. 그러나 또 다시 아무도 추가적 언급을 하려고 하지 않았다.

오랫동안 맥아더를 추앙했던 타임 지가 역사상 최악의 군사적 재

---

413) *Ibid.*, p. 824.

앙 중 하나에 대한 책임으로 그를 비난했다. 뉴욕의 헤럴드트리뷴 지도 사설에서 한국에서 거대한 실수는 맥아더가 군사 문제에서 최종적 권위로 더 이상 받아들여질 수 없을 것이라는 것을 보여주었다고 선언했다. 그런 비판에 익숙하지 않아 크게 상처받은 맥아더는 언론에 자신의 성명을 발표하기 시작했다. 자신의 전략이 중국의 개입을 촉발했다는 것을 그는 부인했다. 그리고 그는 새로운 적을 패배시키지 못하는 자신의 무능력은 전례 없이 워싱턴에 의해서 강요된 제약들 때문이라고 말했다. 트루먼은 맥아더에게 11월 공세의 실패에 대한 책임을 지우지 않았다. 그러나 그는 실패를 변명하는 맥아더의 방식을 개탄했다. 그리고 그것들이 미국정책에서 변화를 시사하는 정도만큼 그의 성명이 해외에서 끼칠 손상을 개탄했다. 그 때 거기서 맥아더를 해임했어야 했다고 트루먼은 한참 후에 기록했다. 그러나 트루먼은 극동군 사령관을 해임하지 않았다. 왜냐하면 어떤 장군도 매일 승자가 될 수 없다는 것을 알고 있었기 때문에, 그리고 또 맥아더가 실패 때문에 파면된 것으로 보이길 원하지 않았기 때문이라고 트루먼은 후에 설명했다.[414]

지금으로선 한국에서 비극이 모든 것을 압도했다. 만일 맥아더가 곤란에 처하면 가능한 모든 것이 행해져야만 했다. 블레어 하우스에서 애치슨, 마샬, 그리고 브래들리와의 면밀한 회의 뒤에 12월 2일 늦은 밤에 트루먼은 할 수 있다면 맥아더를 끌어내야 한다고 일기장에 썼다. 그 회의는 베를린에서 원자탄 회의 이후 그가 가진 가장 엄숙한 것이었다고 그는 기록했다. 모든 미군의 철수 얘기가 있었다.

---

414) *Ibid.*

그랬다면 그것은 한국의 덩케르크(Dunkirk)가 되었을 것이다. 마샬은 중국이 그들의 항공력을 가져오면 그런 작전이 성공할 것이라는 것조차 확신하지 않았다. 클레먼트 애틀리 영국수상이 워싱턴에 도착해서 유럽을 구하기 위해서 극동이 포기되어야 한다고 사실상 주장했을 때 트루먼은 거부했다.

한국에서 유혈의 후퇴가 계속되었다. 평양은 압도적 대규모로 진격하는 중국군들에게 떨어졌다고 신문들은 보도했다. 워커 장군의 제8군은 38선으로 향하고 있었다. 라이프 지는 3차 세계대전이 더 가까워졌다고 말했다. 워싱턴에서는 어디에서나 상황의 절박함에 대해서 말했다. 맥카시 상원의원은 애치슨과 마샬의 사임을 요구했고 트루먼의 탄핵에 관해서 말했다. 그러나 트루먼은 침착하고 차분했다. 애틀리가 영국정부와 사전 협의 없이 그리고 가능하면 동의 없이 원자탄의 사용에 관해 결정이 이루어져서는 안 된다고 촉구했을 때 트루먼은 거절했다. 그는 영국정부와 협의 없이 폭탄을 사용하지는 않을 것이지만 그러나 그것을 문서로 말할 수 없다고 트루먼은 대답했다. 만일 인간의 말이 효과가 없다면 그것을 종이에 옮긴다고 해서 더 좋아지지 않는다고 트루먼은 말했다. 무력으로 한국을 통일하는 목표는 포기되었다. 이제 최선의 희망은 38선으로 돌아가는 휴전을 마련하는 것이었다. 그리고 이 목적을 위해 영국은 유엔을 통해 협조하기로 동의했다. 전쟁이 확대되어서는 안 된다는 정책에 대해 트루먼과 애틀리는 완전히 합의했다.[415]

인생을 살아가면서 최선을 다했다면 그렇다면 너에게 무슨 일이

---

415) David McCullough, *TRUMAN,* New York: Simon & Schuster, 1992, p. 826.

일어나든 적어도 너는 그것이 노력의 부족은 아니라는 것을 알게 될 것이라는 것이 해리 트루먼의 오랜 신념이었다. 그러나 그 또한 행운과 개성, 즉 노력이나 결의를 훨씬 넘어서는 어떤 힘이 작용하는 부분도 크게 믿는 사람이었다. 그리고 비록 트루먼 만큼 위기시에 그렇게 열심히 일하거나 그들의 책임을 가슴 깊이 새긴 대통령은 별로 없었지만 거듭 반복해서 사건의 흐름을 결정한 것은 좋든 나쁘든 행운과 개성의 큰 영향이었다. 그리고 그것은 또한 가장 어두운 시기인 1950년 12월 말 보다도 더 그랬던 적은 없었다. 성탄절 이틀 전 북부 서울의 얼어붙은 교통로에서 제8군 사령관인 월튼 워커 장군이 탄 지프가 한국군 트럭과 정면충돌하여 사망했다. 워커의 후임은 맥아더가 요청하고 트루먼이 즉각 승인한 매튜 리지웨이(Mathew Ridgway) 장군이었다.

제8군 신임 사령관 리지웨이 장군은 즉시 워싱턴을 떠나 성탄절에 도쿄에 도착했다. 다음 날 아침 맥아더와의 만남에서 리지웨이는 전선에서 자신의 판단을 사용하라는 말을 들었다. 그 날 오후 그는 대구에 착륙하였고 다음 몇 주 동안 아무도 가능하다고 생각하지 못한 변환이 왔다. 한 개인이 그렇게도 짧은 시간에 그런 현저한 차이를 만들기 어려웠을 것이다. 오마 브래들리가 탁월하고, 추진력 있고, 타협을 모르는 리더십이라고 부른 것으로 리지웨이는 제8군의 전투정신을 부활시켰고 또 역사상 그렇게 한 사령관이 별로 없는 전쟁의 조류를 뒤집어 놓았다. 12월 28일 중국의 학살 이래 제8군은 거의 300마일을 후퇴하여 38선 바로 아래까지 다다랐다. 한동안 리지웨이는 후퇴를 계속할 수밖에 없었다. 언론보도들은 서울로 가는

2개의 도로를 따라 굴러가고 있다고 유엔군의 후퇴를 묘사했다. 후퇴하는 한국은 참으로 비참했다. 수백만의 피난하는 한국인들도 그 도로를 사용했다. 서울은 다시 화염에 싸였다. 이승만 대통령과 그의 정부는 부산으로 피신했다. 서울을 포기하고 리지웨이는 오산까지 철수했다. 그곳은 첫 미군이 7월에 작전에 들어갔던 바로 그곳이었다. 이제 미군은 여름의 살인적 더위 대신에 살인적 추위 속에서 싸웠다.[416]

워싱턴의 분위기는 황량했다. 맥아더는 전쟁을 확대하도록 계속 촉구했다. 그는 다시 중국의 폭격과 봉쇄, 그리고 장개석 군대의 사용을 계속 촉구했다. 그리고 이전처럼 그의 제안들이 거부되면, 즉 정책이 바뀌지 않는 한 처참한 결과가 따를 것이라고 시사했다. 트루먼은 맥아더의 그런 메시지가 아주 불쾌했다. 중앙정보국은 한국에서 지위를 오랫동안 유지하는 것이 기존의 조건하에서는 실행 불가능하다고 권고하고 있었다. 최선의 희망은 휴전이었다. 맥아더는 그의 일차적 고려는 그의 병사들의 안전과 일본의 방어라고 들었다. 맥아더는 행정부에게 중국이 강요한 전쟁상태를 인정하고 만주와 중국 본토의 도시들에 30~50개의 원자탄을 투하하라고 요청했다. 합동참모부도 역시 트루먼에게 핵무기로 중국 도시들의 파괴가 한국의 상황에서 변화를 가져올 유일한 길이라고 말했다. 그러나 트루먼은 맥아더를 여전히 견책하지 않았다. 그는 맥아더를 무한정 인내심을 가지고 대했다. 1951년 1월 13일 트루먼은 맥아더에게 길고 사려 깊은 전문을 보내 그의 화려한 리더십을 관대하게 칭송하고 침략이 미

---

416) David McCullough, *TRUMAN,* New York: Simon & Schuster, 1992, p. 832.

국이나 유엔에 의해서 용납되지 않는다는 것을 보여주는 수단으로서 한국에서 모든 값비싼 노력의 위대한 중요성을 강조했다. 대단한 분별력이 발휘되어야 한다고 트루먼은 말했다.[417]

트루먼은 이제 국가비상사태를 선포했다. 가격과 임금의 통제를 발표했고 여전히 더 큰 국방비의 지출을 발표했다. 국방비는 전쟁 첫 해 국방예산의 4배 이상인 500억 달러에 달했다. 그는 아이젠하워 장군을 NATO의 최고 사령관으로 임명했다. 그리고 12월 15일 라디오와 텔레비전 방송을 통해 전국에 행한 연설에서 각 시민들에게 국가의 공익을 위해 개인적 이익을 차치하라고 요청했다. 보다 넓은 전쟁을 피하기 위해 그가 할 수 있는 모든 일을 하는 동안 그는 분명히 그런 전쟁을 준비하고 있었다. 그러다 1월 17일 수요일 아침 마샬은 트루먼에게 전화를 해서 리지웨이와 대화를 위해 한국으로 비행한 조 콜린스(Joe Collins) 장군으로부터 방금 들어온 놀라운 보고를 읽어 주었다. 제8군은 리지웨이의 리더십 하에서 좋은 상태이고 날로 개선되고 있고, 사기도 아주 만족스럽다. 리지웨이는 그가 철수를 시도하기 전에 2~3개월간의 지연을 획득할 수 있다고 자신하고 있다는 마샬은 보고서를 읽었다. 명백히 맥아더의 황량한 상황분석과 그의 암울한 전망은 틀렸다. 그리고 이런 사실의 자각은 감동적이었다. 제8군의 후퇴는 끝났다. 1951년 1월 25일 리지웨이가 도착한지 한 달도 안 되어 제8군은 그가 말한대로 다시 굴러 가기 시작했다.[418]

리지웨리 장군은 추진력과 상식으로 일을 했다. 우선 그는 장병들

---

417) *Ibid.*, p. 833.
418) *Ibid.*, p. 834.

의 기본적으로 필요한 것에 눈을 돌렸다. 보다 나은 음식, 보다 따뜻한 방한 피복, 개선된 외과이동병원 등이었다. 그는 긴밀한 소통, 도로와 교통로에 대한 의존성 축소, 고지대 보존에 보다 많은 관심, 그리고 항공력과 포에 대한 보다 효과적이고 보다 징벌적 사용을 강조했다. 그의 자신감, 전선에 그의 빈번하고 과시적인 등장, 두 개의 수류탄을 가슴에 단 전투복으로 그는 강력한 모범을 보였다. 군대는 그에 앞서 그의 아버지에게 그랬던 것처럼 리지웨이 장군에게도 삶 그 자체였다. 그는 영민했고, 금욕적이며, 56세 나이에도 신체적으로 아주 적합했고, 또 이미 제2차 대전에서 공수부대 공격의 선구자로 유명했다.[419] 그러나 리지웨이는 맥아더도 이해했다. 그는 맥아더를 칭송했고 또 그의 한계도 알고 있었다. 더욱 더 중요한 것으로, 리지웨이는 행정부의 정책을 이해하고 지지했다. 그는 해리 트루먼을 칭송할 뿐만 아니라 트루먼을 위대하고 용기 있는 사나이로 생각했다.[420]

워싱턴에서 모든 성향은 믿을 만한 군사적 정보를 위해 맥아더를 넘어서 리지웨이를 바라보게 되었다고 브래들이 장군이 기록했다. 지금까지 워싱턴은 정보를 위해서 맥아더 사령부의 본부에, 맥아더 자신의 의견과 전략에 거의 전적으로 의존했다. 이제 그 모든 것이 끝났다.

---

419) 리지웨이 장군에 관한 보다 상세한 스토리를 위해서는 다음 책들을 참조. Roy E. Appleman, *Ridgway Rules for Korea*, College Station, Texas: Texas A&M University Press, 1990; Matthew B. Ridgway, *The Korean War*, Garden City, New York: Doubleday, 1967; George C. Mitchell, *Matthew B. Ridgway: Soldier, Statesman, Scholar, Citizen*, Mechanicsburg, PA: Stackpole Books, 2002; Clay Blair, *Ridgeway's Paratroopers: The American Airborne in World WR II*, Garden City, New York: The Dial Press, 1985; General Matthew B. Ridgway, *Soldier: Memoirs of Matthew B. Ridgway*, New York: Harper & Brothers, 1956.

420) David McCullough, *TRUMAN*, New York: Simon & Schuster, 1992, p. 834.

기획에 대한 맥아더의 영향은 끝났고 전쟁의 새로운 단계가 시작되었다. 군사작전에 관한 한 맥아더는 주로 용인되어야 하는 프리 마돈나, 표면상의 대표가 되었다. 제8군이 다시 공세를 취하여 한강과 인천, 그리고 서울로 무정하게 진격하여 3월 15일 수도를 재탈환했을 때 워싱턴의 사기가 부활했다. 새 야전사령관의 등장은 애치슨이 말한대로 측정할 수 없이 중요한 사건이었다. 왜냐하면 맥아더가 펜타곤과 싸우고 있는 동안 리지웨이 장군은 적과 싸우고 있었기 때문이었다.[421] 36만 5천 명의 군사력으로 리지웨이는 48만 명 이상의 적군과 마주했지만 집중된 포의 사용, 미군측 화력의 진실로 무서운 힘, 그리고 그가 말했듯이 미국이 지금까지 생산한 훌륭한 야전군의 사기까지 합쳐져 병력 수의 차이를 메꾸고도 남았다. 3월 말까지 중국군들에게 막대한 사상자를 입힌 제8군은 다시 38선에 가 있었다.[422]

트루먼은 휴전 제안의 주의 깊은 준비를 명령했다. 3월 21일 대통령 성명서가 한국에 군대를 파견한 유엔의 다른 17개국들에게 승인을 위해 제출되었다. 하루 전날 합동참모부는 맥아더에게 일어나고 있는 일을 알리고 그에게 트루먼이 성명서의 실질적 문단들이라고 부른 것을 보냈다. 그것은 중공과의 어떤 전면전쟁도 필요로 하지 않는 것으로 맥아더에게 인상을 준 것으로 보였다. 그의 반응은 너무나 워싱턴을 불쾌하게 하여 많은 사람들이 맥아더가 제정신이 아니지 않느냐 하고 의아하게 했다. 3월 24일 한국에서 토요일 아침에(워싱턴 시간으로 23일 금요일) 맥아더는 아무런 경고도 없이 상황에 불을 지르

---

421) *Ibid.*
422) *Ibid.*, p. 835.

는 것밖에 안될 것으로 계산된 방식으로 선수를 치려고 애를 썼다.

　맥아더는 사실상 최후통첩인 중국 공산주의자들에게 자기 자신의 화려한 선포를 발했다. 그는 중공에게 산업능력의 부족과 스스로 부여한 금지로 제한된 유엔군에 대항해서 한국에서 보여주고 있는 그들의 빈약한 군사력을 조롱하기 시작했다. 더욱 심각하게도 맥아더는 전쟁을 확장하려 위협했다. 그는 전쟁을 한국에 국한하는 관용적 노력에서 벗어나 중국이 해안 지역과 본토의 기지들로 군사 작전의 확장을 통해 중공이 임박한 군사적 몰락의 모험을 맞게 할 것이라고 맥아더는 자신의 입장을 선포했다. 요컨대, 맥아더는 타협에 도달하기 위해 중국군 사령관을 어느 때나 개인적으로 만날 준비가 되어 있다고 말했다. 그 소식은 밤이 된 뒤 워싱턴에 도착했다. 그것은 애치슨이 보기엔 중대한 불복이었다. 트루먼 대통령의 휴전 제안을 위한 모든 주의 깊은 준비들이 이제 헛일이 되었다. 3월 23일 금요일 워싱턴에서는 그 날 밤 11시에 애치슨을 비롯한 고위 국무성 관리들이 모여서 자정이 지나서까지 논의했다. 로벳(Lovett)이 가장 화가 났다. 그는 맥아더를 즉시 해임해야 한다고 말했다 애치슨은 동의하면서 고대 그리스의 극작가 유리피데스(Euripides)를 인용했다. "신들은 파괴하고 싶으면 먼저 미치게 한다."[423]

　3월 24일 토요일, 애치슨의 설명에 의하면, 트루먼은 믿을 수 없음과 통제된 분노를 결합한 마음의 상태에 있는 것으로 보였다. 사람들은 전쟁에 지쳤고 맥아더는 승리를 약속하고 있었다. 만일 대통령이 그것에 도전한다면 그는 죄를 짓는 셈이 될 것이다. 트루먼의 결

---

423) David McCullough, *TRUMAN*, New York: Simon & Schuster, 1992, p. 836.

정은 맥아더에게 오직 절제된 질책, 즉 맥아더에게 워싱턴에서 승인되지 않은 공개 성명을 금지하는 지난 12월 6일자의 자기 명령을 상기시키는 메시지를 보내는 것이었다. 트루먼은 아주 조심스럽게 움직이고 있었다. 트루먼은 남북 내전 중에 에이브러햄 링컨과 조지 맥클런(George McClellan) 장군 사이의 관계에 대해 깊이 생각하고 있었다. 트루먼은 직원 한 사람을 의회 도서관에 보내 링컨과 맥클런 관계의 위기를 상세히 검토하도록 시켰다. 맥아더처럼 맥클런도 대통령의 지시들을 무시했었다. 그리고 맥아더처럼 맥클런도 군사 분야 밖의 문제들에 대해 이따금씩 정치적 성명을 냈었다.[424] 링컨은 참을성이 있었다. 왜냐하면 그것이 그의 본성이었기 때문이다. 그러나 결국 링컨은 연방군의 주요 사령관을 해임할 수밖에 없었다고 트루먼은 후에 기록했다.[425]

4월 5일 목요일 의회 의사당에서 하원의 소수당 지도자 조 마틴(Joe Martin)은 그가 더 이상 감추고만 있을 의무를 느끼지 않는다고 말한 맥아더의 편지 텍스트를 의사당에서 읽었다. 지난 2월 마틴은 한국에서 장제스 군대의 사용을 요청하고 행정부의 패배주의적 정책을 규탄했다. 마틴은 그 연설의 한 부를 맥아더에게 보내 그의 견해를 물었다. 3월 20일 맥아더는 답변했고 그리고 그가 말한 모든 것은 마틴이 잘 알고 있었듯이 트루먼을 자극하는 것이었다. 맥아더의 편지가 비밀의 규정을 수반하지 않았기 때문에 마틴은 그것을 공개

---

424) 링컨 대통령과 맥클런 장군 사의의 문제에 관한 저자의 자세한 논의를 위해서는, 강성학, <한국의 지정학과 링컨의 리더십> 서울: 고려대학교 출판문화원, 2017, pp. 337−353을 참조.

425) David McCullough, *TRUMAN,* New York: Simon & Schuster, 1992, p. 838.

하기로 결정했었다. 의원은 승리를 요구할 권리가 있으며 대만의 중국군이 공산주의와 싸우는 것을 보고 싶은 권리가 있다고 맥아더는 썼다. 공산주의에 대항하는 진정한 전쟁은 유럽이 아니라 아시아에 있으며 아시아에서 그들은 외교관들이 그곳에서 말로 여전히 싸우는 동안 무기로 유럽의 전쟁과 싸우고 있다. 만일 그들이 아시아의 공산주의에 진다면 유럽의 몰락은 필연적이다. 그것을 이긴다면 유럽은 아마도 전쟁을 피하고 자유를 보존할 가능성이 가장 높을 것이다. 승리에 대한 대안은 없다고 맥아더는 답장에 썼던 것이다.[426]

그 편지는 즉시 전파를 탔다. 백악관에서 새 언론담당 차관보인 로저 터비(Roger Tubby)가 그 속보를 들고 집무실로 달려갔다. 트루먼은 앉아서 브래들리 장군이 쓴 책인 <어떤 군인의 이야기>(*A Soldier's Story*)를 조용히 읽고 있었다. 터비는 대통령에게 이 사람은 불복하고 있을 뿐만 아니라 거만하기에 그가 파면되어야 한다고 말했다. 트루먼은 뉴스 속보 종이를 다시 바라보고는 그들이 맥아더 장군을 직업에서 몰아내려고 공작하고 있다고 말했다. 펜타곤에서 브래들리가 합동참모회의를 소집했다. 트루먼이 맥아더를 해임하기로 이미 결심을 했다는 것을 몰랐지만 그것은 강력한 가능성이었다고 브래들리는 기억했다. 그러나 합동참모들은 맥아더에 대해 결론에 도달하지 못했다.

4월 6일 금요일 마샬, 브래들리, 애치슨 그리고 해리먼이 백악관에서 한 시간 동안 대통령을 만났다. 자신의 견해는 말하지 않고 트루먼은 무엇을 해야 하는 지를 물었다. 마샬은 신중함을 촉구했고 애

---

426) *Ibid.*

치슨이 동의했다. 애치슨에게 그것은 무엇을 해야 하느냐라기 보다는 어떻게 해야 하느냐의 문제였다. 애치슨은 트루먼에게 만일 맥아더를 해임하면 행정부의 가장 큰 싸움을 갖게 될 것이라고 말했다. 해리먼은 맥아더가 너무 오랫동안 문제였다는 것을 대통령에게 상기시키면서 그는 즉시 해임되어야 한다고 말했다. 트루먼은 어떤 의견을 표현하거나 결정을 하지 않고 거기 모인 네 사람에게 금요일 오후에 다시 모여서 상황의 모든 단계를 검토하라고 지시했다. 트루먼은 자아 통제의 모델이었다. 트루먼은 부통령에게 전화하였다. 일어난 일을 모두 고려할 때 바클리 부통령은 타협이 불가능했기에 마지 못해 맥아더는 떠나야 한다는 결론을 지었다. 트루먼이 빈슨 대법원장과 샘 레이번 하원 의장을 집무실로 불렀을 때 빈슨은 마샬처럼 신중할 것을 주문했으며 레이번이 무슨 말을 했는지는 알려지지 않았다.

　일요일에 트루먼은 네 사람을 다시 만났으나 아무것도 해결되지 않았다. 4월 9일 월요일 동일한 네 사람이 이번에는 블레어 하우스에서 다시 한번 대통령과 논의했다. 그러나 이제 상황이 변했다. 오후에 이미 합동 참모총장들이 만나서 군사적 관점에서 맥아더는 해임되어야 한다는 결론을 내렸다. 그들의 견해는 만장일치였다.[427] 이제 블레어 하우스에서 애치슨, 마샬, 브래들리, 그리고 해리먼은 각자가 말한 뒤에 맥아더가 해임되어야 한다는데 모두가 동의했다. 트루먼은 처음으로 그도 같은 의견이라고 말했다. 그는 자기의 결정을 내렸다. 그는 브래들리에게 필요한 서류들을 준비하라고 지시했다.[428] 4월

---

427) *Ibid.*, p. 840.
428) *Ibid.*

10일 화요일 아침에 워싱턴 포스트는 백악관에서 그런 비밀에 싸인 문제는 없었다고 보도했다. 맥아더에 관련된 모든 질문에 대한 답변은 "노 코멘트"였다. 그 날 오후 3시 15분에 애치슨, 마샬, 브래들리, 그리고 해리먼은 작성된 명령서를 대통령 집무실에 가지고 와서 보고했다. 트루먼은 그들을 둘러보고 빌 해셋(Bill Hassett)으로부터 만년필을 빌려 명령서에 서명했다.

맥아더 장군은 도쿄에서 오찬 중에 부인이 갈색 봉투를 그에게 넘겨주었을 때 자기의 소환에 관해서 알게 되었다. 만일 트루먼이 그에게 자기가 어떻게 느끼고 있는 지를 알려 주기만 했다면 그는 어려움 없이 은퇴했을 것이라고 몇 시간 후에 사적으로 말했다. 맥아더는 결코 사임에 어떤 생각도 결코 한 적이 없다고 나중에 증언할 것이다. 1951년 4월 11일 "트루먼이 맥아더를 파면했다"라는 워싱턴 포스트의 헤드라인은 미국과 대부분 세계의 헤드라인이었다. 반작용은 굉장했고 미국인들의 강한 항의 소리가 뒤흔들었다. 트루먼은 그가 폭풍을 직면해야만 할 것을 알고 있었다. 그러나 그의 예감이 아무리 어두웠다 해도 그는 다가오는 것을 가능하게 측정할 수 없었다. 아무도 측정하지 못했고 아무도 측정할 수 없었다.

의회에서 그 날은 근세에서 가장 참혹한 날들 중 하나로 묘사되었다. 태프트 상원의원을 포함하여 저명한 공화당원들은 화가 나서 대통령의 탄핵을 말했다. 마틴 의원은 맥아더 장군이 의회의 회기 시작 전에 그의 견해를 피력하라고 초대될 것이라고 발표했다. 대통령의 전쟁 정책에 대한 의회의 충분한 조사도 있을 것이다. 닉슨 상원의원은 맥아더의 즉시 복귀를 요구했다. 의회의 여러 의원들과 수백

만의 미국인들이 히스테리에 빠졌다. 그러나 오클라호마 주 출신의 신참 상원의원인 로버트 커(Robert Kerr)는 일어서서 대통령을 옹호했다. 만일 공화당원들이 국가의 안보가 맥아더 장군의 정책을 따르는 데 의존한다면 그들은 중공에 전쟁의 선포를 요구해야 할 것이라고 커 의원은 말했다. 그렇지 않으면 공화당원들의 맥아더 지지는 조롱거리에 지나지 않았다.

톰 코넬리(Tom Connally) 상원의원이 미국인들은 언제나 군부에 대한 민간우위를 고집했다고 자기의 동료들에게 상기시켰다. 세 명의 상원의 공화당원들이 이에 동의한다고 말했다. 그러나 그런 목소리들은 공화당원들의 분노의 폭풍 속에서 잃어버렸다. "맥아더 장군의 해임은 제2의 진주만, 즉 러시아 공산주의자들에게는 위대한 날이었다. 맥아더는 진실을 말했기 때문에 해임되었다"고 미주리주 출신의 공화당 상원의원인 제임스 켄(James P. Kenn)은 말했다. 시카고 트리뷴 지의 전면 사설은 즉각적인 탄핵절차를 요구했다. 전국에서 전보들이 의회 건물에 쏟아졌다. 한 번의 계산에 의하면 트루먼의 발표 후 48시간 동안에 의회의 공화당원들이 받은 44,358개의 전보들 중에서 334개를 제외하고는 모두가 대통령을 규탄하거나 맥아더의 편을 들었다 그리고 다수는 트루먼의 즉각적 사임을 요구했다. 공화당원들은 너무나 좋았다. 이것은 공화당에 처음 찾아온 가장 큰 횡재라고 스타일스 브리지(Styles Bridges) 상원의원은 환호했다.

유럽의 전역에서는 맥아더의 해임을 환영하는 소식으로 맞았다. 런던의 이브닝 스탠다드(*Evening Standard*)는 맥아더가 파면되었다고 선언했다. 프랑스에서는 단 하나의 신문도 트루먼의 결정을 지지하는데 실패하지 않았다. 그러나 국내에서 타임과 라이프는 맥아더를 새롭게 칭송했다. 반면에 워싱턴 포스트, 뉴욕 타임즈, 뉴욕 포스트, 볼티모어 선, 애틀랜타 저널, 마이애미 데일리 뉴스, 보스턴 글로브, 시카고 선 타임즈, 밀워키 저널, 세인트 루이스 포스트 디스패치, 덴버 포스트, 크리스찬 사이언스 모니터 같은 신문들은 모두가 트루먼의 결정을 인정했다. 중요하게도 지지 신문들의 목록은 데스 모인스의 레지스터 앤드 트리뷴 그리고 뉴욕 헤럴드트리뷴과 같은 그런 충성스러운 공화당 신문들도 포함했다. 자신의 "오늘과 내일"이라는 칼럼에서 월터 리프만(Walter Lippmann)은 자신들의 의무를 수행한데 대해 트루먼과 마샬을 치하했다. 이런 혼란의 심장부에는 한국에서 전쟁에 대한 분노와 좌절이 있었다. 아무도 그것을 좋아하지 않았다.

미국의 대부분 지역에서 맥아더는 영광스러운 인물, 실제 살아있는 미국의 영웅, 모든 전쟁의 가장 큰 전쟁에서 미군을 빛나는 승리로 이끈 탁월하고 잘 생긴 장군이었다. 갤럽조사에 의하면, 미국의 69%가 맥아더 장군을 지지했다. 트루먼은 4월 20일까지, 즉 맥아더가 귀국하여 의회에 나타날 때까지 큰 공식 행사에 나타나지 않을 것이다. 4월 11일 맥아더의 해임 후 다음 날 밤에 백악관으로부터 간단한 방송을 제외하면 트루먼은 그 문제에 대해 침묵했다. 그는 그 방송에서 맥아더 장군은 미국의 가장 위대한 군 사령관들 중 한 사람이지만, 그러나 세계평화의 대의가 어느 단일한 개인보다도 훨씬 더 중요하다고 말했다.[429]

4월 17일 화요일, 맥아더가 샌프란시스코에 착륙하여 열광적인

---

429) David McCullough, *TRUMAN*, New York: Simon & Schuster, 1992, p. 848.

영접을 받았다. 그는 14년 동안이나 미국 밖에 있었다. 지금까지 미국인들에겐 그를 보거나 그를 환호할 그리고 영웅의 귀가를 환영할 기회가 없었다. 만 명이 샌프란시스코 공항에 나왔다. 도시로 들어가는 길이 군중들이 너무 많아서 자동차가 호텔에 도착하는데 2시간이나 걸렸다. 다음 날 4월 18일, 위기의 시작 이후 그의 첫 기자회견에서 트루먼이 기자들을 만났을 때 그는 그 주제에 관해서 말하는 것을 거부함으로써 그들의 모든 기대들을 단숨에 쓸어버렸다. 4월 19일 목요일, 미국 신문 편집자협회 앞에 출현하기로 계획된 그 날에 맥아더가 의회에 가게 되어 있자 트루먼은 자기 연설을 취소했다. 왜냐하면 트루먼이 그 날은 장군의 날이어야 한다고 느꼈고 그래서 그것으로부터 관심을 돌리는 어느 것도 원치 않았다.[430]

1951년 4월 19일 목요일 오후 12시 31분, 홍수 같은 텔레비전 불빛 속에서 더글라스 맥아더가 1945년 이래 해리 트루먼이 종종 그랬던 것과 하원에서 똑같은 좌석 사이의 통로를 걸어 내려갔다. 그리고 가득 찬 의사당으로부터 광적인 기립 환호성, 즉 그런 강렬한 진짜 순간의 드라마를 본 사람들은 거의 없었다. 대통령의 각료들이나 대법원이나 합동참모부의 어느 누구도 그 자리에 참석하지 않았다. 맥아더는 잠시 멈추어 바클리 부통령과 악수를 하고 나서, 그의 얼굴은 알 수 없는 표정으로, 단상으로 다가갔다. 완전한 침묵이 떨어진 이후에야 그는 연설을 시작했다. 그는 자기의 호스트들에게 적절한 치하로 입을 열었다.

---

430) *Ibid.*, p. 849.

"나는 깊은 겸허함과 거대한 자부심으로 이 단상에 섰습니다: 나보다 앞서 이 자리어 섰던 위대한 건축가들의 뒤를 밟은 겸허함과 이 입법부 토론의 집이 지금까지 마련된 가장 순수한 형태로 인간의 자유를 대변한다는 성찰에서 자부심을 말합니다. 나는 어떤 당파적 명분을 주장하기 위해 이 자리에 서지 않았습니다. 왜냐하면 문제들은 근본적이고 또 당파적 고려의 영역을 아주 넘어서기 때문입니다.

우리의 길이 건전하고 우리의 미래가 보호받으려면 그것들은 국가이익이라는 가장 높은 단계에서 해소되어야 합니다. 그러므로 한 미국인의 숙고된 견해를 단지 표현하는 것으로 내가 말해야 하는 것을 받아들이는 정의를 여러분들이 내게 베풀어 줄 것으로 나는 믿습니다.

나는 생의 사라지는 황혼에 분노나 쓰라림이 없이 여러분에게 오직 조국에 봉사한다는 단 하나의 목적으로 여러분들에게 연설하고 있습니다. 문제들은 지구적입니다. 그래서 그것들은 상호 연계되어 다른 지역의 문제들을 망각한 한 지역만의 문제들을 고려하는 것은 전체에 재앙을 가져올 것입니다. 아시아가 유럽의 관문이라고 보통 말하지만 유럽이 아시아의 관문인 것도 그에 못지않은 진실입니다. 그리고 전자의 광범위한 영향은 후자에 영향을 갖지 않을 수 없습니다. 우리의 힘이 양 전선을 보호하는데 부적합하다고, 즉 우리는 우리의 노력을 분할할 수 없다고 주장하는 사람들이 있습니다. 나는 이보다 더 패배주의의 표현을 생각할 수 없습니다.

공산주의의 위협은 지구적인 것입니다. 한 지역에서 그것의 성공적 전진은 모든 다른 지역의 파괴를 위협합니다. 유럽에서 그것의 전진을 중지하는 우리의 노력을 동시에 손상하지 않고 아시아에서 공산주의에 당신은 유화하거나 아니면 항복할 수 없습니다.

세계의 이념들은 아시아적 생각에서 별다른 역할을 수행하지 않으며 별로 이해되지도 않습니다. 사람들이 분투하는 것은 그들의 위장에 조금 더 많은 음식, 그들의 등에 조금 더 나은 옷, 그들의 머리 위에 조금 더 튼튼한 지붕, 그리고 정치적 자유를 향한 정상적인 민족주의적 욕구의 실현입니다. 중국인들의 속성에는 이런 혹은 저런 이념적 개념이 별로 없습니다. 생활 수준이 너무 낮고 또한 자본축적이 전쟁으로 너무도 철저히 날아가 버려 대중들은 애통한 절박함의 완화를 약속하는 어떤 리더십도 추종하기 위해 필사적이고 또 열성적입니다.

어떤 경우에도 대만은 공산주의의 통제 하에 떨어져서는 안 됩니다. 그런 경우는 필리핀 자유와 일본의 상실을 위협할 것이고 그리고 우리의 서부 국경선을 캘리포니아, 오래곤 그리고 워싱턴의 해안으로 당연히 되돌릴 것입니다.

나는 처음부터 북한에 대한 중국 공산주의자들의 지원이 지배적이라고 믿었습니다. 침략은 한국에서 뿐만 아니라 인도차이나와 티베트에서도 최근에 드러났습니다. 그리고 잠재적으로 남쪽을 향하는 것은 시간이 시작한 이래 모든 자칭 정복자들을 자극한 권력의 팽창을 위한 동일한 욕구를 지배적으로 반영합니다."431)

바로 이것이 중국을 마주해서 정지해야 하는 이유라고 맥아더는 말했다. 그는 중국인들의 행동이 그들은 참전하지 않을 것이라는 자기의 예측을 빗나가게 했다는 사실을 언급하지 않았다.432) 그리고 그는 한국전쟁사의 요약을 제시했다.

"대한민국을 지원하려 개입하는 대통령의 결정에 앞서 나는 협의하지 않았지만 그 결정은 우리가 침략자를 몰아내고 그의 군사

---

431) H. W. Brands, *The General and the President: Macarthur and Truman at the Brink of Nuclear War,* New York: Anchor Books, 2016, pp. 321-324.
432) *Ibid.,* p. 324.

력을 분쇄했듯이 군사적 관점에서 건전한 것으로 입증되었습니다. 우리의 승리는 완전했고 또 우리의 목표들은 목전에 있었습니다. 바로 그 때 중공이 수적으로 우월한 지상군으로 개입했습니다. 이 것은 새로운 전쟁 그리고 전적으로 새로운 상황, 즉 우리의 군사 력이 북한 침략자들에게 투입되었을 때 생각하지 않았던 상황을 창조했습니다. 이것은 군사전략의 현실적 조정을 허용할 외교적 영역에서 새로운 결정을 요구했습니다. 그런 결정들은 나오지 않 았습니다.

올바른 마음을 가진 사람은 아무도 우리의 지상군을 중국 대륙 으로 보내자고 주장하지 않을 것입니다. 그리고 그것은 결코 생각 한 적이 없습니다. 새로운 상황은 만일 우리의 정치적 목적이 우 리가 옛 적을 패배시켰듯이 이 새로운 적을 패배시키는 것이라면 과감한 전략적 기획의 수정을 긴급히 요구했습니다.

압록강 북쪽에서 적에게 주어진 성역의 보호를 제거해야 할 군 사적 필요성을 차치하더라도 내가 보기에 나는 전쟁의 수행에 있 어서 군사적 필요성은, 첫째, 중국에 대한 경제적 봉쇄의 강화; 둘 째, 중국해안에 대한 해양봉쇄의 실시; 셋째, 중국의 해안과 만주 의 항공정찰에 대한 규제의 제거; 넷째, 공동의 적에 대한 효과적 인 작전에 기여할 병참지원으로 대만에 있는 중화민국의 군대에 대한 규제의 제거라고 느꼈습니다.

이런 견해를 품은 데 대하여, 즉 한국에 투입된 우리의 병력을 지원하고 그래서 가장 적은 지연으로 적대행위를 끝내고 셀 수 없 는 미국과 동맹국들의 생명을 구원하는 전문적으로 계획된 모든 것에 대해 주로 해외의 문외한들의 세계에서 나는 심하게 비판을 받았습니다. 군사적인 관점에서 위의 견해는 우리의 합동참모들을 포함하여 한국작전에 관련된 실제로 모든 군부에 의해서 과거에 완전히 공유되었다는 나의 이해에도 불구하고 말입니다."[433]

---

433) *Ibid.*, p. 325.

환호와 격려의 박수가 계속되어 국회의사당을 넘쳐났고 그리고 마치 맥아더를 자신의 엄한 권고를 무시한 사람들의 약점과 부패에 대항하여 결연히 서있는 현대판 케이토(Cato)로 만드는 것처럼 보였다. 격려자들은 그의 언어의 기술성을 간과했을 것이다. 맥아더는 자기가 받은 비판을 외국인들에게 돌렸지만 그의 가장 중요한 비판자는 미국의 대통령이었다는 것을 모두가 알고 있었다. 그렇게 하여 맥아더는 불복에 대한 추가적 비난을 피하는 반면에 동정적 경청자들에게 트루먼이 맥아더 같은 진정한 애국자보다는 유화적 외국인들과 더 많은 공통점을 갖고 있다는 결론을 내리도록 허용했다. 그러는 동안 그는 합동 참모총장들을 자기 권고의 군사적 측면에 대하여 자기 편으로 끌어들이는 반면에 자신의 행동에 대한 핵심적 비판, 즉 그가 군사적 권고를 정치와 분리하는 것으로 가정되는 경계선을 넘었다는 비판을 무시했다.[434] 반면에 그의 비판은 더욱 예리해졌다.

"나는 병력의 증강을 요청했지만 재증강이 가용하지 않다고 알려왔습니다. 나는 압록강 북쪽에 있는 적의 기존 기지들을 파괴하도록 허용되지 않는다면, 만일 대만에 있는 약 60만의 우호적 중국 병사들을 이용하지 않는다면, 만일 중국의 붉은 군대가 외부로부터 원조 받는 것을 막기 위해 중국의 해안을 봉쇄하는 것이 허용되지 않는다면, 그리고 만일 주요 증강의 희망이 없다면 군사적 입장으로부터 사령부의 지위는 승리를 금지했던 것입니다. 나의 입장을 왜곡하려는 노력이 있었습니다. 내가 사실상 전쟁광이라는 말도 있었습니다. 어느 것도 그보다 진실에서 먼 것은 없을 것입니다.

---

434) *Ibid.*

이제 오직 살아 있는 소수만이 전쟁을 알고 있듯이 나는 전쟁을 알고 있습니다. 전쟁보다 더 구역질 나게 하는 것은 없습니다. 우리는 우리의 마지막 기회를 갖고 있습니다. 만일 우리가 어떤 보다 크고, 보다 공정한 제도를 마련하지 않는다면 최후의 날 '아마겟돈'(Armageddon)이 우리의 문 앞에 있을 것입니다. 그러나 전쟁이 일단 우리를 엄습해 오면 그것을 신속히 끝내기 위해 가용한 모든 수단을 적용하는 것 외에 다른 대안은 없습니다. 전쟁의 목적은 바로 지연되는 비결정이 아니라 승리입니다. 전쟁에서 승리를 대체할 것은 아무 것도 없습니다.

여러 가지 이유로 중공을 달래려는 사람들이 있습니다. 그들은 역사의 분명한 교훈에 눈이 멀었습니다. 왜냐하면 역사는 유화정책이란 새롭고 더 유혈적인 전쟁을 가져온다고 명백히 강조해서 가르치기 때문입니다. 유화정책은 공갈정책에 가깝습니다. 공갈의 경우처럼 폭력이 오직 유일한 대안이 될 때까지 공갈처럼 그것은 새롭고 계속해서 보다 더 큰 요구를 내놓을 것입니다. 나의 병사들은 묻습니다. 왜 전장에서 적에게 군사적 이점을 포기하느냐고? 나는 대답할 수 없었습니다.

나는 한국에서 싸우는 당신들의 아들들을 떠났습니다. 그들은 이 모든 시험을 충족했습니다. 그래서 나는 그들은 모든 면에서 대단하다고 아무런 유보 없이 당신들에게 보고할 수 있습니다. 그들을 보존하고 이 야만적 분쟁을 명예롭게 그리고 최소한의 시간과 생명의 최소 희생으로 끝내는 것이 나의 변함없는 노력이었습니다. 그것의 증가하는 유혈은 나의 가장 깊은 고뇌에 불안을 야기했습니다. 용맹한 병사들은 종종 나의 생각 속에 남을 것이고 또 항상 나의 기도 속에 남을 것입니다.

나는 52년 동안의 군 복무를 마치고 있습니다. 내가 세기가 바뀌기도 전에 군대에 참여했을 때 그것은 나의 모든 소년 시절의 희망이고 꿈이었습니다. 세계는 내가 웨스트 포인트 마당에서 선서한 이래 여러 번 뒤집어졌습니다. 그리고 나의 희망과 꿈도 오랫동안 사라져버렸습니다. 그러나 나는 여전히 그 날의 가장 있기 있던 병영 발라드들 중 하나의 후렴을 기억하고 있습니다. 그것은 늙은 군인들은 결코 죽지 않고 그들은 단지 사라질 뿐이라고 가장 자랑스럽게 선포했습니다. 하나님께서 그 의무를 볼 수 있는 빛을 주셨기에 자신의 의무를 다하려고 노력한 한 늙은 군인인 나는 이제 나의 경력을 접고 그 발라드의 늙은 군인처럼 단지 사라질 것입니다. 여러분 안녕히 계시기 바랍니다."[435]

청중들은 모두 기립박수를 치며 환호했다. 감정의 허리케인이 의사당을 휩쓸었다. 맥아더를 잡아보려 손을 뻗었고 청중 중에서 많은 사람들이 울었다. 기록적인 3천만 명의 사람들이 텔레비전을 시청했고 맥아더의 수행은 탁월했다. 풍성한 목소리의 사용과 타이밍은 대부분의 배우들을 능가했다. 웅변적 스타일은 오랫동안 의회에서 듣지 못했던 종류의 것이었다. 전국에 걸쳐 사람들이 청취할 수 있도록 사무실과 공장에서 작업이 멈추었다. 술집들은 가득 찼다. 학생들은 이 역사적 시간을 교실에서 보았고 라디오로 듣기 위해 집회장소나 식당 홀에 모여들었다. 그들은 무엇 때문에 흥분이 일어난 것인지는 알지 못했지만 그것이 중요하다는 것을 알고 있었다. 그것은 맥아더의 최고의 순간이었다. 그 날 오후 워싱턴에서 승리의 퍼레이드를 시작하여 다음 날 뉴욕에서 폭풍 같은 퍼레이드는 절정을 이루었고 그것은 미국 역사상 전례가 없는 일이었다. 보도에 의하면, 750만 명이 뉴욕에서 나왔고 그것은 1945년 아이젠하워의 환영 인파보다 더 많았으

---

435) H. W. Brands, *The General and the President: Macarthur and Truman at the brink of nuclear War,* New York: Anchor Books, 2016, pp. 326-327.

며 심지어 거의 전설적인 1927년 찰스 린드버그(Charles Lindbergh)의 환영 인파보다 더 많았다고 한다.[436]

트루먼은 맥아더의 연설을 듣거나 텔레비전을 보지도 않았다. 목요일마다 그 시간에 늘 그랬듯이 애치슨을 만나면서 대통령 집무실에 있었다. 그리고 그 후 그는 오찬과 낮잠을 위해 블레어 하우스로 돌아갔다. 그러나 어느 시점에선가 그는 맥아더가 말한 것을 읽었다. 그리고 사적으로 그것을 일단의 헛소리로 생각한다고 언급했다.[437] 트루먼이 예상했던 대로 맥아더로 인한 흥분은 가라앉기 시작했다. 1951년 늦은 봄에 7주 동안 상원의 외교관계와 군 관계 위원회들이 맥아더의 해임을 조사하기 위한 합동 청문회를 개최했다. 민주당의 상원의원인 리처드 러셀(Richard B. Russell)을 좌장으로 5월 3일 상원 사무실 건물 318호인 대리석 코커스 방에서 조사가 시작되었다. 비록 청문회는 비공개였고, 군사적 안전을 이유로 편집된 것이었지만, 매일 회의의 승인된 복사본들이 시간별로 언론에 공개되었다.

첫 증인인 맥아더가 3일 동안 증언했다. 그는 한국에서 자기의 방식이 승리와 학살을 종식시키는 길이라고 주장했다. 그는 살아있는 어느 누구보다도 많은 유혈과 재앙을 보았지만 한국에서 그의 마지막 시간에 본 그런 파괴를 결코 본적이 없다고 상원들에게 말했다. 그는 파괴와 수천 명의 여자와 어린이들 그리고 모든 것을 보고나서 그는 토했다고 말했다. 이제 그런 일이 계속되게 둘 것인가? 그러나 그는 또한 자기만의 생각에 빠져 있고 이상하게도 지구적 문제에 대

---

436) David McCullough, *TRUMAN,* New York: Simon & Schuster, 1992, p. 852.
437) *Ibid.*

한 무관심을 들어내기 시작했다. 그는 어떤 실수도, 즉 어떤 판단의 실수도 인정하지 않았다. 예를 들어 중국 침략의 규모를 예상 못한 실패는 중앙정보국의 잘못이었다. 그가 지휘한 어떤 작전도 중대했고 다른 고려사항들은 언제나 덜 중요했다. 중국에 대한 전쟁전략이 소련을 끌어들이지 않을 것이라고 확신하는 그는 보다 큰 갈등의 위험을 무시했다. 만일 그가 틀리면 어떻게 되느냐? 또 하나의 세계대전이 발생하면 어찌할 것인가의 질문에 맥아더는 그것은 자기 책임이 아니라고 말했다. 자기의 책임은 태평양에 있었고 합동참모총장들과 정부의 여러 기관들이 지구적 문제의 전반적 해결을 위해 밤낮으로 일하고 있다. 그는 그런 연구에 익숙하지 않으며 그런 것을 들여다보지 않았다. 많은 사람들에게 그는 대통령의 주장을 하는 것처럼 보였다.

큰 전환점은 마샬, 브래들리, 그리고 그들이 그의 전략에 동의했다는 맥아더의 주장을 절대적으로 거부한 합동참모총장들의 증언과 함께 왔다. 위기의 시작 때부터 트루먼은 맥아더에 대한 결정을 하기 전에 자기의 군사 보좌관들의 완전한 지원이 필요하다는 것을 알고 있었다. 이제 19일 간의 증언을 통해 그 결정에 무게와 타당성을 부여할 뿐만 아니라 어느 것도 할 수 없는 방식으로 맥아더를 불신하게 하는 것은 바로 그 완전한 지지였다. 엄숙하게 말하면서 마샬은 그 날 아침 그 곳에 나타나 맥아더 장군의 위대한 많은 견해들과 행동에 대한 거의 직접적 반대에 해당하는 이 계기가 아주 고통스럽다고 말하는 것으로 시작했다. 그는 형제같은 육군 장교였고 그가 대단히 존경하는 인물이었다. 행정부는 한국에서 손쉬운 승리에 등을 돌리는 것이 아니었다. 왜냐하면 또 따른 세계대전 없이 한국에서 쉽거나 결정적 승리가 있을 수 없기 때문이라고 마샬은 말했다. 현재의 정책은 진실로 값비싸 보이지만 핵전쟁에 비교할 수는 없다. 베를린 위기 때에도 교착상태에 대한 불평이 있었고 신속하고 결정적 해결의 요구가 있었다고 마샬은 상원들에게 상기시켰다. 한국에서 전쟁은 10개월이 되었다. 그러나 베를린 위기는 주목할 승리로 끝나기 전에 거의 15개월이나 지속되었다.

마샬 국방장관은 한국의 일을, "경찰 행동?" "크거나 혹은 작은 전쟁?" 아니면 도대체 무엇으로 생각하느냐는 질문을 받고 마샬은 그가 제한적으로 남길 바라는 그것을 하나의 제한전쟁으로 특징짓겠다고 공평하게 대답했다.[438] 브래들리 장군은 증인석에 앉은 첫날 기대하지 않은 활력으로 증언했고 또 청문에서 가장 많이 인용된 말이 된 것으로 따끔한 타격을 가했다. 단계를 높여서 중국과 전쟁으로 확장하려는 맥아더의 계획은 "잘못된 장소에서, 잘못된 시간에, 그리고 잘못된 적과 잘못된 전쟁에 들어가는 것"이라고 브래들리는 말했다.[439] 합동 참모총장들은 그들이 아무리 맥아더 장군을 대단히 찬양한다고 해도 그들이 맥아더의 승리를 위한 계획에 동의한 적은 결코 없었다고 말했다. 마샬, 브래들리, 합동참모총장들 모두가 맥아더의 해임은 정당한 것 이상으로 그것은 필연이었다고 말했다. 여건을 고려할 때, 대통령의 정책에 대한 맥아더의 반대의 심각성을 고려할 때, 대통령 권위에 대한 그의 도전은 그를 해임하는 길 외에 다른 길

438) *Ibid.,* p. 854.
439) *Ibid.*

이 없었다고 마샬 국방장관은 말했다.[440]

군부의 문민통제에 대한 군 고위 사령부의 충성도는 완전하고 명백했다. 미국의 최고위 그리고 존경받는 군사 지도자들 측에서 그런 의견의 만장일치가 공화당 상원의원들을 경악하게 하는 것으로 보였다. 뉴욕 타임즈에 제임스 레스턴(James Reston)이 썼듯이, 검사로 시작한 맥아더가 이제는 피고가 되어버린 꼴이었다. 청문회는 지지 부진하고 점차 지루하게 되었다. 맥아더 히스테리는 끝났다. 관심이 시들어버렸다. 6월에 맥아더가 자기는 대통령 야심이 없다고 주장하면서 텍사스의 여기저기로 연설여행을 시작했을 때 그는 점점 더 예리하고 변명하는 것으로 들리기 시작했고 점점 영웅에서 멀어져갔다. 그는 트루먼을 공격했다. 유화정책, 높은 세금, 그리고 내부에서 작용하는 음흉한 세력들을 공격했다. 그의 군중들은 갈수록 줄었다. 전국적으로 그의 인기는 곤두박질쳤다. 늙은 군인은 정말로 사라지기 시작했다.

그러나 맥아더 위기의 열풍은 트루먼 정부에겐 큰 타격이었다. 그의 행정부와 민주당은 정치적으로 손상을 입었다. 트루먼의 강력한 지지자들 사이에서조차 그가 해임을 다루는 방식과 미국민에게 자기가 옳다고 확신시키지 못한 실패에 대해 비판을 받았다. 트루먼이 이런 용기 있는 결정을 하고서도 자기 뒤에 미국을 동원하는데 실패했다. 5월 말 갤럽 조사는 맥아더에 대한 지지가 30%로 떨어진 반면에 마샬과 브래들리에 대한 지지는 오직 19%에 지나지 않았다. 많은 사람들이 트루먼의 가장 큰 실수는 맥아더를 수개월 전에 해임하지 않

---

440) *Ibid.*

은 것이었다고 갈수록 말할 것이고 이 견해에 트루먼 자신도 전적으로 동감이었다.[441] 트루먼은 그 결정을 대통령으로서 자기가 행한 가장 중요한 것들 가운데 하나로 간주했다.

그러나 한국에서 그의 정책은 달라지지 않았다. 군부에 대한 문민통제의 원칙은 살아남았으며 그 어느 때보다도 강해졌다. 대통령은 옳은 주장을 했고 자기 장군들의 지지를 받아 그것이 작동하게 했다. 맥아더는 진실로 자기가 대통령 위에 있다고 믿었다. 맥아더 자신이 나중에 역사학자인 사뮤엘 엘리엇 모리슨(Samuel Eliot Morison)에게 전장의 사령관은 대통령이나 유엔 아니면 어느 누구의 명령도 없이 독립적으로 행동하도록 허용되어야 한다고 말했다. 그리고 그의 의미를 오해할 수 없도록 확실하게 하기 위해 맥아더는 그 말을 되풀이했다.

해리 트루먼은 여전히 대통령이었고 여전히 군의 최고 사령관이었다. 상원의 청문회가 끝나기도 전에 이미 그는 재출현하여 자기 방식대로 싸우고 있었다. 5월 18일 스타틀러(Statler)에서 열린 "미국 국군의 날"(Armed Forces Day) 만찬에서 행한 연설에서 그들이 음식을 나누는 동안 미국이 제2차 세계대전 이래 애써온 평화에 도달하기 위해 싸우고 죽어가는 사람들이 있다는 것을 상기시켰다 그리고 "국내의 다툼을 그만 둬라," "시시한 정치를 끝내야 한다"고 말했다. 한국에서의 전쟁에 관해서 트루먼은 "우리는 시간과 싸우고 있다"고 말하면서 언제나 한국에서 희생된 사상자들을 강조했다.

만일 승리가 한국에서 세계대전을, 즉 핵 전쟁을 모험하는 것이라

---

441) *Ibid.*, p. 855.

면 트루먼은 한국에서 승리 없이 타결할 것이다. 이것이 그가 그은 선이었다. 승리에 대한 대안은 있었다. 그것은 평화였다. 그리고 그는 그 구체적인 목표를 위해 제한전쟁의 정책을 견지할 것이었다.[442] 한국에 파병하는 결정을 한지 거의 1년만인 6월 25일 테네시주 툴라호마(Tullahoma)에 행한 연설에서 그는 사실상 38선에서 종전 조건을 협상할 준비가 되었다고 말했다.

> "사람들은 이렇게 말한다. 한국에서 갈등을 확산시키는 데 기회를 잡아라. 아시아의 거대한 전쟁에 우리의 모든 자원을 이용하는 기회를 잡아라. 유럽에서 우리의 동맹국들을 잃는데 기회를 잡아라. 소련은 극동에서 싸우지 않을 것이라는 기회를 잡아라. 우리는 제3차 세계대전을 갖지 않을 것이니 기회를 잡아라. 그들은 우리가 미국의 외교정책으로 러시아의 룰렛(roulette)으로, 피스톨을 완전히 장전한 채, 도박하기를 원하고 있다. 이것은 정책이 아니다. … 이 위대한 나라의 복지를 위해 어떤 책임감을 가진 어느 대통령도 그 같은 어리석은 토대 위에서 전쟁과 평화의 문제들을 마주하지는 않을 것이다."[443]

바로 그 때 러시아의 부외상인 야콥 말리크(Jacob Malik)가 한국의 휴전을 제안했다. 툴라호마에서 트루먼은 소련인들에게 그의 빠른 대답을 주었다. 미국이 항상 그랬던 것처럼 미국은 이제 한국에서 평화적 타결에 합류할 준비가 되어 있었다. 트루먼 대통령에게 지금부터 한국에서 전쟁이 아니라 평화만을 생각하기 시작한 것이다. 그

---

442) *Ibid.*, p. 856.
443) *Ibid.*에서 재인용.

러나 1950년 6월 25일 한국전쟁의 발발은 전후 미국의 역사에서 거대한 변모들 중 하나였다. 트로이에 보내진 목마처럼 해리 트루먼 대통령의 한국 위기에 개입한 결정은 미국에게 경제, 정치, 군사, 그리고 사회적 변화의 충격에 노출시켰다. 그것들 가운데 많은 것은 전혀 예상하지 못했던 것들이지만 그것들이 미국의 정치적 및 경제적 풍경을 영원히 바꿔 버렸다.[444] 더욱더 중요하게도 한국전쟁의 충격은 아시아를 훨씬 넘어 메아리쳤다. 그리고 그것은 미국의 국가안보와 주요 군사력 증강의 엄청나게 향상된 개념을 요구하는 국가안보회의 문건-68(NSC-68)의 건의를 트루먼 행정부가 집행하는 것을 주로 정당화했다.[445] 요컨대, 미국은 한국전쟁으로 전후 새롭게 재무장하기 시작했다.

---

444) Paul G. Pierpaoli Jr., *Truman and Korea: The Political Culture of the Early Cold War*, COlumbia and London: University of Missouri Press, 1999, pp. 1−2.

445) Wilson D. Miscamble, C.S.C., *From Roosevelt to Truman: Potsdam, Hiroshima, and the Cold War*, New York: Cambridge University Press, 2007, p. 319.

제12장
피날레(Finale): 킨키나투스(Cincinnatus)의 길

"이것은 공화국이다. 세계의 역사에서 가장 위대한 것이다.
나는 이 나라가 공화국으로 계속하길 원한다.
킨키나투스와 워싱턴이 그 길을 가리켰다."
-해리 S. 트루먼-

비록 1951년 7월 8일, 개성에서 평화회담이 시작되었지만 전쟁은 줄지 않은 야만성으로 치열하게 계속되고 있었다. 조셉 맥카시는 반역과 스파이 행위의 비난을 계속해서 토해내고 있었으며 그의 최악의 악의는 이제 조지 마샬을 노렸다. 의회는 전쟁 비용을 지불하기 위한 세금인상을 얼버무리고 있었고, 해외 원조를 잘라내려고 위협하고 있었고, 그리고 정부내 스캔들의 새로운 비난이 있었다. 트루먼의 짐들은 증가하기만 했다.

여름 중반까지, 미군은 트루먼과 그의 세대가 제1차 세계대전 중 프랑스에서 싸우다 죽었던 기간과 거의 같은 기간 동안 한국에서 싸우다 죽어가고 있었다. 그리고 한국에서 전투는 점차 제1차 세계대전이 되었다. 이제 전투는 38선 근처나 38선을 따라 집중되었다. 가장 유혈적 전투의 어떤 것들은, 즉 가장 필사적인 전투들은 종종

1918년 적들이 참호를 깊이 파고 철조망과 지뢰들 그리고 정교하게 위장된 터널로 요새화했던 프랑스에서처럼 몇 개의 고지들이나 등선이 제한된 지형적 특징을 위해 싸웠다. 신문과 방송은 1179고지의 설명으로 채워졌다. 미국의 사상자들은 때로는 일주일에 3천 명이나 되었고 3백명 이하로는 결코 내려가지 않았다. 여름의 끝에 미군의 총 사상자는 전사자 13,822명을 포함해 8만 명이었다. 대한민국과 다른 유엔 참전국들의 상실은 훨씬 더 컸다. 적의 사상자의 수는 아직 파악되지 않았다.

트루먼은 한국에서의 현실을 알고 있었다. 그는 국내 군인 가족들의 고통도 알고 있었다. 그가 아직 하고 있지 않은 것이 무엇이 있을까? 염려와 좌절은 그치지 않았다. 8월의 어느 날 아침 블레어 하우스에서 그는 작전 중에 죽은 미군 존 라이스(John Rice) 하사의 시신이 아이오와주의 수 시티(Sioux City)에 매장을 위해 고향으로 옮겨졌지만 마지막 순간에 수 시티 기념공원의 관리들이 위네바고(Winnebago) 인디언인 라이스 하사는 백색 인종의 일원이 아니라는 이유에서 매장이 거부되었다는 것을 신문에서 읽었다. 분개한 트루먼은 전화기를 들었다. 수분 내에 전화와 전보로 라이스 하사는 알링턴 국립묘지에 완전한 군의 명예와 함께 매장될 것이다. 그리고 공군 항공기 한 대가 그의 미망인과 어린 아이들을 워싱턴으로 데려오기 위해 그곳으로 비행하는 중이었다. 그것이 대통령으로서 그가 할 수 있었던 최소한이었다.446)

맥카시 상원의원이나 그의 영향에 관한 그의 견해를 이제는 반복

---

446) David McCullough, *TRUMAN*, New York: Simon & Schuster, 1992, p. 860.

해서 묻는 기자회견들에서 트루먼은 명백히 속이 끓었지만 오직 "노코멘트"로 답했다. 마샬도 반응하길 거절했다. 그는 사적으로 만일 그의 생애의 이 시점에서 자기가 반역자가 아니라고 설명해야 한다면, 그러면 그것은 애쓸 가치가 없다고 말했다. 맥카시의 공격이 어느 정도로 마샬의 은퇴 결정에 영향을 미쳤는지는 분명하지 않다. 그러나 9월 12일 아주 마지 못해 트루먼은 국방장관이 마지막으로 물러나 탁월한 경력이 끝났다고 발표했다. 어느 누구도 자기의 조국에 더 탁월하고 애국적 봉사를 한 사람이 없다고 트루먼은 말했다. 이제 트루먼에게 강력한 수석 참모(top)였던 마샬이 그의 곁을 떠나고 있었다.[447]

이제 판문점에서 평화회담이 재개되었지만 전쟁은 계속되었다. 회담에서 난처한 문제는 유엔사령부에 의해 포로로 잡힌 132,000명의 북한 군인들의 운명이었다. 원래, 적대행위가 끝나면 모든 포로의 즉각적인 교환이 있기로 합의했다. 그러나 지금 그 정책에 반대했다. 왜냐하면 북한군 포로의 거의 절반인 약 62,000명이 송환되길 원치 않았다. 트루먼은 그들에게 고향으로 돌아갈지의 여부의 선택이 주어져야 한다고 고집했다. 제2차 세계대전이 끝나자 스탈린은 그들의 죄라고는 적에 의해 붙잡힌 것뿐인 수천 명의 소련 군인들을 처형하거나 시베리아로 보냈다. 미국은 학살당하거나 노예가 될 인간들을 넘겨줌으로써 휴전을 사지는 않을 것이라고 선언했다. 그리고 그는 조금도 양보하지 않을 것이다.[448]

---

447) *Ibid.*, p. 862.
448) *Ibid.*, p, 872.

한국에서 미군의 사상자들은 전쟁의 첫 해보다는 훨씬 적었다. 그럼에도 여전히 매주는 보다 많은 죽음과 고통을 의미했다. 한국은 생명과 자원을 소비했고, 미국 정치에 독을 뿌리고, 또 트루먼의 대통령직을 파괴하고 있었다. 어느 누구도 그보다 더 전쟁이 끝나길 원하지 않았다. 여론조사에 따르면 미국인들의 절반은 그것을 극복해 나가기 위해서 원자탄의 사용을 찬성했다. 그리고 비록 자신의 자제 정책을 유지할 결심에도 불구하고 그조차 그가 소련에 최후통첩을 보내는 것에 관한 환상을 가졌다. 여론 조사에서 트루먼의 지위가 최저로 떨어졌다. 오직 미국의 23%만이 그가 하고 있는 것을 지지했다.

11월 중순, 키 웨스트에서 간단한 휴가 중에 트루먼은 작은 백악관의 현관에서 포커 테이블 주변에 직원들을 모아 놓고 1950년 4월 12일 그가 작성한 성명서를 큰 소리로 읽었다. 그리고 그는 민주당 전국대회 훨씬 전에 다가오는 봄인 1952년 4월에 발표할 계획이었다. 그는 다시 출마하지 않을 것이다. 그러나 다음 5개월 동안 그들에게 그것은 극도의 비밀이라고 주의를 주었다. 그는 지금 그들에게 말해줌으로써 그들이 새로운 계획들을 시작할 수 있도록 하기 위해서라고 트루먼은 설명했다. 1952년 트루먼의 계획을 알았던 사람들 중에서 누구도 단 한마디의 말이 없었다는 것은 그에 대한 헌신의 척도로 보여 질 것이다. 그 비밀은 그가 요청한대로 5개월간 지켜졌다.

새해의 첫 주인, 1952년 1월 5일, 최근에 77세가 된 윈스턴 처칠이 영국에서 수상으로 다시 복귀하여 짧은 방문을 위해 도착했다. 처칠은 퀸 메리(*Queen Mary*)호로 항해했으며 트루먼은 그를 워싱턴으로 모셔오기 위해 뉴욕으로 전용기 인디펜던스(*Independence*)를 보냈다. 그리고 트루먼은 국립공항에서 그를 환영하기 위해 거기에 있었다. 처칠을 바라보는 사람들에게 그의 흰 머리와, 긴 시가를 피면서, 크게 더 늙은 모습과, 허리가 더 굽고, 그의 걸음이 더 느렸지만 처칠은 여전히 "늙은 전사"였고, "늙은 사자"였다. 그에게는 극적인 위엄이 있었다. 트루먼에게 처칠은 당대의 가장 위대한 공적 인물이었다. 딘 애치슨에게 이 말은 과소평가였다. 그의 필적을 발견하기 위해서는 4세기는 거슬러 올라가야만 할 것이라고 애치슨은 말했다. 처칠이 이룬 것은 위대했고 그가 그것을 어떻게 했는지도 똑같이 그렇다. 그의 모습과 제스처까지 모든 것은 예술의 경지였다고 애치슨은 주장했다.[449]

그 날 저녁 윌리엄스버그(*Williamsburg*)호에서 만찬 뒤에 테이블이 치워지자 처칠은 세계정세와 소련제국의 위험과 패러독스에 관해서 얘기하기 시작했다. 그는 미국의 핵무력의 중요성을 인정했고 한국에 미국의 군사력을 투입하는 트루먼의 위대한 결정을 포함하여 자유세계의 트루먼 리더십을 다정하게 칭찬했다. 그 자리에 참석한 애치슨, 해리먼 그리고 다른 사람들에게 그것은 오랫동안 기억될 순간이었다. 트루먼 대통령을 쳐다보면서 처칠은 천천히 말했다. "대통령 각하, 당신과 내가 마지막으로 회의용 탁자에 마주 앉은 건 포츠담에서였다. 내가 고백하건 데 그 때 나는 당신을 매우 낮게 보았다. 나는 당신이 프랭클린 루즈벨트의 자리를 차지하는 것이 싫었다." 처칠은 잠시 멈추었다. 그리고 "나는 당신을 아주 잘못 판단했다. 그

---

449) 처칠의 위대한 리더십에 관해서는, 강성학, <윈스턴 S. 처칠: 전쟁과 평화의 위대한 리더십>, 서울: 박영사, 2019를 참조.

때 이래, 당신은 그 어느 누구보다도 서방문명을 구했다"고 처칠은 트루먼을 칭송했다.[450]

한동안 트루먼은 후계자의 문제, 즉 1952년 11월에 민주당 티켓을 이끌고 1953년 1월 20일 취임사 후에 백악관을 차지할 인물에 관해서 생각하고 있었다. 1951년 늦여름까지 민주당의 이상적 후보는 논리적이고 자격이 있는 프레드 빈슨(Fred Vinson) 대법원장이라고 결론을 내린 것처럼 보였다. 그러나 빈슨은 자기가 너무 오래 정치권 밖에 있었다는 이유로 사양했다. 여전히 미국에서 제1의 영웅인 아이젠하워가 대통령에 출마할지의 여부는 여전히 평가할 수 없었다. 11월의 첫째 주 워싱턴을 잠시 방문한 아이젠하워 장군은 블레어 하우스에서 트루먼과 오찬을 했다. 그리고 만일 아이젠하워가 민주당 지명을 수락한다면 트루먼이 자신의 완전한 지원을 제안한 것으로 보도되었다. 그 만남은 5일에 있었다. 7일 아서 크록이 뉴욕타임즈에 그 이야기를 터트렸다. 블레어 하우스 영접에서 아이젠하워는 단지 출마하기 위해서 정당에 가입할 수는 없다고 트루먼에게 말한 것으로 묘사되었다. 어떤 이유에서 자기가 민주당원이었다고 생각하느냐고 물으면서 아이젠하워는 자기는 평생 공화당원이었으며 내 가족들도 항상 공화당원들이었다고 말했다.[451]

1952년 1월 초에, 헨리 캐봇 로지(Henry Cabot Lodge) 공화당 상원의원이 워싱턴에서 "아이젠하워를 대통령으로" 하는 운동의 결성을 발표했다. 다음 날 1월 7일 NATO 사령부가 있는 파리에서 아이

---

450) David McCullough, *TRUMAN,* New York: Simon & Schuster, 1992, p. 874-875.
451) *Ibid.,* p. 887.

젠하워는 공화당 지명을 수락할 준비가 되어 있다고 발표했다. 아이젠하워 붐이 세력을 얻어가자 트루먼은 이 친구들이 아이젠하워를 정치에 끌어들인 것이 유감스럽다며 그들은 지금 그에게 구리와 주석으로 드러날 금과 은의 입구를 보여주고 있다고 자기의 직원들에게 언급했다. 민주당의 지명을 위해 트루먼은 일리노이주의 주지사인 애들레이 스티븐슨(Adlai E. Stevenson)이 최선의 선택일 것이라고 결정했다. 애들레이 스티븐슨은 비교적 젊은 51세였다. 그는 유능하고 진보적이며, 주요 산업 주의 주지사이고, 정직한 정부의 챔피언이며 또한 새 얼굴이었다.

스티븐슨은 공직의 첫 출마에서 1948년 일리노이주에서 압도적 57만 표로 이겼다. 그는 전국적으로는 여전히 알려지지 않은 정치인이었으며 전적으로 트루먼 같지 않은 사람이었다. 프린스턴 대학교 졸업생이며, 부자 집 아들이고, 잘 나가는 변호사에, 웅변적이고, 재치 있고, 세련되었으며, 이혼한 스티븐슨은 트루먼과 완전히 다른 사람이었다. 더구나 트루먼은 그를 알지 못했고 오직 그의 연설문들을 읽었을 뿐이었다. 트루먼은 스티븐슨 주지사를 초대했고, 1952년 1월 22일 화요일 저녁 때, 한 시간 정도 그들은 블레어 하우스에서 단독으로 만났다. 트루먼은 그가 동의만 하면 지명은 그의 것인데 그것을 수락하라고 요청하면서 그는 자기의 제한 없는 인정을 받을 수 있다고 말했다. 그리고 트루먼은 자기는 다시 대통령에 출마하지 않을 것이라고 말했다.

그러나 애들레이 스티븐슨은 트루먼의 제안을 거부했다. 그는 일리노이주의 주지사로 남길 원했을 뿐만 아니라 워싱턴에서의 변화가, 즉 공화당 행정부가 나라에 나쁜 일이 될 것이라는 확신이 서지 않았다. 어쨌든 스티븐슨은 트루먼의 초라한 인기의 상태를 고려할 때 그가 선발한 후보자가 반드시 유리할 것이라고 느끼지 않았다. 만일 아이젠하워가 공화당 후보자가 된다면 아무도 그를 이길 수 없을 것이라고 스티븐슨은 말했다. 3월 4일 이번에는 스티븐슨의 요청으로 그와 트루먼이 블레어 하우스에서 만났다. 이 때 스티븐슨은 오직 트루먼만이 태프트이건, 아이젠하워이건, 누구든, 어떤 공화당원도 이길 수 있을 것이라고 말했다. 수주 동안 트루먼은 다시 출마할 전망으로 머리를 굴려 보기도 했다. 그는 자기 일기장에 쓴 불출마 약속을 집어던지고 재선에 나가 설욕을 추구해 볼까 하는 충동을 느꼈다. 최근에 통과된 수정헌법 제22조는 구체적으로 현직 대통령을 제외했다. 그러나 천천히 그는 불가항력을 수용했다.[452)

3월 29일 저녁에 국가 조병창(the National Armory) 홀에서 열린 연례 민주당 모임인 제퍼슨-잭슨 날 만찬에서 애치슨 부인이 자기 남편에게 대통령이 오찬 후 연설에서 자기의 정치적 미래를 노출할 것으로 생각하지 않느냐고 물었다. 애치슨 국무장관은 전혀 그렇지 않다며 대통령이 출마하지 않겠다는 의도를 밝히기엔 너무 이를 것이라고 설명했다. 그리고 트루먼이 그렇게 한다면 만찬에 모인 많은 사람들에게 너무 큰 실망이 될 것이라고 말했다. 트루먼이 단상에 올랐다. 공화당원들을 공격하고 자신의 기록을 옹호하면서 활기차고 전투적인 연설의 말미에 트루먼은 자기의 준비된 연설문을 차치하고

---

452) Alonzo L. Hamby, *Man of the People: A Life of Harry S. Truman,* New York: Oxford University Press, 1995, p. 600.

자신이 답변을 주었다.

"재선에 출마하지 않을 것이다. 나는 나라를 위해 오랫동안 봉사했다. 그리고 효율적이고 정직하게 봉사했다고 생각한다. 나는 지명을 수락하지 않을 것이다. 나는 백악관에서 또 하나의 4년 임기를 보내는 것이 나의 의무라고 느끼지 않는다."[453]

그것은 줄거리 없이 거의 당연지사로 말해졌으며 그래서 몇 초동안 거대한 청중은 앉아서 침묵했고 혼란스러웠다. 그리고는 자동적인 환호와 "노(No)"라는 고함소리가 이상하게 섞여 나왔다. 트루먼은 미소를 머금고, 손을 흔들면서, 그러나 다소 긴장한 채, 홀을 재빨리 떠났다.

7월 11일 시카고에서 공화당원들은 그들의 전당대회를 개최했다. 아이젠하워 장군이 첫 투표에서 승리로 장식했다. 민주당 전당대회는 시카고에서 7월 21일 시작했다. 7월 25일 금요일 오후 민주당 전당대회에선 3차투표까지 가서야 스티븐슨 주지사가 지명을 획득했다. 새벽 1시 45분 지명자와 대통령이 함께 팔을 맞잡고 홀에 들어서 단상으로 갔다. 트루먼은 군중들에게 자기는 코트를 벗어 붙이고 스티븐슨이 승리하도록 할 수 있는 모든 일을 다하겠다고 확약했다. 스티븐슨은 간단히 그리고 웅변적으로 말했다.

"국민은 현명하다. 공화당원들이 생각하는 것보다 더 현명하

---

453) David McCullough, *Truman,* New York: Simon & Schuster, 1992, p. 893에서 재인용.

다. 그리고 민주당은 노동자나 농부의 당이 아니라 국민의 당이
다. 민주당은 모든 사람의 당이기 때문에 누구의 당도 아니다. 20
세기의 시련은 결코 끝나지 않았다. 희생, 인내, 이해 그리고 결연
한 목적이 다가올 수년 동안 우리의 운명이다. 미국민들에게 상식
을 말하자."454)

후에 스티븐슨, 트루먼, 레이번, 맥키니, 그리고 4~5명이 무대 뒤
에서 만났다. 스티븐슨은 러닝메이트에 대한 충고를 요청했다. 공화
당은 리처드 닉슨 상원의원을 그들의 부통령 후보로 선택했다. 스티
븐슨은 케파우버(Kefauver)를 언급했다. 트루먼이 단호히 반대하자
레이번과 맥키니가 그를 지원했다. 바클리와 러셀도 언급되었지만
거부되었다. 최종적으로 선택은 앨라배마주 출신의 존 스파크먼(John
Sparkman)이었다. 스티븐슨은 해리 트루먼의 도움을 받아 결정했다
고 참석자 가운데 한 사람이 기자에게 후에 설명해 주었다. 7월 26
일 토요일 아침 6시 40분에 자기 방에서 트루먼은 블랙스톤 호텔
(Blackstone Hotel)의 필기 용지 위에 지명자에게 다정한 편지를 썼
다. 이 편지는 그가 프랭클린 루즈벨트로부터 결코 받은 적이 없는
그런 편지였다.

"지난밤은 나의 68년 동안에 보낸 가장 멋진 밤 중의 하나였
다… 당신은 용감한 사람이다. 당신은 세계사에서 가장 중요한 직
책의 책임을 맡고 있는 것이다.
당신은 가장 멋진 일을 할 조상과 정치적 및 교육적 배경을 갖

---

454) *Ibid.,* p. 905.

고 있다. 만일 그것이 가치가 있다면 당신은 나의 전폭적 지지와 협력을 받을 것이다.

　잡음과 고함소리가 끝나면 나는 당신 앞에 무엇이 있는 지에 관해서 논의하기 위해 당신이 워싱턴으로 올 수 있기를 희망한다."[455]

그러나 스티븐슨이 정중한 답장을 보냈고 그리고 결국 백악관에서 트루먼을 만났지만, 그는 그 어느 때 못지않게 트루먼의 후보자로 보이지 않으려고 결심했다. 8월 12일 스티븐슨은 트루먼의 초청으로 내각과 오찬을 같이 하고 정국에 대해 길게 브리핑을 받기 위해 백악관에 왔다. 3시간의 논의에서 트루먼은 다시 한번 도움이 되기 위해 가능한 모든 것을 다하고 싶다고 말했다. 그는 어떤 식으로 든 선거운동을 지시하거나 지배하길 원하지 않았다. 트루먼은 스티븐슨이 보스라고 강조했다. 스티븐슨은 대통령이 자기보다도 더 그 선거에서 이기길 원하고 있다고 말했다.

트루먼은 그 선거를 자기의 대통령직에 대한 국민투표로 간주했다. 트루먼은 "페르디난드 마젤란" 전용 기차를 타고 다시 전국의 순회 길에 올랐다. 스티븐슨은 항공기로 여행했으며 그들은 전혀 다른 스케줄을 유지했고 결코 같은 플랫폼에 등장하지 않았다. 스티븐슨은 한 세대 동안 본적이 없는 아주 웅변적 대통령 후보였다. 그는 워싱턴 대신에 일리노이주 스프링필드(Springfield)에 선거본부를 차렸다. 이 조치는 주지사의 피할 수 없는 주 수도에 대한 헌신을 반영했지만 그러나 동시에 그것은 트루먼 백악관으로부터 독립의 선언으로

---

455) *Ibid.*, p. 906.

의도되었다.[456] 워싱턴에서 주된 선거운동 운영을 수립하는 동안 스티븐슨은 스프링필드에 가까운 보좌진들과 연설문 작성자들의 제한된 직원들만 유지할 수 있었다. 그는 자기에게 가치가 있었을 경험 있는 민주당의 전문가들과 선거운동원들을 무시했다.[457]

아이젠하워가 스티븐슨에게 해준 것과 똑같은 브리핑을 해주기 위한 트루먼의 초대를 거절했을 때 트루먼은 그의 우정만큼이나 지금 장군을 돕는 사람들에 대한 자신의 불쾌감을 표현하기 위해 사적으로 편지를 썼다. 그 편지에서 트루먼은 "정파적 정치는 미국의 국경선에서 멈추어야 한다. 나는 당신이 우리 사이에 한 떼거리의 기인들이 끼어 들어오게 허용해서 아주 유감이다"라고 말했다. 기차에서 가진 대화에서 트루먼은 아이젠하워를 위험스러운 대통령, 즉 "현대판 크롬웰"(a Modern Cromwell)이라는 예감에 공감을 표현할 수 있게 되었다. 트루먼은 아이젠하워가 선거판에 뛰어들어서는 안 되는 사람이었다고 생각했다. 선거전의 속도와 열기가 빠르게 오르고 있었다. 공화당원들은 "변화를 위한 시간"이라는 슬로건 아래 선거운동을 하고 있었다. 대부분의 신문들은 아이젠하워를 지지했다. 공화당원들은 민주당원들 보다 2배가 넘는 선거비용을 쓰고 있었다. 트루먼은 9월 1일 노동절(Labor Day)에 선거운동을 시작했다. 트루먼의 군중들은 종종 1948년 때처럼 크고 우호적이었다. 웨스트 버지니아, 펜실베니아, 뉴저지, 뉴잉글랜드에서 그의 군중은 종종 아이젠하워를 위해 나온 것보다도 더 컸다.

---

456) Alonzo L. Hamby, *Man of the People: A Life of Harry S. Truman*, New York: Oxford University Press, 1995, p. 610.
457) *Ibid.*

트루먼에게 선거운동을 마비시키는 순간이 10월 초에 왔다. 그 때 아이젠하워는 자신의 재선을 위해 조지 마샬을 비방하는 맥카시의 고향 주인 위스콘신으로 들어갔다. 밀워키에서 마샬에 대한 개인적인 헌사의 연설이 준비되었다. 그러나 그 때 아이젠하워의 정치고문들은 단호히 반대했다. 맥카시는 일리노이주 페오리아(Peoria)로 비행하여 위스콘신으로 들어가 아이젠하워 장군의 기차에 올랐다. 맥카시가 마샬의 이름을 언급하는데 반대했을 때 아이젠하워는 분개했다고 보도되었다. 그러나 그린 베이(Green Bay)에서 행한 연설에서 아이젠하워는 맥카시에게 그를 만나러 온 것에 감사하고 군중들에게 그와 맥카시가 다른 것은 목표가 아니라 방법에 있다고 말했다. 그리고 밀워키(Milwaukee)에서 연설할 때 맥카시가 무대에서 바로 아이젠하워 뒤에 앉았다.

이 연설에서 아이젠하워는 공산주의의 국가적 관용이 국가적 삶의 전 20년을 병들게 했다면서, 이런 속임수의 마약에 의해 머리가 헷갈린 바로 그런 사람들에 의한 정부를 창조했다고 선언했다. 중국의 상실과 동유럽의 모든 국가들의 항복은 워싱턴에 있는 붉은 도당들의 책임일 것이라고 그는 비난했다. 마샬의 언급은 없었다. 헌사는 잘렸다. 아이젠하워 비서들이 기자들이 듣게 될 마샬 헌사에 대해 하루 종일 기자들에게 말하고 있었기 때문에 그것의 제거는 나머지 연설보다도 더 많은 뉴스를 만들었다.458)

조지 마샬에 헌신하는 트루먼에게 아이젠하워는 용서할 수 없는 배신의 죄를 범했다. 그는 자기의 분노를 참으려고 노력했다. 내가

---

458) David McCullough, *TRUMAN*, New York: Simon & Schuster, 1992, p. 911.

읽은 그의 말과, 내가 들은 그의 연설을 한 장군은 내가 과거에 알았던 장군이 아니라고 트루먼은 말했다. 뭔가 그에게 발생하고 있다고 그는 콜로라도 스프링스(Springs)에서 군중들에게 말했다. 그는 아이젠하워가 좋은 대통령이 될 수 있을 것이라고 생각했지만 그것은 실수였다. 이 선거운동에서 아이젠하워는 상징한다고 생각되는 모든 것을 그는 배반했다고 트루먼은 말했다. 뉴욕주의 유티카(Utica)에서 기차의 뒤쪽에서 행한 연설에서 트루먼은 총력을 발휘했다. 아이젠하워가 자신의 원칙들을 배반하고 자신의 친구를 저버렸다고 트루먼은 말했다. 그는 표를 얻기 위해 맥카시의 재선을 인정했으며 자기 기차를 탄 것에 대해 맥카시에게 겸손하게 감사했다고 트루먼은 비난했다. "나는 이해할 수 없다. 나는 공화당의 후보가 그렇게 저질일 것이라고 결코 생각한 적이 없었다. 나는 그것을 결코 이해할 수 있을 것이라고 생각하지 않는다"고 트루먼은 말했다.[459]

트루먼은 그를 만들어준 사람에 대한 아이젠하워의 배은망덕을 진실로 극복하지 못했다. "마샬이 그의 전 경력에 책임이 있었다. 루즈벨트가 그를 중령에서 장군으로 승진시킬 때 그것은 마샬의 추천이었다. 세 번이나 더 마샬은 그를 위로 올려주었다. 그런데, 그 대가로 아이젠하워는 마샬을 팔아먹었다. 그것은 정말 부끄러운 일"이라고 트루먼은 아이젠하워를 신랄하게 비판했다.[460] 트루먼의 공격에 경악한 아이젠하워가 분개했다. 그는 자신의 취임식 날 결코 트루먼과 함께 펜실베니아 애버뉴를 동승해 가지 않겠다고 다짐했다. 여

---

459) *Ibid.*, p. 912.
460) *Ibid.*

론조사에서 아이젠하워가 앞서가고 있었다. 여론조사는 유권자들을 가장 많이 걱정하게 하는 것은 한국에서 교착상태임을 보여주었다. 아이젠하워가 전쟁을 다루는 행정부에 대한 공격의 수위를 높였다. 10월 24일 디트로이트(Detroit)에서 전국 텔레비전으로 방송되는 신랄한 공격을 퍼붓는 연설에서 그는 한국을 2만 명에 달하는 미국인의 죽음을 위한 매장의 땅이라고 부르면서 전쟁의 종식을 약속했다. 만일 당선되면 "내가 한국에 갈 것이다"라고 극적으로 선언했다.[461]

트루먼은 아이젠하워가 시작부터 한국에 관련하여 행정부의 정책에 동의했다는 사실을 강조하는 성명을 발했다. 미네소타주의 위노나(Winona)에서 군중들에게 트루먼은 어떤 직업적 장군도 좋은 대통령이 된 적이 없었다면서 전쟁의 기술은 민간 정부의 기술과는 아주 다르다고 경고했다. 만일 아이젠하워가 한국에서 전쟁을 종식시킬 방법을 갖고 있다면 그는 그것을 지금 말해야 한다. 많은 생명을 구하자. 기다리지 말자. 만일 그가 당선된 이후에 할 수 있다면 우리는 지금 그것을 할 수 있다. 이런 비극적 상황과 관련하여 사용되는 그런 선동은 거의 경멸적이라고 그는 스티븐슨에게 편지를 썼다. 트루먼은 한국을 정치적 이득을 위해 이용할 권리가 아이젠하워보다 적은 사람은 아무도 없다고 생각했다.[462]

펜타곤에서, 합동참모들 사이에 아이젠하워의 옛 친구들도 대통령 못지않게 분개했다. 아이젠하워는 한국전쟁의 모든 측면과 휴전협상의 어려움에 관해서 잘 알고 있었다고 오마 브래들리 합동참모의장

---

461) *Ibid.*
462) *Ibid.*

이 말하면서, 그는 한국에 가서 아무 것도 달성할 수 없다는 것도 잘 알고 있다고 덧붙였다. 선거운동의 막바지에 트루먼은 여전히 강행군이었다. 그러나 한국에 가겠다는 자신의 극적인 약속으로 아이젠하워는 선거를 결정해버린 셈이었다. 아이젠하워의 승리는 압도적이었다. 그는 스티븐슨의 일리노이 그리고 트루먼의 미주리를 포함하여 48개 주들 중에서 9개를 제외하곤 모든 곳에서 승리했다. 아이젠하워가 예외적 후보자임이 입증되었다. 그의 인기는 그를 거의 공격할 수 없게 만들었다. 그것은 공화당의 승리가 아니라 아이젠하워의 승리였다. 의회에서 공화당은 간신히 통제력을 얻었다. 상원에서 차이는 1표에 지나지 않았다. 트루먼이 사적으로 코멘트했듯이 아마도 1952년에 아이젠하워를 이길 수 있는 사람은 아무도 없었다. 트루먼은 아이젠하워에게 자신의 축하를 보냈고 만일 그가 여전히 한국에 가길 원한다면 그에게 한국으로 비행을 위해 전용기 인디펜던스의 사용을 제안했다. 이 말에 화가 난 아이젠하워는 그 제안을 거절했다.

11월 말 아이젠하워는 군용 비행기로 최대의 보안 하에 한국으로 비행했다. 3일 동안 그는 전선을 시찰하고 상황이 관용될 수 없다는 결론을 내리면서 귀국했다. 주저함이나 최소한의 비통함도 없이 트루먼은 즉각적으로 아이젠하워를 백악관에 초대하여 정권의 이양을 논의했다. 그는 그가 장군에게 보낸 편지에서 말한 것처럼 행정부 일의 질서 있는 전환을 보장할 결심이었다. 그런 제스처는 전례가 없었다. 트루먼의 주변 사람들에게 그것은 개인적 감정을 자기 직책의 보다 큰 책임으로부터 분리시키는 생생한 능력의 본보기였다. 그는 새 대통령을 돕기 위해 할 수 있는 모든 일을 할 것이다.

11월 18일 화요일 오후 2시 직전에 아이젠하워가 대통령 집무실에서 첫 만남을 위해 백악관에 도착했다. 그는 트루먼과 내각 그리고 참모들에 의한 확대된 브리핑을 받았다. 비록 아이젠하워는 웃지 않고 지루했지만 모든 것이 거의 공식적으로 아주 잘 그리고 사고 없이 진행되었다. 트루먼이 아이젠하워에게 그가 수년 전에 아이젠하워에게 선물로 받았던, 트루먼에게 그것은 그의 책임의 무게를 상징했던 거대한 지구위를 주겠다고 제안했을 때 아이젠하워는 트루먼의 입장에선 비록 아주 우아한 태도는 아니었지만 그것을 수락했다. 각료실에서 브리핑 동안 아이젠하워의 반응에서 트루먼은 장군이 그를 직면한 과제의 폭이나 복잡성을 진실로 이해한다고 느끼지도 않았다. "나는 이 모든 것이 한 쪽 귀로 들어가 다른 쪽 귀로 나가버렸다"고 생각한다고 트루먼은 기록했다. 나중에 자신의 책상에서 참모들 중 누군가와 얘기하면서, "그는 바로 이 자리에 앉아서 이것을 하라, 저것을 하라고 말할 것이다! 그리고 아무 일도 일어나지 않을 것이다. 불쌍한 아이크(Ike). 그것은 전혀 군대 같지 않을 것이다. 그는 아주 좌절감을 발견할 것이다"라고 언급할 것이다.463)

자기의 고별 방송을 위해 의회에 보내는 메시지에서 자기 기록의 재검토가 트루먼의 사기를 향상시켰다. 그가 일을 마무리하기 위해 일할 때 그는 좋은 기분과 활기차고 다정하고 분명히 행복했다. 그는 자신이 직접 고별사를 쓰겠다고 고집했다. 그리고 어느 날 저녁때 각료실의 큰 테이블에 직원들이 모였다. 그는 그들의 코멘트를 위해 각 페이지의 끝에 멈추면서 그것을 큰 소리로 읽었다. 한국에 대한 결정

---

463) David McCullough, *TRUMAN*, New York: Simon & Schuster, 1992, p. 914.

을 다시 설명하면서 1950년 6월 운명적 일요일에 그가 어떻게 인디펜던스에서 워싱턴으로 비행했는지를 묘사했다. 중서부의 평지들의 위를 날면서 나는 생각할 많은 시간을 가졌다고 그는 읽었다.[464]

트루먼은 워싱턴에서 살고 싶은지에 관해서 질문을 받자 그는 분명하게 아니라고 답했다. 그의 미래 계획에 관한 질문에 대해서 그는 아직 아무런 계획이 없다고 말했다. 그의 324번째 그리고 그의 마지막 기자회견에서 그는 활기찼고 그 끝에서는 약 300명의 기자들에 의해서 정당하게 박수를 받았다. 작별의 편지들도 있었다. 그는 딘 애치슨을 칭송하며 바로 자기의 오른손이었다고 썼다.

> "분명히 어느 누구도 당신보다 더 자유세계의 인민들을 단결시키고 강력하고 자유로운 그들의 의지와 그들의 결의를 강화하는 데 책임이 있는 사람은 없다.
> 나는 당신을 이 나라가 가진 국무장관들 중에서 바로 최고 가운데 한 사람의 위치에 놓을 것이다. 제퍼슨(Jefferson)이나 스워드(Seward) 도 보다 냉정한 용기와 확고한 판단을 보여주지 않았다."[465]

내각에서 마지막 회의, 직원들과 마지막 모임 그리고 고별 만찬들이 있었다. 취임식 날이 다가오면 올 수록 트루먼은 더 행복했다. 대통령의 신체적 그리고 정신적 회복력은 믿을 수 없었다고 비평가이며 작가인 존 메이슨 브라운(John Mason Brown)은 썼다. 실제로 트

---

464) *Ibid.*, p. 916.
465) *Ibid.*, p. 917에서 재인용.

루먼은 68세로 그가 1945년 들어왔을 때 보다 더 좋은 건강 상태로, 그리고 1909년 50세의 나이에 시어도 루즈벨트(Theodore Roosevelt) 가 백악관을 떠난 이래 떠나는 어느 대통령보다 더 좋은 건강상태로 대통령직을 떠나고 있었다.[466] 윈스턴 처칠 수상이 웨스트 윙에 고별 방문을 위해 도착했다. 그리고 그는 영국 대사관에서 "해리"를 위한 만찬을 베풀었다. 처칠은 쾌활했고 트루먼은 그의 동반을 크게 즐겼다.

트루먼의 고별 연설은 1953년 1월 15일 목요일 밤, 워싱턴 시간으로 10시 30분에 라디오와 텔레비전을 통해 그의 집무실에 있는 그의 책상에서 행해졌다. 그것은 수사학적 화려함이나 기억할 만한 경구가 없었지만 그것은 훌륭한 연설이었다. 그것은 그 당시에 가능하게 이해될 수 있었던 것보다 더 탁월했다. 그것은 분명하고, 간결하고, 종종 개인적이었지만, 그러나 시대의 중대한 역사에 대한 깊은 전반적 통찰, 재형성되고 있는 세계의 파노라마 같은 변화들, 그리고 그가 백악관에 부름을 받고 루즈벨트의 죽음을 들었던 황량했던 그 날 이후 어쩔 수 없이 수행했던 역할을 전달했다. 향수에 젖은 그는 자기가 고별사를 쓰고 있다고 생각하는 것이 싫었다. 그는 자기가 끝난 것이 아니라 단지 시작하고 있다고 미리 사적으로 말했다. 그는 시작했다.

"대통령은 그가 누구이든 결정해야만 한다. 그는 책임을 어느 누구에게도 전가할 수 없다. ··· 나는 그 일이 얼마나 크고 또 어

---

466) *Ibid.*, p. 918.

려운지를 여러분들이 깨닫기를 바란다. 내가 거기에서 벗어나고 있기 때문에 그것은 나를 위해서가 아니라 나의 후임자를 위해서 이다. … 당신이 공화당원이건 민주당원이건 간에 당신의 정치와 는 무관하게 당신의 운명은 이 곳 이 방에서 행해지는 것에서 벗 어날 수 없다."467)

"다음 화요일 날, 아이젠하워 장군이 미국의 대통령으로 취임 할 것이다. 새 대통령이 직무를 시작한 잠시 후 나는 미주리주의 인디펜던스로 귀향하는 기차에 오를 것이다. 나는 다시 이 위대한 공화국의 소박한, 사적 시민으로 돌아갈 것이다. 이것은 마땅한 일이다."468)

4년 전 그의 취임사에서 그의 강조는 세계에 관한 것이었다. 이제 대통령으로서 자기의 전 시간을 재검토하면서 그는 또 다시 동일한 주제를 강조했다. 대통령으로서 그의 최초의 결정은 유엔의 수립을 진행하는 것이었다고 그는 청중들에게 상기시켰다. 그는 독일의 항 복, 포츠담에서 처칠과 스탈린의 상봉, 뉴멕시코 사막에서 첫 원자폭 발, 일본과의 전쟁을 끝내기 위해 원자탄 사용의 결정 등 이 모든 것 들은 그가 말한 대로 4개월 이내에 있었던 일들이었다. 역사상 어느 대통령도 그렇게 짧은 시간에 그렇게 많은 중요한 문제들을 직면했 거나, 아니면 아무런 준비도 없이 그렇게 신속하게 그렇게 많은 중대 한 결정들을 하는 것이 필요하다고 발견한 적은 없다고 트루먼은 말

---

467) Alonzo L. Hamby, *Man of the People: A Life of Harry S. Truman,* New York: Oxford University Press, 1995, p. 617에서 재인용.
468) David McCullough, *TRUMAN,* New York: Simon & Schuster, 1992, p. 918에서 재인용.

하지 않았다. 그가 말했던 것은 대통령 책임의 가장 큰 역할은 결정을 내리는 것이라는 것이었다. 대통령은 결정해야만 했다. "그것이 그의 일이다." 그러나 그가 기억할 것으로는 직무에서 처음 몇 개월의 결정이 아니었다.

> "역사는 냉전이 우리의 삶을 압도하기 시작했던 해들로서 나의 임기를 기억할 것이라고 나는 생각한다.
> 나는 이 모든 것을 덮는 투쟁에 의해 지배되지 않은 집무의 날은 거의 하루도 없었다. … 그리고 항상 그 배경에는 원자탄이 있었다.
> 그러나 역사가 나의 임기가 냉전의 시작이었다고 말할 때 그것은 그 8년 동안 우리가 그것을 이길 수 있는 노선을 정했다고 말할 것이다. …"[469]

한국으로 가는 결정이 그의 대통령 재임시 가장 중요한 결정이었다. 한국전쟁이 냉전의 전환점이었다. 만주에서 일본의 침략을 저지하지 못했고, 오스트리아와 체코슬로바키아에서 나치의 권력장악을 막지 못했던 과거의 시험에 자유국가들이 실패했던 곳에서 이번에는 우리가 그 시험에 맞섰다. 그러나 현대전쟁의 무서운 잠재력이 통제에서 벗어나도록 허용되지는 않았다. 그것은 이해할 아주 중요한 사실이다. 문제는 핵시대에 세계평화였다.

의회 합동회의에서 직접 전달하기보다는 그가 의회에 보낸 1주일 전 연두교서 메시지에서 트루먼은 태평양의 에니위톡 아일랜드(Eniwetok

---

469) *Ibid.,* p. 919에서 재인용.

Island)에서 최근에 실시한 수소탄 실험이라는 원자력의 세계를 뒤흔
들 개발에서 미국은 또 하나의 단계에 들어섰다고 트루먼은 보고했었
다. 그것은 수소탄 시대의 도래를 의미한다고 바르게 이해되어야 한
다. 1945년에 원자탄의 시대를 열었던 대통령이 의회에 보고했듯이
히로시마와 나가사키의 버섯 구름들을 작아 보이게 하는 새로운 파괴
력의 출발점이 1953년에 떠나고 있었다.470) 한국에서 그의 의도는
제3차 세계대전을 막는 것이었다. 원자탄 전쟁을 시작하는 것은 전적
으로 생각할 수 없는 일이었다고 그 때 트루먼은 말했다.471)

　그렇다면 냉전은 어떻게 그리고 언제 끝날 것인가 하고 트루먼은
스스로 물었다. 그리고 그는 간단한 예상, 즉 가슴 속에 있는 신념의
표현인 장기적 예측을 제시했다. 트루먼은 전 생애 동안 주로 신념에
의해 움직였다. 이제, 미국민에게 말할 이 마지막 기회에, 미래의 역
사를 읽는 시도에서 그는 흔들림 없는 신념에 다시 의존했다. 당시에
경청하는 수백 만의 사람들에게 그것은 미국의 최선의 표현을 제시
하는 것으로 보였다. 냉전의 종식에서 일어난 것의 관점에서 수년 후
에 읽으면 그것은 그의 예감이 참으로 탁월했던 것으로 보일 것이다.
그는 심지어 당시에 사실상 무슨 일이 일어날 것이고, 또 더욱 더 중
요하게는, 그런 일 이 왜 일어날 것인지에 대한 본질을 알고 있었던
것으로 보였다.472)

　　"자유세계가 더 강해지고, 더 단결하고, 철의 장막의 양측 사

---

470) *Ibid.*, p. 919.
471) *Ibid.*
472) *Ibid.*

람들에게 더 매력적이 되면서, 그리고 소련의 쉬운 팽창을 위한 희망이 차단되면, 그러면 소련 세계에 변화의 시간이 오고 말 것이다. 그것이 언제 올지, 혹은 혁명에 의해서나 위성국가들의 말썽에 의해서일지, 아니면 크레믈린 내부의 변화에 의해서일지 정확하게 그것이 어떻게 발생할지는 아무도 말할 수 없다.

공산주의 지배자들은 자기들의 자유의지로 정책을 바꿀 것이다. 그 변화가 어떤 식으로 오든 그 변화가 올 것이라는 데는 전혀 의심하지 않는다. 나는 자유로운 인간들의 운명에 깊고 변함없는 신념을 갖고 있다. 인내와 용기로 우리는 언젠가는 새로운 시대로 이동할 것이다.

프랭클린 루즈벨트가 사망했을 때 나는 대통령의 과업을 맡을 나보다도 더 나은 자격을 가진 1백만 명의 사람들이 있다고 느꼈다. 그러나 그 일은 내가 할 일이었다. 그래서 나는 그것을 해야만 했다. 그리고 나는 내게 있는 모든 것을 그것에 주려고 노력했다. …"473)

그 연설은, 아니 그가 떠나는 일의 모든 처리는 모든 사람들로부터 칭찬을 받았다. 그 연설은 그의 대통령직 중에 가장 멋있었고, 또한 그가 강력하게 끝냈다고들 말했다. 수년 동안 그렇게 끊임없이 비판적이었던 월터 리프만(Walter Lippmann)은 이렇게 썼다.

"나가는 태도에서 트루먼은 위대한 직책과 그것의 가치를 의식하는 철두철미하게 대통령이었다.

그의 고별 메시지는 반대자는 많아도 적은 별로 없었다는 것, 즉 그가 가진 정치적 지지자들보다 그의 안녕을 바라고 그를 좋아

---

473) David McCullough, *TRUMAN,* New York: Simon & Schuster, 1992, p. 920.

하는 사람들이 더 많았다고 공정하게 말할 수 있는 사람의 메시지였다. …

그는 좋은 사람의 좋은 본성을 가지고 있었고, 트루먼 가족이 백악관을 떠날 때 보편적으로 존경받고 좋아하는 자기의 부인과 딸과 함께 쓰라린 뒷맛이 없다."[474]

후임 대통령의 취임식 날은 4년 전처럼 날씨가 맑고 따뜻했다. 하늘은 푸르고 군중들은 어마어마했다. 미국의 제34대 대통령이고 20년 만에 대통령을 차지한 첫 공화당원인 드와이트 데이비드 아이젠하워(Dwight David Eisenhower)를 위한 축하행사는 잘 진행되었다. 10시 30분에 트루먼이 대통령 당선자를 기다리는 동안 레드 룸(the Red Room)에서는 각료와 그들의 부인들을 위한 작은 리셉션이 있었다. 취임식 전날 관습에 따라 아이젠하워 부부가 대통령과 영부인을 방문할 것이라는 데에 추측이 잇따랐다. 전통이 존중될 것이라는 트루먼의 희망은 측은하게, 거의 유치하게 높았다. 그러나 아이젠하워가 오찬에 초대를 사양했을 때 그는 모욕감을 느꼈다. 장군은 그가 대통령이 될 때까지 백악관에 들어가길 원하지 않았다고 보도되었다.

11시 30분에 의사당으로 드라이브를 시작하기 위해 아이젠하워 부부가 백악관의 북쪽 현관(the North Portico)에 도착했을 때 그들은 한 잔의 커피를 위해 안으로 들어가는 것을 거절했지만 대기중인 자동차에 앉았다. 트루먼 부부가 나타났을 때에만 그들은 자동차에서 나와 그들에게 인사했다. 현관 가까이에 있었던 CBS 특파원인 에릭 세바레이드(Eric Sevareid)가 "그것은 쇼킹한 순간이었다. 트루먼은

---

474) *Ibid.*, p. 920.

우아했다. 그리고 그는 방금 무시당했다. 그는 행동으로 그의 우월성을 보였다"고 회고했다. 그들이 큰 오픈 링컨 자동차를 타고 가면서 그 두 사람이 바라보는 방향으로 볼 때 "내가 그 차안에 있지 않은 것이 기뻤다"고 제이 비 웨스트(J. B. West)는 기억했다.[475)

후에, 무슨 말을 주고받았는지에 대한 설명은 다를 것이다. 트루먼과 아이젠하워는 취임식 행사에 아이젠하워의 외아들인 존 아이젠하워(John Eisenhower) 참석에 대하여 주고받은 말을 기억할 것이다. 아이젠하워가 트루먼에게 누가 존 아이젠하워를 한국에서 돌아오게 명령했냐고 물었다. 아이젠하워에 따르면 트루먼이 "내가 그랬다"고 간단히 말했다. 그러나 트루먼에 의하면 그가 말했던 것은 "대통령은 당신의 아들이 자기 아버지가 대통령직에 선서하는 것을 목격하는 것이 옳고 또 적절하다고 생각했다"였다. 어쨌든 3일 후에, 아이젠하워는 트루먼에게 자기와 자기의 가족들에게 트루먼 행정부의 마지막 단계에서 베풀어준 아주 많은 예절에 감사하고 또 특별히 자기의 아들을 한국에서 귀국시키라고 명령하는 사려 깊음에 감사하고, 더욱 특별하게도, 그나 나에게 대통령이 그렇게 한 것을 알리지 않도록 한 것에 대해 감사하고 싶다는 우아한 편지를 트루먼에게 보냈다.[476)

트루먼은 7년 9개월, 총 2,842일 동안 대통령이었다. 그리고 정오에 그것은 끝났다. 기차를 타기 전에 트루먼 가족을 위한 고별 오찬이 애치슨의 집에서 마련되었다. 그것은 내각, 백악관 직원들, 그리고 소수의 가까운 친구들을 위한 작은 사적 파티였다. 그러나 자동차

---

475) *Ibid.,* p. 921.
476) *Ibid.,* p. 922.

가 피 스트리트(P. Street)로 접어들자마자 수백 명의 군중들이 붉은 벽돌 집 앞으로 몰려들었다. 애치슨 집 앞 거리는 그가 마치 나가는 대신에 들어오는 것처럼 사람들로 넘쳐났다. 트루먼은 그가 대통령으로서, 부통령 그리고 상원의원으로서 참석한 어떤 열정적 모임보다도 더욱 이 모임을 감사한다면서 "나는 이제 평범한 사적 시민인 트루먼씨에 지나지 않는다고 그들에게 말했다.477)

오후 5시 30분에 트루먼 가족이 기차를 타러 가기 위해 유니언 스테이션(Union Station)에 도착했다. 수천 명의 사람들이 그를 보고, 그에게 손을 흔들고, 격려하기 위해 이미 나와 있었다. 그리고 그들은 "안녕, 해리!" "행운을, 해리!"라고 부르며 그의 손을 잡으려 앞으로 밀고 나왔다. 새 대통령이 예의상 제공한 전용기차 페르디난드 마젤란으로 트루먼 가족은 인디펜던스로 귀향할 것이었다. 옛 친구들, 민주당 상원의원들, 대법원 판사들, 각료들, 장군들과 대사들이 트루먼과 한 번 더 악수하기 위해 기차에 올랐다. 어떤 기자가 애치슨의 팔을 살짝 건드렸을 때 애치슨은 소음을 넘어 말했다. "저기에 세상에서 최선의 친구가 있다. 저런 사람은 다른 어떤 곳에서도 볼 수 없다."478) 트루먼은 손을 흔들면서 계속 미소를 지었다. 6시 30분에 군중들이 노래를 부르는 가운데 기차는 천천히 역의 밖으로 나오기 시작했다. 백악관에서 인디펜던스까지는 먼 길이었다.

다음날 오후 8시 15분에 트루먼 가족은 인디펜던스에 도착했다. 1만여 명의 사람들이 기차역에서 그를 맞았다. 그 마을의 역사에서

---

477) *Ibid.*
478) *Ibid.*

가장 멋진 그런 과시였다. 트루먼은 깊이 감동했다. "그것은 지옥과 열심히 일한데 대한 보상이다"라고 자기의 일기장에 기록했다.[479] 마침내 트루먼은 귀가했다. 트루먼은 자기가 기억하는 오랜 옛날부터 자기 조국의 위기시에 지휘봉을 잡고, 그리고 나서 쟁기로 돌아간 애국적 농부인, 신비한 로마의 영웅 킨키나투스(Cincinnatus)의 이상에 매달렸다. 트루먼은 일기장에 킨키나투스는 권력을 단지 언제뿐만 아니라 어떻게 내려놓을지를 알았다고 기록할 것이다. 킨키나투스의 길은 미국의 국부인 조지 워싱턴이 갔던 길이기도 했다.[480] 그후 누구나 대통령이 될 수 있다. 그리고 그 때 가서 시간이 다 되었을 때 그냥 아무개로 다시 돌아가는 것이 미국에선 공통된 믿음이었다고 트루먼은 썼다. 백악관 시절을 회고하면서 그는 말하곤 했다. 그는 자기가 누구이고 또 그가 어디에서 왔으며 그리고 그가 어디로 돌아갈지를 결코 잊지 않으려고 노력했다.

---

479) Alonzo L. Hamby, *Man of the People: A Life of Harry S. Truman,* New York: Oxford University Press, 1995, p. 618.
480) 강성학, <조지 워싱턴: 창업의 거룩한 카리스마적 리더십>, 서울: 박영사, 2020, 특히 제9장과 제13장을 참조.

제13장
트루먼의 비범한 리더십:
비결과 덕목(Secrets and Virtues)

"뭔가를 성취하는 사람은 누구도 실수를 피할 수 있다고 기대할 수 없다.
아무 일도 하지 않는 자들만이 실수를 하지 않는다."
-해리 S. 트루먼-

그 비결은 한마디로 해리 트루먼의 인품, 혹은 인격에 있었다고
말할 수 있을 것이다. 인격은 영혼의 다른 표현이다. 그래서 인격이
나 영혼은 단일한 성분의 존재가 아니다. 그것은 여러 가지 다양하고
중요한 도덕적 성분들, 즉 요소들로 구성되었다. 인간의 영혼을 처음
으로 제시한 플라톤에 의하면 인간의 영혼은 지혜, 용기, 그리고 절
제로 구성되어 있으며, 지혜가 주도하는 3요소의 조화가 인간을 전
인적 인격체로 만든다고 한다. 그리고 이 세 가지는 통치자 계급과
수호자 계급, 그리고 생산자 계급에 속하는 사람들을 대변하는 개인
적 덕목이기도 하다. 훌륭한 영혼의 소유자, 즉 고결한 인격의 소유
자는 지혜롭고, 용감하며 또한 절제를 실천할 줄 알아야 한다. 바로
그런 사람이 고결한 인격자인 것이다. 그렇다면 그런 고결한 인격은

어떻게 형성되는 것일까? 그것은 어린 시절 타율적 훈육과 교육, 독특한 경험, 그리고 오랫동안 실천된 자율학습의 결과라고 해도 과언은 아닐 것이다.

언젠가 한 번, 트루먼은 읽고 있던 신문을 내려놓고 자기의 어린 손주들에게 투키디데스의 <펠로폰네소스 전쟁사>를 읽어주었다고 한다.481) 이 사실은 트루먼이 국제정치의 본질과 민주국가인 아테네의 최고지도자 페리클레스(Pericles)의 리더십에 대해 잘 알고 있었다는 것을 말해준다. 그는 역사서와 미국의 과거 대통령들의 전기의 끊임없는 독서를 통해, 다시 말해 끝없는 자율학습을 통해 리더십의 역량을 꾸준히 함양했다고 말할 수 있을 것이다. 그러나 어린 시절 타율학습의 중요성도 결코 간과되어서는 안 될 것이다. 그의 부모님과 선생님들로부터 그는 정직한 빅토리아(Victorian)시대 사나이의 가치들을 배웠다. 그것들은 결혼에 있어서 1부 1처제도, 군인으로서 용기, 다른 사람과의 거래에 있어서 정직성, 개인 간이든 국가 간이든 합의의 신성한 의무감, 그리고 부패한 정치인들과 거래를 해야만 할 때나, 혹은 모호한 타협을 해야만 할 때 그에게 불편함을 주는 개인적 명예의식 등이었다.482)

그런 덕목들은 모두 영국 빅토리아 시대의 덕목들과 역시 빅토리언(Victorian)인 윈스턴 처칠의 가치관과 아주 비슷했다. 그의 이념은 세기의 전환기에 그가 성장했던 네오 프런티어(neofrontier) 환경의

---

481) Harold Ivan Smith, *Almost Everything Worth Knowing about Harry S. Truman: 33rd President of the United States,* ScholaWork, 2020, p. 31.

482) Alonzo L. Hamby, *Man of the People: A Life of Harry S. Truman,* New York: Oxford University Press, 1995, p. 639.

자연스런 표현으로 시작했다. 그 기저에는 토마스 제퍼슨과 앤드류 잭슨의 민주주의적 세계관, 작은 정부, 그리고 경제적 기회에 대한 낙관적 신념에 의해서 승인된 개인기업의 찬양이 있었다.[483]

우리는 한 때 전후 미소간 전략적 핵무기의 대결이라는 긴 양극결의 시대에 제3차 세계대전의 위협 속에서 전전긍긍하면서 살았던 냉전시대가 있었다. 그러나 우리는 지금 그 냉전이 종식된 보다 안정된 국제사회 속에서 살고 있다. 이것은 트루먼 대통령이 1947년 3월 트루먼 독트린을 선언한 이래 거의 반세기만에 자유세계가 소련공산주의 제국에 승리한 결과이다. 미국의 제40대 로널드 레이건(Ronald Reagan) 대통령과 제41대 조지 H.W. 부시(George H. W. Bush) 대통령이 냉전의 종식을 촉진시키고 또 그 과정을 평화롭게 관리했다. 그러나 인류역사상 최대의 비극인 제2차 세계대전 후 대부분의 미국인들이 전쟁에 진절머리를 내고 20세기 유럽의 끝없는 비극들을 해소하는데 그들의 역할에 지쳤을 때 세계의 주도권을 위한 투쟁에서 소련을 상대하는 역사적 소임을 수행한 것은 제33대 해리 S. 트루먼 대통령이었다.

중부 유럽에 걸쳐 스탈린의 팽창정책을 무시한다는 것은 10년 전 동일한 대륙에서 히틀러의 진격을 유화하는 것처럼 현명하지 못하다는 사실을 트루먼은 알고 있었다. 그러나 제2차 세계대전으로 나아가던 때에 그의 전임자인 프랭클린 루즈벨트의 경우처럼 트루먼도 의회에서 공화당원들과 자신의 민주당의 진보주의자들로부터 저항에 직면했다. 더구나 트루먼의 동맹세력들도 새 대통령이 소련의 팽창

---

483) *Ibid.*

주의에 맞서서 미국이 곧 마주할 전후 위기들 속에서 미국을 지도해 나갈 준비가 안 되었다고 생각했다.[484] 프랭클린 루즈벨트 대통령이라는 거인 대통령에게 12년간 친숙했던 대부분의 미국인들에게 5피트 9인치 단신에 폭발적 성질과 좋지 않은 시력의 소유자였던 미주리주 출신의 "촌뜨기" 대통령에 어떤 큰 기대를 거는 사람들은 별로 없었다. 그러나 그는 취임하자마자 참으로 아무도 예상하지 못한 놀라운, 비범한 리더십을 보여주기 시작했다.

1949년 취임사에서 그의 강조는 세계에 관한 것이었다. 그는 1953년 고별사를 작성하면서 대통령으로서 자기의 전 시간을 재검토했고 그리고 또 다시 그는 동일한 주제를 강조했다. 대통령으로서 그의 최초의 결정은 유엔의 수립을 진행하는 것이었다. 그는 독일의 무조건 항복, 포츠담에서 처칠과 스탈린의 상봉, 뉴멕시코 사막에서 첫 원자폭발, 일본과의 전쟁을 끝내기 위해 원자탄 사용의 결정 등이었다. 역사상 어느 대통령도 그렇게 짧은 시간에 그렇게 많은 중요한 문제들을 직면했거나, 아니면 그렇게 아무런 준비도 없이 그렇게 신속하게 그렇게 많은 중대한 결정들을 하는 것이 필요하다고 발견한 적은 없다. 그에게 대통령 책임의 가장 큰 역할은 결정을 내리는 일이었다. 대통령은 결정해야만 했다. 한국으로 가는 결정이 그의 대통령 재임시 가장 중요한 결정이었다. 한국전쟁이 냉전의 전환점이었다. 만주에서 일본의 침략을 저지하지 못했고, 오스트리아와 체코슬로바키아에서 나치의 권력장악을 막지 못했던 과거의 시험에 자유

---

484) Joe Scarborough, *Truman, The Cold War, and The Fight for Western Civilization*, New York: Harper Collins Publishers, 2020. p. xiii.

국가들이 실패했던 곳에서 이번에는 트루먼이 그 시험에 맞섰다. 그러나 동시에 그에게는 현대전쟁의 무서운 잠재력이 통제에서 벗어나도록 허용되지는 않아야 했다. 문제는 핵시대에 세계평화였다.

1953년 초 그가 의회에 보낸 연두교서 메시지에서 트루먼은 태평양의 에니위톡 아일랜드(Eniwetok Island)에서 최근에 실시한 수소탄 실험에서 원자력의 세계를 뒤흔들 개발에서 미국은 또 하나의 단계에 들어섰다고 보고했다. 그것은 수소탄 시대의 도래를 의미했다. 1945년에 원자탄의 시대를 열었던 대통령이 의회에 보고했듯이 히로시마와 나가사키의 버섯 구름들을 작아 보이게 하는 새로운 파괴력의 출발점인 1953년에 트루먼은 퇴임했다. 한국에서 그의 의도는 제3차 세계대전을 막는 것이었다. 원자탄 전쟁을 시작하는 것은 전적으로 생각할 수 없는 일이었다.

트루먼은 전 생애 동안 주로 신념에 의해 움직였다. 냉전의 종식 수십년 후인 지금 그 고별사를 다시 읽으면 그의 예감이 참으로 탁월했던 것으로 보일 것이다. 그는 심지어 당시에 사실상 무슨 일이 일어날 것이고 또, 더욱 더 중요하게는 그런 일이 왜 일어날 것인지에 대한 본질을 알고 있었던 것으로 보였다. 이런 그의 리더십을 더 잘 이해하기 위해서는 그의 비결, 즉 인격을 구성하고 있는 도덕적 요소들, 혹은 행동의 원천들을 본서에서 지금까지 역사적으로 서술한 트루먼 대통령의 비범한 리더십의 발휘에 근거해서 총 7가지의 주요 덕목으로 집약적 분석을 시도할 것이다. 그것들이 모두 서로간 엄격히 배타적인 것은 아니다. 어떤 것들 간에는 유사성이 있을 수 있으며, 때로는 그것들이 복수의 덕목 종합적 산물이거나 혹은 상호

간 시너지 효과의 결과일 수도 있을 것이다. 그러나 여기에선 편의상 별개의 덕목으로 분류하여 각각 다룰 것이다. 그리고 여기에서 이 덕목의 분석 순서는 엄격한 의미에서 어떤 객관적 중요도에 따른 것이 아니라 저자의 주관적 편의에 의해 임의로 정해졌을 뿐이다.

(1) 용기(Courage)

서양문명사의 원천 중 대표적인 호머의 <일리아드>(Iliad)는 용기라는 전사의 덕목을 칭송했다. 그것의 주인공인 전장의 전사(warrior) 아킬레스(Achilles)는 인류 역사에서 최초 세계의 정복자로 간주되는 고대 마케도니아(Macedonia)의 알렉산더 대왕(Alexander the Great)을 비롯한 후세 전사들과 국가 지도자들의 닮고 싶어하는 본보기가 되었다. 일리아드의 가르침은 삶이란 투쟁이고 살아남기 위해서는 무엇보다 용기가 필요하다는 교훈이었다. 그 이후 용기는 서양 정치지도자의 가장 중요한 전통적 덕목 가운데 하나로 자리 잡았다. 클라크 클리포드는 트루먼의 승리에 대해서 이렇게 칭송했다. "트루먼은 좋은 정치인이다. 감각이 있는 정치인이다. 그러나 무엇보다도 트루먼은 '용기 있는 지도자'였다." 승리한 것은 정치인 해리 트루먼이 아니었다. 그것은 사나이 해리 트루먼이었다. 트루먼이 재임 중 내린 거의 모든 결정은 그에게 용기가 없었다면 불가능했을 것이다. 최초의 원자탄 사용의 결정이 아주 어려운 결정이었을 것이다. 그러나 그 결정은 제2차 세계대전 중 야만적 적국에 대한 원자탄의 사용 결정이었기에 미국 장병들의 생명을 구해야 한다는 지상명령이 있었다.

    그러나 트루먼 자신이 자기 생애에서 가장 어려운 결정은 한국전에 개입, 즉 파병을 결정하는 것이었다. 그러나 이것도 한국전 개입당시에는 미국민의 압도적 지지를 받았었다. 뿐만 아니라, 프랭클린루즈벨트 생전에 미국의 주도로 시작된 국제평화의 안전을 위한 세계기구인 유엔의 창설 후 몇 년 되지도 않은 시기에 유엔헌장을 노골적으로 위반하는 소련 공산제국의 프랜차이즈(지점)에 지나지 않은 북한 공산 정권이 소련과 중공의 군사적 후원 하에 대한민국에 침략적 행위를 저질렀다. 따라서 미국은 유엔헌장 제7장의 규정에 따라침략자를 응징하는 것은 미국을 비롯한 자유세계의 거의 일치된 견해였다. 더구나, 불시에 불법적 침략을 당했던 대한민국은 바로 유엔의 신생아였다.[485]

    그러나 유달리 특별한 용기가 필요했던 것은 제2차 세계대전의영웅이며 빛나는 5성 장군인 극동군 사령관인 맥아더 장군을 한국전쟁의 수행 와중에서 어쩔 수 없이 해임하는 일이었다. 1951년 4월11일 그가 맥아더를 해임한 직후 트루먼이 받은 수많은 조소와 비난이 맥아더의 귀국 직후 그에게 폭우처럼 쏟아진 전국민적 환호와 대조되면서 그 결정이 얼마나 어려운 것이었는지를 여실히 보여주었다. 트루먼 대통령이 맥아더 장군을 해임한 직후 미국인들의 일부는히스테리 증상까지 반응을 보였다고 했다. 의사당에서는 근대에 가장 비통함이 있었다. 저명한 공화당 의원들은 분노하여 대통령의 탄핵에 관해서 예기했다. 상원의원인 당시 리처드 닉슨은 맥아더의 즉

---

485) 대한민국과 유엔에 관해서는, Sung-Hack Kang, *Korea's Foreign Policy Dilemmas: Defining State Security and the Goal of National Unification*, Folkestone, Kent(UK): Global Oriental, 2011, 제14장을 참조.

각 복귀를 요구했다. 맥아더 장군의 해임은 '제2의 진주만'이었다. 소련 공산주의자들의 위대한 날이라는 주장도 있었다. 이곳 저것에서 트루먼 대통령의 인형이 불태워졌다. 휴스턴에서 한 개신교 목사는 너무나 분노하여 백악관으로 전보를 치러 가서 심장마비로 사망하기도 했다.[486]

그러나 그런 정치적 폭풍 속에서도 트루먼은 제3차 세계대전으로 나아갈 수는 없다는 입장을 고수했다. 그는 그런 심각한 국내적 후유증을 예상하면서도 그것은 곧 사라질 것이라고 믿었다. 그 사건은 결국 트루먼이 옳았음이 곧 입증되었다. 맥아더 해임에 대한 상원의 외교 분과 위원회의 청문회에서 오마 브래들리(Oma Bradley) 합참의장이 전쟁을 한 단계 올려 중국과의 전쟁으로 확대한다는 것은 잘못된 장소에서, 잘못된 시간에, 잘못된 적과의 잘못된 전쟁에 말려드는 것이라고 주장함으로써 맥아더는 결정적 타격을 입었다. 뿐만 아니라, 결국 대통령 권위에 도전한 맥아더 장군을 단호히 해임함으로써 트루먼은 미국의 군부에 대한 전통적인 문민통제의 원칙(the Principle of Civilian Control)을 확고히 재정립하는 업적을 수립한 것으로 역사적 평가를 받았다. 요컨대, 해리 S. 트루먼은 비록 <일리아드>의 아킬레스 같은 전장의 전사(warrior)는 아니었지만 그는 정치적으로 아주 용기 있는 정치지도자임을 입증하였다.

(2) 지혜(Wisdom)

지혜는 서양 정신 문명의 원천 중의 하나인 호머의 <일리아드>

---

486) David McCullough, *Truman,* New York: Simon & Schuster, 1992, p. 845.

의 후속 편인 <오디세이>(*Odyssey*)의 주인공 오디세우스(Odysseus)
의 최대 덕목이었다. 삶이란 결국 투쟁임과 동시에 긴 고난의 여정이
다. 따라서 그 긴, 장기적 여행에서 살아남기 위해서 우리에게 절실
히 필요한 것은 지혜라는 것이 오디세이의 교훈일 것이다. 오늘날 요
구되는 지식이 사실에 관해서 많이 아는 것이라면, 지혜란 그 지식을
바르게 적용하는 것이다. 많은 지식이 우리를 좀 더 지혜롭게 행동하
게 할 것으로 기대하지만 그러나 반드시 더 많은 지식이 더 많은 지
혜를 수반하지는 않는다. 비록 지식은 제한적이지만 아주 현명한 사
람들도 많다. 20세기에 해리 S. 트루먼이 바로 그런 사람이었다. 트
루먼은 당시 시대정신을 현명하게도 정확히 파악하고 그것의 구현을
모색했던 정치가였다. 그래서 그는 성공할 수 있었다.

　"시대정신"(Zeitgeist)이란 역사철학자 헤겔의 개념이었다. 니체는
이 개념을 초인(superman)의 조망, 혹은 세계관으로 변질시켰다. 그
리하여 1920년대 이탈리아의 무솔리니가 서구문명을 위협하는 "야
만적 볼셰비즘"(Barbaric Bolshevism)과 "타락한 민주주의"(Decadent
Democracy)로부터 서구문명을 지키기 위해 새로운 시대정신이라면
서 완전지배(total domination)를 의미하는 전체주의(totalitarianism)를
선포하고 자신을 전능한 "지도자"(Il Duche), 즉 니체의 "초인"임을
자처했다. 무솔리니의 본보기를 보고 영감을 얻은 아돌프 히틀러는
전체주의에 인종주의를 혼합하여 나치즘(Nazism)을 새로운 시대정신
으로 제시하고 자신을 역시 시대정신을 구현할 전능한 지도자(Der
Führer)로 자처하면서 자기야 말로 진정한 니체의 "초인"이라며 무솔
리니에게 니체의 전집을 선물하기도 했었다. 그리고 독일과 이탈리

아의 현저한 국력의 차이로 인해 1930년대 말과 1940년대 초에 아돌프 히틀러가 야만적 볼셰비즘과 타락한 민주주의뿐만 아니라 유대민족으로부터도 세상을 구원하는 새로운 나치즘의 전체주의적 시대정신을 구현하려는 니체의 "초인"임을 선언했다. 그러나 그의 시대정신이란 인종학살과 세계에 군림하는 배타적 독일제국의 건설에 지나지 않았다. 그것은 시대정신이 아니라 헤겔식 시대정신에 대한 도전이었다. 당시에 시대정신은 자유민주주의였고 트루먼은 그것을 국제적으로 구현하려고 애를 썼다.

19세기 독일의 민족통일을 이룬 오토 폰 비스마르크(Otto von Bismarck)는 "정치가의 과업이란 역사를 통해 행진하는 신의 발자국 소리를 듣고 그리고 그가 지나갈 때 그의 옷자락을 붙잡는 것이다"라고 말했다. 여기서 신의 옷자락이란 무엇일까? 나는 그것이 시대정신을 의미한다고 생각한다. 비스마르크 시대에는 민족주의가 시대정신이었다. 19세기 비스마르크는 시대정신의 옷자락을 붙잡고 독일민족통일을 통해 당시의 시대정신을 구현했던 것이다. 어쩌면 바로 비스마르크처럼 20세기의 해리 트루먼도 당시의 시대정신인 민주주의의 국제적 수호를 자신의 과업으로 수락했다. 민주주의는 그의 비전이었고 세계관이었으며 지혜로운 삶의 방식이었다. 이것은 트루먼 대통령이 역사상 처음으로 시도한 것은 아니었다.

미국의 전통적 고립주의를 끝내고 국제적 관리를 주도하려 했던 우드로 윌슨(Woodrow Wilson)의 시도는 민주당 대통령에게 개인적이고 동시에 정치적 재앙을 가져왔다. 그러나 윌슨과는 달리 해리 트루먼은 자기가 직면한 정치적 도전을 정확히 이해하고 있었다. 윌슨은 백악관으로 등극하기 전에 프린스턴 대학교 총장이었고 주지사였던 반면에 트루먼은 상원의 산물이었다. 트루먼은 또한 딘 애치슨의 강인하지만 세련된 외교와 조지 마샬 장군의 외교적 천재로 자기를 둘러쌓을 만큼 충분히 현명했다.[487] 요컨대, 그는 자신의 대통령 재직 중 참으로 오디세우스처럼 지혜로운 지도자였다고 해도 결코 과언이 아닐 것이다.

(3) 절제(Temperance), 혹은 겸손(modesty)

플라톤은 전인적 인간의 영혼을 칭송하면서 지혜, 용기와 함께 절제(temperance)를 미덕으로 삼았다. 이것을 아리스토텔레스는 일반적 온건성(moderation)이라는 개인적 덕목을 높게 평가했다. 이 온건성은 중용(Golden Mean)의 미덕과 깊이 관련된다. 이것은 오늘날 보다 일상적 용어로 표현한다면 겸손이 될 것이다. 이것은 권력자들, 특히 최고의 권력자에게는 참으로 발견하기 드문 덕목이 아닐 수 없다. 트루먼이 이런 덕목을 보여준 대표적 경우를 든다면 아래와 같다.

4월 11일은 그의 대통령직 5년째의 끝 날이었다. 그리고 바로 그날 트루먼은 다음 대통령 선거에 출마하지 않기로 결정했다. 1947년 프랭클린 루즈벨트와 그의 4선에 대한 질책으로 제80차 의회의 공화당원들은 트루먼의 반대에도 헌법에 수정법안 제22조를 통과시켜 대통령의 임기를 2번으로 제한했다. 각 주들의 비준으로 그것은 1951

---

487) Joe Scarborough, *Saving Freedom: Truman, the Cold War, and the Fight for Western Civilization,* New York: Harpercollins, 2020, p. 202. 공화당의 아서 반덴버그도 역시 과거 "요새 미국"(Fortress America)을 넘어서 외교문제를 접근하는 방향으로 미국을 이동시키는데 중대한 역할을 했다.

년에 법률이 될 것이다. 그러나 그 법안이 현직 대통령인 트루먼을 포함하지 않았기 때문에 대부분은 아니지만 많은 사람들이 가정했던 것처럼 그는 1952년에 다시 자유롭게 출마할 수 있었다. 더구나 트루먼은 1948년 단 한 번 출마했을 뿐이기 때문에 그는 아무런 제약 없이 재출마할 수 있었다.

그러나 트루먼은 권력의 현혹에 관해서, 그리고 권력에서 돌아섰던 로마의 장군인 그의 영웅 킨키나투스(Cincinnatus)가 세운 본보기를 생각해왔었다. 그는 사건들의 과정에 낙담하거나 분개하지 않았다. 그는 여러 가지로 철의 사나이였고 또 행복했으며 끝을 모르는 자기 확신에 차 있었다. 그러나 조용히 자기의 부인이 아닌 어느 누구 와도 상의하지 않고 오직 스스로 그가 68세가 되는 1952년 봄에 은퇴를 선언하기로 결정했던 것이다. "나는 민주당 대회에 의해 지명을 위한 후보자가 아니다. 나의 최초 공직의 선출은 1922년 11월에 발생했다. 나는 제1차 세계대전에서 무장 군인으로 2년간, 상원에서 10년간, 부통령과 상원의 의장으로서 2달 20일 봉사했다. 나는 공직에 30년 이상 있었으며 거의 두 번의 임기 동안 미국의 대통령이었다. 내 생각에 대통령으로서 8년은 충분하고 때로는 이 권능으로 봉사하는 누구에게도 너무 길다. 권력에는 현혹이 있다. 그것은 바로 도박과 금욕을 하는 것으로 알려진 그대로 인간의 핏속에 들어갈 수 있다. 이것은 공화정이다. 역사상 가장 위대한 것이다. 나는 조국이 공화정으로 계속되길 원한다. 킨키나투스와 워싱턴이 그 길을 가리킨다. 로마가 킨키나투스를 잊었을 때 그것의 몰락이 시작했다. 그래서 또 하나의 임기를 위한 지명을 수락하지 않을 것이다."

트루먼은 선거운동을 하는 동안에도 놀라운 절제력을 보여주었다. 전국적 유세를 하면서 공화당에 맹공을 퍼부었다. 그러나 트루먼은 공화당 후보자 듀이(Dewey)를 개인적으로 비판하거나 조롱하지 않았다. 듀이의 개성이나 실패들에 관한 얘기가 전혀 없었고, 그에 관한 가십(gossip)도 없었다. 심지어 개인적 근거에서 그를 공격할 어떤 고려도 없었다. 해리 트루먼은 참으로 신사다운 정치인이었고 어쩌면 정치인이기엔 너무 고결한 인물이었다.

(4) 의무감(the Sense of Duty)

로마의 위대한 정치가요 철학자였던 키케로(Cicero)는 자신의 <의무론>(*On Duty*)에서 정치지도자에게 가장 중요한 덕목으로 의무감을 꼽았다. 지도자의 의무감이란 인간이기에 우선 자신의 지위와 인격, 그리고 스스로의 도덕적 기준에 기인한다. 그와 동시에 정치지도자는 헌법과 법률적 의무감에서 행동에 제약을 받을 수밖에 없다. 미국의 모든 대통령은 헌법의 규정에 따라 취임식에서 맨 먼저 최선의 능력을 다해 헌법을 보존하고, 보호하고, 방어하겠다는 선서를 해야만 한다.

해리 S. 트루먼도 예외 없이 그런 대통령 취임선서를 했다. 트루먼은 대통령으로서 자신의 일차적 의무는 '결정하는 것'이었다. 그에게 그것은 우선 올바른 정책을 타이밍을 놓치지 않고, 즉 너무 늦지 않게 결정하는 것이었다. 아무리 힘들고 어려운 결정이라고 할지라도 "최종적 책임이 머무는 곳"(Where the Buck Stops)은 대통령에 있다고 트루먼은 굳게 믿었다.[488] 또한 그는 각료를 비롯한 고위 공직을 위해 유능한 인물들의 임명을 결정하는 것이 대통령의 중대한 결정이라고 확신했다.

해리 트루먼은 그가 우연히 대통령이 되었다는 사실과는 관계없이 미국의 제33대 대통령으로서 재임 중 참으로 중대한 여러 가지, 아니 참으로 많은 결정들을 해냈다. 그는 무엇보다도 대일본 전쟁의 와중에서 인류역사상 최초로 가공할 새로운 무기인 원자탄의 사용을 결정했다. 그리고 제2차 대전의 승리 후엔 그 가공할 무기를 적어도 자기는 절대로 다시는 사용하지 않기로 결정했다. 이것은 한국전쟁에서 핵무기의 사용을 원했던 맥아더 극동군 사령관의 권고를 처음부터 끝까지 일관되게 거부했다. 이 밖에도 트루먼은 대통령 재임 중 참으로 중대한 결정들을 했는데 1945년 유엔의 창설, 트루먼 독트린, 마샬 플랜, 이스라엘의 국가 탄생과 승인, 베를린 공수작전, NATO의 창설, 수소탄 개발결정과 한국전 참전이라는 실로 20세기 역사에서 중대한 거의 모든 결정들을 본서의 앞장들에서 비교적 상세히 논의한 것처럼 결정했던 것이다.

뿐만 아니라 트루먼의 인사정책도 참으로 놀라운 결정들이었다. 전쟁장관 헨리 스팀슨(Henry Stimson), 국무장관 제임스 번스(James F. Byrnes), 윌리엄 레이히(William Leahy) 비서실장, 클라크 클리포드(Clark Clifford) 보좌관, 국무장관 조지 마샬(George Marshall), 국무장관 딘 애치슨(Dean Acheson), 다시 국방장관 조지 마샬 등 실로 역사에 남은 유능한 인물들을 각료들로 등용하여 국정을 운영케 했

---

488) Margaret Truman, ed., *Where the Buck Stops: The Personal and Private Writings of Harry S. Truman,* New York: Warner Books, 1989.

던 것이다. 그들은 대부분 트루먼보다 나이도 더 많았지만 무엇보다도 국정운영의 오랜 경험과 식견을 가지고 있던 인물들이었다. 트루먼은 최선의 인물들로 자기를 감쌌을 뿐만 아니라 그들에게 상당한 행동의 자유를 부여함으로써 그들의 최선을 끌어낼 수 있었다. 그의 인사정책은 실로 탁월했으며 그는 그들을 믿었고 그들은 트루먼에게 변함없는 충성을 보여주었다. 그가 대통령으로서 수많은 중대한 결정들을 현명하게 내릴 수 있었던 가장 중요한 이유들 가운데에는 분명히 그의 숭고한 의무감에 입각한 그의 훌륭한 인사정책에 있었다고 해도 결코 과언이 아닐 것이다.

(5) 정직함(Honesty)

"정직이 최선의 정책이다." 이 말은 에이브러햄 링컨의 말로 널리 인용되고 있다. 그러나 역사적으로는 로마의 정치가이며 철학자였던 키케로의 좌우명이었다. 마키아벨리는 키케로의 이 말을 비웃었다. 그럼에도 불구하고 정치인에게 정직은 변함없는 정치지도자, 특히 민주국가의 지도자에겐 거의 필수적 덕목이라고 하겠다.

"네가 이겼다. 너, 이 대머리 자식아. 내가 그를 만날께."[489] 백악관에서 트루먼은 옛 고향친구 제이콥슨의 간청에 시달려 시온주의의 대표적 인물을 만나주겠다고 말했다. 1948년 3월 18일 목요일 저녁, 어두워진 직후에 기자들에 의해 목격되는 것을 피하기 위해 하임 바이츠만이 동쪽 윙(the East Wing)으로 백악관에 조용히 안내되었다. 국무성에게 알리지 않은 채 트루먼은 비밀유지를 고집했다. 트루먼

---

489) David McCullough, *TRUMAN*, New York: Simon & Schuster, 1992, p. 607.

은 유혈 없이 정의가 실행되기를 원한다고 말했고 또 바이츠만에게 미국이 팔레스타인의 분할을 지지할 것이라고 확인했다. 그러나 상황은 바이츠만이나 트루먼이 이해했던 것으로 보이는 것보다 더 복잡했다. 그것은 24시간 내에 아주 극적으로 노출되었다.

트루먼 대통령은 마샬 국무장관이나 국무성의 누구에게도 바이츠만의 방문 사실을 알리지 않았다. 그가 바이츠만에게 한 약속은 그 자신의 유엔 대사인 워렌 오스틴(Warren Austin) 전 상원의원에게 이미 승인했던 정책을 뒤집는 것이었다. 마샬 국무장관은 트루먼의 팔레스타인 정책에 반대했다. 실제로 마샬은 트루먼 대통령을 똑바로 쳐다보면서 만일 대통령이 고집한다면, 그리고 만일 11월 선거에서 그가 투표한다면 그는 대통령에 반대하는 투표를 할 것이라고까지 말했다. 그것은 트루먼에 대한 비상의 질책이었다. 회의가 갑자기 무겁게 중지되었다. 실제로 경악의 상태였다. 마샬 장관과 그의 수행원들은 백악관을 떠났다.

1948년 5월 14일 금요일 워싱턴 시간으로 오후 5시 45분에(팔레스타인 시간으로 오후 11시 45분) 클리포드가 딘 러스크에게 전화를 걸어 오후 6시에 이스라엘 국가가 선포될 것이라고 알려주었다. 트루먼 대통령은 즉각 승인하는 성명서를 발표할 것이다. 그 날 오후 마샬이 대통령을 방문하여 그가 대통령이 취하고 싶어 하는 입장을 지지할 수 없지만 그것을 공개적으로 반대하지 않겠다고 말했다. 트루먼은 클리포드에게 그것이 우리가 필요한 모든 것이라고 말했다. 그 사이에 마샬은 국무성에서 유엔문제 담당자인 딘 러스크(Dean Rusk)를 비행기로 뉴욕에 파견하여 미국의 전 대표단이 사임하는 걸 막았다. 미국은 새 유대국가의 사실상(*de facto*) 승인을 인정했던 반면에 소련은 보다 형식적인 법률적(*de jure*) 승인으로 뒤따랐다.

유대인들은 팔레스타인으로 가서 건설할 것이고 유대인 국가는 현실이 되고 사실이 될 것이다. 그래서 그들은 그렇게 했다 그러나 새 국가가 생존하기 위해서는 정당성과 승인이 필요했다. 데이비드 나일스(David Niles)의 결론처럼, 만일 프랭클린 루즈벨트 대통령이 살아있고 트루먼이 대통령이 아니었더라면 아마도 이스라엘 국가는 없었을 것이다.[490] 또한 트루먼이 없었더라면 새 이스라엘 국가는 처음 어려운 몇 년을 살아남지 못했을 것이고 그 이후에 성공하지 못했을 것이다. 이스라엘의 건국은 트루먼이 시골뜨기 고향친구인 제이콥슨에게 했던 약속을 온갖 어려움에도 지켜준 그의 강직한 정직성을 표현한 하나의 실례였다고 말해도 손색이 없을 것이다. 트루먼은 정직한 인간일 뿐만 아니라 참으로 정직한 정치지도자였다.

(6) 침착함(Composure)

침착함 혹은 냉정의 덕목은 앞서 논의한 절제력과 비슷한 덕목에 속한다. 그러나 여기서 이 덕목을 특별히 별도로 지적하는 것은 절제가 욕망의 자제를 의미한다면 침착함은 어떤 놀라운 사건이나 상황의 보고에 갑자기 마주쳤을 때에 지나치게 흥분하거나 크게 당황하지 않는 자세를 의미한다. 즉, 이것은 과잉반응을 보이지 않는 덕목이다. 이것의 트루먼의 대표적인 경우는 아무래도 1948년 11월, 아무도 예상하지 못했던, 기적 같은 승리의 문턱에서 트루먼이 취한 아

---

490) David McCullough, *TRUMAN*, New York: Simon & Schuster, 1992, p. 354.

무런 특별한 일도 없었다는 듯한 자세를 포함하여 몇 개의 경우를 실례로 들 수 있다. 그는 어떤 경우에도 동일하게 차분한 해리 트루먼이었다. 우선 1948년 선거 직후 대통령이 전체 상황을 직면했을 때 마치 그가 2주 전에 점치는 구슬에서 답변을 읽은 것처럼 그가 상황을 당연시하는 태도, 즉 믿을 수 없는 냉정함은 그의 주변 사람들에겐 놀라울 정도였다. 그는 선거에서 이겼으며, 그가 자신의 싸움을 국민들에게 끌고 가기 시작한 이래 항상 그랬던 것처럼 이겼다. 그리고 그의 마음은 이미 자기 프로그램의 다른 측면들에 이미 가 있었다. 대통령의 침착함은 공직에서 수년 간의 위기가 그에게 아주 큰 내적 힘의 비축과 의지할 규율로 그를 무장시킨 것을 모두에게 암시했다.

또한 1950년 4월 7일, NSC-68로 알려진 미국의 군사력에 대한 폭발적 비밀 보고서가 4월 첫 주말까지 준비되었다. 애치슨의 지시와 국방성의 참여하에 주로 폴 니츠(Paul Nitze)에 의해 작성된 그것은 4월 7일 트루먼 대통령에게 전달되었으며 4월 25일 화요일 국가안보회의에서 처음으로 트루먼 대통령에게 제시되었다. 과거 클리포드-엘시(the Clifford-Elsey) 메모랜덤처럼 그것은 충격을 위한 것이었다. 계시록 같은 주제가 제시되었다. 그 보고서에서 미국이라는 거인은 슬프게도 진정한 군사력에서 부족했다. 조지 케넌에 의해 제안된 봉쇄정책은 그것을 뒷받침할 재래식 무력인 우월한 군사력이 없이 허장성세의 정책이었다. 핵무기는 불충분했다. 그리고 어떤 경우에도 소련인들은 아마도 1954년까지 핵의 평등을 달성할 것으로 예상되었다. 따라서 대규모 군사적 증강이 요구된다. 재정적 부담이 극에 달할 것이다. 그렇게 하려면 비용은 적어도 현재 군사예산의 3배인 연간 40~50억 달러에 이를 것이다. 그리하여 국방성뿐만 아니라 국무장관과 그의 동료들도 핵무기를 포함하여 대규모 군사력 건설이 아니면 생존이 위험에 처한다고 말하고 있었다. NSC-68의 경우에 그 목적은 정부 고위층 대부분의 마음을 협박하는 것이었다.

그러나 트루먼은 협박당하지 않았다. 그의 반응은 클리포드-엘시 보고서 때와 똑같았다. 그는 한 쪽에 치워 놓고 자물쇠를 채웠다.[491] NSC-68과 라이프 잡지는 모두가 미국 군사력의 위험스런 상태를 극적으로 지적했지만 그러나 트루먼은 비록 그가 그들의 주장을 문제삼지 않는다고 할지라도 트루먼은 성급하게 결정하기를 거부했다. 그의 접근법은 본질적으로 베를린 위기 시에, 그리고 본질적으로 맥카시를 직면했을 때와 같이 그가 보다 많은 것을 알게 될 때까지 어떤 과감한 조치도 취하지 않을 것이다. 그는 아주 침착하고 냉정했다.

1950년 11월 28일, 곧 열린 백악관 회의에서 중국인들이 26만의 병력으로 맹렬한 반격을 시작했다고 트루먼은 말했다. 그가 말한 것에 관한 쇼크는 모든 회의 참석자들을 똑바로 앉아 침묵하게 만들었다. 한국에서 잘 되어가는 것으로 보였던 모든 것이, 인천 이후 모든 흥분시키는 전망들 그리고 웨이크 섬의 치솟던 희망들이 일순간에 모두 사라져 버렸다. 뉴욕커(*The New Yorker*) 지의 사장인 작가 존 허시(John Hersey)가 썼듯이 그 자리에 있던 모든 사람들은 지금 한국에서 무슨 일이 일어나든 혼자서 어쩔 수 없이 대답해야 할 트루먼에게 그 소식이 무엇을 의미하는 지를 즉시 알고 있었다. 인천 상

---

491) David McCullough, *TRUMAN,* New York: Simon & Schuster, 1992, p. 772.

륙작전을 모험하는 것이 그의 결정이었듯이 38선을 넘어가는 결정도 그의 것이었다. 이번에는 오직 결과가 달랐을 뿐이었다.

트루먼은 내각과 의회에 알리기 위해 취할 즉각적인 조치들을 말하기 시작했다. 이런 급박한 위기 속에서도 지금까지 그는 어떤 감정도 보이지 않았다. 그러나 그는 입을 꼭 다물었고 그의 뺨은 붉어졌다. 잠시 그는 흐느끼는 것처럼 보였다. 그의 얼굴에서 읽을 수 있는 것을 고려할 때, 그 때 믿을 수 없는 침착하고 조용한 음성으로 "이것은 지금까지 우리가 직면한 최악의 상황이다. 우리가 모든 것들에 지금까지 대처했던 것처럼 대처해야만 할 것이다"라고 그는 차분하게 말했다. 트루먼 대통령은 어떠한 돌발적 위기를 직면해서도 호들갑을 떨거나 흥분된 상태에서 대응을 결정하지 않았다. 그는 놀라울 정도로 매사에 침착하고 차분했다. 이것이야 말로 위기시에 과잉반응을 막아주는 정치지도자에게 꼭 필요한 덕목이 아닐 수 없다. 트루먼은 차분함의 마스터였다.

(7) 장엄함(Magnanimity)

아리스토텔레스와 토마스 아퀴나스가 지도자의 위대한 덕목으로 간주했던 장엄함(혹은, 아량)이란 인간 영혼의 탁월성을 지칭하는 것으로 인간이 다른 덕목을 빛나게 하는 최고의 장식이다. 그리고 이것은 바로 정치적 최고위직의 의무를 탁월하게 수행하는데 요구되는 도덕적이고 지성적인 성질을 갖고 있다는 것을 스스로가 아는 사람의 고결한 자신감이다.[492] 아주 큰 아량이나 자비심과 유사할 수 있

---

492) Carson Holloway, "Introduction," in Carson Holloway, ed., *Magnanimity and*

다. 트루먼 대통령이 실제로 장엄함을 보여준 몇 가지 경우를 들면 아래와 같다.

1945년 6월 18일 드와이트 아이젠하워(Dwight Eisenhower) 장군이 영웅적 개선장군으로서 워싱턴 방문했다. 아마도 50만 명의 사람들이 아이젠하워를 칭송하기 위해 거리에 줄을 지었다. 이것은 확실하게 당시까지 워싱턴 시의 역사에서 가장 큰 규모의 군중이었다. 워싱턴 시의 경찰청에 따르면, 1942년 가을 북아프리카의 침공인 "오퍼레이션 토치"(Operation Torch)를 이끌고 또 1944년 유럽에서 연합국 원정군의 최고 사령관으로 D-Day 노르망디 상륙작전을 지휘했던 "철의 아이크"(Iron Ike)가 거기에 있었다. 그러나 가장 중요한 것은 그가 이제 미 연방의회의 상하 합동회의에서 연설하는 것이었다. 해리 트루먼을 제외하고 모두가 그 자리에 있었다. 아이젠하워 장군이 하원 의사당에 들어서서 연단으로 오를 때까지 정치인들은 그에게 아낌없는 박수를 보냈다. 트루먼은 아이젠하워에게 그 날 그 순간의 모든 스포트라이트를 주기 위해 일부러 참석하지 않았던 것이다.

그리스-로마의 역사가 플루타르코스(Plutarchus)가 자기보다 더 저명한 자를 임용하라고 권고했던 말을 마치 충실히 따르는 것처럼, 트루먼은 제2차 세계대전의 승리의 영웅인 조지 마샬 장군을 계속 등용했다. 1947년 1월 21일 트루먼은 조지 마샬 장군을 새 국무장관으로 임명했다. 트루먼은 마샬 같이 강력한 심기와 국민적 영웅을 자신의 국무장관으로 갖는데 대해 전혀 망설이지 않았다. 마샬 같은 막

Statesmanship, Lanham, Maryland: Lexington Books, 2008, p.1.

강한 명성을 가진 인물과 자기가 비교되어 자신의 지위를 위축시킬지도 모른다고 전혀 염려하지 않았다. 오히려 그는 마샬 장군의 우정과 지지를 받아 확실히 행운이라고 기록했다. 트루먼은 에이브러햄 링컨처럼 행동했다. 링컨이 자기보다 더 명성이 높았던 윌리엄 스워드(William Seward)를 자기의 첫 국무장관에 임명했던 것처럼 트루먼도 제2차 세계대전의 승리를 전체적으로 계획한 세계적 영웅인 조지 마샬을 자신의 국무장관으로 임명했다. 그것은 참으로 대단한 결정이었다.

1947년 하버드 대학교 졸업식에서 행한 마샬의 연설에서 표출된 광범위한 유럽의 부흥계획이 제안되었다. 몇 주 안에 언론인들은 그리고 사실상 모두가 그 계획을 "마샬 플랜"이라고 부르기 시작했다. 클리포드가 "마샬 플랜"은 잘못된 이름이다. 그것은 대통령의 이름을 딴 "트루먼 개념"(the Truman Concept)나 아니면 "트루먼 플랜"(the Truman Plan)으로 불려야 한다고 주장했을 때 트루먼은 그 아이디어를 즉시 기각했다. 트루먼은 항상 마샬에게 완전한 믿음을 주었다. 트루먼은 마샬 장군에게 모든 것을 주기로 결정했다. 그것은 "마샬 플랜"이라 불릴 것이라고 트루먼은 말했다.

1950년 8월 26일 바로 그 날, AP통신(the Associated Press)은 맥아더로부터 해외전쟁 예비역들에게 보내는 성명서가 터져 나왔다. 이 성명서에서 맥아더는 장제스와 그의 대만 통제의 중요성을 강력하게 옹호했다. 그것은 맥아더가 좋은 군인으로서 자제할 것이라고 확약했던 바로 그런 종류의 정책에 개입하는 것이었다. 트루먼은 격노했다. 그의 입술이 하얗게 되고 수축되었다. 분개한 애치슨은 그것을 하극상이라고 불렀다. 브래들리에게 맥아더의 메시지는 고도의 오만의 표출이었다. 트루먼은 그 때 맥아더를 야전군 사령관직에서 해임하고 그를 브래들리 장군으로 대체할 것을 고려했지만 거부했다. 그것은 강등의 모양을 피하기 어려웠을 것이다. 트루먼은 맥아더 장군을 개인적으로 상처를 줄 생각이 없다고 말했다.

트루먼 대통령이 암살자들은 1898년 스페인-미국 간의 전쟁 이래 존재하는 미국의 통제로부터 푸에르토리코(Puerto Rico)의 독립의 요구에 세계적 이목을 집중시켜 즉각적 독립을 원했다. 11월 1일 두 사람은 블레어 하우스에서 대통령을 경호하는 경호원들을 공격했다. 그들은 한 명의 경호원을 죽이고 두 명의 다른 경호원들을 부상하게 했다. 그러나 두 명의 암살자 중 한 명이 죽임을 당하고 다른 한 명은 블레어 하우스에 침투하여 2층 침실에서 오후 낮잠을 자고 있는 트루먼을 저격하기 전에 붙잡혔다. 비록 붙잡힌 암살자가 살인죄로 기소되어 1952년 처형이 선고되었지만 트루먼은 그의 선고를 무기징역으로 감형했다. 자신의 암살을 시도했던 암살범에 대한 트루먼의 이런 감형 조치는 그의 장엄함, 그의 자비심을 보여준 최고의 사례라고 해도 과언이 아닐 것이다.

제14장
에필로그(Epilogue)

> "역사는 인간에 의해 만들어지는 것이다."
> -해리 S. 트루먼-

비코(Vico)에 의하면, 자연은 신이 창조했을지 모르지만 역사는 인간들에 의해서 창조되는 것이다. 이런 의미에서 해리 트루먼은 비코주의자였다. 그러나 역사의 창조는 한 나라의 최고지도자에게만 주어지는 특권이다. 그는 인간의 창조적 능력을 믿었다. 민주국가에서는 누구나 지도자가 될 기회를 갖는다. 그러나 그렇다고 해서 아무나 지도자가 될 수 있는 것은 아니다. 해리 트루먼처럼 우연히 대통령이 될 수가 있다. 그러나 미국에서 모든 부통령이 트루먼처럼 우연히 대통령이 되지는 않았다. 그럼에도 불구하고 해리 S. 트루먼은 우연히 미국의 제33대 대통령이 되어 미국의 역사는 물론이고 세계사를 창조할 기회를 가졌다. 그리고 그는 실제로 역사의 창조자가 되었다.

윈스턴 처칠에 관해 통찰력 있게 쓴 전기에서[493] 당시 런던의 시

---

493) Boris Johnson, *The Churchill Factor: How One Man Made History,* New York: Riverhead Books, 2014.

장이었고 현재 영국 수상인 보리스 존슨(Boris Johnson)은 자기의 주제에 관해서 이렇게 썼다.

"그(윈스턴 처칠)는 역사가 거대한 비개인적인 경제적 세력들의 이야기라고 생각하는 모든 마르크시스트 역사가들에게 이성적 인간의 반박이다. 한 사람이 모든 차이를 만들 수 있다."[494]

존슨이 처칠에 관해서 말했듯이, 우리는 트루먼에 관해서도 그렇게 말할 수 있을 것이다.[495]

트루먼이 대통령직에 오른 뒤 그는 평범한 미국인들의 상징이 되었다. 언젠가 트루먼 대통령은 자신의 부인에게 자신은 에이브러햄 링컨과 공통점이 많아서 훌륭한 대통령이 될 것이라고 생각한다고 말했었다.[496] 그가 지적한 공통점이란, 첫째, 사냥이나 낚시를 좋아하지 않았다. 그리하여 그들은 어떤 것도 죽이는 것을 좋아하지 않았다는 것이다. 둘째로, 링컨과 그는 유머(humor)감각을 갖고 있었다. 유머 감각은 권위있는 자리에 있는 사람에겐 누구에게나 굉장한 도움이 된다고 트루먼은 말했다. 셋째로, 링컨과 자신은 사업에서 망했으며 링컨은 1천 1백 달러의 빚을 지고 말았던 것처럼 자신도 사업에 망했다는 것이다. 이런 식의 비교는 그 자체가 하나의 유머에 속한다고 할 수 있다. 왜냐하면 링컨이나 트루먼처럼 사업에 망하고 사

---

494) Joe Scarborough, *Saving Freedom: Truman, the Cold War, and the Fight for Western Civilization*, New York: Harpercollins, 2020, p. 217에서 재인용.

495) *Ibid.*

496) Margaret Truman, ed., *Where the Buck Stops: The Personal and Private Writings of Harry S. Truman*, New York: Warner Books, 1989, p. 372.

냥이나 낚시를 좋아하지 않으며 유머감각을 가진 수많은 다른 사람들은 대통령이 되지 못했기 때문이다.

그러나 여기서 중요한 사실은 트루먼이 언제나 그가 존경하는 미국의 위대한 대통령들의 생애가 항상 그의 머리 속에 자리잡고 있었다는 것이다. 바꾸어 말한다면 트루먼은 그들의 역사상 위대한 업적을 염두에 두고 그들에게 버금가는 지도자가 되려고 애를 썼다는 사실이다. 보다 일반적으로 말한다면 그의 머리와 마음 속엔 '역사적 교훈'이 그를 지도하고 있었던 것이다. 그는 변함없이 역사학의 학도였다. 역사가 바로 그의 정치적 지혜의 샘이었던 것이다. 일찍이 윈스턴 처칠도 정치를 하려면 역사를 읽으라고 권고하지 않았던가? 이것은 우리시대에 헨리 키신저의 주장과도 일치한다. 철학이 지혜를 의미한다면 투키디데스가 말했던 것처럼 "역사는 본보기에 의한 철학"이다.[497]

전후 스탈린의 노골적인 야망으로 인해 냉전의 먹구름이 밀려올 때 민주당원인 트루먼은 많은 공화당 의원들을 끌어들여 소위 초당적 지지를 통해 그의 빛나는 트루먼 독트린과 찬란한 마샬 플랜을 성공시킨 것은 그의 가장 중요한 실질적 업적이었다. 한국전쟁의 교착상태로 그의 임기 후반 대통령직에 치명적 타격을 입었지만 그의 실수가 무엇이든지 트루먼은 그의 참전결정으로 대한민국의 구원자, 다른 표현으로 대부(Godfather)가 되었다. 소련 공산 전체주의와 제국주의에 대한 트루먼의 이해는 그것들의 본질을 꿰뚫어 보았다. 점증하는 가용 가능한 소련과 중국 정부의 공식문서들은 스탈린과 마

---

497) Barry Gewen, *The Inevitability of Tragedy: Henry Kissinger and His World*, New York: W.W. Norton, 2020, p. 182.

오쩌둥이 화해하기 어려운 인물들이었음을 폭로했다. 트루먼의 단호함은 취약점이기보다는 오히려 그의 탁월한 장점이었음을 역사는 증명했다. 그의 외교정책의 약점들은 공산주의 도전에 대항하여 서방 세계를 동원한 그의 리더십 앞에 빛을 잃었다. 소련의 팽창을 봉쇄하고 전후 세계질서를 수립한 것은 그의 비범한 리더십의 결과였다. 그는 무엇보다 용기 있는 지도자였다. 그런 점에서 본다면, 트루먼의 전기작가 알론조 햄비(Alonzo L. Hamby)의 평가처럼, "트루먼은 처칠이 아니었다. 그러나 그의 업적은 중요성에서 처칠다웠다."

전후 그의 용기 있는 행동들 중에서 그가 가장 어려운 결정이었다고 그가 스스로 고백한 것은 한국전에 미군을 투입하는 참전 결정이었다. 그는 오늘 그가 방금 내린 것과 같은 결정을 해야만 하는 일이 결코 없도록 희망하고 또 기도했다고 말했다. 최종적 분석에서 그는 유엔을 위해서 이 결정을 했다. 그는 국제연맹을 믿었지만 그것은 실패했다. 이제 미국은 유엔을 시작했다. 그것은 미국인들의 아이디어였다. 그래서 그것의 이 첫 번째 시험에서 미국은 그것들이 실패하게 내버려 둘 수가 없었다는 것이다. 트루먼의 이 참전 결정에 대한 설명의 관점에서 보면 트루먼은 순전히 군사 전략적인 관점에서가 아니라 오히려 철저히 국제법과 도덕적인 관점에서 참전을 결정한 것으로 보였다. 그런 점에서 그는 아주 진지한 이상주의자였다. 당시 한국은 군사전략적으로는 미국의 태평양 방어선 밖에 있었으며 어느 누구도 한국의 군사전략적 가치를 언급한 인사가 없었다. 트루먼은 결코 마키아벨리 같은 철저한 현실주의자 아니라 그의 정책결정에서 법과 도덕을 중요하게 간주한 진정한 '이상주의자'였던 것이다. 그의 이상주

의는 그가 젊은 시절 존경했던 우드로 윌슨(Woodrow Wilson) 대통령
의 영향이었다고 봐야 할 것이다. 트루먼이 마키아벨리를 읽은 흔적
은 전혀 존재하지 않았다.

자신의 시대에 해리 S. 트루먼은 우연한 대통령이었기에 일반적
미국인들은 물론이고 민주당원들 사이에서 결코 사랑받는 인물이 아
니었다. 그럼에도 불구하고 트루먼 대통령은 아주 비범한 리더십을
발휘했다. 그리고 그는 다시는 역사적으로 낮은 수준의 지지를 받으
며 백악관을 떠났다.[498] 마치 킨키나투스처럼 미련없이 백악관을 떠
나 미주리주 인디펜던스 고향의 소박한 시민으로 돌아갔다. 대통령
해리 S. 트루먼이 스스로 평범한 "시민 트루먼"으로 돌아간 것이다.
그는 대통령의 임기를 두 번으로 제한한 수정헌법 제22조에도 불구
하고 그 수정헌법이 제안될 때 현직 대통령에겐 적용되지 않도록 되
어 있었기 때문에 그리고 그는 실제로 1948년 선거에서 단 한 번 당
선되었기에 그가 원하면 재출마할 수 있었다.

윈스턴 처칠은 "인간이 권력의 정상에 도달해서 많은 장애물을
극복했을 때 자기가 하고 싶은 것은 무엇이나 할 수 있다고 확신하
게 될 위험성이 있다"고 경고했다.[499] 그러나 트루먼은 결코 나폴레
옹이 아니었다. 그런 자만심(hubris)이 그에게는 아예 없었다. 절제는
역사적으로 17세기 프랑스의 리슐리외(Richellieu)나 18세기 조지 워
싱턴, 그리고 19세기 독일의 비스마르크(Bismarck)가 보여준 덕목이

---

498) Joe Scarborough, *Truman, The Cold War, and The Fight for Western Civilization,* New York: HarperCollins Publishers, 2020. P. xi.

499) William Nester, *Winston Churchill and the Art of Leadership: How Winston Changed the World,* Yorkshire, Philadelphia: Frontinline Books, 2020, p. xxii.

었다. 그들은 자기들이 어디로 가는지를 알았다. 그리고 어디에서 멈추어야 하는지도 알았다. 그러나 "나폴레옹은 멈출 줄을 모르는 정복의 행위에서 행복을 발견했다."[500] 그는 도박사였다. 그러나 트루먼은 결과가 불확실한 속에서 어떤 결정을 한다는 것은 궁극적으로 도박의 성격을 극복할 수 없는 것이지만, 그러나 트루먼은 중요한 결정을 하는데 있어서 도박사처럼 행동하지 않았다. 트루먼은 나폴레옹의 길을 단호히 단념했다. 그에게는 남다른 절제가 있었다. 이런 점에서 트루먼은 킨키나투스의 길을 간 초대 대통령인 조지 워싱턴의 본보기를 자발적으로 선택한 민주국가의 참된 지도자였다.

1953년 1월 20일 후임 대통령 취임 직후 귀향하여 아주 평범한 시민으로 돌아간 해리 트루먼 전직 대통령은 거의 20년을 더 살았다. 비록 시간이 흘러 그는 대부분의 미국인들 마음 속에서 희미해졌지만 그러나 그는 결코 완전히 잊혀진 것은 아니었다. 그는 너무도 강한 개성의 소유자였으며 또한 그는 너무도 국가이익에 헌신적이어서 더 대중적 생각에서 자신을 완전히 제거하지 않았다.[501] 집에 정착하고 캔자스 시티의 연방예비부대 건물에 사무실을 마련한 다음에 트루먼은 1955년까지 자기의 시간 대부분을 차지한 그의 회고록에 착수했다. 그 때까지 모든 대통령들 가운데 오직 허버트 후버(Herbert Hoover)만이 그가 살이 있는 동안 자신의 스토리를 썼다. "책을 쓰는 것은 좋은데 그것이 자기를 노예로 만들었다"고[502] 가을에 애치

---

500) Patrice Gueniffey, tran., by Steven Randall, *Napoleon and De Gaulle: Heores and History*, Cambridge, Mass.: The Belknap Press of Harvard University Press, 2020, p. 196.
501) Robert Dallek, *Harry S. Truman,* New York: Times Books, 2008, p. 146.

슨에게 얘기했다. 2권으로 출판된503) 그것들은 모두가 쉽게 이해할 여러 가지 목적을 갖고 있었다.504)

회고록 집필의 가장 중요한 목적은 저자의 삶을 기록하는 것이었다. 트루먼은 부통령 시절 한가했던 시기 동안 자신의 몇 가지 경험을 적었다. 두 번째 목적은 다른 작가들이 그들의 판단을 강요하는 걸 막기 위해서였다. 당파성이 대통령직을 둘러싸고 있었다. 대통령 전기들의 독자로서 그는 그의 전임자 몇 사람들에게 일어난 일을 알고 있었다. 회고록 집필의 세 번째 이유는 젊은이들을 교육시키기 위해서 였다. 대통령으로 있을 때 그는 너무도 많은 무지를 상봉하여 그는 대통령직에 대한 자신의 존경심을 공유하고 싶었다. 젊은이들이 자기의 회고록이나, 아니면 그가 표현하기 좋아하는 대로 "그의 이야기"를 읽을 수 있을 것이고 미국 대통령직이 무엇을 하는 것인지를 이해할 수 있을 것이다. 더블데이(Doubleday) 출판사가 회고록의 판매를 위해 최선을 다했다. 라이프 지는 발췌본을 실었고 뉴욕 타임즈는 연재했다. 이 책은 모든 신문과 잡지에서 평론을 받았다. 한 영국의 발행자는 수백권의 책을 캔자스 시티에 있는 트루먼의 사무실로 모두 보내 저자 서명을 요구했다. 그는 캔자스 시티에서 1분에 9~10권을 서명하는 속도로 여러 시간 동안 4천 권의 책에 서명했다.505)

502) David McCullough, *TRUMAN,* New York: Simon & Schuster, 1992, p. 936.
503) Harry S. Truman, *Memoirs of Harry S. Truman,* Vol. 1: *Years of Decisions,* New York: Doubleday, 1955; *Memoirs of Harry S. Truman,* Vol. 2: *Years of Trial and Hope,* New York: Doubleday, 1956.
504) Robert H. Ferrell, *Harry S. Truman: A Life,* Newtown, CT: American Political Biography Press, 1994, p. 385.
505) *Ibid.,* p. 387.

회고록이 나오는 동안 트루먼은 뉴욕 하이드 파크(Hyde Park)에서 루즈벨트 땅에 건축된 도서관 빌딩과 비슷하게 그의 기록과 서류들을 수용할 도서관 건물의 건설을 준비하고 있었다. 도서관 건물의 설계보다는 위치가 더 문제였다. 캔자스 시티의 윌리엄 매스먼(William Massman) 건축회사가 1955년에 착공하여 1957년 여름에 준공식을 가졌다. 비용은 175만 달러였고 사적 헌금으로 지불되었다. 1957년부터 1964년까지 그가 할 수 있을 때 그는 거의 매일 도서관 사무실을 사용했다.506) 책들이 그의 말년을 점령했다. 서가들이 그의 서재를 마루에서부터 제3면의 천정까지 그리고 제4면의 창문을 넘어서까지 가득 채웠다. 역사와 대통령직 그리고 특별히 제퍼슨과 잭슨 대통령에 관한 책들이 있었다. 그가 책을 다 읽으면 책을 빌리기 위해 공공도서관으로 갔다.507)

그러나 해리 S. 트루먼은 끝이 다가오면서 병원에 드나들었다. 그러다가 1972년 12월 26일 화요일 아침 7시 50분에 캔자스 시티의 연구병원과 메디컬 센터에서 마지막 숨을 거두었다. 그는 신문과 방송에서, 의회에서 그리고 세계의 대부분 지역에서 용기와 원칙의 인물로 기억되었다. 심지어 과거에 그를 종종 비웃었던 타임 지와 월 스트리트 저널 지도 트루먼을 20세기의 위대한 인물들 가운데 하나로 칭송했다. 그가 그렇게도 사랑했던 상원 의사당에서 추억의 헌사 일에 그는 원자탄의 사용을 결정할 중대한 결정을 직면했던 대통령으로 찬양 받고 유엔의 창설, 트루먼 독트린, 마샬 플랜, 베를린 공수, 이스

---

506) *Ibid.*, p. 388.
507) *Ibid.*, p. 400.

라엘의 승인, NATO 창설, 한국에 미군 투입, 그리고 군부에 대한 문민통제의 원칙을 준수한 것에 대해서 칭송되었다. 이것들은 우리들 중 많은 사람들은 그 앞에 창백해질 결정들이었다고 위스콘신주 출신의 윌리엄 프록스마이어(William Proxmire) 상원의원이 말했다.[508]

트루먼은 메디케어(Medicare)를 추천한 첫 대통령으로 기억되었고 자신의 정치적 운명을 걸고 민권 위에 서는 용기로 기억되었다. 그의 기차를 이용한 선거운동은 미국의 정치제도의 역사에서 긍정적인 순간의 하나로 회고될 것이다. 한국에서 전쟁이 국한되어야 한다는 그의 고집은, 즉 핵의 악몽을 막은 그의 고집은 시간이 감에 따라 그의 탁월한 업적들 가운데 하나로 점점 더 분명하게 드러날 것이다. 그리고 시간이 역시 확인한 것처럼, 대통령이 자기 주변에 스팀슨, 번스, 마샬, 포레스털, 레이히, 애치슨, 로벳, 아이젠하워, 브래들리, 클리포드, 릴리엔탈, 해리먼, 볼렌, 그리고 케넌 같이 그렇게 유능하고, 찬양할 만한 인물들을 둔 트루먼 같은 대통령은 없었다. 그것은 미국에 봉사한 전력이 없는 탁월한 집단이었고, 더욱 중요하게도, 트루먼은 그들이 그를 지원했던 만큼 그도 그들을 지원했다.[509]

트루먼은 원래 야심적이었지만 그는 결코 야심으로 번민하지 않았고 또 자기가 아닌 어떤 인물로 보이려고 결코 시도하지 않았다. 그는 상식을 대변했고 평범한 품위를 지지하고, 평범한 언어로 말했다. 링컨 이래 어느 대통령 못지않게 그는 평범한 미국인들의 언어와 가치를 최고의 직책에 가져왔다. 그는 옛 지침을 유지했다. 즉 열심

---

508) David McCullough, *TRUMAN*, New York: Simon & Schuster, 1992, p. 990.
509) *Ibid.*, p. 991.

히 일하라, 최선을 다하라, 진실을 말하라, 허장성세를 보이지 마라, 신을 믿어라, 두려워하지 말라. 그러나 그는 아직 단순한, 평범한 사람이 결코 아니었다. 해리 트루먼의 진정성은 그를 세계적 신분의 인물로 만들었고 훌륭하고 좋은 미국의 대통령이 되었다. 그는 국부들이 조국을 위해 마음에 둔 그런 종류의 대통령이었다. 그는 직접 국민들부터 나왔다. 그가 바로 미국이었다.[510]

해리 S. 트루먼은 그의 시대에 자신의 경험으로, 1918년에는 작은 마을에서 먼 프랑스에서 세계대전으로, 전쟁 후 재정적 실패에서 큰 도시의 조직 정치로, 워싱턴에서 뉴딜의 혁명적 시대로, 그리고 여전히 무서운 세계대전 동안에 미국 힘의 부상으로, 트루먼은 마치 소설의 주인공처럼 미국의 위대한 연대기에 참가했다. 트루먼의 삶의 교훈은 우리 자신들의 교훈이라고 상원의원 애들레이 스트븐슨 3세(Adlai Stevenson Ⅲ)가 말했다. 즉 인민정부의 활력에서 목적, 교훈, 가장 빈약한 기원으로부터 가장 뛰어난 사람으로 이 사회가 성장하는 능력의 본보기였다. 딘 애치슨은 그를 막강한 심장을 가진 선장이라고 불렀고 마샬은 1948년에 결정의 용기보다 훨씬 더 역사적으로 전해질 것은 그 사람의 순수함이라고 말했다. 에릭 세바레이드(Eric Sevareid)는 거의 40년 후에 트루먼에 관해서 이렇게 말할 것이다.

"나는 원자탄이나 심지어 한국에 관해서 그가 옳았는지 확신하지 않는다. 그러나 그를 기억하는 것은 사람들에게 그 직책에 있는 사람은 어떠해야 하는지를 상기시킨다. 그것은 인격, 단지 인

---

510) *Ibid.*

격이었다. 그는 지금 나의 기억에 바위같이 서있다."511)

20세기에 유일하게 대학교육을 받지 못했던 트루먼 대통령에게 학문적으로 전공분야가 없었다. 그는 오직 자신의 성실한 경험과 끊임없는 자율학습을 통해 지도자의 자질을 함양했다.

그런 점에는 나는 비공식적으로나마 트루먼의 전공분야가 있었다고 말하고 싶다. 해리 S. 트루먼은 자율학교의 "인격의 형성"을 위한 "교양학과"의 탁월한 졸업생이었다고 말해도 좋을 것이라 생각한다. 그는 고도의 교양인이었고, 인격형성의 전문가였던 것이다. 바로 그런 이유로 트루먼은 미국의 탁월한 지도자로서 20세기 미국과 세계의 역사창조의 과정에서 참으로 "비범한 리더십"을 보여주었다고 하겠다. 이런 의미에서, 본서를 끝내면서 미래의 지도자가 되길 갈망하는 젊은이들은 교양교육의 절대적 중요성을 새롭게 자각하길 기대한다. 그리고 젊은이들이 미래에 훌륭한 지도자가 되기 위해서는, 무엇보다도 역사적으로 이미 인정된 훌륭한 지도자들의 인격이나 인품을 책을 통해 배우면서 그들이 보여준 덕목을 꾸준히 함양해 나가는 것이 최선의 첩경이라 해도 과언이 아닐 것이다.

511) *Ibid.,* p. 992.

부록: 해리 S. 트루먼 대통령의 약력

1884년 5월 8일 미주리(Missouri)주의 라마르(Lamar)에서 출생.

1890년 트루먼 가족이 캔자스 시티(Kansas City) 남동쪽 10마일 지점에 있는 마을인 인디펜던스(Independence)로 이사.

1901년 고등학교 졸업. 가족을 돕기 위해 대학에 갈 생각을 단념.

1906년 캔자스 시티에서 5년 동안 여러 가지 일을 했지만 가족농업에 종사하기 위해 보수가 좋은 은행 서기직을 떠남.

1917년 트루먼은 국가방위부대(National Guard unit)의 포병 대위가 됨. 프랑스 서부전선 전투에서 두각을 보임.

1919년 6월에 군에서 제대한 뒤 그의 어린시절부터 애인인 엘리자베스 월러스(Elizabeth Wallace, 약칭 Bess)와 결혼.

1922년 군대 친구인 에디 제이콥슨(Eddie Jacobdon)과 캔자스 시티에서 남성복 가게를 열었지만 불경기로 실패.
트루먼은 캔자스 시티의 펜더거스트(Pendergast) 정치조직의 지원으로 정치생활을 시작. 잭슨 카운티(Jackson County)의 판사로 당선.

1926년 잭슨 카운티의 주심판사로 재선.

1934년 미국의 상원의원으로 당선.

1940년 상원에 재선됨. 그리고 전시 폭리와 산업적 낭비를 조사하는 분과위원회를 주재(主宰)하여 전국적 명성을 얻음.

1944년 프랭클린 루즈벨트(Franklin Roosevelt)의 부통령 후보로 선택되어 부통령으로 당선.

1945년 4월 12일 프랭클린 루즈벨트의 사망으로 대통령직을 계승하여 미국의 제33대 대통령으로 취임.

7월 트루먼이 태평양 전쟁과 전후 질서를 위해 포츠담(Potsdam)에서 처칠(Churchill), 스탈린(Stalin)과 회담.

8월 일본의 무조건 항복을 받기 위해 히로시마(Hiroshima)와 나가사키(Nagasaki)에 원자탄 사용을 명령.

1946년 2월 조지 케넌(George Kennan)의 "긴 전문"이 소련의 위험을 경고.

3월 미주리주의 풀턴에서 행한 연설에서 유럽을 분할하는 '철의 장막'을 서술.

11월 중간선거에서 공화당이 의회의 상하 양원을 장악.

1947년 3월 트루먼 독트린(the Truman Doctrine) 선언.

6월 마샬 플랜(the Marshall Plan) 발표.

1948년 6월 베를린 공수작전 시행 시작.

트루먼은 신생 이스라엘 국가의 승인.

트루먼의 재선.

1949년 NATO(북대서양조약기구)의 결성.

소련의 원자탄 실험성공.

중국의 공산화.

1950년 트루먼 대통령이 수소탄(hydrogen bombs) 개발 승인.

NSC-68 보고서가 미국의 군사적 재건과 전략을 제시.

6월 북한의 전면 남침으로 한국전 발발.

조셉 맥카시(Joseph McCarthy) 상원의원이 국무성 관리들에 의해 공산주의 전복을 공개적으로 비난.

맥아더 장군의 인천상륙작전 성공.

웨이크 섬(Wake Island)에서 맥아더를 만난 후에 북한 공산주의 정권을 파괴하고 한국의 통일을 위해 맥아더 사령관에게 38선 돌파를 허용함.

11월 중공군 개입.

의회선거에서 한국에 대한 좌절, 냉전, 그리고 통화팽창 의회의 양
원에 대한 민주당의 통제력 약화.

1951년 한국전쟁이 교착상태에 빠짐.

극동군 사령관직에서 맥아더 장군 해임.

11월 선거에서 공화당의 결정적 승리로 백악관과 의회 양원을 장악.

1952년 트루먼 대통령 선거에 불출마를 선언.

공화당은 드와이트 아이젠하워(Dwight Eisenhower)를 그리고 민
주당은 애들레이 스티븐슨(Adlai Stevenson)을 대통령 후보로 지명.

1953년 트루먼은 고향 인디펜던스로 귀향.

1955년 회고록 출간.

1960년 존 F. 케네디(John F. Kennedy) 민주당 대통령 후보를 위해 선거
운동에 적극 참여.

1965년 린든 존슨(Lyndon Johnson) 대통령이 트루먼에 대한 헌정으로 메
디케어 법안(Medicare Bill)을 인디펜던스에서 서명.

1972년 12월 26일 88세로 사망.

참고문헌

강성학. <조지 워싱턴: 창업의 거룩한 카리스마적 리더십> 서울: 박영사, 2020

강성학. <윈스턴 S. 처칠: 전쟁과 평화의 위대한 리더십> 서울: 박영사, 2019.

강성학. <한국의 지정학과 링컨의 리더십> 서울: 고려대학교 출판문화원, 2017.

강성학. <평화神과 유엔 사무총장: 국제평화를 위한 리더십의 비극> 서울: 고려대학교출판부, 2013.

강성학. <전쟁神과 군사전략: 군사전략의 이론과 실천에 관한 논문 선집> 서울: 리북, 2012.

강성학, <인간神 평화의 바벨탑> 서울: 고려대학교출판부, 2006.

강성학. <이아고와 카산드라: 항공력 시대의 미국과 한국> 서울: 오름, 1997.

강성학 역, <셰익스피어의 정치철학> 서울: 집문당, 1982.

강성학, 김동길. <죽어도 사는 사람: 불멸의 링컨 유산> 충북 음성: 극동대학교 출판센터, 2018.

주미대한민국대사관, "한국과 미의회: 1945년 – 2000년: 법안, 결의안, 기타 한국 관련 자료집", 2001.

Acheson, Dean. *Present at the Creation: My Years in the State Department,* New York: W. W. Norton, 1969.

Appleman, Roy E. *Ridgway Rules for Korea,* College Station, Texas: Texas A&M University Press, 1990.

Baime, A. J. *The Accidental President: Harry S. Truman and The Four Months That Changed the World,* New York: Houghton Mifflin Harcourt Publishing Company, 2017.

Barkley, Alben. *That Reminds Me: The Autobiography of the Veep,* Garden City, New York: Doubleday, 1954.

Beisner, Robert L. *Dean Acheson: A Life in the Cold War,* Oxford: Oxford University Press, 2009.

Best, Antony, Jussi M. Hanhimaki, Joseph A. Mailo & Kirsten E. Schulze, *International History of the Twentieth Century,* New York: Routledge 2004.

Bix, Herbert P. *Hirohito and the Making of Modern Japan,* New York: HarperCollins Publishers, 2000.

Blair, Clay. *Ridgeway's Paratroopers: The American Airborne in World WR II,* Garden City, New York: The Dial Press, 1985.

Bloom, Allen. with Harry V. Jaffa, *Shakespeare's Politics* New York: Basic Books, 1964.

Bohlen, Charles E. *Witness to History: 1929－1959,* New York: W. W. Norton, 1973.

Brands, H. W. *The General and the President: Macarthur and Truman at the brink of nuclear War,* New York: Anchor Books, 2016.

Brower, Daniel R. *The World in the Twentieth Century: The Age of Global War and Revolution,* Englewood Cliffs, New Jersey: Prentice Hall, 1988.

Buhite, Russell D. *Decisions at Yalta: An Appraisal of Summit Diplomacy,* Wilmington, Delaware: Scholarly Resources Inc., 1986.

Bullock, Alan. *Hitler and Stalin: Parallel Lives,* New York: Vintage Books,1993.

Burns, James MacGregor. *Roosevelt: The Soldier of Freedom,* New York: Harcourt Brace Jovanovich, 1970.

Capaccio, George *The Marshall Plan and the Truman Doctrine,* New York: Cavendish Square, 2018.

Chang, Iris *The Rape of Nanking: The Forgotten Holocaust of World War II,* New York: Basic Books, 2012.

Cherny, Andrei. *The Candy Bombers: The Untold Story of the Berlin Airlift and America's Finest Hour,* New York: C. P. Putnam's Sons, 2008.

Churchill, Winston S. *The Second World War,* Vol. 6, *Triumph and Tragedy,* New York: Bantam, 1962.

Cicero, Marcus Tullius. Selected, translated, and with an introduction by Philip Freeman, *How to Run a Country: An Ancient Guide for Modern Leaders,* Princeton and Oxford: Princeton University Press, 2013.

Dallek, Robert. *Harry S. Truman,* New York: Times Books, 2008.

Donovan, Robert J. *Tumultuous Years: The Presidency of Harry S. Truman, 1949−1953,* New York: W. W. Norton, 1982.

Dvorchak, Robert J. *Battle for Korea: A History of the Korean Conflict: 50th anniversary edition,* Pennsylvania: Combined Publishing, 2000.

Ferrell, Robert H. *Harry S. Truman, A Life,* Newtown, Connecticut: American Political Biography Press, 1994.

Gaddis, John L. *The United States the Origins of the Cold War,* New York: Columbia University Press, 1972.

Gaddis, John L., Philip H. Gordon, Ernest R. May & Jonathan

Rosenberg eds. *Cold War Statesmen Confront the Bomb: Nuclear Diplomacy Since 1945*, New York: Oxford University Press, 1999.

Geuniffey, Patrice, trans., by Steven Randall, *Napoleon and De Gaulle: Heroes and History*, Cambridge, Mass.: The Belknap Press of Harvard University Press, 2020.

Gewen, Barry. *The Inevitability of Tragedy: Henry Kissinger and His World*, New York: W.W. Norton, 2020.

Gilbert, Martin. *Winston Churchill, Never Despair 1945 − 1965*, Boston: Houghton Mifflin, 1988.

Goodrich, Leland M. *The United Nations*, New York: Thomas Y. Crowell Company, 1959.

Goodwin, Doris Kearns. *Leadership in Turbulent Times*, New York: Simon & Schuster, 2018.

Goodwin, Doris Kearns. *No Ordinary Time: Franklin and Eleanor Roosevelt, The Home Front in the World War II*, New York: Simon and Schuster, 1994.

Gordon, Philip H. (ed.). *NATO's Transformation: The Changing Shape of the Atlantic Alliance*. Lanham. Maryland: Rowman & Littlefield Publishers, 1997.

Green, Michael J. *By More Than Providence: Grand Strategy and American Power in the Asia Pacific Since 1783*, New York: Columbia University Press, 2017.

Hallerstam, David. *The Coldest Winter: America and the Korean War*, New York: Hyperion, 2007.

Hamby, Alonzo L. *Man of the People: A Life of Harry S. Truman*, New York: Oxford University Press, 1995.

Hanson, Victor Davis. *The Second World Wars*, New York: Basic

Books, 2017.

Harmsen, Peter. *Shanghai 1937: Stalingrad on the Yangtze,* Havertown, PA: Casemate Publishers, 2013.

Holloway, Carson. ed., *Magnanimity and Statesmanship,* Lanham, Maryland: Lexington Books, 2008

Johnson, Boris. *The Churchill Factor: How One Man Made History,* New York: Riverhead Books, 2014.

Just, Tony. *Post War: A History of Europe Since 1945,* New York: The Penguin Press, 2005.

Kagan, Robert. *Dangerous Nation,* New York: Alfred A. Knopf, 2006.

Kang, Sung—Hack. "America's Foreign Policy toward East Asia for the 1990s: From Godfather to Outsider? *Korea and World Affairs,* Vol. 11, No. 4(1987), pp. 679—707.

Kang, Sung—Hack. *Korea's Foreign Policy Dilemmas: Defining State Security and the Goal of National Unification,* Folkestone, Kent(UK): Global Oriental, 2011.

Kim, Se—Jin ed. *Documents on Korean—American Relations 1943—1976,* Seoul: Research Center for Peace and Unification, 1976.

Kurtz—Phelan, Daniel. *The China Mission: George Marshall's Unfinished War, 1945—1947,* New York: W.W.Norton & Company, 2019.

Lamb, Brian, Susan Swain, and C—SPAN, eds., *The Presidents: Noted Historians Rank America's Best and Worst Chief— Executives,* New York: Public Affairs, 2019.

Lee, Steven Hugh, *The Korean War,* London: Pearson Education, 2001.

Leffler, Melvyn P. *A Preponderant Power,* Stanford, California: Stanford University Press, 1992.

Lentz, Robert J. *Korean War Filmography: 91 English Language Features through 2000*, Jefferson, North Carolina: McFarland & Company, Inc. Publishers, 2003.

McCauley, Martin. *Origins of the Cold War,* 4th Edition, London and New York: Routledge, 2016.

McCullough, David. *TRUMAN,* New York: Simon & Schuster Paperbacks, 1992.

McWilliams, Wayne C. & Harry Piotrowski, *The World Since 1945: A History of International Relations,* Boulder, Colorado: Lynne Rienner Publishers, 1993.

Mee Jr., Charles E. *Meeting at Potsdam,* New York: Franklin Square, 1975.

Michel, Henri. *The Second World War,* London: Andre Deutsch, 1975.

Miller, Donald L. *D−Days in the Pacific,* New York: Simon & Schuster Paperbacks, 2005.

Millett, Allan R. *The War for Korea, 1945−1950: a house burning,* Lawrence: University Press of Kansas, 2010.

Millett, Allan R. *The War for Korea, 1950−1951: They Came From the North,* Lawrence: University Press of Kansas, 2010.

Miscamble, Wilson D. C.S.C., *From Roosevelt to Truman: Potsdam, Hiroshima, and the Cold War,* New York: Cambridge University Press, 2007.

Mitchell, George C. *Matthew B. Ridgway: Soldier, Statesman, Scholar, Citizen,* Mechanicsburg, PA: Stackpole Books, 2002.

Nester, William, *Winston Churchill and the Art of Leadership: How Winston Changed the World,* Yorkshire, Philadelphia: Frontline Books 2020.

Nieberg, Michael. *Potsdam: The End of World War II and the*

Remaking of Europe, New York: Basic Books, 2015.

O'Reilly, Bill. And Martin Dugard, *Killing the Rising Sun: How America Vanquished World War II Japan*, New York: Henry Holt and Company, 2016.

O'Reilly, Bill. *The Day The World Went Nuclear: Dropping the Atom Bomb and the End of World War II*, New York: Henry Holt and Company, 2017.

Osgood, Robert Endicott, *NATO: The Entangling Alliance*, Chicago, Illinois: The University of Chicago Press, 1962.

Paine, S.C.M. *The Wars for Asia 1911–1949*, New York: Cambridge University Press, 2012.

Pierpaoli Jr., Paul G. *Truman and Korea: The Political Culture of the Early Cold War,* COlumbia and London: University of Missouri Press, 1999.

Pike, Francis. *Empires at War: A Short History of Modern Asia Since World War II*, London & New York: I.B. Tauris, 2010.

Pike, Francis. *Hirohito's War: The Pacific War, 1941–1945*, London & New York: Bloomsbury, 2015.

Plutarch. Selected, translated, and introduced by Jeffery Beneker, *How to be a Leader: An Ancient Guide to Wise Leadership*, Princeton and Oxford: Princeton University Press, 2019.

Rees, David ed. *The Korean War: History and Tactics*, London: Orbis Publishing, 1984.

Reynolds, David. *America, Empire of Liberty: A New History of the United States*, New York: Basic Books, 2009.

Ridgway, General Matthew B. *Soldier: Memoirs of Matthew B. Ridgway,* New York: Harper & Brothers, 1956.

Ridgway, Matthew B. *The Korean War*, Garden City, New York: Doubleday, 1967.

Roll, David L. *George Marshall: Defender of the Republic,* New York: Dutton Caliber, 2019.

Russell, Ruth B. *The United Nations and United States Security Policy*, Washington D.C.: The Brookings Institution, 1968.

Sandler, Stanley. *The Korean War: No Victors, No vanquished*, London: UCL Press, 1999.

Scarborough, Joe. *Saving Freedom: Truman, The Cold War, and the Fight for Western Civilization,* New York: HarperCollins, 2020.

Schlesinger Jr., Arthur M. *The Cycles of American History,* Boston: Houghton Mifflin, 1989.

Slanan, Stanley. R. *NATO's Future: Towards a New Transatlantic Bargain,* UK: Macmillan, 1986.

Smith, Jean Edward, *The Defense of Berlin*, Baltimore/Maryland: The John Hopkins Press, 1963.

Smith, Harold Ivan. *Almost Everything Worth Knowing about Harry S. Truman: 33rd President of the United States,* ScholaWork, 2020.

Snyder, Louis L. *Louis L. Snyder's Historical Guide to World War II,* Westport, Connecticut: Greenwood Press, 1982.

Strassler, Robert B. ed., *The Landmark Thucydides: A Comprehensive Guide to The Peloponnesian War,* New York: The Free Press,1996.

Strauss, Leo. *The City and man*, Chicago: University of Chicago Press, 1964.

Storing, Herbert J. edited by Bessette, Joseph M. *Toward a More Perfect Union*, Washington, D.C.: The AEI Press, 1995.

Summers Jr., Harry G. *Korean War Almanac,* New York & Oxford:

Facts On File, 1990.

Symonds, Craig L. *World War II At Sea: A Global History*, New York: Oxford University Press, 2018.

Taranto, James and Leonard Leo, eds., *Presidential Leadership: Rating the Best and the Worst in the White House,* New York: Free Press, 2004.

Taubman, William. *Stalin's American Policy: From Entente to Détente to Cold War,* New York & London: W.W. Norton & Company, 1982.

The Harvard Nuclear Study Group, *Living with Nuclear Weapons,* Cambridge, Mass.: Harvard University Press, 1983.

Thompson, Robert ed. *War in Peace: An Analysis of Warfare from 1945 to the Present Day,* London: Orbis Publishing, 1981.

Toll, Ian W. *Twilight of the Gods: War in the Western Pacific, 1944 – 1945,* New York: W. W. Norton, 2020.

Torkunov, Anatoly. *The War in Korea 1950 – 1953: Its Origin, Bloodshed and Conclusion,* Tokyo: ICF Publishers, 2000.

Truman, Harry S. *Memoirs of Harry S. Truman,* Vol. 1: *Years of Decisions,* New York: Doubleday, 1955.

Truman, Harry S. *Memoirs of Harry S. Truman,* Vol. 2: *Years of Trial and Hope,* New York: Doubleday, 1956.

Truman, Harry S. *The Autobiography of Harry S. Truman,* Columbia, Missouri: University of Missouri Press, 2002.

Truman, Margaret. ed., *Where the Buck Stops: The Personal and Private Writings of Harry S. Truman,* New York: Warner Books, 1989.

Truman, Margaret. *Harry S. Truman,* New York: Morrow, 1972.

Tusa, John and Ann Tusa, *The Berlin Airlift: The Cold War Mission to*

Save a City, New York: Skyhorse Publishing, 1988.

United Nation, *Everyone's United Nations,* New York: United Nations, 1986.

Wallace, Chris. with Mitch Weiss, *Countdown 1945,* New York: Avid Reader Press, 2020.

Wilentz, Sean. *Andrew Jackson,* New York: Times Book, 2005.

Winter, Jay and Antoine Prost, *The Great War in History: Debates and Controversies, 1914 to the Present,* New York: Cambridge University Press, 2005.

찾아보기

로우, 제임스 A.(James A. Rowe, Jr.) 239－241, 255
루이스, 존(John L. Lewis) 178
루이스, 해밀턴(J. Hamilton Lewis) 30
루즈벨트, 시어도어(Theodore Roosevelt) 9, 235, 248, 282, 311, 411
루즈벨트, 엘리너(Eleanor Roosevelt) 37, 41, 50, 55, 60, 258, 296
루즈벨트, 지미(Jimmy Roosevelt) 247
루즈벨트, 프랭클린 D.(Franklin D. Roosevelt) 6, 9, 29, 31－36, 47,
    49－50, 53, 57, 65, 67, 77, 82, 105－106, 118, 123, 181, 212, 231,
    234－235, 239, 243, 246, 256, 282, 296, 310－312, 346, 397, 402,
    411, 415, 423－424, 427, 431, 437, 452, 457
르메이, 커티스(Curtis LeMay) 40－41, 64, 87, 89, 142－143
리지웨이, 매튜(Matthew Ridgeway) 330, 336, 338, 342, 363, 366－370
리프만, 월터(Walter Lippmann) 168, 172, 190, 207, 377, 415
릴리엔탈, 데이비드(David Lilienthal) 288－292, 294, 297－300, 309, 453
링컨, 에이브러햄(Abraham Lincoln) 6, 9, 11, 38, 61, 204－205, 235,
    263, 282, 306, 372, 435, 442, 446, 453

[ㅁ]
마샬, 조지(George Marshall) 39, 42－44, 58, 75, 83, 93, 98, 112, 166,
    180－185, 195－202, 204, 207, 209, 219, 222, 224－230, 265, 275,
    277－278, 337, 342－343, 345, 357－358, 362, 364－365, 368, 373－
    375, 377, 386－388, 393, 395, 405－406, 431, 434, 436, 441－442,
    453－454
마오쩌둥 105, 155, 165, 167, 277, 285, 327
마틴, 조(Joe Martin) 178－179, 372, 375
맥아더, 더글라스(Douglas MacArthur) 8, 10, 155－156, 158－159, 278,
    286, 322, 323, 324, 326－327, 331－332, 334－352, 354－365, 366－
    378, 380, 382, 384－389, 427－428, 434, 442－443, 458－459
맥카시, 조셉(Joseph McCarthy) 295, 301, 306－310, 314, 354, 365,
    393－395, 405－406, 439, 458

맥클린, 조지(George McClellan)　372

모겐소, 헨리(Henry Morgenthau)　53−55

몰로토프, 비야체슬라프(Vyacheslav Molotov)　49−50, 58−59, 68−72, 76, 81, 95−96, 114, 132, 136−137, 139, 164, 195, 203

무솔리니, 베니토(Benito Mussolini)　429

[ㅂ]

바루크, 버나드(Bernard Baruch), 바루크 플랜　173, 296

바이츠만, 하임(Chaim Weizmann)　218−225, 230−231, 436

바클리, 앨번(Alben Barkley)　38, 249−250, 252−253, 279, 329, 357, 374, 378, 402

반덴버그, 아서(Arthur Vandenberg)　46, 72, 99, 176, 178−180, 191, 202−203, 354

반덴버그, 호이트(Hoyt Vanderburg)　277, 321, 363

베빈, 어니스트(Ernest Bevin)　139, 154, 202, 284

볼렌, 찰스(Charles Bohlen)　49, 70−71, 122−123, 131−132, 183, 198, 200, 344, 453

브래들리, 오마(Omar Nelson Bradley)　39, 126, 272, 274, 297, 320−321, 324, 329−330, 336−337, 339−342, 347, 349−350, 355, 357−358, 362, 364, 366, 373−375, 386−388, 407, 428, 443

비스마르크, 오토 폰(Otto von Bismarck)　430, 449

빈슨, 프레드(Fred Vinson)　180, 279, 374, 398

[ㅅ]

스타크, 로이드(Lloyd Stark)　31

스탈린, 이오시프(Joseph Stalin)　7, 35, 42, 47, 49, 52−53, 58, 67−68, 71−72, 75−76, 78, 80−83, 86, 90−92, 96−97, 103, 104−106, 108, 112−117, 119−124, 126−127, 129−133, 135−136, 138−141, 149, 242, 246, 269, 273, 395, 412, 423−424, 447, 458

스테티니어스, 에드워드(Edward Stettinius)　39, 42−43, 47−49, 69, 76,

클리포드, 클라크(Clark Clifford) 185, 187, 212, 217−219, 224, 226−
230, 235, 237, 239, 243, 248, 254, 265, 294, 312, 314, 426, 436,
439, 442
킨키나투스(Cincinnatus) 311−312, 393, 419, 432, 449−450

[ㅌ]
태프트, 로버트(Robert A. Taft) 178−179, 307, 334, 375, 400
투키디데스(Thucydides) 5, 6, 422
티베츠, 폴 츠(Paul W. Tibbets) 85, 144−145

[ㅍ]
패튼, 조지(George Patton, Jr.) 39−40, 54
펜더거스트, 짐(Jim Pendergast) 28, 457
펜더거스트, 톰(Tom Pendergast) 26−28, 30−31, 457
퍼싱(John J. Pershing) 21, 181
포레스틸, 제임스(James Forrestal) 43, 152, 206, 213−214, 218, 275, 453
폴리, 에드윈(Edwin Pauley) 155
풀브라이트, 제이 윌리엄(J. William Fulbright) 176

[ㅎ]
할, 루이스(Louis L. Halle) 201
해리먼, 애버럴(Averell Harriman) 49−50, 58, 69−70, 72, 112, 140, 149,
154, 202, 332, 337−339, 341−342, 347−349, 373−375, 397, 453
해리슨, 조지(George Harrison) 111−112
헐리, 패트릭(Patrick Hurley) 127−128, 134
후버, 에드가(J. Edgar Hoover) 175
후버, 허버트(Herbert Hoover) 41, 80, 247, 450
화이트, 월터(Walter White) 205−206
히틀러, 아돌프(Adolf Hitler) 39, 51−53, 65, 75, 78, 80, 84, 109, 115
−116, 130, 214, 423, 429−430

439, 452, 458

베를린 봉쇄　273－274, 283

브레스트－리토프스크 조약　21

블루 리본 위원회　202, 206

[ㅅ]

38선　164－165, 317－319, 324, 328, 343, 344－346, 356, 365－366, 370, 390, 393, 440, 458

수소탄, 수소폭탄　7, 285, 290－293, 296－300, 306, 309, 413－414, 425, 434, 458

[ㅇ]

안전보장이사회, 안보리　317, 319, 328

얄타(회담, 협상)　35, 47－49, 52, 67－68, 70－71, 86, 91, 105, 115, 136－137, 141, 159, 165

NSC－68(국가안보회의보고서－68)　312－314, 391, 438－439, 458

오키나와　40, 63－64, 98

워싱턴 규칙　192, 311－312, 450

원자력　288－291, 296, 300, 308, 413, 425

원자탄, 원자폭탄　7, 35, 73, 84, 92－93, 99, 103－105, 109, 114, 119－122, 126, 129－130, 143－149, 153－154, 159, 164, 173, 216, 275, 285, 288－290, 292, 298, 300, 303, 327, 334－335, 360－362, 364－365, 367, 396, 412－414, 424－426, 434, 452, 454, 458

유엔　258, 281, 304, 315, 319, 321－323, 325－326, 328, 334, 340, 343, 345－346, 349, 351, 357, 359－361, 365, 368, 370, 389, 394, 412, 424, 427, 434, 436, 448, 452

유엔군　331, 337, 343－345, 347, 367, 371, 395

이스라엘　7, 211, 215, 225, 229－231, 434, 436－437, 458

이오지마　98

인천상륙작전　338－343, 345－346, 355－356, 439－440, 458

저서목록

해외 출판

『韓国外交政策的困境』, 北京: 社會科學院 社会科学文献出版社, (2017, 중국어판)

『和平之神与联合国秘书长: 为国际和平而奋斗之领』, 北京: 光明日报出版社, (2015, 중국어판)

『戦史に学ぶ軍事戦略 孫子とクラウゼヴィッツを 現代に生かすために』, 東京: 彩流社, (2014, 일본어판)

『Korea's Foreign Policy Dilemmas: Defining State Security and the Goal of National Unification』, Folkestone, UK: Global Orient, UK, (2011, 영어판)

국내 출판

『조지 워싱턴: 창업의 거룩한 카리스마적 리더십, 박영사, 2020

『윈스턴 S. 처칠: 전쟁과 평화의 위대한 리더십』, 박영사, 2019

『지적 자서전으로서 내 저서의 서문들』, 박영사, 2018

『죽어도 사는 사람: 불멸의 링컨유산』, 극동대학교출판부, 2018 (김동길 교수 공저)

『한국지정학과 링컨의 리더십: 동아시아의 지정학적 변화와 국가통일의 리더십』, 고려대학교 출판문화원, 2017

『평화神과 유엔사무총장: 국제평화를 위한 리더십의 비극』, 고려대학교 출판부. 2013

『전쟁神과 군사전략: 군사전략의 이론과 실천에 관한 논문 선집』, 리북, 2012

『무지개와 부엉이: 국제정치의 이론과 실천에 관한 논문 선집』, 박영사, 2010

『인간神과 평화의 바벨탑: 국제정치의 원칙과 평화를 위한 세계헌정질서의 모색』, 고려대학교 출판부, 2006

『새우와 고래싸움: 한민족과 국제정치』, 박영사, 2004

『시베리아 횡단열차와 사무라이』, 고려대학교출판부, 1999

『이아고와 카산드라 — 항공력 시대의 미국과 한국』, 오름, 1997

『소크라테스와 시이저 — 정의, 평화, 그리고 권력』, 박영사, 1997

『카멜레온과 시지프스: 변천하는 국제질서와 한국의 안보』, 나남, 1995

『동북아의 근대적 변용과 탈근대 지향』(공편), 매봉, 2008

『용과 사무라이의 결투: 중일전쟁의 국제정치와 군사전략』(편저) 리북, 2006

『유엔과 국제위기관리』(편저), 리북, 2005

『유엔과 한국전쟁』(편저), 리북, 2004

『UN and Global Crisis Management』(편저), KACUNS, 2004

『시베리아와 연해주의 정치경제학』(공저), 리북, 2004

『동북아의 평화사상과 평화체제』(편저), 리북, 2004

『동아시아의 안보와 유엔체제』,(편저). 집문당, 2003

『UN, PKO and East Asian Security: Currents, Trends and Prospects』(공편저), 2002

『The UN in the 21st Century』(공편), 2000

『주한미군과 한미안보협력』(공저), 세종연구소, 1996

『북한외교정책』(공편), 서울프레스, 1995

『The United Nations and Keeping — Peace in Northeast Asia』(편저), Seoul Computer Press, 1995

『자유주의의 정의론』(역), 대광문화사, 1991

『키신저 박사와 역사의 의미』(역), 박영사, 1985

『핵시대를 어떻게 살 것인가』(공저), 정음사, 1985

『제국주의의 해부』(역), 법문사, 1984

『불평등한 세계』(역), 박영사, 1983

『세익스피어의 정치철학』(역), 집문당, 1982

『정치학원론』(공저), 박영사, 1982

강성학(姜聲鶴)

고려대학교에서 정치학 학사 및 석사 학위를 취득한 후 모교에서 2년간 강사를 하다가 미 국무부 풀브라이트(Fulbright) 장학생으로 도미하여 노던 일리노이 대학교(Northern Illinois University)에서 정치학 박사 학위를 취득하였다. 그 후 1981년 3월부터 2014년 2월말까지 33년간 정치외교학과 교수로 재직하면서 평화연구소 소장, 교무처장 그리고 정책대학원 원장 등을 역임하였다. 2014년 3월 이후 현재 명예교수로 있다.

저자는 1986년 영국 외무부(The British Foreign and Commonwealth Office)의 펠로우십(Fellowship)을 받아 런던정치경제대학(The London School of Economics and Political Science)의 객원교수를, 1997년에는 일본 외무성의 국제교류기금(Japan Foundation)의 펠로우십을 받아 도쿄대학의 동양문화연구소에서 객원 연구원 그리고 2005년 말과 2006년 봄학기에는 일본 와세다대학의 교환교수를 역임하였다. 또한 제9대 한국 풀브라이트 동문회 회장 및 한국의 영국정부장학수혜자 모임인 한국 셰브닝 동창회 초대 회장을 역임하였다. 그동안 한국국제정치학회 상임이사 및 한국정치학회 이사, 한국유엔체제학회(KACUNS)의 설립 사무총장과 제2대 회장을 역임하였고 이것의 모태인 미국의 유엔체제학회(ACUNS)의 이사로 활동하였다.

저서로는 2011년 영국에서 출간한 영문저서 ≪Korea's Foreign Policy Dilemmas: Defining State Security and the Goal of National Unification≫(425쪽. 2017년 중국 사회과학원 출판사가 번역 출간함)을 비롯하여 1995년 제1회 한국국제정치학회 저술상을 수상한 ≪카멜레온과 시지프스: 변천하는 국제질서와 한국의 안보≫(688쪽)와 미국의 저명한 외교전문지인 포린 폴리시(Foreign Policy)에 그 서평이 실린 ≪이아고와 카산드라: 항공력 시대의 미국과 한국≫(807쪽)이 있다. 그의 대표작 ≪시베리아 횡단열차와 사무라이: 러일전쟁의 외교와 군사전략≫(781쪽) 및 ≪소크라테스와 시이저: 정의, 평화, 그리고 권력≫(304쪽), 또 한동안 베스트셀러이기도 했던 ≪새우와 고래싸움: 한민족과 국제정치≫(402쪽)가 있다. 또한

2007년 대한민국 학술원의 우수학술도서로 선정된 ≪인간神과 평화의 바벨탑: 국제정치의 원칙과 평화를 위한 세계헌정질서의 모색≫(756쪽), ≪전쟁神과 군사전략: 군사전략의 이론과 실천에 관한 논문 선집≫(446쪽, 2014년 일본에서 번역 출간됨), ≪평화神과 유엔 사무총장: 국제 평화를 위한 리더십의 비극≫(328쪽, 2015년 중국에서 번역 출간됨), ≪무지개와 부엉이: 국제정치의 이론과 실천에 관한 논문 선집≫(994쪽)을 비롯하여 지난 33년 간의 교수생활 동안에 총 37권(본서의 말미 저서 목록을 참조)에 달하는 저서, 편저서, 역서를 냈다. 저자는 한국 국제정치학자에게는 어쩌면 당연한 연구주제인 "전쟁", "평화", "한국외교통일" 문제들에 관한 각기 집중적 연구결과로 볼 수 있는 ≪시베리아 횡단열차와 사무라이≫, ≪인간神과 평화의 바벨탑≫ 그리고 ≪카멜레온과 시지프스≫라는 3권의 저서를 자신의 대표적 "학술저서 3부작"으로 꼽고 있다. 아울러 2013년 ≪평화神과 유엔 사무총장≫의 출간으로 "인간神", "전쟁神", "평화神"이라는 일종의 "神"의 3위일체를 이루었다. 퇴임 후에는 2016년부터 2019년까지 한국지정학연구원의 초대 이사장을 역임했으며, 2017년 가을학기부터 2019년 봄학기까지 극동대학교 석좌교수였다. 그리고 ≪한국의 지정학과 링컨의 리더십≫(551쪽), ≪죽어도 사는 사람: 불멸의 링컨 유산(김동길 교수 공저)≫(333쪽), ≪윈스턴 S. 처칠: 전쟁과 평화의 위대한 리더십≫(449쪽), ≪조지 워싱턴: 창업의 거룩한 카리스마적 리더십≫(501쪽)을 출간했다. 그리고 저자의 일종의 지적 자서전으로 ≪내 저서의 서문들≫(223쪽)을 출간했다.

해리 S. 트루먼

초판발행	2021년 4월 20일
지은이	강성학
펴낸이	안종만 · 안상준
편 집	한두희
기획/마케팅	조성호
표지디자인	박현정
제 작	고철민 · 조영환
펴낸곳	(주) **박영사**
	서울특별시 금천구 가산디지털2로 53, 210호(가산동, 한라시그마밸리)
	등록 1959. 3. 11. 제300-1959-1호(倫)
전 화	02)733-6771
f a x	02)736-4818
e-mail	pys@pybook.co.kr
homepage	www.pybook.co.kr
ISBN	979-11-303-1286-6 93340

정 가   29,000원